中日关系的光和影

王泰平 著

ZHONGRI GUANXI DE GUANG HE YING

全国百佳图书出版单位

时代出版传媒股份有限公司

安徽人民出版社

目　　录

前　　言

本书作者从 20 世纪 60 年代末起，先后作为记者、外交官和民间代表六度常驻日本，在日本工作和生活 20 余载。他根据自己的亲历、观察和感悟，并旁征博引，用通俗而清新的语言、翔实而权威的史料，从政治、军事、经济、文化、社会层面，评说战后 70 年来中日政治关系演变的轨迹，深挖其时代大背景和深层的原因，指出现时中日关系的阶段性、特征和发展趋势，概述日本在中国外交棋盘上的位置、新中国历代领导人的对日政策思想和中国政府的对日政策，披露了 1972 年实现中日关系正常化、1978 年缔结中日和平友好条约交涉和谈判的内幕，阐述了指导和规范中日关系的"四个政治文件"的基本内涵及其历史和现实意义；还客观地勾画了日本的战后发展史，评论了日本的外交哲学、日本对华政策的演变和特征，解析日本人的中国观之嬗变，把一个真实的日本告诉读者，并指出日本绝非等闲之邻，与之理性相处，争取实现世代友好，是两千年交往史得出的结论，是唯一正确的选择。

本书虽属国际关系专著，但风格严谨而不失活泼，论述深刻而通俗，既不是板起面孔写正史，也不是随意泼墨写演义，而是用讲坛的语言交代重要史实，提出观点，夹叙夹议，尽量使读者在了解史实的同时，对日本这个国家和日本人的特征有个基本认识，对战后中日关系的演变有个整体概念，对中日关系的现状有个整体把握，并为展望中日关系的未来提供一个思考的视角。

　　现在关于中日关系的著述不少，但这本著作立于作者的记者、编辑、研究者和外交官生涯几十年观察与研究之上的个性视角及得出的一些结论，且信息量之大及其宏观与微观的权威史料相结合而产生的可读性，相信一定会对国人尤其是青少年正确认识日本和中日关系提供有益的资讯。2018 年中日邦交正常化 46 周年来临之际，编者和作者共同冀望本书的推出，能予诸位读者"以史为鉴，面向未来"之飨。

代　　序

中日关系处在转型期

笔者 1965 年大学毕业就进入外交部从事对日工作,到今年已足足 50 年了。回顾半个世纪以来的两国关系,可说是变化巨大,成就显著。 1972 年建交时,中日贸易仅为 10 亿美元,而现在早已超过 3000 亿美元 了,而且,那时是垂直贸易结构,我们用农水产品换日本的工业品,一吨 大对虾才能换一吨钢;20 世纪 80 年代中国的服装和轻工业品出口日 本,只能摆在地摊上;现在从服装到机电产品,高级商店里比比皆是,中 国造的商品进入了日本的千家万户。日本人一开始对中国货有抵触, 现在观念转变了,有个日本人说:"我从头到脚从内到外穿戴的都是中 国货,价廉物美呀,为何不买呢!"改革开放后,我们大量吸引日本投资, 我们的工人给日本企业打工;现在我们向日本投资增加很快,不断并购 日本的企业,许多日本人给我们的企业打工了。建交前去日本需绕道 香港,最快也得三天时间;2009 年每周就有 1000 个航班往来中日两国 之间,三个小时左右就到了,如果从上海或大连起飞,行程更短,跟国内 旅行的感觉一样。中日建交前人员来往很少,到 20 世纪 90 年代以前主 要是日本游客来中国,是我国第一大旅游客源;现在倒过来了,我们成了它第一大客源,刚刚过去的一年里达到 500 万人次规模,致使中日航线变成了"黄金航线",各航空公司纷纷扩充航线及航班数,搞得日本的饭店不够,大巴紧张;日本各地大兴土木,从北海道到九州,纷纷增建免税店。20 世纪 80 年代以前,在日本人眼里,中国人穷,即使到了日本,面对琳琅满目、光怪陆离的商品,也只能是看一看而已。20 世纪 70 年代我从日本回国时,只买了几双袜子、几件背心,手里确实没有钱哪。现在,中国游客购买力旺盛,到日本扫货,使日本出现一个新词——"爆买",这个词获得了日本 2015 年流行语大奖。20 世纪 80 年代时,中国姑娘嫁给日本人多,很少有日本姑娘嫁给中国人的;现在,日本人都认为中国人富有,有不少日本姑娘找中国男人结婚。现在,日本女性中流行着一句顺口溜:"吃饭要吃中国餐,结婚要找中国男,法国情人早无戏,美国房子不靠边。"日本政府的人口变动统计报告显示,2007 年有 1016 个中国男人娶了日本女人,日本女人嫁给中国男人的年增加率是 15%。中国男人正越来越吃香。日本的中国信息研究机构的代表竹石健说:"其实日本女性也蛮势利眼的,看到中国经济大发展,中国人越来越有钱,当然瞄上中国男子汉。"当然,也不光是经济原因。有个嫁给中国人的日本姑娘在婚礼上直白地表达:"中国男人比你们优秀,首先他们知道爱妻子顾家,有责任心。"日本有评论认为,日本女孩愿意嫁给中国人有六大理由:一是中国男女平等观念要比日本强,二是中国的女性可以和男性一样上班,三是中国男人对老婆很呵护,四是中国男人一般很顾家,五是中国男人大多能把收入全部交给老婆管理,六是中国男人度量一般比较大。从友好城市数目看,1973 年 6 月神户和天津结为中日间第一对友好城市,到 2012 年,两国间的友好城市已发展到 248 对,还有一些正在"恋爱"还未签"婚约"的城市。

中日邦交正常化 40 多年来,两国关系虽然发展很快,但一直是在克服困难、化解挑战中前行的,冷暖起伏,风风雨雨,遭遇过严峻的挑战,发展历程绝非一帆风顺。有人说中日关系变坏是因为我们的工作没做好,实际上是由于两国关系发生了阶段性变化,是时与势变化的结果,是形势演变导致东亚格局调整的表现。

战后 70 年来,也可以说是新中国成立 67 年来,中日关系经历了三个演变和发展阶段。第一个阶段是从 1945 年日本投降、新中国成立到 1972 年实现邦交正常化前,是两国无邦交、敌对或称对抗的阶段,也是我们从民间入手,采取"民间先行,以民促官"的方针,以"渐进积累"的方式,为实现两国关系正常化创造条件的时期。第二个阶段是从 1972 年复交到 20 世纪 90 年代中期,是中日关系空前大发展时期。第三阶段可从 20 世纪 90 年代中期算到现在,中日关系处于由"特殊关系"向"普通关系"转变的过渡时期。

从实现邦交正常化到 20 世纪 90 年代中期,中日双方尽管在台湾问题、历史问题、领土问题等方面产生过一些矛盾和摩擦,但总的说来,友好合作是两国关系的主流,两国关系经受住了国际形势和各自国内政局变化的考验,各领域的交流与合作都达到空前的高度。

但应看到,1972 年实现的中日关系正常化,是我国领导人出于高度的战略谋划和政治判断,捐弃前嫌,以宽广的胸怀与日本达成的和解。所建立起来的关系,是以战胜国的大度和战败国的歉疚为思想基础的、强调友好的"特殊关系"。20 世纪 90 年代中期以后,围绕中日关系的形势发生了巨大的变化,"特殊关系"难以为继,"普通关系"势在必行。

其一,由于冷战结束,国际关系重组,世界格局大变动,中日各自调整外交战略,冷战时期的战略伙伴关系结束;美国亚太再平衡战略出笼,对美日军事同盟更加重视,使日本增加了自信,也获得了联手遏制中国的机遇。

其二,在日本,新生代政治家进入权力核心,急推国家政治转型。随着时间的推移,日本战后成长起来的新生代政治家进入权力中枢,他们不像老一代政治家那样有"战争罪恶感""战败国意识",从而改变对我国的低姿态,意欲与我国建立以国益为基础的"普通关系",进而在历史和钓鱼岛等问题上,挑战双方达成的协议和默契。同时,制造"中国威胁"论,为摘掉"战败国"的帽子,实现"正常国家"(一流国家,政治军事大国)的战略目标服务,导致中日关系矛盾和摩擦增多。

其三,中国发展太快,中日力量对比发生颠覆性变化。面对新现实,日本缺乏心理准备,失落感、危机感交集,失去自信,不适应,很纠结,不服气,担心报复受欺负,乃至视中国为威胁,成为中日间矛盾和摩擦增多的内在原因。

日本经济 1968 年超过德国,成为西方第二经济大国;1986 年超过苏联,成为世界第二经济大国,雄踞西方和世界第二经济大国的宝座 40 多年,使得日本当政者的世界老二、亚洲老大的情愫相当的严重;在日强我弱的情况下,它可以跟你友善,甚至可以帮你一把。开放初期我们资金极端匮乏,它开始向我国提供政府开发援助、长期低息贷款,总共400 多亿美元。现在你超过了,他受不了。

日本不能接受中国崛起的现实,是中日关系变坏的根本原因,钓鱼岛国有化只是个"导火线"而已。

1994 年日本经济总量相当于中国的 8.55 倍,达到战后以来的历史顶峰,随后中日经济差距迅速缩小,1997 年日本 GDP 降为中国的 4 倍多,2002 年降为中国的 2 倍多,2006 年降为中国的 1 倍多,2008 年之后两国 GDP 已比较接近。

再看中国,1990 年居世界经济第 10 位,1995 年超过巴西、西班牙、加拿大上升到第 7 位,2000 年超过意大利居世界第 6 位,2005 年超过法国和英国居世界第 4 位,2007 年超过德国居世界第 3 位,2010 年超过日本成为世界第二大经济体。

2010 年我国 GDP 超过日本(原估计 2015 年超过日本,2008 年金融危机爆发后提前了),意味着中日力量对比发生历史性逆转,意味着日本自明治维新以来的优势消失了,对日本各界的心理造成巨大冲击,日本人自尊心受到损害,不舒服。日本国内不少人对中国发展感到不安,对我国军事力量持续快速发展和海空活动范围不断扩大疑虑加深,产生惧怕心理,提防中国的一面上升,将中国作为"假想敌",一手拉紧日美同盟,一手加紧调整安全政策和军事部署。

日本统治集团认为,日本自身力量不够,只要加强日美军事同盟,就能有效地平衡中国,中国就不敢轻举妄动;而且,出于争夺亚洲事务主导权的考量,认为日本如果不站出来,就没有其他亚洲国家能与中国抗衡了,亚洲就会出现"中国一边倒"的局面,这是它不愿接受的。

中日间存在着结构性、深层次的矛盾。历史、领土问题属于结构性矛盾;不能正确认知对方的发展变化,不能客观理性地对待,属于深层次的矛盾。这两种矛盾叠加,决定中日关系的格局,借用时下十分流行的一句话,在今后相当长的一段时间里,中日之间经济上的互需与政治上的博弈共存将可能成为一个"新常态"。

表面看,目前中日矛盾有两个,一个是历史问题,即如何评价近代以来日本对中国和其他亚洲国家所发动的侵略战争;另一个是领土问题,即有关钓鱼岛的领土主权争议。但透过现象看本质,我们就不难发现,现在横亘于中日关系的上述矛盾,根本原因乃发轫于围绕中国和平崛起而展开的博弈。中国要崛起,日本谋抑制,是中日主要矛盾的本质所在,日本要迟滞中国崛起的进程和"规范"中国的走向。

用大国思维看待中日关系

中日关系的变化，很多是中国自身的变化引起的，是中日力量对比变化引起的。不看到这一点，就说不清楚。

20 世纪 70 年代，我国重返联合国常任理事国；1999 年 20 国集团成立，中国又成为 20 国集团最核心的成员之一，金融危机之后，中国在其中发挥了重要作用。这两大变化使我们国家在国际事务中的分量越来越重，已处在相当中心的位置了。进入 21 世纪，我国经济总量从世界第 6 位跃升为第 2 位，2010 年 GDP 占世界的比重从 2000 年的 3.7% 提高到 10.5%，2016 年占比为 14.84%。

2015 年，中国在西方垄断的最后一个"堡垒"——金融领域是"四喜临门"：

第一件是由中国、巴西、俄罗斯、印度、南非五国组成的金砖国家银行 7 月 21 日在上海开业。

第二件是中国倡导、57 国共同筹建的政府间性质的亚洲区域多边开发机构全称：亚洲基础设施投资银行（简称"亚投行"）成立，弥补了现行国际机制的不足。

第三件是国际货币基金组织（简称 IMF）将人民币作为第五种货币纳入 IMF 储备货币，美国终于通过对 IMF 这个由西方主导的国际机构的改革方案。IMF 将"篮子货币"调整为美元占 41.73%，欧元占 30.93%，人民币占 10.92%，日元占 8.33%，英镑占 8.09%。

第四件是中国成为欧洲复兴开发银行的新股东。

这四件事标志着中国开始全面融入全球金融市场，意味着打破了西方垄断的最后一个堡垒，美元霸主地位开始动摇，是中国崛起为全球经济强国过程中的一个里程碑。

过去 200 多年里，西方主导世界事务，东方得听西方的；现在，国际力量对比正在经历历史性的变化，西方垄断的局面被打破了，现今的美国也不是 20 世纪 80 年代的美国了。英国国际问题专家、伦敦政治经济学院亚洲研究中心高级客座研究员马丁·雅克认为："中美关系现已进入一个新阶段：中国虽不能说完全与美国平起平坐，但至少已在同一数量级上。"现在，中美合作也许不能解决所有问题，但是，如不合作，有些大问题则解决不了，如中美双边气候变化协议的达成为联合国巴黎气候变化大会的成功打下了坚实基础。世界上大事小事都需要中国表明立场，每个大问题上，中国都发挥着不可或缺的作用，与五年、十年前大不相同了。

"不识庐山真面目，只缘身在此山中。"中国的变化，往往我们自己不如外国人看得更清楚、感知得更深。且不说一百多年前，在外国人眼里中国是"东亚病夫"，是任人宰割的一块肥肉，就是在新中国成立以后，中国也是贫困落后的形象。可是改革开放以后，尤其是进入 21 世纪以来，中国的世界大国地位，使得过去曾经欺负中国的列强们不得不改变态度。英国这个老牌帝国主义国家的变化最为典型。

英国二战后是跟美国跟得最紧的国家，亦步亦趋，于是成就了"英美特殊关系"。丘吉尔曾在给艾森豪威尔的信中写道："我向你保证，我们根本上与你站在一起。"撒切尔夫人执政时期，坚持英国外交中美国第一的外交原则，英国与美国的特殊关系得到进一步发展，可谓处于"蜜月期"。因此，英国被美国视为"最信任、最可靠和最有能力的盟友"。可事到如今，一切都变了。我们倡导成立亚投行，英国不顾美国的压力，积极参加，成为亚投行意向创始成员国，成为加入亚投行的第一个西方发达国家。

2015 年春节时，卡梅伦首相对李克强总理表示，今后 5～10 年希望开启英中关系的黄金时代,表示英国是中国最坚定的支持者、最密切的合作者、最好的朋友。

2014年习近平主席访问德、法、欧盟后,英国很着急,提出要把2015年留给习主席,希望早定下日期。为此,英国女王伊丽莎白二世派她的孙子访华,带来亲笔信,给了两个时间,请习近平主席确认。习近平主席4月份给女王回信,表示尊重。女王在议会上专门宣布习访问事,又专门向我大使表示期待习近平主席来访,很在意。

结果,2015年习近平主席对英国的访问成为一次"超级访问"。三个超级:超级规格接待,超级成果,超级影响。

89岁的女王伊丽莎白二世率领王室全体成员热情接待。习一行乘坐7辆金马车进入白金汉宫,4.5万人夹道欢迎。通过的林荫大道有6道防线,天上有直升机保护。查尔斯王储三次出面,亲自到白金汉宫迎接,谈话也很友好。卡梅伦出面12次,还陪同到乡间别墅,到外地。乡间别墅迄今只接待过奥巴马、普京等,这次与习在那里谈了四个半小时。安全上英国投入了超过一般国事访问4倍以上的警力,入住后,24小时全方位警戒。

英媒体报道称,习近平这次访问,"超过以往任何一次国事访问",英国民众"对中国的好感度达到二战以来最高","对中国的拥抱是20世纪以来英国外交最大的调整"。

是什么标志性事件或力量在推动英国人对华心态发生变化呢?英国媒体说,这是出于英国对世界走势的判断:过几年中国就是世界第一。英国专家马丁·雅克诠释道:"中英关系从冷淡转向亲近,根本性的推动因素是中国的崛起……"他说:"环视世界,不管俄国、德国、法国、卢森堡还是非洲国家,大家都在'转向中国',因为中国对各国国运至关重要。过去英国一直不太积极,往往落在后面,如今再不可置身于大势之外,这也是英国自二战结束以来最重大的外交政策转变。""中国的崛起对世界其他国家产生了一种'万有引力'。如果把西方世界看作一座冰山,那么它在这股力量的作用下,已经开始出现裂缝。英国、澳大利亚都属于美国的传统盟友,但它们都开始以新的角度思考问题,即本国(而非整个西方阵营)如何从中国的崛起中获益。"

习主席对英国的这次访问对欧洲震动很大,各国争先恐后,竞相发展同中国的关系。德国总理默克尔、法国总统奥朗德马上飞到中国来了。默克尔对习近平说,你到德国来,会给你同样的待遇,只是我们没有女王。我们同欧盟的关系形成了良性互动,出现高潮。整个西方都在思考对华政策。

想一想鸦片战争、八国联军的时代,看看眼前,简直就像置身梦境一样,我们国家的地位确实变了,大变了,简直是翻天覆地的变化!

另一方面,我们也要看到,大国与周边国家的关系历来具有一定的敏感性。小国往往把大国视为"威胁",这是大国的宿命,而在这个大国强大后,"大国威胁论"更有市场。

中国的崛起不仅仅是对中日关系产生了影响,而且导致了中国与外部关系的变化,国际形势的变化。我们的块头本来就大,现在发展到如此程度,周边国家产生疑虑,甚至发起挑战,都不难理解。

美国哈佛大学教授傅高义,80多岁了,写过《日本第一》和《邓小平时代》,在中日两国都有很大影响。他去年11月来中国,我跟他就中日关系交换了意见。他说,中国现在经济规模超过了日本,而且中国的民族主义比较激烈,日本受到很大压力,很紧张;目前中日两国关系的主导面是中国,中国掌握着中日两国关系的主动权;日本现在兴起的民族主义,是对中国压力的一种反弹,但基本的态势是日本害怕中国。

情况的变化要求我们学会客观地看待自己,认清本国所处的历史阶段和在世界上所处的位置,在看到成绩的同时,对自身发展面临的问题也要有清醒认识,看到不足和差距,看到机遇和挑战。

机遇是战略性的,挑战是发展过程中的。我们必须清醒地看到,风险和挑战不仅来自外部,更大量来自内部,最大的挑战在国内。较量的输赢不仅在于警惕对手,更关键在于巩固自己。中国的问题最终取决于自己,自己搞好了,才能"任凭风浪起,稳坐钓鱼船"。

国际因素中,最大的问题是西方一些势力对中国逐渐上升的敌意。美国不会允许任何一个大国强大到挑战其地位。我们的 GDP 要赶上美国时,美国会铺天盖地地扑过来。中日美是一个三条腿的凳子,中国也好,日本也好,谁的腿长长了,美国就要削谁。20 世纪 80 年代,美国通过金融战削日本,现在中国成为第二大经济体,美国是一定要想办法削中国的。只能当老大,不能当老二,这是美国自恋的"光荣与梦想"。当它感到谁有可能挑战它的老大地位时,它是决不允许的。

中国面临的国际挑战刚刚开始,更加严峻的挑战还在后头。关键是中国不断应对种种挑战,调整自己,以适应自己日益加强的全球地位。美国前助理国防部长约瑟夫·奈认为,"中国能够实现和平崛起"。对于新兴大国崛起必然会导致国际冲突的说法和理论,奈认为,这是用19 世纪的狭隘国际政治观来理解当代世界。不过,他认为,中国需要认识到新兴大国崛起总会引起现存大国的焦虑和恐惧。因此,中国需要通过软实力和负责任的行为,消除那些国家的焦虑和恐惧。

国内因素中,取决于在持续发展中解决贫富悬殊、环境恶化等难题,建立公正公平社会,把习近平主席的治国理念变成现实,保持国家和社会的长治久安和持续发展。要认识到在全球化背景下不会存在"综合性的超级大国",中国的未来发展,不应放在谋求对其他国家的"领先优势"上;应通过坚持不懈的努力,打造良好的国家形象——和平大国的形象、负责任的大国形象、民主国家的形象、共同富裕的民生国家形象，夯实走和平道路的基础。

关系回暖仍脆弱复杂，需继续努力

2012 年日本政府购"岛"后，中日关系陷于邦交正常化以来最大危机，高层往来停止了，国民感情严重下滑。但是，中国并没有放弃改善关系的努力，一直在寻找机会恢复接触。我们是一面坚持原则立场进行斗争，一面不断地做工作。

以 2014 年 APEC 北京会议为契机，在达成"四点原则共识"的基础上，中日关系迈出改善步伐，但由于两国间存在着一些难以解决的结构性的矛盾和现实利益的冲突；由于日美不对等的同盟关系造成美国因素对日本的影响格外直接和严重；由于日本国内政治右倾化，反华势力抬头；由于中日两国在两千年的历史上，力量对比一直处于不平衡状态，而今天的力量对比正在经历一个半世纪以来未曾有过的变化，亚洲呈现两强并立的局面，日本政界和社会上对中国迅速发展的抵触心理，会对日本政府的对华政策产生影响，决定基本格局是既合作又竞争，既借重又制约，日本对华政策的两面性突出，并将长期存在。

尤其是安倍晋三首相第二次执政以来，为达到修宪强军、实现国家转型和抑制中国崛起的目的，极力渲染"中国威胁论"，并以中国为"假想敌"，在安全和外交上采取了一系列步骤，已经把中日关系从战略互惠的"正常国家关系"层级拉低到"战略竞争关系"的层级上了。这种做法如不改变，中日关系的真正改善是很困难的。

令国际社会感到困惑的另一个问题是，日本领导人和政府在重大问题上的表态往往是出尔反尔，使外界感到日本领导人很不严肃，缺乏诚信。这不仅严重影响日本国家的形象，而且还影响同其他国家的关系。慰安妇问题就是典型。如果日本在国际上不能信守诺言,做不到"言必信,行必果",做不到言行一致,就很难取信于国际社会。

更令人关注的是,近年来,日本又跟美国一唱一和,插手南海问题,企图把水搅浑,从中渔利。关于南中国海事务,由于历史的原因,我们一直特别关注日本的言行。日本不是南海事务当事方,奉劝日本谨言慎行,不要以任何形式插手南海问题。日本应该清楚,任何国家企图通过炒作南海问题,渲染局势紧张,挑拨地区国家间关系,甚至进行军事介入来达到遏制中国的目的,都是徒劳的。如日本一意孤行,只能为两国关系制造新的困难,甚至可能引火烧身。

由于上述种种原因,两国关系仍然脆弱、复杂而敏感,中日关系的改善是有限度的,两国关系的未来存在着不稳定性,将来还会有不少的曲折反复,甚至不排除倒退的可能。

理性看待和处理转型期的中日关系

中日两国山川异域,风月同天,是永远的邻居。中日在两千多年的交往中得出一个结论:和则两利,斗则俱伤。

鉴于历史的经验教训,新中国一直重视发展同日本的睦邻友好关系,视中日关系为最重要的双边关系之一,主张和平共处、世代友好、互利合作、共同发展。

近年来,日本有人认为中国对日政策变了,不重视日本了,这不符合事实。

习近平主席2015年5月23日出席中日友好交流大会时讲话指出"中国高度重视发展中日关系,尽管中日关系历经风雨,但中方这一基本方针始终没有改变,今后也不会改变",表示愿在中日间四个重要政治文件的原则基础上,本着"以史为鉴、面向未来"的精神,继续推进中日战略互惠关系。

2013 年 10 月中国召开的周边外交工作座谈会和2014 年11 月召开的中央外事工作会议，都强调中国坚定不移走和平发展道路，坚持"与邻为善、以邻为伴"的周边外交方针，突出"亲、诚、惠、容"的理念，亲仁善邻，诚信为本，让中国的发展惠及周边，实现和而不同、多元共生的包容开放发展。日本是中国重要近邻，同样是中国周边政策的适用对象。

我们常说周边是重中之重，大国关系是关键。日本既是周边国，又是大国，与日本的关系是与一个周边大国的关系。中日关系不同于夫妻关系，夫妻可以离婚，永不见面，但中日永远是邻居，不能不交往。右派当权，也不能不与它打交道。

日本能量很大，向好的坏的方向走都与我国密切相关。历史上，它曾经两次打断我国发展进程。战败后 70 年的今天，它正东山再起，且摆开了与我国较量的架势，是我国崛起过程中遇到的一道坎。

中国和日本都对彼此未来的发展十分重视，这从中国是世界第二大经济体，而日本是世界第三大经济体就能得以体现。如果这两个亚洲大国不能有效合作，那么东亚将无法处于正常且稳定的状态。

没有远虑，必有近忧，必须超越眼前的视野，从我国外交全局看待中日关系，需要争取日本，逐步恢复和改善对日关系，化解它对中国的压力，防止它打断我国发展战略机遇期。

同样，日美同盟也有多面性：既有防范应对中国的一面，又有防范俄朝的一面，还有控制日本的一面。现在美国是最大限度地利用日本，最大限度地遏制中国。钓鱼岛风波有美国背景，美国才是大赢家。在钓鱼岛问题上，美国实际上是选边站的，但美国不会为日本的利益而奋斗，更不会为了日本的利益而损害自身的利益。

对中日双方来说，重要的是，要把处在过渡时期的中日关系的特征看透，不受一时一事左右，时而喜，时而忧。正如日本已故著名外交评论家高坂正尧所说："两个有力量的国家并存，而能相处得很好，这在历史上几无先例。"因此，中日之间的外交存在一些或大或小的障碍，属于正常的状态。应从战略的高度，以长远的眼光，冷静而慎重地处理现实的分歧，确保中日关系在过渡时期保持基本平稳。尤应注意的是，产生尖锐矛盾和摩擦时，要理性对待，绝不能感情用事，逞一时之勇，图一时之快；要牢牢掌握两国关系大方向，决不能失控，决不能任其发展到不可收拾的地步。

近些年来东亚各国民族主义飙升，互相刺激。中国在崛起过程中，要慎重地处理与周边国家的关系，适当遏制非理性的民族主义。民族意识也是阻碍战略互信的因素。民族意识和自尊一旦掺杂了情绪化的因素，问题将变得复杂和棘手，如不能科学地认识和理性地对待，科学地剥离非理性的成分，就无法达到战略互信。

历史上，国际关系中往往将战争作为政治手段的继续，用战争手段去解决问题。但是，在今天，我们必须学会用智慧化解矛盾，用对话寻求共识，用政治解决代替战争，在相互合作中寻找利益的接合点，争取实现双赢，应尽力避免发生军事冲突。军事冲突不能最终解决问题，只能产生更多的麻烦。

2012年9月的钓鱼岛风波对两国关系造成了严重的伤害。钓鱼岛主权的归属，日本有日本的立场，中国有中国的立场。分歧客观存在。日本不仅罔顾历史，不承认存在分歧，不承认存在主权争议，而且利用钓鱼岛问题，渲染中国"威胁"，把中国作为"假想敌"，制造紧张，为修宪强军寻找根据。它激化钓鱼岛问题，实际上就是日本重整武备的精神动员令。

钓鱼岛问题上的斗争是长期过程，内外环境都不具备解决条件，除非世界格局大变动,不可能解决,即使打一仗也不能最后解决问题。现在世界上有 60 多国之间存在领土争端还没解决。要举谈判解决的旗帜,固化反制成果,控制局势,引导事态平息下来,实现"软着陆",避免岛争问题长期拖累中日关系。

钓鱼岛问题,要有战略思维,从我国战略全局考虑,不能因为钓鱼岛搅乱了我们的大局。两国关系顶在一个小岛上是很危险的,岛争闹大了,不符合我国根本利益,只能是两败俱伤的结果,美国才是赢家。因此,搁置争议为上,不能因为它的存在而妨碍两国正常来往。应尽快建立危机管理机制,防止再度发生类似事件,维护关系大局。

主张政治解决并不是惧怕战争。应对日本右倾化保持高度警惕,对日本右翼势力的能量、危险性、挑衅性及破坏性不能低估。我们要固化钓鱼岛斗争中取得的阶段性成果,钓鱼岛主权主张只能进不能收,在争取政治解决的同时,做好形势升级的准备,做好应急突发事态的准备,并且做好美国介入的准备,做到有备而无患。

对于"岛"问题最终如何解决,邓小平早在 30 多年前就提出"主权在我,搁置争议,共同开发"的主张。习近平在 2013 年 7 月 30 日中共中央政治局第八次集体学习时,就进一步经略海洋、推动海洋强国建设发表讲话,也强调"要坚持用和平方式、谈判方式解决争端,努力维护和平稳定。要做好应对各种复杂局面的准备,提高海洋维权能力,坚决维护我国海洋权益。要坚持'主权属我、搁置争议、共同开发'的方针,推进互利友好合作,寻求和扩大共同利益的汇合点"。

现在,对这种解决办法,日本政府并不认同;中国国内也有不少反对的声音,称"中国的领土为什么还要共同开发"?中日双方还都有些极端的主张,认为为此可以"不惜一战"。

"主权在(属)我,搁置争议,共同开发"的主张是个大智慧,既维护了自身的利益，又照顾了对方的关切，体现了"用和平手段解决国际争端而不是用战争手段去解决国际争端"的时代精神和"外交是妥协的艺术"的国际常识。

关于历史问题，周恩来总理说过，人类仇恨宜解不宜结。中日之间最终的出路是和解，除此别无选择，因为这符合两国人民的根本利益。中日关系正常化40多年后的今天，关于历史问题上的纠葛仍然存在，是日本给我们出的难题，坦率地说中国方面没有责任。

历史问题事关维护两国关系的政治基础。维护战后国际秩序，事关日本的走向，并不是日本所说的什么"内政问题"，要站在道义制高点，持续保持强大压力；要唤起国际舆论的共鸣，争取国际上的理解和支持。

应弘扬爱国主义和理性民族主义。应从过去一百多年里遭受日本侵略和压迫而造成的精神和心灵的严重创伤中——受害者心理、弱者心理走出来，增强自信，以"强者心态""大国心态"，与日本打交道。

在进行历史问题的斗争时，要强调指出，这是为了唤起每一个善良的人们对和平的向往和坚守，而不是要延续仇恨。我们不会因日本少数军国主义分子发起侵略战争就仇视日本民族，战争的罪责在少数军国主义分子而不在人民，中日两国人民应该世代友好下去，以史为鉴、面向未来，共同为人类和平做出贡献。

应该看到，我们坚决持续地反对日本右翼美化军国主义侵略历史、为军国主义分子翻案的斗争已经取得明显的成果，对日本政治右倾化的抑制作用是显而易见的。安倍来北京参加APEC前与我方达成四点原则共识，暗中做出了不参拜靖国神社的承诺，任内不再大摇大摆地去参拜了。安倍发表战败70周年的谈话，也不得不考虑中国等亚洲国家的关切，表示要继承"村山谈话"，把"侵略""殖民统治""反省""道歉"

几个关键词加进去。

经济上，我们 GDP 超过日本，不等于经济质量超过日本，对日本发展的看法和评价，不能简单地被中国经济总量超过日本成为世界第二经济大国的表象所掩盖，不能因为 GDP 超过日本而轻视日本。

2015 年，大批中国人从日本往国内背马桶盖成了热门话题，有人说，这个马桶盖是在杭州制造的，为何还要去日本买？在日本确实可以看到很多商品背后印有"Made in China"，但实际情况是，很多商品组装在中国，设计不在中国，品牌不在中国，核心元器件不在中国，制造工具、机床不在中国，市场渠道在中国，还有，很多精密制造也不在中国，更不控制在中国人手上。一个小小的马桶盖映射出了一个大问题，反映出中日间自主创新能力、技术水平的差距，这是对中国企业敲了警钟！还有，同样是资生堂品牌的化妆品，在中国生产的和在日本生产的，质量上就有差别，是生产工艺上的差别导致了产品质量上的差别。

总体上，日本经济社会发展已经进入高度发达文明的程度。与此相对照，中国在现代化的道路上与日本还有相当大的差距。我国同日本处于不同发展阶段，互补性很强。

说"不同发展阶段"，雾霾就是一个显著的标志。雾霾是环境问题，实际上是经济结构、社会发展水平问题。40 多年前，日本经济高速增长，带来了莫大的利益，也付出了高昂的代价。一方面是物质文明的进步，另一方面却是环境的破坏、精神的荒废、优秀传统的丧失。公害问题就是日本经济畸形发展的直接恶果之一。

当时，日本一心追求 GNP，盲目发展工业，却不肯在防治公害和社会福利方面花钱，结果使公害泛滥，环境污染，严重影响人民身体健康和生命安全。公害问题几乎是每天报纸、电视都少不了的话题，有食品公害、交通公害、空气公害、噪音公害、垃圾公害，等等，五花八门。许多工业区烟云蔽日,夜间难得看见星星和月亮,河川变色,海水污染,鱼虾绝迹,连龟鳖也要进口。东京空气污浊,银座闹市的树受空气污染都枯死了,还有小学生吸入汽车尾气形成的光化学烟雾而晕倒在人行道上。当时,我站在东京塔上环视四周,雾茫茫的看不清楚,整个列岛变成了"公害列岛",日本成为世界上出了名的"公害大国"。

二十世纪六、七十年代,日本法院审理了许多公害案件,最著名的是四大公害即熊本和新潟的水俣病,四日市的喘息病,还有痛痛病。水俣是熊本县的一个地名,当地化学工厂不加处理地排出有机水银废液,污染河海,许多年来,当地的老百姓吃了被污染的鱼贝,得了一种怪病,耳聋眼瞎,四肢麻痹,言语不清,表情异常,许多人不明不白地死去。据说连猫吃了那里的鱼,都要发疯,竖起两条后腿往海里跳。这种病在日本全国发现好几处,据说对胎儿也有影响。痛痛病是矿山的有毒重金属镉引起的,中毒后骨头弯曲、裂开,咳一声会把肋骨咳断,痛得不得了,也死了很多人,有个医生把这种病叫"疼啊疼啊病"。四日市的公害也是骇人听闻的,那里是一个著名的石油化工城市,资本家曾宣传要将其建成一个"阳光灿烂"的城市,但事实上工厂的毒烟却使周围许多人患了气喘病,不少人一发作就喘不上气,活活地憋死了,附近的学校只好搬家。

当时,我作为记者,是以批判的眼光来报道日本五花八门的问题,上班交通难的问题、住房难的问题、民工潮问题、农业问题、人口过密过疏问题,还有教育应试的问题、青少年犯罪的问题、金钱崇拜,等等。今天翻阅当时的记载,我不禁感到些许的尴尬和汗颜。我万万没有预料到,几十年后的今天,这些社会问题都在我们国家上演了,而且有些问题是有过之而无不及。不能不承认,今天的中国与四十年前的日本有不少类似之处。中国今天存在的问题,日本在四十年前也同样存在过。

不过,四十年后的今天,日本的很多问题,如环境、交通问题都解决得很好。

20世纪80年代后期我再去日本工作时,那里的环境完全变了,变成了山清水秀、空气清新的国家,实现了国土花园化。靠严厉的法律,靠市民运动(20世纪60年代后期,日本各地居民控告公害灾情的案件每年都有几十万起),靠经济转型,靠科技创新,靠全民的环保意识的提升,十来年的时间就解决了环境问题。

交通方面,四十年前,东京、大阪等大城市道路拥挤不堪,常常是人走得比车快。而今,则可以用"发达"这一个词来概括。各种交通方式的发展使你从甲地去乙地在路线和交通工具上有多种选择。在东京,由电车、地铁、公共汽车等组成的交通网络已经到了过密的程度。公共交通之迅捷、方便、准时,使私家汽车的使用价值大大降低。私家车仅仅成了休闲时利用的工具,以至于很多人懒得买车。所以对车的概念,中国人和日本人有很大的不同。中国人好像不买车就不能成为中产阶级,车是富有和身份的象征。在日本却不同,国会议员都坐电车上班。很多人,比如大学教授,都没有车。

所以我想,我们不妨研究和借鉴日本的经验,看一看日本是怎样走过来的。一句话,弟子不必不如师。历史上,中国曾是日本的老师,反过来,我们今天不妨从他们身上得到某些启示和教益。

对照日本发展经验和教训,为了加速我们自己的发展,不要盲目排斥日本,而是要善加利用,加强经济交流与合作。经济合作是两国关系发展的动力,也可收到以经促政的效果。日本拥有先进的技术、管理和人才优势,中国拥有广阔的发展前景、丰富的劳动力资源和不断发展的国内市场,这些都提供了中日经济合作的巨大空间。节能减排、生态环保、技术创新这些方面,都是重要的合作领域。应该将中国的市场优势与日本先进的节能环保技术和管理更好地结合起来，推动两国的经济合作不断拓展。中日韩东北亚的经济合作也必须搞，这对我们有利。

人文交流要积极开展，以民促官，以经促政，要把安倍政权与广大国民分开，防止造成两国人民的对立。在孤立打击极右势力的同时，要分化右派势力，争取中间势力，团结支持正义力量，调动日本国内一切"反倒退""反右转"的积极因素，努力扭转国民感情下滑局面，夯实民间基础。

总而言之，应着眼大局，把对日关系放到我国外交全局中考虑，从战略高度去认识和处理好"历史恩怨"与"现实利益"、全局与局部的关系，坚持原则，讲究策略，以两手对付它的两面，该斗则斗，该谈则谈，该周旋的则周旋，该合作的则合作，始终保持战略主动。要扩大积极面，开放各领域的交流，改善国民感情，扩大和深化合作领域，强化利益纽带，以巩固支撑两国关系的基础。要抑制日本的消极面，不要使其成为主导面。斗争要坚持有理、有利、有节。不要因钓鱼岛问题而改变我国对日基本政策，也不要因钓鱼岛问题而搅乱我国外交大局。鉴于中日关系的敏感性，要统筹国内国外两个大局，审慎地处理好对日关系。

——笔者 2016 年 1 月 24 日在国家图书馆演讲节选

序　章

"我们和日本的交往有两千多年的历史,半个世纪的对立,20多年的工作。今天,我们已经看到时代螺旋式地前进了。"

——1972年9月30日,周恩来总理在上海虹桥机场欢送田中角荣首相一行回国。田中的专机起飞后,周总理深有感慨地如是说。

中日两国,山川异域,风月同天,相互为邻,已经交往两千多年。秦始皇公元前221年统一中国后,秦、汉、隋、唐、元、明等历代天下一统的王朝维系的名震世界的庞大中华帝国,一直是华夷秩序的中心。从秦汉时代到中国败于鸦片战争以前,除了元朝侵扰日本那段时间以外,中日之间的来往从未间断过,中国是日本一个非同寻常的邻国。历史悠久的中华文明如同一块巨大的磁石,强烈地吸引着日本人。中华文明成为日本人汲取智慧和养分的重要源泉。

日本学者砺波护认为,对于日本来说,邪马台国的女王卑弥呼及"倭之五王"的倭国时代,即3世纪前半叶到5世纪,中国是"朝贡和畏敬之国";从派遣遣隋使、遣唐使的飞鸟时代、奈良时代到平安时代,即7世纪初到12世纪末,中国是"憧憬与模范之国";从镰仓时代到江户时代,即到19世纪后半叶,中国是"先进与亲爱之国"。(见《中国之于日本的存在》第285页,讲谈社,2005年11月出版)在日本的发展史上,中国可谓第一个老师,最早的来往对象。

然而,清朝自1840年与英国打了一场鸦片战争后,一再失败、退让,陆续与外国共签下1,000个以上不平等条约,丧失国土面积相当于120个台湾之大,赔偿白银达9亿余两,更主要的是失去国家主权和民族尊严,偌大的清朝统治下的中国已经国不成国了,中国国土被占,国权被夺,进入苦难屈辱的时代。

中国外忧内乱之际,由明治维新而进入兴隆期的日本加入帝国主义列强之行列,处于衰退期的中国和处于上升期的日本的相互关系发生了逆变。

1868年,明治天皇登基。他积极推行史称"第二次开国"的明治维新自强运动,开启了现代化的大门,改变了日本的命运,也改变了中日关系的格局。

由于明治维新是一场不彻底的资产阶级革命,所诞生的明治政府是一个具有浓厚封建色彩的天皇制政体和武士道精神相结合的政权,生出军国主义的怪胎,极具扩张性和掠夺性,使日本后来走上对外侵略扩张的道路成为必然。为扩疆掠土,岛国日本实行大陆政策,而认为通往大陆的途径是强兵,是诉诸武力。在这种背景下,日本很快就开始欺负中国了。

日本为实现其大陆政策目标,把中国作为它首先要征服的对象。从1874年到1945年的71年间,中日间经历了三次半战争:第一次是1874年日本入侵台湾,借口是1871年一些琉球人在台湾遇害。那时,台湾没设防,中国没反抗,算是半个战争。第二次就是1894年爆发的甲午战争。第三次是1900年八国联军入侵,日本参与了。第四次则是从1931年"九一八"开始到1945年结束的长达14年之久的全面抗日战争。

1874 年，即《清日修好条规》签订三年之后，日本就借琉球渔民在台湾被杀之故，出兵侵略台湾，从而对清朝采取了强硬态度。此事最后虽以签订《中日台事条约》而暂时平息，但后来日本还是于 1879 年，乘隙吞并了与中国保持密切的宗属关系的琉球王国，设置了冲绳县。

日本从侵略台湾、吞并琉球，到染指朝鲜，气势逼人。1894 年又故意挑起甲午战争，逼迫清政府签订丧权辱国的《马关条约》。

其后，清朝一些激进的改革派，积极倡导以日本为榜样，实行变法维新。1898 年光绪皇帝领导的仅仅持续了 103 天的戊戌变法（亦称“百日维新”），就是以日本的明治维新为样板的。这个照搬照抄明治维新的戊戌变法虽然被慈禧太后主导的政变扼杀了，光绪皇帝成了阶下囚，但是，维新派“师强敌以变法”的主张，促成了学习日本的风潮。在清朝驻日公使馆的外交官们纷纷著书立说，出了不少研究成果的同时，大批留学生东渡日本，大批中国学者、爱国志士也纷纷赴日参观访问。这意味着中国在与日本二千年的交往中，走到这一步，无奈地与日本调换了一个位置，中国由老师变成了学生，而日本由学生升格为老师了。

对于中国人在甲午战争后急切地向日本学习的心情，日本学者狭间直树说：“（中国人）所表现出来的对日本的天真烂漫的依赖心情与后来的历史发展相对照，简直不可思议。这说明从日清战争（即甲午战争）到义和团运动这段时间，是一个幸福的共同幻想的时代。”

然而，这个“共同幻想的时代”很快就被日本的大炮摧毁了。辛亥革命后，日本一方面站到北洋军阀一边，参与扼杀中华大地上新生的共和国，以支持袁世凯称帝为条件，向中国提出“二十一条”要求，企图将中国完全变成日本的附庸国，表明日本已由参与西方列强侵华，进入企图独霸中国的新阶段。此后，日本加剧对东北的侵略扩张。正是从这时起，因第一次世界大战而疲惫不堪的西方列强从亚洲的舞台上后退，日本站在中国的正面,成为中国的主要敌人。

日本经过一系列的战争部署和周密的策划,制造了大规模军事行动的借口,于1931年9月18日夜向沈阳发起攻击,"九一八"事变由此爆发。关东军5天内占领辽宁和吉林,两个月内,占领了东北三省全境。第二年即1932年,日本政府根据关东军于1931年9月22日制定的《满洲问题解决策案》即成立以旧宣统皇帝爱新觉罗·溥仪为首脑的新政权的方针,以及关东军1931年10月2日策定的《满蒙问题解决案》即在东北建设"独立国"、由日军掌握实权的方针,炮制了"伪满洲国",溥仪当了"儿皇帝",日本则成了东北200万平方公里土地的领主和3,000万人民的"太上皇"。由此,日本人终于通过"征服满蒙"迈出了"征服支那"的第一步。

"九一八"事变后,日本在建立和巩固"皇道乐土"伪满洲国的同时,把魔爪伸向东北周边地区和山海关内,开始了全面侵占中国的准备。1937年7月7日,在北京挑起"七七卢沟桥事变",打响全面侵华战争。"七七"事变后,总共拥有现役军人和预备役军人120多万的日本,竟陆续将120万兵力全部投入中国战场(后来又不断增兵,到1945年,日军在华兵力为128万),而仅仅以后备兵和补充兵守卫日本本土和被它视为殖民地的朝鲜、台湾。拥有10艘航空母舰、45艘万吨以上战舰、800余艘万吨以下战舰的日本海军,拥有2700架飞机的日本空军,都将95%的兵力投入中国战场。日本军国主义原本的打算是三个月内一举征服中国。

1938年,日本的近卫内阁声明"(日本)帝国政府今后不与(中国)国民政府为伍",事实上与国民政府断交,进而于同年10月占领武汉、广东,在卢沟桥事变发生后的16个月以内,控制了整个华北、华中东部和华南部分地区,几乎占领了中国一流的政治城市和工业城市。战后进行的历时两年半的东京审判,判决书第五章赫然以"日本的对华侵略"为题,"认定对华战争自1931年以后是侵略战争",并历数日本军国主义侵华的罪行,写道:"这期间,日本出动陆军百万,超过第一次鸦片战争以后百年英、法、德、俄、日历次侵华战争兵力的八九倍;(七七事变)后时间连续8年,接近于百年外国侵略战争时间的总和;中国幅员辽阔的国土一半(富庶地区绝大部分)被占领,930座城市(占总数47%,占大城市的80%)被盘踞,53座城市遭浩劫,3840家工厂被破坏,战祸灾区人口2.6亿,无家可归人口4200万,伤亡人口2100多万,军民被杀戮1200多万,财产损失600多亿美元。"寥寥数语难于概全,而实际上造成的人员和财产损失要多得多,种在中国人心中的创伤和剧痛,远比记录在案的数字具体得多,深刻得多,沉重得多。据后来统计,抗日战争时期,中国军民伤亡多达3500万人。日本军国主义发动战争造成的破坏及其对中国资源和财富的大肆掠夺,按照1937年的比价,造成中国直接经济损失1000亿美元,间接经济损失5000亿美元。

结果是,中国不但没有被征服,反而成了牵制、打击日本侵略者的主战场。中国的抗日战争作为世界反法西斯战争的东方主战场,在中日力量对比悬殊的情况下,抗击和牵制了日本陆军总兵力2/3以上。卢沟桥事变两个月之后,中国国内停止内战,第二次国共合作成立,结成了5亿人为一体的抗日统一战线。在八年抗战中,中国军民地不分南北,人不分老幼,同仇敌忾,浴血奋战,歼灭日军的总数约占日军在第二次世界大战中死伤人数的50%。中国的抗日战争对世界反法西斯战争的胜利做出了巨大的贡献。毛泽东在抗日战争胜利前夕对中国在反法西斯战争中的地位和贡献作了精辟的论述。他说:"中国是全世界参加反法西斯战争的五个最大的国家之一,是在亚洲大陆上反对日本侵略者的主要国家","中国在八年抗日战争中,为了自己的解放,为了帮助各同盟国,曾经做了伟大的努力"。

正因为如此,中国在世界反法西斯战争中的地位得到世界的公认。1942 年 1 月 1 日,中国成为与美、英、苏三国共同领衔发表 26 盟国《共同宣言》的四强之一;中国的军事领导人被推举为盟国包括越南、缅甸、泰国、印度在内的中国战区最高统帅;1943 年 10 月 30 日,中国与美、苏、英在莫斯科共同发表了《四国宣言》,中国成为成立国际安全机构的发起国之一;1943 年 12 月 1 日,中国与美、英共同发表三国《开罗宣言》;1945 年 4 月,中国成为联合国发起国之一,并成为常任理事国;1945 年 7 月 26 日,中国与美、英共同发表三国促令日本投降之《波茨坦公告》。

14 年抗战谱写了一首中华民族团结御侮的壮烈史诗。剧作家田汉写的《义勇军进行曲》中"把我们的血肉筑成我们新的长城",道出了中国人民艰苦抗战的悲壮情景。抗日战争的胜利是鸦片战争后 100 多年来中国人民反对帝国主义侵略的第一次完全胜利,打破了近代中国在抵抗外国武装侵略作战中屡战屡败的先例,洗雪了 1840 年以来的民族耻辱,成为中华民族由衰到兴的历史转折点,为新中国的诞生奠定了基础。抗日战争之伟大,在于它对中国人民的觉醒产生了深远的影响,在于它重塑了中国人的民族精神。正是在长期的抗日斗争中,中华民族从一个"自在"的民族,变成一个自觉、自强、自新的民族,中华民族的概念真正深入人心。

第一章

为恢复邦交的努力

第一节
二战后中日关系的症结

从中美英三国发表《开罗宣言》(1943.12.1)，到苏美英三国签订《雅尔塔协定》(1945.2.11)，到中美英三国发表促令日本投降之《波茨坦公告》，到美国先后向日本广岛和长崎投掷原子弹(1945.8.6,1945.8.9)，到苏联对日宣战(1945.8.8)，到毛泽东发表《对日寇的最后一战》谈话(1945.8.9)，形势急转直下，负隅顽抗的日本终于招架不住，于1945年8月14日宣布投降。

早在日本正式宣布无条件投降四天前，中国解放区抗日军总司令朱德向各解放区所有武装部队发布受降命令。8月15日，朱德总司令致美英苏三国说帖，请求三国政府注意当时中国战场存在着国统区和解放区的事实，并郑重提出五项原则，要求它们保证中国解放区、中国沦陷区的广大人民及一切抗日的人民武装力量的受降权利。与此同时，蒋介石也于8月15日以中国战区最高统帅名义，电令驻华日军指挥官冈村宁次大将，指示在华200万日军投降原则，并指派中国陆军总司令一级上将何应钦，代表中国战区最高统帅受降。9月9日上午9时，中国战区受降仪式在南京中央军校大礼堂举行，何应钦代表蒋介石受降，冈村宁次代表日军投降。

不管怎么说，这一刻是中日关系史上的转折点！冈村宁次这个侵华的元凶终于向中国人民低下了头！

日本无条件投降，最终结束了第二次世界大战，也改变了中日关系，即由被侵略者与侵略者的关系变成战胜国与战败国的关系。摆在中日两国面前的首要课题是尽快结束战争状态，签订和约，恢复外交关系。事实上，中日两国直到 1972 年才完成结束战争状态、恢复邦交的课题，前后花费了 27 年的时间。这与中国国内的政局变化有关，更与世界形势的演变大有关系。

1945 年，毛泽东与蒋介石的重庆和平谈判失败，导致第二次国共合作破裂，决定中国命运和前途的大决战爆发。在中国三年多的解放战争中，国民党政府尽管得到美国的全力支持，最后还是被赶到台湾岛上，1949 年，在大陆成立了中国共产党领导的崭新政权——中华人民共和国。

新中国成立并宣布"一边倒"，加入以苏联为首的社会主义阵营，世界冷战格局中的中美对立突出。先是扼杀，不成，则改为遏制，成为美国对华政策的全部内容。正是在美国的控制和指使下，日本不是与新中国媾和、恢复邦交，而是于 1952 年与台湾当局媾和，并建立了"外交关系"。

1954 年 10 月 11 日，周恩来总理在会见日本国会议员访华团和日本学术文化访华团时，曾说过这样一段话："中日关系正常化的障碍，不在中国方面。《旧金山条约》不承认中国，而承认台湾，说台湾代表中国。中国人民很伤心。我们承认日本人民的日本，日本人民投谁的票，谁得的票多，谁组织政府，我们就承认谁。但是，日本政府却采取了相反的做法，不承认中国人民所选择的政府，中国人民不要蒋介石，日本政府却承认台湾代表中国，中国人民当然感到很伤心。是日本政府不承认我们，对我们采取不友好态度。我也知道，困难的根本原因不完全在于日本政府,因为日本政府的头上还有个太上皇,就是美国。"

周恩来这番话道破了战后中日关系的症结所在。日本战败投降后,美国以"盟国"名义对日本实行单独占领。美国占领日本初期的目的是在日本推行"民主化"和"非军事化"政策,以保证日本不再成为世界安全与和平的威胁。但因二战后不久,反法西斯盟国出现分裂,形成东西方两大阵营,世界进入冷战时代,美国改变了对日政策初衷,转而实行扶植和重新武装日本的政策。美国将日本视为对抗苏联和中国的战略据点,对日媾和也改为"非惩罚性"方针,利用其单独占领日本的优势,于1951年9月4日召开了由它一手包办的旧金山会议,并于9月8日签订了片面的对日和约。

根据旧金山和约的有关条款规定,旧金山和约签订几小时之后,美国与日本又签署了《日本国和美利坚合众国间的安全保障条约》(简称《日美安保条约》)。实际上,美国是先起草《日美安保条约》,后拟定对日和约的。在美国看来,安保条约比对日和约更重要。因为依据该条约及据此签订的《美日行政协定》,美国可以继续霸占日本的一些岛屿,并有权在日本驻扎军队,拥有大量军事基地。日本的自卫队事实上也置于美国的指挥和控制之下。美国还可以应日本政府的请求,镇压日本国内出现的"大规模暴动和骚乱"。

1952年4月28日,即《旧金山和约》和《日美安保条约》生效的当天,日本吉田茂政府与台湾当局签订和约。这正是美国出于它的亚洲战略需要,施压日本的结果。因为就在1951年12月10日,专门负责对日媾和事务的美国国务院顾问杜勒斯,要求日本政府与台湾蒋介石集团建交,并威胁说,如果日本政府不明确表态,美国参议院就有可能不批准对日和约。

正是在此背景下,吉田茂首相不顾中国政府的警告,于12月24日致函杜勒斯,表示同意与台湾建立"正常关系"。这就是为中日关系正常化设置了严重障碍的《吉田书简》。

据此,日本于1952年4月28日同台湾当局缔结了和约,并建立了外交关系。双方在换文中还规定该和约适用于"中华民国政府所控制的和今后将控制的一切领土",这不仅反映出当时蒋介石反攻大陆、复辟蒋家王朝的企图,而且也表明了日本政府的愿望。正是日蒋勾结,沆瀣一气,中日关系进入"漫长的冬季",直到中华人民共和国成立23年之后,才把日本从错误的历史轨道上拉了回来。

第二节
毛泽东的对日政策思想

新中国的对外政策是根据毛泽东的对外政策思想制定的,对日政策也不例外。那么,毛泽东是怎样看待战后日本的呢?他的对日政策思想主要内容是什么呢?

让我们看看毛泽东1955年会见日本国会议员访华团时说过的一段话吧。他当时强调了以下几点:

我们两个民族现在是平等的了,是两个伟大的民族,都是有色人种,是平等的,要互相尊重。

中日两国都受美国压迫,要互相帮助,把压在头上的手顶走,独立自主地处理本国的事情。

中国是个经济、文化落后的国家，要向日本学习。

中日之间的社会制度虽然不一样，但并不妨害相互尊重和发展友谊。

由此，毛泽东认为，中日发展友好关系是完全有基础、有可能的。中日之间应"互相帮助，互通有无，和平友好，文化交流，建立正常的外交关系"。

就是在1955年，毛泽东在同日本国会议员谈话中还表示："过去的老账不妨害我们，今天制度不同也不妨害我们，过去的事情已经过去了，主要是将来的问题。"

可以说，着眼于建立最广泛的反美统一战线，着眼于最大限度地争取日本国内各种力量，化敌为友，变消极因素为积极因素，早日实现中日关系正常化，是毛泽东的战后日本观和战后对日政策思想的出发点。基于此，毛泽东提出了几个"区别对待"：

首先，将日本同美国区别开来。毛泽东认为，日本战败并被美国占领，使日本的地位发生了根本变化，变成了被压迫的民族，争取民族独立是日本面临的主要任务。由此，指出美帝国主义是中日两国人民的共同敌人。

20世纪60年代，毛泽东认为，在美苏两霸之间有两个中间地带。一个是亚、非、拉，一个是欧洲、日本、加拿大。认为"日本同美国有矛盾，反对美国的控制"，"一部分人依靠美国，但随着时间的延长，日本这部分人中的许多人也会把骑在头上的美国赶走"。

1974年，毛泽东提出划分"三个世界"的理论，认为美苏是第一世界，日本、欧洲、加拿大是第二世界，亚洲除日本都是第三世界，非洲是第三世界，拉美是第三世界。

第二，关于战争责任问题，将一小撮日本军国主义的代表人物和广大日本人民区别开来,将制定军国主义政策的人和仅仅参与的人区别开来。要争取和团结广大的日本人民。

第三,将日本政府同日本人民区别开来。1961年1月24日,毛泽东会见日本社会党议员黑田寿男等人时说:"要分清同日本人民的关系和同日本政府的关系,两者是有区别的。"

第四,将日本政府中的主流派和非主流派区别开来。毛泽东在与黑田的同一次会见中还说:"同时,政府的关系也有不同,有所谓主流派和非主流派,他们不完全一致。松村(谦三)、三木(武夫)、高碕(达之助)、河野(谦三)、石桥(湛山),这些人是我们的间接同盟军,日本人民是我们的直接同盟军。"

第三节
组建班子,落实方针

基于上述观点和政策思想,毛泽东在新中国成立初期就首先提出愿早日实现中日邦交正常化的积极方针。只是由于1951年美国与日本片面媾和,并促压日本与台湾签订和约、建交,为中日邦交正常化设置了严重障碍,中日复交才推迟了20多年。但是,中国政府早日实现邦交正常化的目标从未动摇过。在中日两国的官方关系一时难于打开的情况下,毛泽东和周恩来便提出"民间先行,以民促官"的方针,并组建了对日工作队伍,大力开展中日民间外交,以期通过渐进积累的方式,实现中日邦交正常化的目标。

新中国刚刚成立,周恩来总理便指示廖承志成立一个研究日本问题的小组。后来,周总理又指派廖承志负责对日工作。

1952 年 4 月 1 日凌晨,周总理把廖承志叫到他的住处——中南海西花厅,请廖承志看一份有关中日关系的文件。廖承志看到毛泽东主席在上面的批示:"要把帝国主义的政府和这些国家的人民区别开来,要把政府中决定政策的人和一般官员区别开来。"

廖承志一看完,周总理就对他说:"毛主席的指示就是中央决定的对日方针。中央决定开展人民之间的友好往来,日本方面的问题决定由你兼管。"从此,廖承志便在周总理的直接领导下,开展对日民间外交工作。

1954 年 12 月,国务院外交委员会和中共中央统战部决定扩大对日研究工作。1955 年,成立对日工作委员会,负责对日本问题的研究和对日政策的实施。对日工作委员会主任为郭沫若,副主任为廖承志、陈家康、王芸生,委员有雷任民、李德全、刘宁一、南汉宸等。

后来,中共中央外事小组成立,陈毅任组长,廖承志为副组长;国务院成立外事办公室,陈毅、廖承志分别担任正、副主任。国务院外事办公室下面设日本组,先后由杨正、王晓云任组长。这个日本组存在了十多年,直到 1966 年"文化大革命"爆发,受到红卫兵猛烈冲击,才不继而终。

在十多年的时间里,日本组作为廖承志的对日工作秘书班子,卓有成效地工作,起到了召集人、协调人的作用。廖承志经常通过日本组,召集各涉日工作部门开会,或讨论日本形势,研究对策;或传达中央领导同志的指示和意见,布置工作;或组织学习中央的对日方针政策;或协调、处理对日工作中遇到的具体问题。

从周总理到陈毅、廖承志，再到日本组，再到来自中央各部委、民间团体，包括外交部、中联部、外贸部、国家侨委、国际贸易促进委员会、对外友协、外交学会、共青团中央、总工会、人民日报社、中央人民广播事业局、新华社、解放军总参谋部等单位的有关负责人和工作人员，共约30人，形成了一个"上能通天、下可接地"的对日工作机制。这样的机制，甭说在中国对未建交国的工作中绝无仅有，就是在对建交国的工作中，也是独一无二的，足见中央对对日工作的重视程度。

严格说来，这个机制并不是一个正规的、严密的组织系统，与中央各部门、各团体也并非隶属关系。但是，由于在其中扮演主角的廖承志那传奇式的革命资历和特殊的"日本通"经历，他与周总理特别亲密的关系，他对日本事务的精通，他那旺盛的精力和对工作全身心地投入，他那平易近人的作风、待人亲切的态度以及那潇洒、幽默的谈吐举止，使他在对日工作班子成员的眼中，成为"小周恩来"。周总理管他叫"小廖"，大家则管他叫"廖公"。他独有的人格魅力，化作人们对他的无限信任，产生了巨大的凝聚力，从而，保证了这个工作机制一直能高效率地运转，在周总理的指导下，演出了一出又一出精彩纷呈的大戏，在新中国的对日民间外交工作中，发挥了重要的历史作用。

第四节
先从做买卖入手

为开辟民间外交渠道，并建立政府间联系，中国政府主动采取了一系列的步骤。首先从做买卖入手。1952 年，中国国际贸易促进委员会主任南汉宸利用在莫斯科出席国际经济会议的机会，与出席这次会议的日本的绿风会国会参议员高良富，日本社会党国会众议员、日本国际贸易促进协会代表帆足计和改进党国会众议员、日本国会议员促进日中贸易联盟理事长宫腰喜助进行接触，商定在平等、互利、和平、友好的基本方针下开展中日贸易，并经国内批准，邀请他们三人来北京进一步商谈。

据资深对日工作者吴学文回忆，当时，不少人出于对日本当年侵华的仇恨，对邀请日本人来华访问想不通，是廖承志亲自做了说服工作。廖承志对他们说："按毛主席、周总理的指示去做吧！要往远处看，要区别政府和人民，当年日本政府中央决定政策的官员是有罪的，人民是无辜的，人民之间的友好往来一定会由涓涓之水变成滔滔洪流！"

这样，同年 5 月，这三位代表来到北京。这是新中国成立后第一批前来访问的日本政界和经济界人士，具有划时代的意义。通过会谈，双方正式签订了第一个中日民间贸易协定，从无到有，实现了中日贸易零的突破。由于美日政府百般阻挠，这个协定执行不好，但中日民间交往的大门毕竟打开了。

1953年，朝鲜实现停战，东北亚局势走向缓和；一些西方国家同中国的贸易已开展起来；日本政界和经济界要求吉田茂政府实行自主的经济政策，改善日中关系，发展日中贸易。在这种压力之下，日本政府不得不逐步放宽对华出口的限制。9月30日，以池田正之辅为团长的日本国会议员促进日中贸易联盟代表团应邀访华。经过商谈，于10月签订了第二个中日民间贸易协定。由于吉田政府继续追随美国，对华实行禁运政策，该协定总额仅完成38.8%。

1954年12月，吉田内阁下台，鸠山一郎出任首相。他对改善日中关系、发展日中贸易比较热心。1955年1月25日，日本国际贸易促进协会会长村田省藏和日本国会议员促进日中贸易联盟代表理事池田正之辅，联合邀请中国国际贸易促进委员会派贸易代表团去日本，谈判签订第三个中日民间贸易协定。

3月29日，中国国际贸易促进委员会副主任雷任民率团访日。在谈判中，中方代表指出：要发展国际经济贸易关系，民间的努力固然重要，而政府承担起应负的责任更为重要，中日两国政府应就双边贸易问题进行谈判并签订协定。在没有做到这一点之前，民间签订的贸易协定，应取得政府的支持和协助。

谈判起初进行得比较顺利，但由于美国对同中国有贸易往来的日本厂商进行威胁，并于4月5日宣布拒绝日本外相重光葵访美，还声称要修改《美日互惠协定》，向日本政府施压，致使日本政府更不愿对中日民间贸易协定承担责任。

4月18日，中方代表举行记者招待会，指出谈判未取得进展的原因是日本政府对中日贸易中的几个重要问题不肯承担应负的责任。消息一发表，日本各界人士纷纷质问政府，对鸠山内阁形成巨大压力。4月

27 日，鸠山首相表示，愿对第三个中日民间贸易协定给予支持和协助。这样，第三个中日民间贸易协定于 5 月 4 日签订，实现了民间协议、官方挂钩的目的。该协定执行的结果，完成协议额的 67%，比前两个协定前进了一大步。

根据周恩来总理 1954 年 10 月关于解决中日两国渔业问题的倡议，1955 年 1 月 13 日至 4 月 15 日，中国渔业协会代表团和日本日中渔业协议会访华团就黄海、东海的渔业问题进行会谈，并签订了第一个民间《关于黄海、东海渔业的协定》。

1956 年 5 月，双方签订了将上述协定延长一年的议定书。11 月 7 日，中国渔业协会代表团前往日本，就渔业协定的执行情况及需改进的事项等问题，与日本日中渔业协议会进行商谈，并取得一致意见。12 月 19 日，双方发表联合声明，提出努力促请本国政府就两国渔业问题进行谈判并缔结协定。

1955 年 10 月至 12 月，中国先后在东京、大阪举办了中国商品展览会，日本通商产业大臣石桥湛山等政治、经济各界人士以及 190 多万群众参观，获圆满成功。随着贸易的扩大，成立于 1949 年 5 月的日本国会议员促进日中贸易联盟空前活跃起来。日中输出入组合也应运而生。

也就在这一年，中日两国驻日内瓦总领事进行了战后首次"政府间联系"。8 月 17 日，沈平总领事递信日本总领事田付景一，向日本政府提出：为了促进中日两国关系的正常化，并有助于国际局势的继续和缓，中国政府认为，中日两国政府有必要就两国贸易问题、双方侨民问题、两国人民互相往来问题和其他有关两国人民利益的重大问题，进行商谈。如果日本政府抱有同样愿望的话，中华人民共和国政府欢迎日本政府派遣代表团来北京举行会谈。

11 月 4 日，中国驻日内瓦总领事再次递信日本总领事，提出：中日应就两国之间许多有关两国人民利益的重大问题进行会谈,其中两国关系正常化是最迫切需要解决的问题。因此,中国政府欢迎日本政府派遣代表团到北京,就促进两国关系正常化问题进行商谈。

进入1956年,交流的春风吹开了日本文化界的花朵。3月,以中岛健藏为理事长的日本中国文化交流协会成立。这是继日中友好协会(1950年10月成立,首任理事长是内山完造)之后诞生的又一个日中友好组织,标志着日中友好的力量不断发展壮大。

同年3月29日,鸠山一郎首相对中国政府的呼吁做出间接的回应。他在回答国会议员质询时表示,"我认为应该恢复正常关系。如周恩来总理希望商谈,没有理由加以拒绝。"

鉴于此,周恩来总理于4月18日致函邀请鸠山首相访华。遗憾的是,鸠山内阁因内受执政党保守势力牵制,外受美国政府压力,对中国政府的邀请未能做出积极响应,便于同年12月20日辞职了。

鸠山任内,中日关系虽未获突破性进展,但总的气氛不错。正是在那种气氛下,日本众议院于3月30日通过了《缓和向共产圈出口的巴黎统筹委员会限制与发展促进日中贸易的决议》。

9月至12月,日本商品展览会作为中日交流的重头戏,先后在北京、广州、上海举行。毛泽东主席、朱德副主席、刘少奇委员长、周恩来总理高度评价这次展览会对于促进两国贸易、友好关系和两国人民友谊方面的重要作用。

10月8日,周恩来总理会见日本国际贸易促进协会会长、日本商品展览会总裁村田省藏和日本商品展览团团长宿谷荣一,并出席了他们为庆祝展览会开幕而举行的酒会。周总理发表讲话,希望在和平共处、友好合作、平等互利的基础上,促进中日两国的关系,真正做到共存共荣。他还指出,中日两国恢复邦交的困难在日本方面,中国希望早日恢复邦交,但是,鉴于日本方面目前的困难,我们愿意等待。

10 月 15 日,双方发表《关于进一步促进中日贸易的共同声明》,确认将第三个中日贸易协定延长到 1957 年 5 月 4 日。双方还同意:1. 努力实现互设民间性的常驻商务代表机构;2. 进一步扩大贸易额;3. 在双方国家银行签订支付协定以前,先由两国外汇银行具体商洽建立直接业务关系;4. 应努力加强技术交流与合作;5. 促进早日签订政府间的贸易协定。

其后,石桥湛山内阁成立。他上台伊始便表示,要尽可能地促进同中国的经济关系。不幸的是,石桥入主首相官邸仅两个月,就因病辞职了。

1957 年 2 月 25 日,岸信介上台任首相。此人战后曾作为甲级战犯被关进监狱,后来因美国改变政策,被释放出来。1953 年 4 月大选时当选议员,重返政坛。他极端反共,极力主张修改宪法、重整军备,以“重振战前大日本帝国的荣光”为政治目标。

1958 年 2 至 3 月,中日间签订了为期 5 年的《中日长期钢铁协定》,接着签订了《第四次中日民间贸易协定》。此后,由于岸信介政权的阻挠,中日关系由前进、改善变为后退、恶化,中日间的贸易往来和文化交流在 1958 年后一度中断。

《第四次中日民间贸易协定》一开始就受到岸信介政府的多方阻挠,以至于拖了 4 个月才签订。协定为期一年,仍然采取同类物资易货的原则。协定规定了中日双方互设商务代表处的内容,并在备忘录中写明,双方各自取得本国政府的同意,给予保证安全、出入境方便、海关优待和以贸易活动为目的的旅行自由及在其建筑物悬挂本国国旗等待遇。很明显,落实上述协定的前提条件是两国政府的保证和支持。该协定签订后,陈毅副总理即会见日本通商使节团,代表中国政府对协定表示欢迎和支持。但日本内阁官房长官爱知揆一在协定签订一个多月后才谈话表态。他说日本政府"不承认民间商务代表机构有权悬挂共产党中国国旗",对协定不予支持。

就在日本政府做出上述表态后不久,发生了日本暴徒侮辱中国国旗的"长崎国旗事件"。1958 年 4 月 3 日,中国邮票剪纸展览会在长崎百货公司开幕。台湾驻日伪"大使馆"要求日本外务省通知主办单位日中友好协会长崎支部,降下会场悬挂的中国国旗。这一无理要求被主办单位拒绝后,5 月 2 日下午 4 时,两名日本暴徒冲进展览会场,悍然撕毁中国国旗,制造了严重的政治事件。两名肇事者被扭送长崎警察局后,岸信介政府不以为然,仅以损害"器物"看待,并予以释放。

为揭露岸信介内阁的反华面目,打掉他的反华气焰,陈毅副总理兼外交部部长于 5 月 11 日发表声明,向岸信介政府提出严重抗议,并宣布以下措施:废除中日钢铁贸易长期协议;正在东京谈判钢铁协议合同的中国五金、矿产公司代表团停止谈判回国;中国政府停止签发对出口的许可证;原定由许广平率领的中国妇女代表团延期访日;取消由北京市派出的访日和平代表团;不再延长为期一年的中日渔业协定;正在日本访问的中国歌舞团停止演出,提前回国。

在此背景下,中国方面于 1958 年 7 月提出了中日关系史上著名的"中日关系政治三原则":日本政府不能敌视中国;不能追随美国搞"两个中国"的阴谋;不能阻碍中日关系向正常化方向逐步发展。中国政府提出这个"政治三原则",旨在敦促岸信介政府改变追随美国、亲蒋、反华的政策,以扫除中日关系正常化的障碍。

中国提出"政治三原则"后,又提出了"中日贸易三原则",即 1.政府协定;2.民间合同;3.个别照顾。

"长崎国旗事件"导致中日贸易中断,使日本一些依靠进口中国的生漆、天津栗子、海蜇皮、荞麦、中草药和中餐材料为生计的中小企业叫苦不迭,濒于破产。周总理从1959年2月来华访问的日本工会总评议会事务局长岩井章那里听到这个情况以后,对岩井说:中国必须对日本坚持"政治三原则",只要日本政府不改变敌视中国的政策,就不可能重开贸易,但是,从中日友好出发,考虑到日本这些中小企业的实际困难,可通过非贸易途径寻找解决问题的办法。

商量的结果,决定采取"照顾物资"的形式,由中华全国总工会与日本工会总评议会构成的特殊渠道,向日本中小企业供应一定数量的商品。这种特殊办法解决了日本中小企业的困难,受到他们的热烈欢迎。

后来,根据周总理"今后还可以继续照顾,并且根据需要,数量也可以扩大一些"的指示,于1961年4月,向首批被认可的38家日本友好商社发出参加广州出口商品交易会的邀请,从而使中断的中日贸易从单纯的"照顾物资"发展为友好贸易。

当时,中国政府还针对岸信介政府采取的政治上敌视中国,经济上做买卖、捞实惠的"政治与经济分离"方针,提出了"政治经济不可分原则"。廖承志曾经指出:"在国家与国家的关系上,政治与经济是不可分开的。不讲政治,只讲贸易,在实际上是不可能的。岸信介想在敌视中国的同时进行中日贸易,是不可能的。"

这个"不可分"原则一直实行到中日邦交正常化时为止,它给日本政府奉行的"两个中国"政策以有力的打击,遏制了日台经济关系无限制发展的势头,调动了日本经济界改善日中关系的积极性,对中日邦交正常化的实现起了巨大的促进作用。

第五节
抓住机遇，取得突破

1960 年 7 月，岸信介内阁在日本人民声势浩大的反对《日美安保条约》的斗争浪潮中倒台，池田勇人内阁成立，中日关系出现转机。

池田上任伊始就公开表示，"对中共的政策，未必与美国采取同样的态度""要采取向前看的态度""逐渐改善日中关系"。对此，中国政府先是采取"听其言，观其行"的态度。池田内阁成立后一个多月，周恩来会见来华访问的日中贸易促进会常务理事铃木一雄等人时，重申"政治三原则""政治经济不可分原则"和"中日贸易三原则"。

周总理解释说，"中日贸易三原则"是从同岸信介敌视中国的政策进行的斗争中产生出来的。过去中日双方曾经搞过民间贸易协定，想通过民间协定发展中日贸易，但岸信介时期，证明这种做法行不通。岸信介不承认、不保证民间协定的实施，并且采取敌视中国的政策来破坏它。我们不能容忍这种行动，只好将中日贸易来往停了两年半。周恩来总理向日方表示了恢复中日贸易的强烈愿望，但又说，"池田政府的态度究竟如何，我们还要看一看"。

池田政府不仅在口头上而且在行动上有限地调整了对华政策，在改善中日关系方面采取了一些积极的步骤。他不仅批准向中国出口成套设备时使用日本输出入银行贷款，为扩大中日贸易提供了有利的条件,而且积极支持执政的自民党内主张同中国发展关系的松村谦三以及高碕达之助、冈崎嘉平太、古井喜实、田川诚一等政治、经济界人士改善日中关系的努力。

在池田任内,周恩来总理抓住机遇,因势利导,终于使中日关系出现生机。1962年秋天,周恩来总理和陈毅副总理同前来访华的日本著名政治家松村谦三一行促膝长谈三次,就以"渐进、积累"方式,在"政治三原则"和"政治经济不可分原则"基础上发展两国关系、谋求两国关系正常化达成共识。同时,就扩大中日贸易问题,确定了以下原则事项:1.以货易货;2.综合贸易;3.延期付款;4.长期合同(为期5年)。

在此原则下,1962年11月9日,由廖承志、高碕达之助签署了亦官亦民的《中日长期综合贸易备忘录》。《备忘录》贸易项下的交易合同采取"LT"字样编号。L是廖(LIAO)姓的字头,T是高碕(TAKASAKI)的字头,因此,这个备忘录贸易亦称"LT贸易"。

这个《备忘录》不仅对1963年至1967年的贸易作了规定,而且商定,中方成立廖承志办事处,日方成立高碕事务所,并在对方国家互设常驻联络机构,还商定互派常驻记者。这个《备忘录》贸易协定的签订,使中日间的贸易在原来的民间友好贸易的基础上,又增加了一条渠道,犹如两个车轮,相辅相成,不仅大大促进了中日贸易关系的发展,而且在政治上发挥了历史性的作用,开辟了中日间半官半民接触和交流的窗口。

在《中日长期综合贸易备忘录》签订后,松村谦三苦心孤诣,借"兰花交流"之名,积极设法推进两国间的贸易关系。1963年4月,他突然给廖承志打电话,要求中方派一个兰花爱好者代表团访日。廖承志接到这个电话,断定松村先生此举是"醉翁之意不在酒","本意并不在什么兰花交流",便立即将此事报告周总理。周总理接到报告,也认为此中大有文章,并引用"夜长梦多"的成语,强调外交要抓住机遇,马上决定派遣由 6 人组成的兰花爱好者代表团访日。令局外人摸不着头脑的是,这 6 个人中竟有一半(中国人民外交学会理事孙平化、王晓云和翻译王效贤)是连兰花和韭菜都分不清的人。

果然不出所料,代表团中的 3 位兰花专家赴日后,松村先生与孙平化等 3 人就以日本输出入银行延期付款方式向中国出口成套设备事进行了协商。而且,松村先生还巧作安排,让孙平化等 3 人在日本国会众议员宇都宫德马的别墅楼上,秘密会见了负责审批出口成套设备的政府官员——通产省官房长渡边弥荣司和主管课长谷敷宽。4 个月后,池田内阁批准仓敷人造丝公司日产 30 吨的生产维尼龙成套设备向中国出口。这套设备的出口不仅对缓解中国棉布的短缺起了一定作用,而且对冲破美国的对华禁运政策、扩大中日贸易的规模,具有特殊的政治意义。

在此基础上,中日双方于 1964 年 4 月 20 日签署了互设常驻机构和交换常驻记者的《会谈纪要》,并于同年 8、9 月间落实,从而实现了新中国成立后,中日间第一次互设常驻机构和互派常驻记者。不言而喻,这是战后中日关系史上突破性的进展。

第六节
"掘井人"松村谦三

　　话题及此,不能不仔细说说松村谦三。他是日本著名政治家,堪称战后中日关系的拓荒者,周恩来总理所说的中日关系"掘井人"之首。这位富山县出生的政治家从青年时代就关注中国。他大学毕业后,担任《报知新闻》记者,曾到中国各地旅行。1928 年当选为众议院议员,在内阁中担任过厚生大臣、文部大臣、农林大臣等职。1955 年 11 月任自民党顾问。因在早稻田大学学习期间,与廖承志是"先辈"与"后辈"的关系,1954 年,廖承志作为中国红十字会代表团副团长访日时,松村主动上门拜访,并表示"愿为日中两国修好而努力"。二战后,松村一直在思考如何结束日中间的不正常状态问题。他始终认为,没有日中两国的握手,就没有亚洲的和平。

　　松村首次访华是 1959 年 10 月 19 日。陪同来访的有国会众议员竹山佑太郎、井出一太郎、古井喜实,池田首相的亲信、银行家田林政吉,还有他的女儿小堀治子、秘书田川诚一。

　　松村一下飞机,便发表热情洋溢的讲话。他说,我一直十分关注和赞赏新中国成立 10 年来取得的伟大成就,还表示:"这两三年日中两国关系陷入不正常状态后,我深切感到,必须寻求最有效的办法,加强日中间的联系,早日改变这一现状。""当今的世界即将进入一个新的时代,人们都在为保卫世界和平而不懈地努力,而日中两国人民对和平的渴望尤为强烈。我此行的目的正是为了促进这一事业,加深相互间的了解,改善两国关系。"

松村此行受到周总理热情而周到的款待。周总理亲自设宴欢迎,并在致辞中亲切地表示:"希望松村先生在中国多住些时候,多走走,多看看,以加深对新中国的理解,这将更有助于两国人民的友好共处,更有助于远东和世界和平。"

10月25日,周总理约同陈毅副总理,专程陪伴松村乘火车去密云水库参观,一起在水库中泛舟聊天,彼此建立了亲密关系。谈话间,松村建议中方邀请高碕达之助访华。他说:"我是政界人士,高碕是经济界人士,我想让两个车轮来推动日中关系。"

松村这次访华期间,周总理、廖承志同他进行了多次会谈。会谈内容虽未见诸文字,但感情的走近,对推动其后两国关系的发展,起了很大作用。通过这次访华,松村更坚定了以改善日中关系为己任的决心。

据当时负责接待他的孙平化回忆:松村回国途中到达广州时,曾对他说:"现在是岸信介内阁,我无能为力。但日本政府不久就会更迭的。我虽不会进入新内阁,但会有一定的发言权,请给我点时间。"

后来的情况证明,日本政局的变化,果如松村所料。1960年7月19日,岸信介内阁在国会强行通过修改日《美安保条约》的议案后被迫下台,池田勇人上台执政。池田首相对松村十分器重,借重他与中国的密切关系,把日中关系大大推进了一步。据松村周围的人后来向笔者透露,池田曾对松村说:"我作为首相,不得不站在面向美国的立场上。所以,我希望你成为我对中国的另一张脸。中国的问题就全拜托你了。"

池田内阁的确与岸内阁不同。它虽然维持着"政经分离"政策,但尽力避免与中国对抗,对扩大日中贸易态度积极,希望通过经济交流,用渐进积累的方式促进日中关系。

1960 年 10 月,经松村建议,池田首相同意高碕达之助率领由 13 位企业家组成的代表团访华。

高碕是个传奇式人物。他战前当过水产技师,后办实业,在大阪成功地兴办东洋制罐厂。1942 年出任"满洲重工业总裁"。日本战败后,留下来处理战后事宜,前后在东北待过 6 年。1947 年回国后,受聘担任电源开发总裁,后进入政界,于 1954 年出任鸠山内阁的经济企画厅长官。

经济企画厅长官任上,他最初的工作就是,翌年作为日本政府首席代表出席在万隆举行的亚非会议。这个会议是中国参加,而不让台湾地区参加,日本外务省对派团参加这次会议态度消极,政府内部意见分歧。内阁会议上,高碕不顾一些大臣的反对,力主"日本应该出席",遂被指名为首席代表。就是在那次会议上,高碕与周总理结识,并举行了单独会晤。

会晤中,周总理诚邀高碕访华,以便看看他在东北管理过的工厂。周总理对他说,"你的'孩子'长得很好,你不去看看吗?"周总理还托他捎口信给鸠山首相,说"中国希望恢复邦交"。

高碕受到周总理的邀请,十分感动,当即表示"一定要去",只因后来岸信介上台执政,1958 年,高碕又担任了一年的通商产业大臣,访华没有立即成行。1960 年,高碕率团来到中国,受到周总理的热情接待,三次促膝长谈,谈政治问题,更着重谈了经济问题。高碕深受鼓舞,认为"这是一次最受感动的历史性会谈","也是日中之间划时代的事件"。

高碕这次访华期间,周总理如约安排他去东北。回到北京时,他率直地向周总理报告了视察所感,指出了中国工业的缺欠,并力陈发展农业的重要性,由此博得周总理的好感和信任。

松村 1962 年 9 月第二次访华，正是受池田首相的委托成行的。其间，周恩来、陈毅、廖承志同他三次会谈，在此基础上，以高碕达之助为团长、冈崎嘉平太为副团长的庞大代表团，为落实松村同中方达成的协议，于一个多月后即 10 月 28 日来华访问，并于 11 月 9 日达成了《廖承志·高碕达之助备忘录贸易协议》。

正当中日贸易关系大有起色的时候，79 岁的高碕于 1964 年 2 月 23 日去世。周总理和中日友好界人士感到巨大悲痛。所幸的是，松村谦三很快就指定了高碕的继承人。

1964 年 4 月，松村第三次访华。9 日那天，松村偕已故高碕先生的继承人、全日空航空公司社长冈崎嘉平太、国会议员竹山佑太郎等人，从门司港乘"玄海丸"号出发，奔向秦皇岛。松村此前两度访华，都是取道香港的。他说，"这次之所以取海路直行，是由于去近国不愿绕远"，早日实现日中关系正常化的急切心情，溢于言表。

松村与周恩来进行长达了 5 个多小时的政治会谈，取得重大成果。4 月 19 日，双方签署了互设常驻机构和交换常驻记者的会谈纪要。从而，这个因日本政府不予支持而拖了 6 年的悬案，终于得以解决了。

根据上述会谈纪要，中方在东京设立"廖承志办事处驻东京联络处"，日方在北京设立"高碕达之助事务所驻北京联络事务所"。同时决定，双方互派记者常驻对方首都，具体内容有 12 款，其中规定记者交换的窗口是廖办和高碕事务所；互派人数各在 8 名以内（后因日方强烈要求，日记者增至 9 人），原则上一个新闻机构派驻一名记者；记者在对方国家驻在期一次为一年之内；双方保护对方记者安全；给对方记者的采访活动提供方便；给对方记者与其他外国记者同等的待遇；保障对方记者的通讯自由，等等。

这样，孙平化首席代表和陈抗、吴曙东代表等驻东京联络处成员于

1964 年 8 月 13 日抵达东京。日方代表相马常敏、田中聪介、大和田佑次于 1965 年 1 月到达北京。中日双方的记者则于 1964 年 9 月 29 日同时抵达东京和北京。

遗憾的是，正当人们期望中日关系以此为契机进一步发展时，日本政局发生变化。池田首相因喉癌病倒，不得不于同年 11 月 9 日宣布辞职，佐藤荣作同日继任首相。佐藤上台不久，就把当时已曝光的《吉田书简》的内容，作为政府方针固定下来。所谓《吉田书简》，是指吉田茂前首相在松村谦三 1964 年访华后不久，给台湾的张群秘书长写的一封信。信中向台湾方面许诺：日本向中国出口成套设备时，不使用日本输出入银行的资金。因此，日本的商社再向中国出口成套设备时，就不可能获得输出入银行的优惠贷款了。这样，一扇正在敞开的中日贸易之窗，又不得不面临关闭的危险。

在这种形势下，松村谦三于 1966 年春第四次访华，其目的是为延长 LT 贸易进行事前沟通。因 1962 年签订的为期 5 年的 LT 贸易协定，行将于 1967 年 12 月 31 日期满。

松村这次访问受到热情接待，并从周总理那里得到了延长 LT 贸易的慨允。所以，他回国时对"延长问题"很乐观。

然而，松村这次中国之行之后，中日两国的国内形势都出现了变化。在日本，因佐藤内阁的对华政策不断后退，松村谦三、古井喜实、田川诚一等积极主张改善对华关系并做出了贡献的这些人，在执政的自民党内被视为"异端分子"，受到巨大压力和攻击。在中国，"文化大革命"风暴漫卷，极左思潮横行。部分"造反派"对廖承志和从事 LT 贸易的干部展开猛烈的大批判，指责 LT 贸易是"为反华的佐藤政权作伥"，极力要求废除。混乱之中，LT 贸易机制受到猛烈冲击，中日双方的当事者都处于十分困难的境地。

进入 1967 年,中日关系更加险恶。佐藤首相是年 9 月访问台湾,公然干涉中国内政;11 月访问美国,发表了中国是"威胁"的联合声明。另一方面,处于"文革"高潮中的中国,7 月以"间谍分子"的罪名,逮捕了日本常驻北京的 7 名商社人员;9 月以"破坏中日友好"为由,驱逐了日本常驻北京的 3 名记者;接着,又取消了一名日本记者的常驻资格。中日关系的冷却,使 1967 年末到期的 LT 贸易协定无法在年内进行延期谈判,只能在空白状态下走进 1968 年。

为使 LT 贸易得以延长,松村亲自写信给周总理,提出会谈的请求。1968 年 1 月得到周总理的答复后,他立即指派古井喜实、田川诚一、冈崎嘉平太为代表。他们三人偕大久保任晴、金光贞治两名随员,于 2 月 2 日风尘仆仆地赶到北京。古井一行带来了松村分别写给周总理、陈毅副总理兼外交部部长和廖承志会长的亲笔信及给病中的廖会长买的特效药。

在当时的气氛下,这次谈判从政治问题入手,对佐藤政府的批判相当激烈。双方因会谈纪要的内容和表达方式难于达成一致,会谈的气氛十分紧张,以至于古井一行产生"中断谈判,临时回国"的念头。

其间,一向为人细心体贴的周总理,又为无事可做的古井请来专家李天骥。这位李姓专家是 24 式简化太极拳的原创者,是周总理的夫人邓颖超的太极拳老师。1959 年,松村先生访华时,周总理曾把他介绍给松村先生,说"如能通过太极拳,增进日本国民的健康,促进友好,那就太好了"。这次,古井又在李老师的指导下,在他下榻的北京饭店的楼顶平台上,习练了一个多月,成为日本掌握此术的第一人。

古井回国后,在全国范围内宣传太极拳,并一手缔造了日本太极拳交流协会,自任理事长。中日关系正常化 10 周年时,在古井先生的奔波之下,中日两国政府达成在东京都文京区小石川后乐园附近共同建立日中友好会馆的协议,古井出任会长。为了纪念周总理当年对他的关照,也为了让中国传统的健康之道普惠于日本国民,古井会长特意在日中友好会馆内开设"日中健康中心",并把当年周总理给他找的李老师的女儿李德芳,请到会馆来做太极拳的专任讲师,向广大市民教授太极拳。如今,古井先生虽已乘鹤而去,但以日本前首相羽田孜为后继会长的日本太极拳交流协会日益发展,与中国太极拳界的交往十分密切,日中友好会馆内的太极拳教室,在古井先生的老秘书小池勤的主持下,依然门庭若市。"谈判不成打太极",成了战后中日交往中一段脍炙人口的佳话。

言归正传。由于双方都不愿意看到来之不易的 LT 贸易渠道毁掉,终于在 3 月 6 日签署了《政治会谈公报》和贸易协定,还根据中方的意见,就修改《交换常驻记者的会谈纪要》达成了协议。

《政治会谈公报》的调子很高,发表后,在日本自民党内引起了强烈反应。担当会谈的古井喜实和田川诚一受到激烈谴责,被指骂为"下跪外交""向中国投降"。

双方就交换记者问题达成的《关于修订 1964 年 4 月 19 日交换新闻记者会谈纪要的协议事项》,其主要内容是,将交换记者的人数从最初的各 8 名以内,改为各 5 名以内。

1969 年秋,松村致信古井喜实。信中说,他由于年迈体衰,决定从政界引退,辞去国会议员职务。接着,他说,"但是,我对中国问题怀着莫大的兴趣和使命感,我将把它作为我一生中最重要的事业,愿为此而献出余生。"就在第二年春,松村谦三不顾右翼分子的恫吓,第五次也是最后一次踏上中国的土地。这次访华是 1970 年 3 月 20 日到 4 月 23 日,其目的是把前外相藤山爱一郎作为他的接班人介绍给中方,以对自己从事日中关系的政治活动做个政治交代。

因当时的中日关系十分严峻，而中美间恢复了大使级会谈，佐藤政府迫于压力，谋求同中国接触，松村这次访问格外受到日本朝野各界的重视。到机场送行的，仅国会议员就有三木武夫、河野谦三等30多人，佐藤内阁由木村官房副长官出面，日中贸易界和松村家乡的人也来了不少。

当天，松村这位87岁的老人是坐轮椅上飞机的。他登机前对记者表示："我虽然上了年纪，但我推进日中邦交正常化的热情却不亚于任何人。打开日中关系是我终生的夙愿……"

3月21日，松村老人从香港一进入深圳，就受到来自北京的中国LT贸易办事处负责人的欢迎。考虑到松村的健康状况，他们还从广州带来了一名医生，并对深圳到广州的列车做了特别的安排，让老人躺卧着休息。

3月22日上午，松村一行乘飞机离广州飞往北京。苏制伊柳辛18型客机舱内，特意为松村老人准备了床和沙发。北京机场上，为他铺了红地毯。中日友协名誉会长郭沫若等人到机场欢迎。

松村这次访问期间，虽未直接参加贸易会谈，但由于他亲临北京坐镇，双方于4月19日签署了会谈联合公报。在政治谈判达成一致之后，贸易谈判仅用两个小时就完成了。

当天，周总理会见了松村一行，对松村不顾年迈远道而来，表示慰问，高度评价他为推进中日关系所做的贡献。然后，同藤山等人就两国关系和共同关心的问题交换了意见。

当会见结束时，周总理与松村相约道："下次再见！"。万万没想到，这次分手，竟成永别。翌年（1971年）8月21日，这位为打开日中关系费尽心血的著名政治家，溘然长逝了。

1971年8月12日，笔者向新华社发回一份急电："松村谦三（88

岁）因老衰已入东京国立第一病院数月。近日来,心脏功能又失调,卧床难起,靠注射葡萄糖和输氧维系生命。我驻东京联络处和记者日前前往医院探望时,老人已处于昏睡状态,其家属认为,老人危在旦夕。"

外交部看到此消息后,于14日上呈报告请示周总理,建议以中日友协名誉会长郭沫若同志名义发一份慰问电,并附了如下慰问电文稿:

驻东京联络处转松村谦三先生:
获悉先生病剧,深为关切。衷心祝愿先生早日康复。

郭沫若

八月十三日

周总理对电文作了修改,将"病剧"改为"卧病多时",并在郭沫若名字前加上"周恩来",日期前加上"一九七一年"。批示:"拟改为两人名义发出。"

此电使松村及其家属十分激动。8月18日,以松村名义分别给周总理和郭沫若复电:"顷接总理阁下恳切来电,不胜感激,深表谢意。我将尽力养病以报阁下之深情厚谊。在此重要时刻卧床不起,甚感遗憾。衷心祝愿日中两国邦交早日正常化。"

8月21日晚,松村谦三病逝。当晚,外交部上报周总理的请示,提出两条建议:

1.以总理名义发一唁电,同时由郭沫若同志、廖承志同志联名发一唁电,由刘希文同志代表中国中日备忘录贸易办事处发一唁电。唁电发出后,均全文广播并见报。

2.举行葬礼时,我驻东京联络处人员、驻日记者偕华侨工作人员前去吊唁,并以周总理、郭沫若同志和廖承志同志、中国中日备忘录贸易办事处名义送花圈。

周总理对失去一位中日关系的"掘井人"、一位老朋友,深感悲痛。他立即发去唁电,称赞"松村先生是日本具有远见卓识的政治家。他把晚年献给了中日友好事业,做出了重大贡献,深受中国人民的尊敬和爱戴",并于当晚召集紧急会议,除同意外交部建议外,还鉴于日本媒体发表大量评论,关注中国是否派人参加葬礼,认为这是是否重视的"试金石",当场拍板决定派遣资深外交官出身的王国权,赶赴东京出席松村的葬礼。王国权当时是中国人民对外友好协会会长,还兼着中日友好协会的副会长,作为周总理的特使,不啻最佳人选。王国权受命去东京参加松村谦三葬礼,并利用此机会广泛接触各界人士,继乒乓外交时的"王(晓云)旋风"之后,又掀起了一股"王旋风",助推日本国内要求早日实现日中邦交正常化的声浪进一步走高。

松村葬礼后,来华访问的日自民党议员川崎秀二告称,松村纪念馆将于9月25日在松村家乡富山县开馆,馆内将陈列松村的遗物、业绩和促进日中友好事迹和言论,希望中方赠送精神方面的纪念品,以供陈列。周总理根据外交部的建议,请郭沫若同志题词赠送。郭沫若同志很快写了题词:

渤澥汪洋,一苇可航,

敦睦邦交,劝攻农桑,

后继有人,壮志必偿,

先生之风,山高水长。

松村谦三先生千古

一九七一年秋

郭沫若(印)

外交部主管副部长韩念龙批示：即送总理审阅。周总理圈阅同意后，即嘱送荣宝斋裱糊。9月13日取回交川崎。川崎9月14日离京回国时，十分满意地说："这是最好的、永恒的纪念"。

第七节
着眼于"后佐藤政权"

松村逝世前后，中日关系处在大变动的前夜。但是，黎明前的夜色往往是最黑暗的。这是因为，佐藤荣作虽然上台前在对华政策上讲了不少漂亮话，但执政后的一系列言行表明，他是在奉行一条追随美国、亲蒋、反华的政策。

他一方面向台湾提供1.5亿美元政府贷款，一方面冻结了日本输出入银行对向中国出口成套设备和货船的融资，并在事实上拒绝中国代表团访日。

1969年11月，佐藤首相访美时，为配合美国的侵越战争，发表了赤裸裸的敌视中国的《日美联合声明》，声称"台湾和南朝鲜的安全对日本的安全极为重要"，将台湾和南朝鲜划为日本的生命线；还公然声称日本要在印度支那地区"发挥有效的作用"。接着，日本又向台湾提供第二批政府贷款。前首相岸信介等人还去台北参加"日华协力委员会"，叫嚣"团结起来，为瓦解中国大陆的共产政权而努力"。

面对如此严峻的形势，周恩来总理访问朝鲜，双方于1970年4月7

日发表《中朝联合声明》，指出"在美帝国主义的庇护下，日本军国主义已经复活，成为亚洲危险的侵略势力"，并于 4 月 15 日和 19 日，在北京分别会见日本的促进贸易团体访华团和松村谦三一行，提出了"对日贸易四项条件"：

1.如果日本的商社和厂家在与中国进行贸易的同时，帮助蒋帮反攻大陆，帮助南朝鲜侵犯朝鲜民主主义人民共和国，我们则不与它们做买卖；

2.不与在台湾和南朝鲜有大量投资的商社和厂家进行经济往来；

3.我们绝不与向美帝国主义侵略越南、老挝、柬埔寨提供武器的企业做买卖；

4.我们不与美日合办公司、美国的子公司做买卖。

这个"对日贸易四项原则"，是中国政府继五、六十年代提出"政治三原则""政治经济不可分原则"和"中日贸易三原则"之后，针对佐藤政府在对华政策上的倒行逆施，适时出台的一项大政策，不仅着眼于自身的安全利益和改善中日双边关系，而且旨在争取东北亚、东南亚的和平与稳定，其意义和作用远远超出经贸范畴。

这一政策出台之初，日本经济界或表示反对，或感到苦恼、困惑，反应十分复杂。可实行后一个月内，就有越来越多的大企业和大商社相继做出了遵守上述"四原则"的决定，而被中方宣布断绝关系的厂商中，不少表示要"痛改前非"，不再参与同台湾和南朝鲜的合作。这是住友金属社社长日向方齐带了个好头的结果，是他率先声明接受和支持"四原则"的。接着，东京电力会会长木川田一隆、新日铁会会长永野重雄、住友商事会会长津田久和伊藤忠商事社长越后正一等纷纷表态，致使日本经济界的潮流发生了根本的改变。

日本企业的这种行动，意味着日本经济界先于日本政府，决定了对台湾问题的态度,对坚持敌视中国政策的佐藤政府,是一个严重的打击。

自1970年秋第25届联大主张恢复中华人民共和国合法席位的提案获得半数国家赞成以来,围绕中国的国际形势发生了巨大变化。与此同时,在日本国内,要求尽早实现日中邦交正常化的舆论也逐渐高涨。同年12月9日,由自民党的有识之士和社会党、公明党、民社党、共产党的国会议员们组成的超党派的"促进恢复日中邦交议员联盟"成立,并积极展开了活动。

迫于形势,佐藤首相在1971年1月22日发表的施政演说中,对中国一改"中共"的称谓,首次使用了"中华人民共和国"的称呼。同年3月1日,又将上年11月在自民党外交调查会里设立的"中国问题小委员会"单列出来,升格为"中国问题调查会"。

其间,日本在野党和民间团体的代表团应中方的邀请,接踵访华。1970年8月12日,以佐佐木更三为团长的社会党访华团抵达北京。1971年2月,中日两国的乒乓球协会、日本中国文化交流协会、中国对外友好协会等四团体在北京签署《会谈纪要》。中方宣布将派团出席同年3月末在名古屋举行的第31届世界乒乓球锦标赛。中方相隔6年恢复参加世乒赛而去日本,为僵冷的中日关系吹进了一股暖风。紧接着,便是美国的乒乓球代表团应邀访华。这个"乒乓外交",用小球推动了"大球",起了推动中美、中日关系改善的先导作用。

美国乒乓球代表团访华后,基辛格神不知鬼不觉地秘访了北京。7月15日,尼克松总统又突然宣布"在明年5月之前访华"。这种戏剧性的形势发展,使佐藤政府受到巨大冲击,执政的自民党和政府对尼克松搞"越顶外交"怒火万丈,在野党则趁势紧逼佐藤政府彻底改变对华政策。

在这种形势下,中国问题在日本的国会内引起了激烈的争论。在 7 月举行的临时国会上,"促进恢复日中邦交议员联盟"内的自民党主张复交派议员,为提出恢复日中邦交决议案,发起签名运动。8 月至 9 月,"自民党中国问题调查会"内的复交派强烈要求佐藤政府不要在即将召开的第 26 届联大上,充当"逆重要事项决议案"(即指将台湾驱逐出联合国需 2/3 以上多数票通过)和"复合双重代表制决议案"(即让中华人民共和国和台湾各占席位,安理会常任理事国由中华人民共和国担任)的共同提案国,阻挠中国回归联合国。

然而,佐藤政府置国会内外的反对于不顾,以遵守对台湾的"国际信义"为由,在 1971 年的联合国大会上,追随美国,充当两个提案的共同提案国。佐藤政府的这种倒行逆施,当然无法阻挡浩浩荡荡的时代潮流。联大表决的结果,中国恢复了在联合国的合法席位,蒋帮被逐出。1972 年,尼克松总统访华,中美关系打开了正常化的大门。国际形势的变化,中国国际地位的提高,在日本国内产生重大影响,包括执政党在内的日本各党、各界要求恢复日中邦交的运动空前高涨。

中国政府这时综合判断后认定,佐藤政权之下中日复交无望,已决定不以他为对手,而把工作的着眼点放在"佐藤之后"了。

为了迎接中日邦交正常化谈判的到来,中国适时提出"中日邦交正常化三原则",并与日本各在野党和许多民间团体、组织达成共识,即:

1.世界上只有一个中国,即中华人民共和国。中华人民共和国政府是代表中国人民的唯一合法政府。坚决反对任何"两个中国""一中一台""一个中国、两个政府"等荒谬主张。

2.台湾是中华人民共和国领土不可分割的一部分,并且已经归还中国。台湾问题纯属中国内政,不容外国干涉。坚决反对"台湾地位未定"论和策划"台湾独立"的阴谋。

3.《日蒋条约》是非法的、无效的，必须废除。

"中日邦交正常化三原则"的提出，阐明了中国政府在复交的关键问题——台湾问题上的严正立场，沉重打击了坚持敌视中国立场的佐藤政府，并对日本政局产生直接而重要的影响。继佐藤之后，主张恢复邦交的田中政权胜出。而这个"中日邦交正常化三原则"，成为后来中日邦交正常化谈判的基本方针，可以说，中日邦交正常化就是在田中内阁承认和接受此"三原则"的前提下实现的。

第八节
高瞻远瞩，积极开展人员交流

打开中日关系，实现邦交正常化，是毛泽东、周恩来高瞻远瞩、长期坚持不懈地开展民间外交的结果。在"民间先行，以民促官"的方针指导下，中国方面早在新中国成立之初，就积极开展人员交流，并做了许多增进中日两国人民相互了解和友好感情的事。

在周恩来的具体指导下，1953年到1957年，中日民间交流出现了战后第一个高潮。

如1953年9月，日本拥护和平委员会会长大山郁夫应邀访华。

1954年10月30日至11月12日，以李德全为团长、廖承志为副团长的中国红十字会代表团对日本进行了友好访问。这是新中国成立后，第一次派大型代表团访日。

行前,周总理指示代表团说:在今天复杂的情况下,只要能到达日本,便是胜利;此行要成为一个良好的开端,为今后对日本更多的来往打下基础;你们在各种场合发言时,要鼓舞日本人民的自信心;在日本只谈友好,不谈其他,要说明中国的和平政策和友好态度,表明中国人民不念旧恶,是愿意与日本人民长久友好、和平共处的;说明人民的中国决不会侵略日本,日本人民应该和中国人民一起来防止战争再起。

周总理还指示,代表团在日本要广交朋友;态度要谦虚,不骄傲;在方针上要掌握"求同存异""细水长流"的精神。

代表团同日本各界人士广泛接触,掀起一股"中国热",访问取得巨大成功。他们一下飞机,便受到4,000人的热烈欢迎。日本红十字会为代表团举行了有3,000多人参加的欢迎大会。日本皇室成员三笠宫和高松宫妃与代表团会晤。日本众议院议长堤康次郎为代表团举行招待会,参议院议长河井弥八、国务大臣安藤正春出席并与代表团会晤。在京都,参加欢迎大会的有15,000多人。在大阪,欢迎大会的规模更大,人们从周围地区赶来,会场内坐着31,000人,会场外还有10,000人在听会。以这次访问为契机,中日民间关系的发展超出经贸交往的范围,日本各党派和各界人士也陆续来华访问。

在中国派红十字会代表团访日之前,由日本自民党的山口久一郎、小川平二、宇都宫德马,社会党的铃木三郎、佐佐木更三、河野密、曾弥益,日中友协会会长松本治一郎和其他友好团体的负责人组成的40多人的议员团以及安倍能成率领的日本学术文化代表团访华,并参加了新中国成立5周年庆典。

1955年8月中旬至10月中旬,日本恢复日中、日苏邦交国民会议议长久原房之助等人访华,目的是增进两国人民的相互了解,促进两国关系正常化。毛泽东主席于10月2日和14日两次会见久原及随访人员。宋庆龄副委员长也于 10 月 14 日会见了久原。

9 月中旬至 10 月中旬，以上林山荣吉为首的日本国会议员代表团应邀访华。这是日本国会第一次接受中国人大常委会的邀请，成为两国议会间交流的良好开端。毛泽东主席、刘少奇委员长、周恩来总理及全国人大常委会副委员长宋庆龄、李济深、沈钧儒、郭沫若、彭真、陈叔通，国务院副总理陈毅会见了他们，双方还发表了旨在促进贸易、文化交流，促进邦交正常化的联合公报。

9 月 21 日至 10 月 17 日，以北岛义彦为团长的日本六大城市代表团访华。周恩来总理和北京市市长彭真会见了他们。

11 月，日本医学代表团访华，同中华医学会签订了友好合作协议。同月，日本教职员工会教育考察团访华。

11 月 9 日至 12 月 6 日，由团长、前首相、众议员、拥护宪法国民联合会主席片山哲和副团长、日本工会总评议会主席藤田藤太郎率领的日本拥护宪法国民联合会代表团及以藤田藤太郎为团长的日本工会代表团同时访华。

片山哲在机场和记者招待会上说：我们访问的目的，第一是作为和平爱好者向中国表示歉意，因为在过去一个长时期内，日本军国主义对中国犯下了过错；第二是为了世界的和平，尤其是亚洲的和平，衷心希望早日恢复邦交。他表示，在没有恢复邦交的情况下，加强两国民间团体的友好往来，十分重要。

11 月 14 日和 15 日，周恩来总理先后会见片山哲和日本拥护宪法国民联合会代表团，就促进恢复邦交问题充分交换了意见。在此基础上，双方发表了联合公报。

11 月 27 日，中国人民对外文化协会和日本拥护宪法国民联合会签订了第一个中日民间文化交流协议。中华全国总工会主席赖若愚和藤田藤太郎就两国工会间的友好往来签订了友好合作协议,双方表示将从工会角度为经济文化交流和两国邦交正常化而努力。

11 月 28 日,毛泽东主席和朱德副主席、刘少奇委员长、周恩来总理、陈云副总理及全国政协副主席董必武、彭真等会见了片山哲、藤田藤太郎及代表团成员。全国政协为他们举行了盛大的欢迎宴会。

12 月,中国科学院院长郭沫若率中国科学代表团访日。日本国会众议院议长益谷秀次、副议长杉山元治郎、日本学术会议会长茅诚司等会见并设宴欢迎。日本文化人士会议、日中学术文献交流中心、日中友协等八团体举行欢迎会。

1956 年 8 月,原日本陆军中将远藤三郎率领日本旧军人代表团访华。毛泽东主席、周恩来总理接见。廖承志陪伴同他们到东北访问,参观抚顺战犯管理所,改变了他们的错误观点。他们回国后,把遍及全国的旧军人组织起来,积极从事日中友好活动,并以现身说法,揭露军国主义的罪行,在日本民众中产生了积极的影响。

1957 年 4 月,日本社会党书记长浅沼稻次郎率领日本社会党亲善代表团访华,周总理与其会谈,加深了他们对新中国的理解。从此,日本社会党多次派团访华,推动中日民间往来走向高潮。

1955 年至 1957 年三年间,中国共有 30 个代表团访问日本,有 300 多个日本代表团访问中国,民间来往的工作,开展得有声有色。此后,只因岸信介政府上台,导致民间往来受阻。

在十分困难的情况下,经毛泽东和周恩来批准,廖承志请来了一位"珍贵的客人",希望他常驻北京,协助中方与日本各界人士联系,帮助解决两国间发生的问题。他就是人们都称之为"西公"的西园寺公一先生。1958 年 3 月,西公偕夫人西园寺雪江和两个儿子一晃、彬弘,入住北京台基厂一座别致的小院,开始了长达 12 年多的旅居生涯。

西园寺出身于贵族门第，其祖父西园寺公望曾是辅弼明治、大正、昭和三代天皇的元老重臣。西园寺公一在二战后曾当选日本参议院议员，后来从事世界和平运动，受到毛泽东、周恩来的称赞。他来北京后，毛泽东、周恩来、陈毅、郭沫若和廖承志都与他有亲密的来往，来自日本的各界人士，他都是一一会见，中国领导人会见日本客人，他都在场。很多日本人通过西园寺实现了访华的愿望，许多人因为他加深了对中国的了解，还有许多人通过他的荐介，见到了毛泽东、周恩来。他还为中方出过不少好主意，如在岸信介内阁执政期间，他建议中国邀请前首相石桥湛山和自民党顾问松村谦三访华，认为这两个人是打开中日关系的最佳人选。他的建议得到周总理的采纳，石桥、松村相继应邀访华，打破了中日关系的僵局，为后来的关系发展打下了良好的基础。

西园寺为开展民间往来、改善中日关系，呕心沥血，起了特殊的历史作用，因此，被周恩来称为日本的"民间大使"。1970年8月离开北京回国前夕，周总理设宴为他全家饯行，并深情地表示：欢迎西园寺先生每年来华一次，看看中国的变化。

为打开关系，恢复中日民间的往来，1959年3月，中方邀请日本社会党委员长浅沼稻次郎访华。中国人民外交学会会长张奚若与其会谈，并发表共同声明，首次把"中日关系政治三原则"作为双方的共识，写进声明中。

1959年4月18日，周恩来总理在第二届全国人民代表大会第一次会议上作《政府工作报告》，就中日关系表明了中国政府的立场。他说："中国人民和日本人民的利益是一致的。中国人民不能坐视日本军国主义的复活，也不能容忍岸信介政府继续采取敌视中国的政策，中国人民欢迎日本人民为了发展两国人民关系所做出的巨大努力。""我们相信，日本人民终将冲破一切障碍，发展同中国人民的和平友好关系。"

在这之后,中方邀请石桥湛山前首相和松村谦三先后来华访问。1959 年 9 月 9 日,石桥在国会议员宇都宫德马陪同下,抱病来到北京。9 月 16、17 两日,周总理、陈毅副总理兼外交部部长同他进行长时间的会谈。9 月 20 日,周总理同石桥前首相签署了会谈公报,强调中日两国携手为远东和世界和平做出贡献,两国的政治和经济关系的发展必须结合起来。

1960 年以后,在周恩来总理的指导下,中国加大了对日本经济界的工作力度。在发展中日贸易和促进邦交正常化的过程中,除了与村田省藏、高碕达之助、冈崎嘉平太等人建立了密切的关系外,还得到了菅礼之助、加纳久朗、今井富之助、杉道助、稻山嘉宽、大原总一郎、川胜传、菅野和太郎、松原与三松和木村一三等人的支持和配合。

1971 年,围绕中国的国际形势发生巨大变化,日本国内要求尽早实现邦交正常化的呼声空前高涨,日本经济界的一些头面人物从后台走到前台,成了推动邦交正常化的巨大力量。当时,木川田一隆、永野重雄、今里广记、中山素平、小林中、日向方齐、佐伯勇、中司清、山本弘、佐治敬三、河野文彦、田实涉、藤野忠次郎、松下幸之助和芦原义重等财界首脑都发挥了重要作用。

随着形势的发展,历来相互具有对手意识的关西财界和关东财界争相访华。1971 年 9 月,日向方齐、佐伯勇等大企业家组成的关西财界代表团捷足先登北京,紧跟着,东海林武雄、木川田一隆、永野重雄、今里广记等东京的大企业家们也于 11 月访问了北京。这些日本财界最高领导人果敢的行动,不仅对实现中日邦交正常化的舆论形成产生了决定性影响,而且在很大程度上左右了日本政局。田中角荣之所以能击败强有力的对手福田赳夫,继佐藤荣作政权之后上台,与财界的强力支持密不可分。

第九节
协助日侨归国

协助日侨回国是中方开展民间外交的重要方面。

日本"8·15"投降后,有 145 万日本人滞留在中国东北,其中包括被日本政府诱骗前往东北安家落户的 1400 个"开拓团"27 万人。当时,中国共产党领导的人民政府,为处境十分困难的日本难民建立了收容所,保证他们的生活,批准他们成立民会、诊所、协同组合,铁路部门还成立了日本人小学校。

为帮助这些人回国,1945 年 10 月 25 日,中美双方在上海召开送归日本侨俘会议,确定中国战区的日侨俘按照先关内、后关外的顺序加以送归,中国负责陆路运送,美军负责海上输送。

1946 年 1 月 10 日,由中共代表周恩来、国民党代表张群、美国代表马歇尔组成的"军调处三人小组"商定,设立北平军调处执行部三人小组,负责东北日侨俘送归的总体部署,东北民主联军和国民党东北行辕负责具体实施,决定滞留在安东(现改名为丹东)和大连的日本人由东北民主联军和苏军直接送归,其余的日侨俘全部从辽宁省南部的葫芦岛港上船。

1946 年 5 月 7 日,满载着 2,489 名日本人的两艘轮船驶离葫芦岛港。至同年 12 月 31 日,经葫芦岛送归的日本人达 158 批,计 1,017,549

人。1947、1948 两年,又分别遣返了国民党控制区内留用的日侨 33,498 人。这样,3 年中从葫芦岛送归的日本人达 1,051,047 名。在送归过程中,中国人民克服困难,花费大量人力、物力、财力,仅火车车皮就达 13,441 辆。这就是二战后在中国大地上发生的人道主义善举——葫芦岛百万日侨大遣返。

解放区的人民政府对护送日本人回国一事极为重视,省、市一级的政府都为回国的日本人开欢送会,让他们把能带走的行李都带回国。而且,还让工人、学生们把他们送到火车站。

由于日本人居住分散,送归工作又被内战打断,新中国成立后,仍有 34,000 多名日本侨民滞留中国,其中在东北的约 23,400 人,华北约 4,700 人,华东约 1,200 人,中南约 3,800 人,西北约 1,000 人,西南 80 余人。

新中国政府一方面对在华日侨依法予以保护和友好相待,另一方面则立即开始协助他们回国。但由于当时两国关系处于严重的不正常状态,到 1952 年底,回国的日侨仅 500 多人,在华日侨仍有 33,000 人左右。

毛泽东主席和周恩来总理从人道主义出发,关心这些人的处境,确定了本着自愿的原则,分期分批协助他们回国的方针。

1952 年 7 月,周总理在北京主持召开两次会议,专门研究日本侨民回国问题,并指示有关部门迅速拟出协助日侨回国的计划。计划经周总理审改,获毛泽东主席批准。据此,成立了由中国红十字会、外交部、公安部、人事部、重工业部、卫生部、教育部、总理办公室等部门组成的中央日侨事务委员会。9 月,政务院召开全国日侨回国工作会议,根据毛泽东、周恩来的指示精神,制定了《中共中央关于处理在华日侨问题的决定》《政务院关于处理日侨若干问题的规定》等文件。同时,会议还起草了中国政府的《公开声明》。

1952 年 12 月 1 日,《公开声明》发表,公布了在华日侨人数、生活状况,阐明了中国政府保护守法日侨和协助愿意回国日侨返回日本的一贯立场,并表示欢迎日本方面的相关机构或民间团体派人来华与中国红十字会商谈有关协助大批日侨回国的具体事宜。

消息传到日本,引起强烈反响。各界人士纷纷写信、打电报给毛泽东主席,表示欢迎和感谢,日本政府表示将"积极采取措施,使侨民回国"。受日本政府委托,由日本红十字会、日中友好协会和日本和平联络委员会三团体组成的代表团,于 1953 年 1 月 31 日抵达北京。团长是岛津忠承,副团长是平野义太郎、高良富,代表有内山完造、工藤忠夫、畑中政春、加岛敏雄等人。

2 月 15 日,中国红十字会代表团与他们开始举行会谈。中方首席代表廖承志在会谈中指出:日本发动的侵略战争,不仅给中国人民造成了深重灾难,也给日本人民带来至今未能解脱的重重痛苦。日本政府执行美国的旨意,缔结日蒋和约,敌视中华人民共和国,以至于中日两国的战争状态至今尚未结束,这是中国人民所坚决反对的。但是,中日两国人民是愿意相互友好的,凡是愿意回国的日侨,中国政府都会协助他们回国;凡是愿意留下来的,中国政府也予准许。

尽管新中国当时百废待兴,经济、财政十分困难,仍决定向日侨提供人道主义援助。会谈中,廖承志受权表示:中国红十字会为照顾日侨的困难,愿意帮助解决他们从开始集中到离开中国前的费用。

双方经过协商,3 月 5 日达成协议并签署联合声明,确定由日本政府派船接运日侨回国,中方负担日侨到达港口前的一切费用,并为日侨携带物品、兑换外汇等提供方便。

在与日本三团体代表团谈判期间,政务院做出关于加速协助日侨回国工作的紧急指示："各级政府要加强领导，迅速调配干部，健全机构，大力督促各地日侨委员会从速进行各项准备工作，防止草率从事及各种偏差的发生。"

各地日侨事务委员会接到指示后，在原有基础上，加强了力量，有日侨的单位及街道、农村想方设法为归国日侨解决各种困难，帮助他们处理财产、债务等问题，还为回国日侨购置了衣服及生活用品，发放资助金。

廖承志还向各地的日侨事务机构和红十字会提出要求：凡是有日侨回国的地方，都要开欢送会，赠送纪念品，要像欢送自己的同志那样热烈、周到，领导人要到港口送行。

天津、上海、秦皇岛三个城市被确定为日侨出境港口城市后，遵照周总理"物质上加以宽待，做好组织工作"的指示，立即着手准备。天津市腾出全市最好的几家大饭店，上海准备了有较好设备的招待所，秦皇岛市因被确定为送侨港口城市较晚，夜以继日，进行了突击准备。经过紧张的准备，于1953年3月3日开始接待第一批自愿回国的日侨。他们到达三城市后，立即住进整洁、舒适的住处。饮食方面安排好菜单，有荤有素，每人每日伙食标准为7000元（当时城市居民的月平均伙食费约为10万元旧币）。天津市为照顾日侨的饮食习惯，请一家日餐馆每天给他们送大酱汤。中国红十字会还给他们提供了良好的医疗服务。

廖承志还登上首次来塘沽港接侨的日本船"兴安丸号"，与归国日侨话别。这些行将归国的日侨大多是农民家庭出身，原是作为"开拓团"成员来中国的。日本战败后，有的与中国人结婚，有些孤儿被中国人收养。离别的时刻，他们与前来送别的中国亲人抱头痛哭，那些孤儿们则一再给养父母鞠躬，感谢他们的救命和养育之恩。廖承志身临其境,也深受感动,勉励这些日侨回国后做中日友好的促进派。

这样,在新中国政府的大力合作下,从 1953 年 3 月 23 日开始撤离,第一批有日侨 3,968 人分乘"兴安丸""高砂丸"和"白山丸"三条船,到达日本京都府的舞鹤港。其后,这三条船多次来往于塘沽、上海与舞鹤之间,到 1958 年 7 月,前后共分 21 批、计有 32,072 名日侨回到日本。这些人后来都成了日中友好的积极分子,为两国关系正常化及其后的关系发展,做出了宝贵贡献。为此,中国政府用了 6 年时间,抽调近千名干部,耗费人民币旧币 700 亿元。

第十节
把昔日"鬼子"变成朋友

中国人民永远不会忘记,在战后滞留中国的日本人中,有一大批人参加了人民军队(始称东北民主抗日联军,后改为中国人民解放军,一般地喜欢称他们为"小八路"),还有不少人到铁路、煤矿、钢铁、造纸、医疗、电影、新闻、出版、电信等诸多部门工作,为中国人民的解放事业和新中国的建设事业做出了宝贵的贡献。

周恩来总理在 1954 年曾说过:"1945 年 8 月 15 日以后,日本军队放下了武器。在那一天以前,我们打了 15 年的仗,可是,一旦放下武器,日本人就跟中国人友好起来,中国人也把日本人当作朋友,并没有记仇。最大的、最生动的一件事,就发生在东北。当时有许多日军放下武器之后，并没有回国，而是和一部分日本侨民一道参加了中国人民解放军，有的在医院当医生、护士，有的在工厂当工程师，有的在学校当教员……大多数的日本朋友工作很好，帮助了我们，我们很感谢他们……这是友谊，可以说是真正的友谊……这就是我们友好的种子。"

这部分日本人是在日本发动的侵华战争中来到中国的，他们有的是日军战俘，有的是弃暗投明者，有的是在日本投降后失业、生活窘迫而又暂时难以回国的难民。

他们参加中国的革命军队或参加建设事业的契机各有不同，但大体上都经历了一个从无奈、茫然到自觉、奋起的过程。当这些日本帝国的"精英"们了解到中国共产党是个什么样的党，八路军、解放军是个什么样的军队，认识到日本对华战争的侵略战争性质，以及感受到中国共产党将他们与日本军国主义相区别，把他们视为战争的受害者，寄予由衷的同情、呵护和关照时，他们的思想和情感便自然地发生了巨大的变化。而一旦他们在中国共产党的政策感召下，在中国人民兄弟般的友情感染下真正转变了立场，他们便成为中国革命队伍中自觉的一员，在各自的岗位上奉献青春，用血汗和智慧书写出许多传奇式的故事。

在他们当中，有原日军军官率领日本航空部队，集体加入东北民主抗日联军，帮助共产党创立第一所航空学校，为新中国培养出王海、张积慧等第一代飞行员和航空人才；有人在杨子荣的小分队里当骑兵战士，驰骋林海雪原，英勇剿匪；有不少人参加东北民主联军，后转为中国人民解放军第四野战军，在硝烟弥漫的战场上冲锋陷阵，与中国人并肩战斗，从东北打到大西南，参加过辽沈战役、平津战役、淮海战役，横渡长江，战武汉、取重庆、夺广州，直到海南岛，又攻克黔贵，出生入死，屡建奇功，有人甚至连立七大战功；在残酷的战争中，有人多次负伤，留下终身伤痕；有的则光荣牺牲，长眠在中国的土地上；有不少人担任战场救护、抬担架和战勤工作;有一批原日军医生和护士参加解放军后,一直跟随部队南征北战,冒着枪林弹雨,救护、转移伤病员,甚至主动为伤员献血,抢救了许多战士的生命。他们中有人当时还给胡耀邦、李先念、林彪等军队首长看过病;新中国成立后,有的人在崇山峻岭参加了湘西剿匪的斗争。这些人在解放军中表现突出,一些人当了连长、营长、团长。

在战争年代和新中国成立以后,不少被留用的人员,在铁路、医院、学校、矿山、工厂以及文化等各条战线上,也都作为技术骨干发挥了巨大的作用,并言传身教,传授技术,为新中国培养了大批的专业技术人才,有力地支援了中国的解放和建设事业。在中国当时百废待兴而各种人才又十分奇缺的情况下,他们做出了不可磨灭的贡献。

如1950年,中国政府从东北各地调集了300名留用的日籍铁路技术人员以及医疗、教育人员和他们的家属,到甘肃天水,从事天兰铁路建设,还有一批人参加了成渝铁路建设,他们都发挥了独特的作用;有的人在当时驰名全国的马恒昌小组里当车工,多次被评为劳动模范。

这些人在20世纪50年代回国后,成为日中友好的核心力量,在十分艰难的处境下,矢志不渝,几十年如一日,为两国关系正常化及其后两国关系的发展,做出了重大的贡献。今天,有些人虽已年迈,仍活跃在日中友好第一线,发挥着中流砥柱的作用。

邓小平总结这一部鲜活的历史时说:"即使在日本军国主义发动侵华战争时,也有很多日本人在反对侵略。讲历史要全面,既要讲日本侵华的历史,也要讲日本人民、日本众多友好人士为中日友好奋斗的历史,这些人多得很哪!"

第十一节
救助"残留妇女"和"残留孤儿"

与日侨问题相关联,这里还要谈一谈被日本政府称为"残留妇女"和"残留孤儿"的一群人在中国获救的原委。

这是一个极为特殊的群体,所指的是在 1945 年日本战败的大混乱中,被遗弃在中国土地上的日本妇女和儿童。据不完全统计,约有5000 人。

战争的受害者首先是女人和孩子。日军抱头溃逃,满蒙开拓团以及随军家属无人关照,各奔东西,有的逃亡途中或病死,或自杀身亡,还有不少女人和孩子被绝望的丈夫或父亲杀死,侥幸活下来的,便成了"残留妇女"或"残留孤儿"。

他们是日本军国主义的受害者,是被日本国家抛弃的,是日本军国主义的"弃民政策"留下的巨大历史伤痛。对那些妇女和孤儿来说,这是一种令人难耐的人生悲剧。

日本投降前夕,日本"最高战争指导会议"便做出"弃民"的决策,决定让当时在中国的日本人留在当地。1945 年 8 月 19 日,关东军司令官据此制定了"为帝国复兴,让更多的日本人留在中国大陆"的"复兴计划",企图有朝一日卷土重来时,让他们作为内应。

在"弃民"政策下,遗留在中国东北的日本人陷入困境,自杀、饿死、病殁者多达 174,022 人。侥幸活下来的人,饥寒交迫,哭号于车站码头、街头巷尾、荒山野岭,陷于绝境时,是中国的老百姓把他们捡回来收养了。

这些中国普普通通的老百姓救的是敌国的遗孤。有不少的养父母的亲属就遭日军的杀害。可是,他们还是敞开胸怀,不计前嫌,毅然收养、保护了这些异国的受害者。

那些孤儿们的体内流淌着日本人的血,但又是吸着中国母亲的奶汁长大的。那些残留妇女则大多进入中国人的家庭,做了妻子和母亲。他们作为特殊的中国人,在中国这块土地上落地生根,生息繁衍,几十年过去,衍生出许许多多动人心弦的恩情、亲情、友情、爱情故事。

读者可能已经看过不少有关的报道或文艺作品,而实际上,中国老百姓这种超越民族和国界、超越一个被压迫民族对一个压迫民族的仇恨,用天理良知、朴实无华的真情以及巨大的付出和牺牲铸就的涉及千家万户的故事本身,永远是难以用语言和文字表达尽致的。

1972 年中日关系正常化后,两国政府达成协议,大部分遗孤陆续被判明身份后回国,但两国老百姓之间在特殊历史条件下形成的特殊关系,已经成为脍炙人口的友好佳话,在两国广泛传颂。

第十二节
宽大处理战犯

以德报怨,宽大处理战犯,这是中国政府开展民间外交、促进两国关系正常化的又一重大举措。

1950 年 7 月,中国政府依据《波茨坦公告》、纽伦堡国际法庭、远东国际军事法庭关于处理第二次世界大战战争罪犯的规定,根据中苏有关规定的条款,开始正式接受被苏军俘获的犯有破坏和平罪、战争罪、违反人道罪的日本战犯 982 人。他们被关押在辽宁省抚顺市内由原日本侵略者用来关押抗日志士的抚顺典狱改造而成的抚顺战犯监狱管理所。加上关押在北京、太原、济南、内蒙古等地的日本战犯,共 1062 名。

对待这些战犯,中国政府采取人道主义的教育改造的政策,不是实施胜者对败者的报复,而是把他们当作人,通过教育感化,使他们恢复人性。当苏联把一大批日本战犯交给中国的时候,毛泽东主席说:"在一定的条件下,在敌人放下武器、缴械投降之后,敌人中的绝大多数是可以改造好的,但要有好的政策、好的办法,要他们自觉改造,不能只靠强迫、压服。"

周恩来总理召见公安部部长罗瑞卿、司法部部长史良,传达毛主席和他共同确定的审判原则:"我们把这一批日伪战犯接收关押起来,要做到一个不跑,一个不死。将来也可考虑一个不杀。"

周恩来总理当时还曾指示说："民族之恨，阶级之仇，是不应该忘的，可是今天，形势不同了。我们还是要把日本战犯改造好，把他们变成新人，变成朋友。"

在6年多的时间里，中国政府在对日本战犯的改造中，倾注了大量人力、物力，管教人员用真理、正义、人道的力量，通过参观、学习等多种多样的教育方式，使日本战犯的心灵受到了巨大的震撼。以规模最大的抚顺战犯监狱管理所为例，为了让战犯有一个良好的生活环境，中国政府在财政状况十分困难的情况下，斥资整修监舍，装暖气，安大玻璃窗，发蚊帐，置理发椅，修浴池，建娱乐和健身场所，做到管理所内基本设备应有尽有，保证战犯生活方便，看病不出门，娱乐有去处。管理所当时还参照中国人民解放军供给制标准，按战犯的原将、校、尉等级，让他们分别在小、中、大灶用餐，战犯吃的比管理人员还好。遵照周总理"尊重日本的民族饮食习惯"的要求，食堂还想方设法给战犯们制作天麸罗、寿司、鱼糕等日本美食。这些日本战犯所受的待遇与抚顺典狱时期被关押者"吃的猪狗食，铺的破草席，患病无人治，死了喂狗吃"的状况形成鲜明对照。因此，战犯称"这是毛泽东、周恩来建立的世界第一、有史以来最高水平的监狱"。

由于中日两国还处于战争状态，尚未恢复邦交，本来谈不上解决战犯回国问题。然而，中国政府出于改善中日关系的意愿，主动采取步骤，对他们实行宽大处理。在准备审判的过程中，周总理代表中央指出，对日本战犯的处理，不判处一个死刑，也不判处一个无期徒刑，判有期徒刑的也要极少数。对犯一般罪行的不起诉。

1956年4月25日，中国全国人大常委会通过了《关于处理在押日本侵略中国战争中战争犯罪分子的决定》，简称《决定》，决定对于这些战争犯罪分子按照宽大政策分别予以处理。《决定》的内容体现了中国共产党对待日本战犯的一贯政策,体现了中国共产党和政府高瞻远瞩的长远目光,体现了中国人民的宽大胸怀。这个《决定》为审判日本战犯的工作确定了政治指导方针,收到了良好的效果。

《决定》公布后,各战犯管理所开始进行审判前的准备工作。如抚顺战犯管理所召开战犯"应诉动员"大会,开展谈心、座谈活动,向战犯们交代政策,打消顾虑。战犯管理所制定了有针对性的教育原则,这就是让他们在审判中老实认罪,敢于在法庭上作证,正确对待中国的宽恕。通过大量艰苦细致的工作,战犯们的认识提高,情绪稳定,为审判的顺利进行创造了条件。

据此,中华人民共和国最高人民法院组成特别军事法庭。审判前,特别军事法庭做了大量的准备工作,为战犯请了辩护律师,做了细致的侦讯工作。每一位检察员大约分担 10 名战犯的检察材料的侦讯任务,足迹遍及十几个省区,收集相关证据 26,000 多件,以及补充证据1,000多件。

特别军事法庭自 6 月 9 日至 20 日分别在沈阳、太原依法对 17 名罪行特别严重的日本战犯进行审判,做出宽大处理,分别判处有期徒刑。

6 月 21 日,最高人民检察院宣布对 335 名日本战犯免于起诉、立即释放。

6 月 27 日,周总理接见前来接运战犯回国的日本红十字会、日中友好协会、日本和平联合会代表团成员和战犯代表。日方代表长野重右卫门转达日本外务大臣重光葵对中国宽大处理日本战犯所表示的谢意。周总理说:"几年来的情况起了变化,所以我们决定了这一方针。中国政府决定分三批释放日本战犯,释放的人数超过 1,000 人,只有 45人已经和准备判刑。这些都是犯有严重罪行的。在中国人民面前,如果日本战犯一个也不判刑,很难交代。"

周总理还说："战犯在东京、纽伦堡的法庭上都有判死刑的,但是,我们考虑现在不需要这样做,可以从轻处理,而且,我们还考虑邀请这些战犯的家属来中国访问,看看自己的亲人。"周总理的一席话使在场的日本人深受感动,他们一再表示感谢。

7月1日至20日,最高人民法院特别军事法庭对28名罪行特别严重的日本战犯进行审判,从宽判处有期徒刑。

7月18日,最高人民检察院宣布宽大释放328名日本战犯。

8月21日,最高人民检察院宣布宽大释放354名日本战犯。

这样,1062名在押日本战犯全部处理完毕,其中1017名被宽大释放,由日本派船接他们回国。对45名从宽判处有期徒刑的,在服刑期间,准其家属来中国探亲,并由中国红十字会给予协助和照顾。到1964年,关押的日本战犯全部被释放回国。

中国政府和人民宽大为怀的政策和措施使战犯的思想发生了巨大的转变。据亲历战犯审判相关工作的冯荆育回忆,在审判时,在法庭庄严的起诉面前,面对证人的血泪控诉,被告席上的日本战犯捶胸顿足,痛哭流涕,或深深鞠躬,或跪倒在地,对自己在中国土地上所犯下的罪行供认不讳,深感死有余辜,要求严厉惩处,没有一个否认侵略罪行的,没有一个要求减轻或免除惩处的。宣判时,战犯们洗耳恭听,听到自己受到宽大处理,立即跪倒在地,泣不成声。战犯们一致称赞,没有对他们判处无期徒刑和死刑,是中华人民共和国一大恩典。

战犯藤田茂是日军原中将。法庭宣判后,审判长问他"对审判有什么话要说"时,藤田答称:"我在胜利了的中国人民的法庭面前低头认罪。凶恶的日本帝国主义把我变成了吃人的野兽,使我的前半生犯下了滔天罪行,中国政府教育我认识了真理,给了我新的生命。我在庄严的中国人民正义法庭上宣誓,坚决把我的余生贡献给反战和平事业。"

　　这些被释放的战犯回国后，许多人都参加了日中友好的队伍。如日本前陆军中将远藤三郎，回国当年就率领旧军人代表团来华访问。他们在华期间，受到毛主席和周总理的亲切会见。远藤回国后，与志同道合者一起结成了"日中友好旧军人会"，为促进日中友好关系的发展，发挥了积极作用。还有一位将军藤田茂，他把一批获释回国后的日本老兵组织起来，成立了日中友好组织"中国归还者联合会"，也为宣传中国、改善和发展日中友好，发挥了积极作用。

第二章

实现中日关系正常化

第一节
关系正常化的国际背景

中日邦交正常化最终在田中角荣任内实现，说到底，还是由于国际形势的演变，导致中美关系解冻所致。

战后的日本外交唯美国之马首是瞻和对美国唯命是从，中日关系处在中美关系和日美关系的延长线上，美国成为中日关系的决定性因素。在中美激烈对抗的年代，日本身不由己，想动也动弹不得。欧洲的法国 1964 年同中国建交，是因为法国有戴高乐；而在亚洲的日本，长期执掌政权的则是亲美的吉田茂和"吉田学校"的优等生岸信介、佐藤荣作。鸠山一郎、石桥湛山和池田勇人算是自民党的鸽派政治家，但在中日关系上，心有余而力不足，受内外掣肘，任期内难有作为。

20 世纪 60 年代，美国深陷越南战争泥潭，其综合国力开始滑坡，与此同时，美苏争霸越演越烈。并且，中苏关系之恶化由党际关系发展到国家关系，由意识形态之争升级到边界武装冲突，中苏同盟条约名存实亡。苏联在中国边境陈兵百万，成为中国最大的现实威胁。当时，毛泽东对国际形势的估计是"山雨欲来风满楼"，发出"深挖洞，广积粮""准备打仗，准备打大仗，准备打世界大战"的号召。

就在国内进行战争动员和一系列部署的同时，毛泽东调整了以反对美苏两霸为核心的所谓"全面出击"国际战略，提出从北美到日本，到东南亚、南亚、西亚,到西欧的"一条线,一大片"战略,意在结成最广泛的反苏、抗苏的统一战线,有效应对来自苏联的威胁。这次战略调整精髓是由反对美苏两霸,改为联美抗苏,把美国视为可以借重的力量。

中国这种战略大转换,对美国而言,可谓求之不得,为其联华反苏提供了天赐良机。中美战略调整的合辙,于是就上演了一幕幕令世界震撼的大戏:

1971年4月,毛泽东亲自做出一项震惊世界的决定:同意在日本名古屋参加第31届世乒赛的美国乒乓球队的访华要求,被世界舆论称为"以小球转动大球的乒乓外交",拉开了中美高层接触的序幕。

美国球队高高兴兴地离开中国四天之后,周总理通过巴基斯坦叶海亚·汗总统传递口信给白宫,表示愿在北京接待美国总统特使或总统本人。

7月9日,美国总统安全事务助理基辛格秘密访华,与周恩来总理会谈;7月11日离开北京。

7月15日,中美两国政府同时发表了尼克松总统将于1972年5月以前访华的公告,震动了全世界。日本身为美国之盟国,竟然对中美之间水面下的动静一无所知,直到尼克松总统发表访华声明前3分钟,才得到美国的通报。

美国的"越顶外交",对时任首相的佐藤荣作来说,不啻晴天霹雳。日本面临搭不上车、成为孤儿的危机。

10月16日,基辛格再度启程访华,10月20日公开抵达北京,"为尼克松总统访华做基本的安排准备",商谈尼克松访华的具体日期和公报草案。

10月25日,第26届联大通过阿尔巴尼亚等23国关于恢复中华人民共和国在联合国的合法席位,将台湾从联合国驱逐出去的提案,长期未决的悬案终于尘埃落定。

1972年1月3日,尼克松又派美国总统国家安全事务副助理黑格准将,率先遣组来华。

1972年2月17日,尼克松总统开始访华的"破冰之旅",2月21日抵达北京,对中国进行为期7天的历史性访问。当天,在中南海与毛泽东握手言和,并于28日发表《中美联合公报》,中美关系以此为标志,结束了中国国内战争以来持续了26年的敌对状态,实现历史性战略和解,打开了中美关系正常化的大门。

中美实现历史性战略和解,是一场改变世界格局的政治大地震,产生了波及全球的效果。中日关系正常化,从一定意义上说,正是这场大地震后的余震。1972年10月2日,周恩来与朱德、邓颖超、康克清会见美国钢琴家哈登夫妇。当哈登夫妇对中日邦交正常化表示祝贺时,周总理说:"这其中也有尼克松总统的一份功劳,因为尼克松先来了,田中才跟着来。"

中美握手所产生的冲击波,使日本国内要求尽早实现日中邦交正常化的呼声空前高涨,早日恢复日中邦交这一外交课题变成日本的内政难题,难有作为的佐藤政府受到空前巨大的压力。应运而生的田中角荣新政权顺势而上,一举解决了战后日本外交的一大难题。

第二节
日中问题成为日本的内政问题

1972 年田中角荣出任首相后，改变了历届自民党政权长期推行的"向美国一边倒"政策，实行以日美合作为基轴的"自主多边外交"，取得了引人注目的成就。

1972 年 9 月，田中访华，同中国一举实现邦交正常化，是田中"自主多边外交"最典型的实践和最赫然的成果。

田中政权同中国实现邦交正常化有其深刻的国际国内背景，是其面临的内外形势推动的结果。田中上台后仅用 84 天时间就实现同中国邦交正常化，当然也显示了他的政策决断力和行动力。

日本经过 20 世纪 60 年代的高速发展，至 20 世纪 70 年代初，已发展成为仅次于美、苏的经济大国，其主要经济指标均居世界前列。随着其经济实力的迅速增强和国际地位的提高，产生了奉行较为独立的外交政策的要求。打开日中关系，对日本展开"自主多边外交"具有划时代的意义。大平正芳在就任田中内阁外相后，就新政府的对华政策同佐藤政府有何不同答记者问时，明确表示，新政府决心实现日中邦交正常化。他说："日本过去的外交是看美国的眼色行事，认为同美国一致就不会错。今后即使有险阻，也要由自己来判断。"这番话清楚表明，田中内阁十分明白,其推进日中邦交正常化之举意味着开辟日本外交的新时代。

田中同中国实现邦交正常化,也是在他的前任佐藤荣作的对华政策彻底破产后,做出的顺应时势和民心的历史性选择。

佐藤政府 1964 年 11 月上台以后,追随美国,并继承自民党历届政府的衣钵,对中国奉行政治上敌视、经济上捞取实惠、反华而不断绝往来的政策,即佐藤上台伊始就声称的“政经分离”政策。

进入 20 世纪 70 年代,这项政策走进了死胡同。从 1970 年中国同加拿大建立外交关系,到 1971 年尼克松总统将访华的公告发表以及同年在第二十六届联大上,中国在联合国的合法席位得到恢复,形势发展之快,出乎佐藤政府的意料,使其处于被动、孤立的境地。

日本在野党借尼克松行将访华的《公告》之东风,纷纷猛烈抨击佐藤内阁顽固坚持敌视中国的政策,并以要求佐藤政府改变对华政策为目标,加强了联合。执政的自民党内人心涣散,反佐藤的力量趁势活跃,也出现了联合的趋向,佐藤的控制力空前削弱。日本财界也打破沉默,要求政府跟上世界形势的发展,改善日中关系。

在这种形势下,1971 年 10 月 25 日,第二十六届联大通过阿尔巴尼亚等 23 国联合提案,中国在联合国的合法席位得到恢复,又一次给竭力阻挠中国恢复合法席位的佐藤政府以沉重打击,日本国内各界要求佐藤下台的呼声进一步高涨。

消息传到日本,引起爆炸性反应。各家大报都痛斥佐藤外交之失败,形容这是“战后日本外交崩溃的一天”。与此同时,各大报都要求佐藤政府改弦易辙,放弃反华政策。日本数一数二的大报《朝日新闻》10 月 27 日发表题为“世界潮流的变化与日本”的社论,指出:“佐藤首相一向是《安保条约》和包围中国之忠实执行者。不管佐藤首相怎样辩解,他在党内反对的压力下仍然与美国共同提出'逆重要事项决议案'并积极展开游说活动,足以说明其目的是要阻挠中国进入联合国。"社论在祝贺中国进入联合国的同时,还要求佐藤痛切反省其个人之政治责任,并考虑辞职问题。

佐藤政府在联合国的倒行逆施之举惨遭失败,引起民怨沸腾,使佐藤内阁之声誉进一步大跌。日本舆论认为,在迄今的历届首相中,除了在1960年安保斗争中被推翻的岸信介之外,再没有一个人比佐藤更不得人心了。

有的民众在街头接受媒体的采访时说:"满以为佐藤在挨了尼克松宣布访华的闷棍痛击之后,会接受教训,至少在表面上会稍微收敛其仇视中国的活动,想不到事实却完全相反。"

舆论和民间普遍认为,佐藤在联合国上演的一出闹剧,使日本的对华政策走进了死胡同,处境空前困难,同中国复交的前景更加遥远了。

1972年春天,尼克松访华,并发表《上海联合公报》,中美关系的大门洞开了。美方声明:美认识到"台湾海峡两边的所有中国人都认为只有一个中国,台湾是中国的一部分"。美对这一立场"不提出异议"。美确认最终要从台湾撤走其全部军队。

2月27日《上海联合公报》发表后,佐藤政府为冲淡影响,极力贬低公报的意义,而实际上,不得不承认其敌视中国的政策破产。日统治集团普遍担心美中关系在政治上和经济上都将超过日本,日本成为"孤儿"。国际形势的发展,使日本国内各界人民要求同中国恢复邦交的呼声空前高涨,对自民党政府形成了强大压力,关系到政局的稳定。日中问题从而已成为当权派迫于解决的内政问题。

为缓和国内外压力,稳定政局,佐藤政府采取两手政策,一方面顽固坚持其反华的基本立场,一方面不断玩弄新花招。

佐藤表示，"愿意在任何时候、任何地点"与中国进行"大使级会谈"，并宣称，会议的议题要扩大到"包括日中关系正常化的所有问题"，并通令日本各驻外使馆抓住机会，直接地或通过第三国造成与中国使节接触的既成事实，以制造舆论，欺骗视听。在东京，佐藤派员与中国驻日人员秘密接触、试探。在枝节问题上，提出要与中国发展关系，如提出同中国搞邮政协定、气象协定，简化我驻日人员去日签证手续、使用特惠关税，等等，企图在不解决两国政治关系的情况下，应付时局，缓解压力。

第三节
田中角荣发出信息，中方立即呼应

田中角荣在这种形势下出马竞选自民党总裁，立即抓住这一紧急课题，以向前看的态度提出"改变政治潮流"，并与大平正芳、三木武夫、中曾根康弘等三个派系就中国问题达成了政策协议。与此同时，田中通过他的心腹木村武雄、久野忠治等人同中国常驻日本的人员进行秘密接触，发出了他组阁后将加速同中国实现邦交正常化的信息。

1972 年 7 月 5 日，田中当选为自民党总裁；7 日，当选首相。田中在当天下午举行的第一次内阁会议之后发表谈话，正式表明政治抱负称，"在外交方面，加紧实现同中华人民共和国邦交正常化，在激烈变动的世界形势中，大力推进和平外交"。

7 日夜,日本外务省中国课课长桥本恕被新上任的外相大平正芳召到东京赤坂的和风餐馆"千代新料亭"。桥本一进屋,看到田中首相坐在大平身边。大平郑重地通知桥本说:"内阁准备完成日中邦交正常化。桥本,要辛苦你了,请马上着手进行谈判的准备。"

田中首相并没有多说什么,只是在最后说了声"桥本君,拜托了",还指示桥本以后有事直接向大平请示、报告。

田中、大平让一个课长为中心做谈判的秘密准备,是为了减少阻力。当时,自民党内还有一股跟不上形势发展的势力,被称作"反对派"或"慎重派"。田中和大平知道,如果过分地刺激他们,就会增加不必要的阻力。

因此,最初一切都秘密进行,即使后来有了眉目,仍不声张。如桥本课长等一班人 8 月 31 日至 9 月 6 日作为田中访华的先遣队访问了北京,尽管谈的多是日程和礼宾安排,如宴会时演奏曲目的选定,应给爱出汗的田中准备几条湿手帕,等等,但桥本一行何时启程,何时回国,一概未向记者透露。

田中首相 7 月 7 日发表加紧实现同中国邦交正常化的谈话后,中国政府本着愿意同日本实现邦交正常化的一贯立场,很快做出反应。7 月 9 日晚,周恩来总理在欢迎也门民主人民共和国政府代表团的宴会上表示,"长期以来敌视中国的佐藤政府终于被迫提前下台,田中内阁 7 日成立,在外交方面,表明要加紧实现中日邦交正常化,这是值得欢迎的"。

周总理的讲话传到日本,内阁官房长官二阶堂进当夜发表谈话。他说:"三木先生和大平先生进入田中内阁,就可以说明田中内阁希望恢复日中邦交的态度。今后,大平外相将负责推进恢复邦交的进程,能否加快速度,全凭外务大臣了。周总理的这番讲话是恢复邦交的东风。"

田中内阁进而于 7 月 10 日统一了意见。田中、大平、二阶堂和外务次官法眼晋作商议后，由官房长官二阶堂进出面，发表了如下谈话："政府寄予日中邦交正常化的热情，得到了中国方面充分的理解，这是很好的事情。政府认为，现在进行日中政府间接触的机会正在成熟。从而，我认为今后政府的责任是研究实现日中邦交正常化的具体方策。"

各在野党对田中政府的表态感到满意。社会党委员长成田知巳 10 日表示："如果田中内阁承认恢复日中邦交三原则，社会党将予以支持。"民社党 12 日发表声明称："如果田中内阁明确原则，民社党愿意进行合作。"13 日，公明党表示，"如果田中首相当真做出打开日中关系的决断，公明党将全力合作。"这样，恢复日中邦交作为朝野一致的目标，迫切地提到日程上来了。

随后，社会党、公明党、共产党和民社党等四个在野党的 11 名议员向政府提出了一份《关于当前紧急政治课题的询问书》，要求政府把承认"中日复交三原则"作为政府的基本方针，并要求举行朝野党领袖会谈。

7 月 18 日，田中政府在内阁会议上决定对这份询问书进行答辩。答辩书的要点：

"日中两国间有着长达两千年的漫长交流史，但战前和战争期间的一段时期内，我国给中国人民带来了很多麻烦。对此，应该谦虚地反省。

"日中两国间决不能再动干戈。为谋求邦交正常化，当前的迫切任务是开始日中两国政府间的负责的对话。

"关于中华人民共和国提出的所谓邦交正常化三原则，作为基本认识，政府能够充分理解。因此，要充分考虑各阶层广大国民的意见，研究能为日中双方接受的具体方案。政府的态度是在承认中华人民共和国政府是代表中国的唯一合法政府的前提下，进行政府间谈判。

"政府认为，日中邦交正常化是我国多数国民的愿望，而且有助于缓和亚洲的紧张局势。政府将基于这种观点，负责制定具体谈判方案。"

"政府认为，为实现日中邦交正常化，政府间谈判是不可缺少的。"

同日，田中首相分别同公明党委员长竹入义胜、民社党委员长春日一幸举行了会谈。21 日，又同社会党委员长成田知已会谈。通过上述会谈，田中得到了在野党合作的确认。

7 月 22 日，田中会见访华归来的社会党前委员长佐佐木更三，听取了他会见周总理的情况。佐佐木转达了周总理欢迎田中首相和大平外相访华的谈话。

7 月 25 日，公明党委员长竹入义胜访华。23 日夜，竹入避开记者的眼睛，去田中私邸晤谈。在此前后，竹入同大平外相也进行了数次秘密会晤。在此基础上，竹入整理了一份包括十几个项目的所谓田中政府对恢复日中邦交的态度的记录。

竹入在北京期间，与周总理总共进行了 10 个小时的晤谈。周总理在 7 月 29 日的第三次谈话时，比较明确地阐述了中国政府关于邦交正常化的想法。竹入边听边拼命地记笔记。8 月 3 日夜，竹入回到日本。翌日上午，田中首相和大平外相在首相官邸会见了竹入。竹入向田中递交了"竹入笔记"，传达了中国政府关于实现邦交正常化的基本态度。

田中与竹入会见后，日本政府发表了对日中邦交正常化的基本见解，其内容已经由竹入转达给周总理。这样，中日两国政府关于邦交正常化的基本方针已互相了解。

第四节
孙平化、肖向前与大平外相密谈

在中日邦交正常化气氛高涨的形势下，中国上海舞剧团应日中文化交流协会和朝日新闻社的邀请赴日访问。为开展政治活动，周总理决定由中日友好协会副秘书长孙平化改任团长（原团长为上海市负责人徐景贤）。该团一踏上日本国土，就受到热烈欢迎。

7月20日，大平外相、三木副首相和自民党干事长桥本登美三郎等人出席了日本民间人士为欢迎孙平化和赴任不久的中日备忘录贸易办事处驻东京联络处首席代表肖向前举行的酒会。

接着，大平外相于7月22日下午3时30分至4时30分在大仓饭店670房间与孙、肖二人举行秘密会谈。大平首先解释说："我知道你们想见田中首相的心情。昨天，我见首相时，他说，'我自己也想迎接远方来的客人，一起充分地谈一谈，但现在的国内形势他们也知道，因此，我作为最高的负责人，不能不自重，因此，请与我一心同体的大平来见，希望他们能谅解。'"

孙平化按着周总理的指示，为促成日本政府首脑访华，与大平密谈了一个小时。他说："我来日本后，看到报纸上关于中日两国关系问题的报道很多。我先谈谈我们的想法。早在田中内阁成立之前，总裁竞选时，田中先生、大平先生就对日中关系问题表示了积极的态度，愿意尽快解决日中关系正常化问题。田中新内阁成立后,田中首相、大平外相又都表示要积极处理这一外交的首要课题,一再表明打开两国关系的时机业已成熟。对田中内阁尽早解决两国关系正常化问题的态度和诚意,我们给予了积极的评价。因此,我们方面也应该采取积极的态度,双方共同努力,争取继续前进。如果田中、大平先生愿意去北京直接进行首脑会谈,中国方面表示欢迎。虽然我们今天是非正式会谈,但可以负责地做出上述表态。"

大平说:"虽说是非正式会谈,但开始了中日两国政府间的接触,这是第一次会谈。听到贵方欢迎日本政府首脑访华,我们很受感动,并表示衷心的感谢。"

孙平化为了打消日方的疑虑,说道:"从报纸上看,贵国有种种议论存在,但我想,双方都有诚意解决问题就好办。田中、大平先生去北京,我们方面不会出什么难题。'复交三原则'的问题,当然最后必须解决,否则邦交无法恢复。但是,中国方面对日本政府首脑访华,不以要求承认'三原则'为前提。田中首相也多次表示充分理解'三原则',在内阁会议上也讲过。我认为,为了最后达到这个目的(实现'三原则'),具体步骤、方式方法是容易解决的。我想,要是这样做,贵方党内调整意见也会容易些吧。"

大平说:"十分感谢中方充分理解我们所表示的态度,首相、外相在记者招待会及国会答辩中都表示过充分理解'复交三原则',准备在这样一个认识基础上寻求两国关系正常化的途径和步骤。这方面在政府里是没有困难的,问题在党内。但按孙先生刚才所说的基线来进行工作,我认为是能得到党内理解的。当然现在手续尚未完成。不过,在这样一个基线上,是可以统一起来的。田中和我都有信心。"

孙平化强调说:"通过两国政府首脑直接会谈,不难找到解决日方感到困难的问题的办法。谈，才能谈得清楚。过去没有直接谈过，现在时机已经成熟了。"

对此，大平外相说："日本政府也在考虑，到了一定阶段要实现政府首脑访华。所谓一定阶段，即时机问题，日本方面需要考虑包括今年开不开临时国会、搞不搞大选等问题，这当然是我们方面的情况了。因为田中首相和我都是政治家，这是关乎我们政治生命的重大问题，也是关系日本命运的大事，对日中两国均事关重大。因此，我的心愿是，一定要使这一行动有丰硕的成果。孙先生刚才说的'三原则'问题，我们也在费心考虑怎样才能找到解决的办法。对此，我作为外相负有重要责任。当然上面还有首相。今天可以认为两国政府交涉已经开始。肖先生在东京，孙先生也还要在日本逗留一段时间。如允许，我还想再见你们，提出日方对一些问题的想法和希望，看中方能在怎样的程度上给予理解。我确信，转达了你们所讲的意见，党内的意见可以统一起来，然后由田中首相最后决断。"

大平讲到这里，认为差不多了。于是，他说："今天你们所讲的，是中方为邦交正常化铺设的阶梯。这是我的基本感想。所以，我非常感谢，因为我们正在做准备。今天作为第一次会谈，是否就谈到这里，下次由我讲讲日方的想法。"

孙平化言犹未尽。他大概是想到了周总理交给他的硬任务，又追问道："我们是否可以作这样的理解，即田中首相、大平外相已经决定去北京谈？"

大平答称："我们就是希望这样做的。"

孙平化听到肯定的回答后，进而表示："关于日本政府首脑访华问题，田中首相去，我们欢迎，田中首相与大平外相一起去，我们更欢迎。你们两位商量，如认为有必要先派阁僚去，我们当然也是欢迎的。这可以由田中、大平先生决定,我们没有别的意见。"

大平说:"十分感谢。关于双方的接触,过去我曾考虑过好多途径,现在情况不同了。"

孙平化问:"大平先生认为怎样的途径较合适?"

大平答道:"东京、北京既然可以直接谈,我想就不需要在联合国或第三国开辟另外的途径了。最好的联络方式已经正式接通,今天就是第一次。今天,外务省中国课长桥本也来参加,是否以后可以让他直接和肖先生的联络处进行联系?"

肖向前马上回答说:"可以。事务联系桥本先生可找联络处的许宗茂。"

孙平化也马上表示:"代表团方面,桥本先生昨天下午已经同翻译唐家璇和今天在座的江培柱联系过了,打电话也可以。"

联络方式谈定之后,为打消日方的顾虑,孙平化又提出一个新话题。他说:"据报道,田中首相讲,如果到北京,要先谢罪。我看不要了,已经过去了的事,就不要再提了。对这个问题,我们就是这样想的,并不是一般应酬的语言。"

肖向前补充说:"周总理早就讲过。田中先生来北京不要谈谢罪,谈谈友好就行,要向前看,不向后看。"

孙平化还对大平说:"在双方都抱有诚意的前提下共同前进。我们已经看到了田中内阁对日中关系所表现出的积极态度。如还有什么情况和困难,请不客气地讲。这不是我们要探听什么,而是了解了好予以配合。"

大平说:"互相探听、摸底、说谎话是干不成事情的。"

在田中、竹入会见后,8月11日,大平外相再次与孙平化、肖向前会谈。大平向他们转达了田中的话,说田中感谢周总理对他的访华邀请,表示"将愉快地访华"。在这次会谈中,双方还就今后的安排进行了深入的交谈。

第五节
田中角荣亲自会见孙平化、肖向前

会谈的信息传到北京的第三天(12日),中国外交部长姬鹏飞发表声明,称:"周总理欢迎和邀请田中首相访华。"

在这种情况下,田中首相于8月15日在东京的帝国饭店16楼亲自会见孙平化、肖向前。中方参加者有许宗茂、唐家璇、江培柱,日方有内阁官房长官二阶堂进、外务省亚洲局中国课长桥本恕、田中秘书官木内昭胤、小长启一及中国课一名中文翻译。

孙平化对田中说:"田中首相阁下在百忙中抽出时间会见我们,对此表示衷心感谢。"

田中说:"很早以来,听访问贵国的许多日本人说周总理经常会见他们,我也早就想见见各位表示问候。今天终于见到了各位,很高兴,谢谢你们。"

孙平化感谢说:"这次中国上海舞剧团来日本访问演出,全团人很多,共有208人。我们在日本逗留期间,受到日本人民的热烈欢迎,也受到日本政府的友好关照,使我们很受鼓舞,借此机会向田中首相表示感谢。"

田中说："你们取得了很大成功，这次回国飞机又可以直飞上海。我认为，舞剧团为两国友好立了大功。我听说周总理通过你表示欢迎我访华，非常感激。我已决定尽早访华，这可作正式接受邀请。所以让大平外相通过你转达对周总理邀请的谢意。不过，由于党内还有些麻烦的问题和复杂情况，具体时间今天还不宜明确讲。但作为不列入正式谈话记录的内容，可以非正式地告诉中方。如贵方方便，我准备9月下旬到10月初的一段时间里访问中国。为了在访华前圆满地处理党内各种意见，做好万无一失的准备，暂不过早地公布具体时间。以免产生不利，希中方予以谅解。我希望通过不久后的访华，两国关系能有顺利进展并取得丰硕成果。因为我们两国一海之隔，关系密切。我一再讲解决问题的时机已经成熟，但需做好万无一失的准备。请你回国后向周总理转达我的心意。"

孙平化表示："回国后一定马上向周恩来总理报告。"

田中自我介绍说："我是1918年生的，今年54岁。"紧接着他问孙平化："你比我大一岁，是1917年生的吧？"又指着肖向前说："你和我同岁，对不？"

孙平化回答说："是的。你知道的很详细，肖向前同志是1918年生的。"

一阵聊天过后，田中说："我们经常通过大平外相跟你们联系，还可通过二阶堂官房长官和你们联系。在座的还有桥本（中国课课长）和我的大藏、外务、警卫方面的秘书官，都是我一家人。"

孙平化说："大平外相本月11日见我们时，正式告诉我们田中首相决定访华。会见结束后，我们立即将会谈内容向北京做了报告。12日晚中国时间11时，北京电台广播了我国姬鹏飞外长授权宣布：中国政府周恩来总理欢迎并邀请田中首相访华，谈判解决两国关系正常化问题。

我们想问一下,在田中首相决定了访华日期后,是否可由双方商定就访华日期问题同时发表一个公告。不知田中首相对此有何想法?"

肖向前解释说:"就是说,就访华日期在双方认为合适的时间,同时发表一个公告。"

田中说:"是宣布从哪天到哪天访华吧? 我还想了解贵国什么时候方便。贵国如能指出什么时候合适,我也好定下来。"

孙平化又把他的想法说了一遍。他说:"我刚才讲的意思是,田中首相如决定了什么时候去,在华逗留多久,双方可商定在认为合适的时候,共同发表一个公告,把时间定下来。"

田中回答说:"可以。现在还有种种麻烦的事情。上次大平外相也对你们讲了,首先要在自民党内统一意见,这是前提。党的日中邦交正常化协议会开得很好,我也出席过会议,关于我访华事,形式上我让党来做出决定,现在这已经通过了,但还有些人不理解,还有些具体问题有待解决,需要继续统一认识。如要投票,应取得 80%,甚至 90% 以上的赞成和理解才行,否则办事困难。现在应尽量做好准备。战后 26 年来,我深有此体会。在总裁公选中也是如此,如得不到大多数的支持,就很难搞下去。一切都尽量在事先准备好,等做起来就快了。现在还是暂不明确说具体何时去为宜。今后,可通过外务省(指了一下桥本课长)经常保持联系。等党内形势取得更大进展时宣布何时去更好。我现在正在为访华做各方面的准备。"

孙平化说:"明白了。回国后将如实报告周总理。上次即 11 日同大平外相会见时,大平先生还提出在田中首相访华前,以自民党国会议员为中心再加上外务省的两名事务官先到中国,就田中首相访华的具体日程进行商谈。我和肖向前同志听后很快就向北京做了报告,现在国内已有指示,正式表示欢迎。我们两人在接到北京的指示后,因没有机会见到大平先生,今天想利用这个机会向日本政府作此正式回答。"

田中说:"谢谢。可能会去很多人,将是一支庞大的队伍。让具有各种意见的人去有好处,可以加深他们的理解。因此,去的人中将包括持不同意见或反面意见的人。与其说是去商谈日程,不如说是进一步统一党内的认识和意见。谈具体问题好办,可通过别的途径。从日本方面来看,过去去的人都是持'一边倒'立场的促进论者。当然,他们为得出今天的结论已经创出了一个良好的开端,震动很大。现在,应尽量让持有各种意见的人都去。这样,可以争取他们的赞同,加深他们的理解,使访华取得更大的成果,达到'有终之美'。在竞选总裁时,我讲过这个意见,现在作为自民党总裁,仍希望如此。"

孙平化表示:"欢迎大家去。何时去,人选确定后请通知我们。"

田中说:"由桥本联系。人数当然不会像上海舞剧团那么多,但也不会太少。你们那样大的国家,多去些人也不显得多。"

孙平化说:"人多少没关系,首相定了就行了。"

谈话至此,田中吩咐上水果、咖啡,宾主在一种轻松的气氛中聊天。

谈到"日航"和"全日空"公司各出一架飞机送上海舞剧团回国时,田中说,从改善日中关系考虑,这样做很圆满,如只是一个公司的飞机就不太好。所以日航的藤山爱一郎和我谈时,我觉得那样做好,并作了指示。谈到长沙古坟发掘成功时,田中说,真了不起,这是全世界文化史上的一件大事。

谈话间,田中还拿出他亲笔签名的著书《日本列岛改造论》,请孙平化转交周总理。

田中还关心地问:"北京秋天的气候怎么样?"

孙平化说:"9月下旬是一年中气候最好的季节,秋高气爽,不冷不热。"

田中马上问："那么，像我现在穿的这样就行了吧？"

孙平化告诉他："可以，衬衣外加一件上衣正好。早晚凉时要加毛背心。"

田中还主动谈起他在中国的一段经历，说："我只到过中国的东北，那是当兵的时候，在黑龙江、松花江汇流处，佳木斯、北合江、富锦一带待过一年又十个月，后因病回国。当时是参加张鼓峰战役，准备攻打海参崴的部队，冬天冷得受不了，达到零下三十几度。那时，我们让苏联整得够苦的，至今记忆犹新。"

8 月 16 日，孙平化一行结束访日归国。田中政府为表示盛意，包"全日空"和"日航"各一架客机，把代表团一行直接送回上海。

第六节
周密的准备

在与中国沟通的同时，田中为消除自民党内的阻力煞费苦心，度过了一个紧张的炎夏。

田中首先授意自民党在 7 月 13 日举行的领导干部会议上，决定将中国问题调查会扩大改组为日中邦交正常化协议会。自民党当时有众、参议员 431 人，其中的 249 人参加了这个协议会，占 58%。会长是小坂善太郎，副会长有江崎真澄、木村俊夫、小川平二、古井喜实、宇都宫德马、田川诚一、川崎秀二等 12 人，事务局长为鲸冈兵辅。

7月24日,田中出席该协议会第一次全体大会,并讲了话。

他说:"日中邦交正常化的时机已经成熟。"

他表示,政府对中国方面主张的和平共处五项原则没有异议,对中国方面提出的复交三原则也能理解。

他说:"日中邦交正常化是日本战后外交的大业,自民党和政府将慎重而果断地行事。由于在野党和促进日中邦交议员联盟等组织的努力,在某种程度上为恢复邦交铺设了轨道,今后将继续接受它们的帮助,同时,在我们自民党内,希望日中邦交正常化协议会发挥核心作用。为此,希望大家好好学习和作出判断。"

他强调指出:"为成功地实现日中邦交正常化,政府须和执政的自民党统一意见,并得到自民党强有力的支持。今后,我和大平外相将同小坂会长保持紧密联系,研究日中政府间谈判的具体方案。关于我访华的问题,请协议会决定。我希望政府和执政党慎重地研究。"

田中讲话之后,大平报告了田中政府在中国问题上的想法。

在田中政府就日中邦交正常化发表正式见解的8月3日,大平外相出席自民党的日中邦交正常化协议会常任干事会,说明了田中内阁成立以来处理日中邦交正常化问题的过程和政府今后的基本态度;还说,田中首相已接到中国政府的访华邀请,近期内必须作出答复。

大平外相在上述说明中强调,"在原封不动地保持同台湾的外交关系的情况下,要想同中国达成实现邦交正常化的协议,是有困难的"。对此,贺屋兴宣、北泽直吉、藤尾正行等"台湾帮"表示反对,声称"台湾问题是极为重大的问题,不应该轻易地得出断绝外交关系的结论",表明在自民党内确有反对派。

鉴于这种情况,田中8月7日在会见记者时说,"我认为日中邦交正常化的时机正在迅速成熟,也形成了相应的舆论。在与中国建交的国家中，没有一国同'中国国民党政府'或'蒋介石政权'原封不动地保持着关系，日本也不可能例外"，对自民党内的"台湾帮"进行了牵制。

该协议会于 8 月 9 日召开全体会议。小坂会长报告了 8 月 3 日召开的干事会上得出的两点结论：（1）要实现日中邦交正常化；（2）为此，田中首相可以访华。全会对此表示同意。但亲台议员提出意见称："虽然同意上述两点，但这并不意味关于首相访华的时间和复交的内容交由政府全权决定。"为此，该协议会决定，今后要通过正副会长会议、干事会和全体会议就首相访华的时间、日台关系、日中复交与日美安保条约的关系以及钓鱼岛的归属问题等进行讨论，就政府同中国谈判的基本立场调整自民党内的意见。

8 月 15 日，外务省对"台湾帮"贺屋兴宣等议员提出的 12 个问题做出回答。贺屋等人的问题全都与台湾问题相关，追究田中政府成立后急剧改变对华政策的原因。外务省在回答书中详细说明了国际形势的变化，解释说，日本必须顺应世界大势，企图以此说服"台湾帮"。

8 月 17 日，在日中邦交正常化协议会上又起波澜。"台湾帮"对大平外相在众议院外务委员会的答辩中，将"日华条约"称作"日台条约"表示不满，要求小坂会长提出"不抛弃台湾"的所谓"原则"。

在自民党内意见尚未完全统一的情况下，自民党总务会 8 月 22 日开会，听取了小坂会长关于协议会的审议经过情况报告，仅作为自民党的决议，决定自民党要促进日中邦交正常化和同意田中首相访华。

自民党内的"台湾帮"虽对政府在台湾问题上的态度不满，但他们并非铁板一块。大致说来，这些人可分为以贺屋兴宣为代表的战前派和以中川一郎为代表的战后派。中川等人在总裁选举中是积极支持田中的，他们对田中政权上台伊始就急于处理日中邦交正常化问题表示不满，但对这批人仍有说服的余地。另一方面，当协议会开始起草日中邦交正常化的基本方针时,河野洋平等一大批主张尽快实现邦交正常化的人明确表示,在实现日中邦交正常化时,"断绝同台湾的外交关系是理所当然的"。

苦于收拾事态的小坂会长9月4日求见田中。田中在听取小坂的报告后明确表示,"台湾帮"主张的"两个中国论"和"一中一台论"是不能接受的,指示小坂会长统一协议会的意见。

在9月5日召开的协议会干事会上,果然意见纷纭,一下子提出了小坂会长方案、贺屋方案、其他鹰派方案和鸽派方案等四种方案。为此,小坂会长困惑不安,当他决定休会时,中川一郎等战后派提出了在小坂会长方案的基础上进行某些字句修改以求解决的建议。另一个战后派浜田幸一也表示撤回他提出的"小坂会长不信任案"。由于年轻的鹰派态度突然软化,顽固的贺屋兴宣等人形影相吊,失去了作用。据田中秘书早坂茂三后来透露,年轻鹰派议员态度的变化是因为田中私下对他们做了说服工作。

形势急转直下,协议会干事会当日决定了"日中邦交正常化基本方针",其内容如下:"进行邦交正常化谈判时,我国政府应注意以下几点。尤其是鉴于我国同中华民国的深厚关系,希望能在充分考虑继续保持向来的关系的基础上进行交涉。

(1)日中邦交正常化应基于联合国宪章和万隆十项原则进行;

(2)相互尊重不同社会制度,不干涉内政,尊重对方同友好国家的关系;

(3)相互不行使武力和武力威胁;

(4)相互增进平等的经济文化交流,不进行歧视;

(5)为亚洲的和平和繁荣相互合作。"

日中邦交正常化协议会9月8日召开全体会议,承认了干事会决定的上述基本方针。接着,自民党召开总务会,将上述基本方针作为党的决议通过。"台湾帮"提议将上述基本方针中的"希望"改成"应该",将"向来的关系"加上"也包括外交关系"的字样。小坂会长只表示同意将"希望"改成"应该",而对"包括外交关系"的建议未置可否。

为了减少阻力,田中决定在他访华之前,派遣以小坂会长为团长的自民党代表团访华。9 月 12 日,田中会见小坂,表示了政府的希望和要求。自民党代表团在小坂率领下于 9 月 14 日乘专机访华,18、19 两日在北京与周总理进行会谈。

上述经纬表明,所谓调整自民党内的意见,意味着对"台湾帮"做说服工作。

当自民党内的意见调整大体完成,小坂率领的代表团正在北京访问时,田中派特使、自民党副总裁椎名悦三郎率一班人于 9 月 17 日飞抵台北机场。

椎名的使命是说服台湾当局。他在台北市受到几百人的示威队伍的围攻;蒋介石佯称感冒,拒绝会见。椎名与沈昌焕"外长"和严家淦"副总统"等政要相继会谈,说明日本的困难处境,请求台湾当局谅解,但得到的回答却是"坚决反对"日本恢复同大陆的邦交。椎名此行虽未能说服台湾当局,但对田中来说,已算是尽到了礼仪。

同时,田中看到自民党内的不满大体已解决,便同中国商定于 9 月 21 日上午 10 时(东京时间 11 时)在北京和东京同时发表如下公告:"日本国总理大臣田中角荣愉快地接受中华人民共和国国务院总理周恩来的邀请,将于 9 月 25—30 日访问中国,谈判并解决中日邦交正常化问题,以建立两国之间的睦邻友好关系。"

与此同时,内阁官房长官二阶堂进发表了如下谈话:"田中总理访华最重要的目的是,通过同中华人民共和国政府首脑举行会谈,使长期以来处于不正常状态的日中关系正常化。政府希望在日中之间建立起和平、友好的关系，成为好邻居。为此，首先必须实现日中邦交正常化。

"日中两国对亚洲乃至世界的和平负有巨大责任。如果田中总理访华和日中首脑会谈的结果能在日中两国间奠定建立睦邻友好关系的基础，将有助于缓和亚洲紧张局势，有助于世界和平。

"日中邦交正常化，是为了使我国同一衣带水且历史关系深远的邻邦中华人民共和国的关系，成为通常的国与国之间的正常关系，是理应采取的措施。

"政府在实行日中邦交正常化时，将充分考虑我国同各友好国家的关系。

"田中总理访华时，大平外务大臣、二阶堂内阁官房长官将陪同前往，另有 49 名随行人员。

"田中总理预定 9 月 25—29 日在北京逗留，29 日离北京去上海访问，30 日离上海回国。"

9 月 22 日上午，田中比往常提前一小时召集内阁会议，决定访华期间由三木武夫任代理首相，中曾根康弘任代理外相，本名武任代理内阁官房长宫。之后，田中拜访皇宫，就访华事上奏天皇，还走访前首相佐藤荣作、石桥湛山，召见前外相福田赳夫，要求他们对其访华给予"理解与合作"。

同日，田中还通过日本广播协会（NHK）电视台向全国再次表明了为实现日中邦交正常化而访华的决心，他说"要以国民舆论为背景，通过日中首脑会谈，打开恢复邦交的大门"；又说"如果中国方面在首脑会谈中提出经济合作的要求，就要响应"，表示日本"不打算做外国人过去称呼的那种'经济动物'，真正有助于整个中国的经济合作，才是可取的"。他还表示信念，说："我们全体亚洲人应当聚在一起，为了亚洲人而一起做出安排,一起加以贯彻执行,这样一个时代正在到来。"

同日晚上,田中与日本经济团体联合会会长植村甲午郎、新日本制铁公司董事长永野重雄、经济同友会代表干事木川田一隆、日本经营者联盟代表理事樱田武等财界"维新会"(支持田中的财界组织)巨头聚会。田中在会上说:"日中邦交正常化存在着台湾这个难题,可我不能不去努力解决它。我估计访华归国后会有一些人提出种种批评,不过,我已经做好了精神准备。"

据日本报纸后来报道,田中在下决心访华时,曾对大平外相述怀道:"喂,大平君,我们搞这个问题,不知会怎样。反正人是要死的,要死就一块儿死吧,我是有这个准备的。"

关于田中访华的心境,他的女儿田中真纪子证言道:"我爸爸曾对我说:'我要带你到世界各地去看看,这是爸爸的梦!'我跟他去访问过英国,在白金汉宫拜会过伊丽莎白女王,后来一有机会他就带我出访,可这次去中国他却不带我去了。爸爸对我说:'尽管历史上我国从中国学到了好多东西。然而,我们日本却给中国造成了极大的伤害。我这次是去曾被我们称作中共的这样一个几乎不了解的邻国,为的是进行战后处理和建立新的日中关系。不知道会发生什么事。爸爸是赌上生命才决定去的,所以,这次不能带你去了。你和妈妈就好好给我看家吧。'"

23 日,田中在东京一家饭店约见前首相岸信介,同他进行了半小时的谈话。在此之前,田中拜谒了日本著名政治家松村谦三陵墓,向这位生前力主恢复日中邦交,并为日中民间友好往来做出卓越贡献的先辈的在天之灵报告他即将访华的消息。

24 日,田中在踏上具有伟大历史意义的旅途的前夕,为有意轻松一下,7 时才起床,比平常整整晚了两个小时。他照例入浴后,简单地用过早餐,信步走到门前,仰望着半阴半晴的天空,自言自语道,"台风好像偏过去了",显出放心的样子。他想到这些天为准备访华的劳累,不禁脱口说道:"今天可要好好休息一下……"

8时许,他穿上运动服,轻装走出家门,前往高尔夫球场。途中,他去另一位日中交流的先驱高碕达之助先生的陵墓献了香。他伫立墓前,表情严肃地注视墓碑,想到恢复日中邦交的重大使命如今担在自己肩上,心中涌起万千感慨。

田中来到小金井郊区俱乐部时,等候着他的一群记者立即围了上来。田中要求记者不要提起"中国",说:"今天不要那么吵闹。"但是,在进午餐时,他自己却憋不住提起话头,说"报纸上说我只吃日本饭,那是瞎说。我什么都吃。但要带上梅干。"于是,关于访华的话题顿时热烈起来。"熟悉的地方很多,还是离得很近啊!""在上海和周恩来总理一起吃饭吧?"……他指着满是汗水的头,告诉记者,这次访华要带一把扇子,说"天气虽然凉爽,但头也许要冒汗的"。

傍晚,田中刚回到东京目白台的家,十来个选民代表就赶来壮行。田中咬紧嘴唇回答说:"一定努力。"

当天晚上,田中同夫人花子和女儿真纪子等全家人团聚,吃着肉卷和炖菜。田中让他特别疼爱的小外孙雄一郎坐在自己身旁,用筷子夹菜喂他。看田中那副表情,他似乎忘了明天即将去干一番大事业。

但他心里到底还是装着一桩大事,推了饭碗,就伏案读书去了。田中出任首相后尽管十分繁忙,仍阅读了韩素音著《2001年的中国》、米谷健一郎编《周恩来谈日本》、时事通讯社编《中国要览》等十余本书。据田中的秘书透露,一些日子以来,田中晚八时半就寝,凌晨至两点钟就起床,趁着家人熟睡的时刻挑灯看书,一直读到四五点钟,完全跟考大学的学生一样用功。他不仅设法了解中国情况,还了解毛主席、周总理和姬鹏飞外长的经历，甚至对他们的生活习惯和举止特征也研究了一番。

田中出访中国，也忙坏了他 62 岁的妻子花子。多少天来，花子一直默默地在为丈夫的出访做准备。田中的行李中，从喝的水、吃的米，到爬长城穿的胶鞋，样样都有。这也难怪，据说田中在日本国内游说竞选时，常常带上妻子做的饭团，而不吃当地的饭食。几个星期之前，田中在夏威夷也碰到过吃饭问题。当时，他同尼克松总统共进午餐，颇有气概地把美国食品吞下肚子，然后，赶紧回到下榻的饭店，吃一顿日本饭。准备水，当然也自有原因，据田中的助手说，田中爱出汗，从早到晚，每隔 15 分钟，就要喝上几杯冰水。

第七节
启程访华

9 月 25 日，田中首相一行启程访华。

7 时 20 分，田中离开目白台私邸。7 时 45 分，他的座车驶抵停着专机的羽田机场第 22 号停机坪。当田中首相走下车时，站在舷梯旁欢送的人群顿时爆发出欢呼声。身穿深蓝色西服的田中首相跟同行的大平外相、二阶堂内阁官房长官寒暄了一番，随后以他那种惯常的风度同站成一长串的大约 350 名朝野党国会议员握手或拍肩、挥手，笑眯眯地反复致简短的告别礼。

欢送的人群中,有代理首相三木武夫、自民党"三巨头"和各位政府阁僚,还有社会党前委员长佐佐木更三、公明党委员长竹入义胜、民社党书记长佐佐木良作等各在野党领导人,形成了超党派欢送的场面。在野党欢送首相访问外国,是自1956年鸠山首相为日苏建交谈判而去莫斯科访问以来从未有过的场面。早日同中国实现邦交正常化是这些在野党的共同政策主张,并为此做了大量促进工作。今天,他们看到田中首相终于踏上访华的旅程,想到他们多年来为之奋斗的目标就要实现,无不感到由衷的高兴。

东京时间8时10分,田中首相、大平外相一行乘坐的日航专机,带着日本人民恢复日中邦交的热切愿望起飞了。专机钻出阴霾密布的东京上空,向鹿儿岛方向飞去。

田中此行除有51名成员外,还另有记者80人、电视技术人员70人、卫星地面站人员24人,这些记者和电视转播人员大部分都已先期到达北京。

飞机腾空不久,田中与大平相对而坐用早餐。虽说田中不大吃西餐,离家前又吃过饭,但他今天的胃口却特别好,涂满黄油的面包一下就吃了4片,航空小姐端上来的红菜汤、煎肉饼、肉蛋卷、沙拉和果子冻、咖啡,很快都一扫而光。他边吃边说:"托昨天高尔夫球的福,浑身舒服极了!"

大平外相取笑说:"你可真能吃啊!"

田中辩解说:"因为喝了一些白兰地,开了胃口,所以比平常吃的多。"

吃得饱睡得香。田中首相吃完饭,果然很快就进入了梦乡。大平却沉静地凭窗端坐,若有所思。人称"钝牛"的大平,既有"一事既决,宁死不回"的劲头,又是一位头脑致密、虑事周到的政务家,是他与田中共同做出了同中国复交的决断，并为田中此行做了具体周密的安排。为了实现这一宏伟的目标，大平在上飞机之前，写下一份遗嘱："如果完不成实现日中邦交正常化的任务，誓不还家……"

据大平的秘书、女婿森田一后来回忆说，大平写完这份遗嘱后，便把它放进书房里的保险柜，没有对任何人讲。当他从北京归来，才向志华子夫人谈起遗嘱事，并当场打开保险柜，取出遗嘱毁掉了。

在飞机上，大平想起自己的誓言，想到即将举行的历史性谈判，犹如千斤重担在肩。他心潮起伏，思绪万千，心房不禁怦怦地跳。此时此刻，他心头上凝聚着一种隐忧：万一北京谈判出现枝节怎么办？满腔心思驱走了大平的倦意，更收起了遐游万里高空的闲情，抓紧分秒运筹起来。

专机越过波光粼粼的东海，飘荡的彩云向后退去。当飞越上海上空时，田中醒来了。

"啊，大陆真大呀！"首相看着大平和二阶堂的脸，兴奋地说，"终于来到了！"

然后，他拿出秘书官给他准备的一厚叠资料，悠然地说："不是事到如今才当学生，也不是临阵磨枪啊。"然而，还是潜心翻阅了近一小时的资料。

当专机就要抵达北京时，田中来到记者座位前面，说："当我见到周恩来总理的时候，只要说'我是田中角荣'，他就会明白的。因为同是东洋人嘛！"披露了他急于见到周总理的心情。

25 日清晨，迎接客人的北京，秋高气爽，气温是 18 摄氏度，气象台报告全天"晴"，那女广播员悦耳的声音也像在祝福同日本恢复邦交似的，掀动着北京市民的心。"田中首相今日来访"成了人们的话题，大家都在等待着东邻使者的到来。

上午 11 时 30 分,田中首相、大平外相一行乘坐的道格拉斯 DC-8-55 型日航专机在北京机场着陆。飞机滑行时,一面中国国旗和一面日本国旗在驾驶舱外迎风飘动。

机场上没有群众欢迎场面。在飞机旁迎接的是周总理,军委副主席、国防委员会副主席叶剑英,全国人大常委会副委员长、中日友协名誉会长郭沫若,外交部部长姬鹏飞,外交部顾问、中日友协会长廖承志等 50 多人。日中备忘录贸易办事处驻北京联络处的 11 名成员和他们的夫人也在场。

田中首相快步走下飞机的舷梯。欢迎他的周恩来总理同他使劲地握手。中日两国领导人在 20 世纪 70 年代第三个秋天握手,这是多么有意义的历史瞬间啊!

五星红旗和旭日旗在机场上空飘扬。中国人民解放军军乐队高奏两国国歌。日本国歌《君之代》在三、四十年代,对亿万中国大民来说,是压迫的象征,而《义勇军进行曲》是抗日战歌。在 20 世纪 70 年代的今天,两曲并奏,不禁令人感慨万端,深深感到时代的巨大变迁!

周总理陪同田中首相检阅由陆、海、空三军组成的仪仗队。

欢迎仪式完毕后,周总理陪贵宾乘车前往钓鱼台国宾馆。当汽车开进国宾馆宽敞的院子,驶过红叶掩映的林荫和白菊盛开的花坛,停在 18 号楼门前时,穿着雪白上衣的服务员、厨师们站在门口右侧欢迎来自远方的客人。进门时,细心的大平外相看到周总理同服务员、厨师一一握手,不禁发出赞叹:"这就是周恩来!"

在会客厅,周总理和田中首相边饮茶边漫谈。

在十分融洽的气氛中,田中首相开口问道:"这座房子大概造了 10 年左右吧?"

周总理立即笑着答道:"1959 年建的,10 年多了。"

田中首相又说:"日本也正在第一次造迎宾馆。"

周总理问:"以前没有吗?"

对此,田中首相做了说明:"用朝香宫殿下放东西的地方迎接客人。现在是把赤坂离宫的旧建筑物来一番大的改造,作迎宾馆用。"并热情地邀请周总理说:"迎宾馆造好后,请您做第一位客人。"

周总理听懂了,不等译员译完就发出了爽朗的笑声,说:"我感到很荣幸。"

田中首相补充说:"规模虽小,却是模仿凡尔赛宫造的。"

双方带着十分坦率的感情你问我答,第一次会面就这样顺利地开了头。

交谈中,周总理满面笑容,从容不迫,而田中首相讲话则正如日本人形容的,像连珠炮似的,确实很快。两者形成了鲜明的对照。因此,彼此也都留下了深刻的印象。

第八节
首次首脑会谈

田中首相访华期间,同周总理共举行了四次正式会谈。

第一次会谈于 25 日下午 3 时至 4 时 45 分在人民大会堂安徽厅举行。

下午 1 时 50 分至 2 时 40 分,主宾先进行正式会谈前的会见。当田中首相、大平外相等来到人民大会堂时,在门口迎候的有周总理、姬外长和外交部顾问廖承志等。合影留念后,他们一起走进安徽厅隔壁的会见厅,以周总理和田中首相为中心,双方代表团在围成马蹄形的沙发上就座,而没有面对面就座,这是周总理的精心安排。周总理说:"这样坐有家庭式气氛。"

周总理首先向田中首相表示慰问,说:"尼克松访华时第一次也是在这里会见的。你也没得休息一下就来这里,辛苦了。"

首相答道:"在宾馆饮了美酒,略有醉意。"

周总理和在座的人都笑了。

接着,周总理说:"茅台酒比伏特加好喝,喉咙不痛,也不上火,能消除疲劳,安定精神。"

田中说:"茅台酒虽然好喝,但度数太高,连续干杯受不了。所以,我想还是会谈完了以后再喝为好。这个酒的味道的确很好。伏特加也是好酒,但茅台比伏特加更好。"

周总理说:"茅台比伏特加柔和,你喝这酒没有问题。茅台酒是韩念龙(外交部)副部长家乡贵州省的名产,我们长征时发现的。"

首相暗示说:"这是好酒,每天喝一点倒不错。"

总理马上接过话茬,说道:"你觉得好喝,我们送一点给你,把你的威士忌改成茅台。"这句话又引起一阵笑声。

接着,周总理引用了田中就任首相以后就中日邦交正常化问题发表的历次讲话,高度评价了田中首相的态度。

田中首相对日中两国过去有一段"不幸时期"表示遗憾,并表示决心说:"今后,日中两国要永远和平相处,不能重演过去的历史。"

田中首相以日本人民的名义,把 1000 株大山樱和 1000 株日本唐松树苗的礼单赠送给中国人民,并向毛泽东主席赠送了日本著名画家东山魁夷的画《春晓》,向周总理赠送了杉山宁的画《韵》。大平外相赠给周总理的是鸳鸯挂毯,赠给姬鹏飞外长和廖承志顾问的是工艺品陶壶,赠给人大常委会副委员长兼中日友协名誉会长郭沫若的是图书《秘宝》。二阶堂内阁官房长官赠给郭沫若一个工艺品花瓶《花纹》,赠给廖承志的是景泰蓝花瓶《黄玉菊花纹》,赠给韩念龙副外长的是景泰蓝花瓶《四君子》。

会见之后,两位首脑稍事休息。2时55分,双方进入安徽厅开始第一次正式会谈。周总理首先代表中国政府和中国人民欢迎田中首相和其他日本朋友访华。

周总理说:"田中首相7月7日组阁,表示要加紧实现同中华人民共和国邦交正常化,只有两个多月,你们便来到北京。这种外交上的高速度在日本历史上是少有的。我们很欣赏首相阁下在9月21日对记者讲的,中日邦交正常化一定会成功。我们以同样的心情欢迎阁下。"

田中首相对能应邀如此快地访华感到喜出望外。他感到这次到中国访问,同过去到美国和其他欧洲国家访问不同,就像在自己家里一样。

他说:"日中两国的来往有两千年的历史,是一衣带水的邻国,有不可分割的关系。第二次世界大战中,日本给中国增加了不少麻烦,战后两国交往中断了一个时期,这是很不幸的。自签订《旧金山和约》以来,我在任自民党干事长和内阁大臣期间,一直向广大日本国民呼吁实现日中邦交正常化。在这次总裁选举和组阁以后,也表示了这一愿望。但如果没有中国方面的配合,不是周总理抓住这一时机,也不容易实现。虽然日中两国各自都有种种困难,但没有比实现邦交正常化更重要的了。"

田中表示,希望通过这次访华实现这一伟大事业,使日中两国今后永远友好下去。他说:"这是我今天内心的感受。"

周总理说:"我有同感,从世界潮流来看,中日两国人民应该世世代代友好下去。刚才首相说来到北京,感到就像在自己家里一样,这很好,更便于我们亲切地会谈和直率地交换意见。是啊,正如首相阁下所说,中日两国人民有两千年来往的历史,值得我们珍视。这就是说,历史培养了人民友好的基础。当然,刚才首相阁下说了,很不幸,从1894年到第二次世界大战结束的半个世纪,日本军国主义侵略中国,给中国人民带来巨大灾难,同样给日本人民带来巨大灾难,但毛主席历来把一小撮军国主义者和广大日本人民加以区别。所以中国解放以来23年,虽然两国战争状态没有结束,但两国人民友好来往不断,两国贸易也一直在发展。特别是最近十几年,日本人民访华的比其他国家人民访华的都多。近几年我国对日贸易在我国对外贸易中占第一位,虽然数量不大。这说明我们两国历史关系之深和我们两国人民友谊之深。田中首相就任后抓住了主要问题,即两国人民长期以来要求恢复中日邦交的愿望,我就没有理由不响应你这个号召,我这个响应有着两国人民长期友好的基础。"

周总理表示:"希望田中首相直截了当地谈谈,日方认为哪些问题比较困难,需要通过会谈协商解决的?"

于是,田中首相谈了台湾问题。他说:"现在日本国会里阻挠日中邦交正常化的是台湾问题。有人说,日本和中国国民党政府缔结了和平条约,现在还要继续和台湾的外交关系。这种说法和我们要实现日中邦交正常化是矛盾的。自民党的决议也说,田中应该访华,应该实现日中邦交正常化,可是一定要和台湾的关系继续下去。我认为,他们的意思是希望避免混乱。"

田中还说,关于日中邦交正常化的问题,希望中方同意采用联合声明的形式,这样可以不需要日本国会通过,希望中方理解日本政府的立场。

接着,大平外相在田中的授意下就台湾问题发言。他说:"贵国认为《日华和约》是非法的、无效的,应予废除。我们十分理解贵国的这一见解,没有理由要求贵国改变这一见解。但是,从日本的立场来说,这个条约已经经过国会批准,所以日本作为当事国,是负有责任的。如果日本完全同意贵国的见解,就等于日本政府在过去 20 多年中欺骗了国会和国民。但是,由于历史潮流的变化,以《日华和约》为中心的'日华关系'不能再继续下去了,而实现日中邦交正常化的条件正在成熟。所以,我认为通过这次会谈,假如能实现日中邦交正常化,那么'日华和约'就将终了。希望中方理解我们的这一立场,并把贵我双方在这个问题上的不同意见作为'小异'处理。"

其后,大平谈及"第三国"问题。他说:"日本和美国在政治上、经济上有着紧密的关系,这对日本的存立意义重大。日本政府必须注意不要从日本方面损害与美国的关系。我们对美中和解是欢迎的。我们不认为日本和美国之间的关系是绝对不可以改变的。为了缓和亚洲的局势,我们认为今后不应太麻烦美国的帮助。但如要等到解决了这个问题以后再开始实现日中邦交正常化,也许就太晚了。所以,既然决定要实现日中邦交正常化,那么我们的立场就是,在维持我们和美国的现有关系的情况下,谋求日中邦交正常化。希望在联合声明中反映出这个问题。"

周总理对田中和大平的坦率发言表示感谢后,说:"从田中首相上任以来的发言可以看出,田中内阁是准备用快刀斩乱麻的办法解决中日邦交正常化问题的。"周总理指出,中日关系的不正常、不自然的状态不应该再继续下去了,中日邦交必须恢复。这不仅对我们两国人民有利,而且有助于缓和亚洲紧张局势和维护世界和平。中日友好不是排他的。这就是求大同。把两国邦交恢复起来,这是第一位的原则问题。

周总理说:"田中首相、大平外相都提到充分理解中国方面关于恢复邦交三原则的立场,都谈到日本国和中华人民共和国一旦恢复外交关系,日本和台湾的条约就自然失效,日本和台湾的外交关系就自然要断,这是对我们的友好态度,我们钦佩你们的果断。在这个基础上,我们照顾日本政府面临的局部困难,这是我们对你们友好态度的回答。"

接着,周总理又说:"不拘泥于法律条文,而是从政治入手解决一些历史问题,这是个好办法,这对我们来说是容易的。所以会谈后发表文件,我们同意用声明的形式,而不用条约的形式。"

讲到这里,周总理一并提出缔约的必要性、缔约和复交的顺序、条约的名称、应包括的主要内容,并指出履约守信的重要性。他说:"至于条约,将来是需要的,那是建交以后的事,而且我们缔结的条约是和平友好条约,包含互不侵犯。当然我们要讲信用。"

关于结束战争状态问题,周总理说,这对你们是一个难题。他表示不能同意"确认战争状态已经结束"的说法。他说,那样写就变成从旧中国到现在这一段,战争状态已经结束。

周总理还强调,关于"复交三原则"及其各项内容也要在联合声明中表现出来。

鉴于上述,周总理提议通过外长会谈,找出双方都能接受的表达方式。田中首相表示同意。

针对大平外相提到的"第三国"问题,周总理答复说:"要接触这个问题,我们尊重你们和美国的关系。中日恢复邦交不会使美国为难。比如日美安全条约,我们有意见,但是在联合声明中我们可不提,这是你们的事情。"

就这样,双方在第一次首脑会谈中,阐述了各自的基本立场和想法,一致表示,要通过谈判,一气呵成,一举恢复邦交。

会谈结束后,日方发言人二阶堂进向记者发表谈话称:"这是一次历史性会谈。为实现日中邦交正常化,双方以惊人的坦率态度,就各自的立场和想法交换了意见。这次会谈非常有意义。通过这次会谈,我得到的印象是,田中首相这次访华一定会取得成功。"

会谈给田中首相也留下了极为深刻的印象。就在会谈之后,他就接触周总理的感受,在一枚四方形厚纸笺上写下一句话:

躯如杨柳摇微风 心似巨岩碎大涛

第九节
周总理举行欢迎宴会

9月25日晚,周总理在大民大会堂举行盛宴欢迎田中首相和大平外相一行。

首相访华期间,北京和东京之间设立了8条报社的专用电话线,还在北京建立了电视转播地面站,在新闻记者下榻的民族饭店隔壁的民族文化宫建立了新闻中心。田中首相的活动,通过电视和记者的笔,及时地传到了日本。

6时30分,田中首相一行到达。周总理等同客人们一一亲切地握手,合影留念,然后在乐曲声和闪光灯的亮光中并肩步入宴会厅。

主桌上，主人周总理的右边坐着田中首相，左边坐着大平外相，对面坐着二阶堂内阁官房长官。日本客人都穿双排扣西服，气氛庄重。宴会厅长 100 米，宽 70 米，高 15 米，600 人欢聚一堂。

客人一入席，周总理就劝田中首相喝"茅台"，说："这酒喝多少杯也不会上脸。"接着，亲自夹菜到田中前面的碟子里。田中回答说："我喝两杯就醉了。"欢迎宴会就在这样轻松的气氛中开始了。桌上的菜单是：冷盘，莼菜汤，红烧鱼翅，两吃大虾，川冬菜豆腐脑，酱爆烤鸭片，八宝饭，点心，水果。

酒宴方酣，爱出汗的田中首相额头已经挂上汗珠。他一会儿用毛巾擦汗，一会儿啪嗒啪嗒地摇扇子，又一次显出"庶民宰相"的风度。而大平外相则眯缝着眼睛微笑着坐在那里，一动不动，也又一次显露了他的"钝牛"性格。

周总理致欢迎词，他指出，田中首相来访，揭开了中日关系史上新的一页。周总理说，在中日两国的历史上，有着两千年的友好来往和文化交流，两国人民结成了深厚友谊。他强调应该牢记日本军国主义侵略中国的教训，前事不忘，后事之师。

两国所有出席宴会的人正襟危坐，全神贯注地倾听。

周总理指出，"世界形势正在发生巨大变化"，"实现两国邦交正常化已经有了良好的基础"。他表示深信，"经过我们双方的努力，充分协商，求大同，存小异，中日邦交正常化一定能够实现"。周总理铿锵有力的声音震撼了整个大厅，他的话赢得了热烈的掌声。

讲话完毕，奏起了《君之代》，接着宾主干杯。周总理走向日方代表团成员坐的四张桌子，同每一个人都碰了杯。

一回到座席，田中首相就赞佩地说："周总理真是海量啊！"周总理听后笑着回答说："年轻时干杯干得更多。"

席间,军乐队轮流演奏了日本和中国歌曲。日本歌曲,首先奏的是《樱花,樱花》,还演奏了田中首相家乡新潟县的《佐渡小调》《越后狮子》和大平外相的家乡香川县的歌曲《金毗罗船》,使客人感到十分亲切。

这里还有一段小插曲:《佐渡小调》刚开始演奏,周总理就问身边的田中首相:"是你家乡的民谣吧?"可是,田中首相却没听出来,等主旋律演奏出来之后,才说:"啊,是的。"第二天上午,田中首相同记者闲聊时,主动谈到此节,逗得大家笑了一场。

田中首相致答词。他的话开始不久,就说"过去几十年之间,日中关系经历了不幸的过程。其间,我国给中国国民添了很大的麻烦,我对此再次表示深切的反省之意"。他承认,"日中关系仍继续处于不正常、不自然的状态"。他表示,他来北京是为了实现日中邦交正常化,"在悠久的日中友好的道路上迈出新的一步"。

他充满信心地说:"我相信,哪怕双方的立场和意见存在着一些小异,日中双方根据求大同和互谅互让的精神,克服意见分歧,达成协议是可能的。"田中首相这句话,博得了全场热烈的掌声。

第十节
田中角荣赋诗述怀

田中首相度过了在北京的第一个夜晚。次日,田中向身边的人透露其畅快的心情说:"昨晚睡得很舒服,我是个在什么地方都能睡得香的人。"

田中首相与大平外相、二阶堂内阁官房长官共进早餐。他把带来的紫菜、咸梅和酱汤粉等日本食品配以中国早点一起享用,兴致很高,嘴里说着"好吃,好吃",突然涌出了一首汉诗:

> 国交途绝几星霜,
> 修交再开秋将到,
> 邻人眼温吾人迎,
> 北京空晴秋气深。

田中兴高采烈地自夸说:"本人这首诗是做得挺高明的哟。"当天上午,二阶堂内阁官房长官向日本记者发表了这首诗,介绍说:这首诗淋漓尽致地表达了首相在邦交正常化即将实现之前的心境,反映了中国方面款待之好和田中首相感动之深。

早餐之后,田中首相跟日本记者一同在庭院里散步。他看到一片片修剪得很整齐的海棠、白杨、洋槐和高耸的虎皮松,钦佩之至,立时把话题转到北京市的道路建设上去,滔滔不绝地说:"北京街道两旁茂密的树木很美。给我的感觉是大家都在用心培育树木,还想了办法,一下雨,让水存在根部。这真是一座绿色的城市。""北京市的路灯,一边关掉,一边开着,这很节约,也很合理。"

当田中首相与记者应酬的时候,两国外长正在进行第一轮会谈。姬外长和大平外相就各种具体问题特别是结束战争状态的提法和台湾问题坦率地交换了意见。可能正是因为大平外相在同中国方面谈,田中首相的表情非常悠然自在。首相深知外相的为人,对大平外相解决日中关系的决心也是十分了解的。据日本人士说,起用大平为外相,主要是为了顺利打开日中关系。田中内阁成立后,日本曾有一种说法:

"内政田中，外交大平"，认为是"两驾马车"。

事实上，大平在田中内阁成立之前，就通过同中国早有来往的古井喜实议员与中国驻东京的人员进行了接触。田中首相执政之初，对日中邦交正常化问题的步骤尚无定见时，大平外相出过许多主意，后来大量的准备工作，也主要是大平外相做的。据大平外相的女婿、秘书森田一说，大平外相在担任池田内阁的外相时，对日中邦交正常化问题已寄予很大关心。但他曾说过，实现邦交正常化应是中国恢复了在联合国的合法席位后考虑的问题。田中内阁成立时，他认为这个条件已经具备，实现邦交正常化的时机到来了。他是带着一种强烈的使命感来中国的。来到中国以后，他也对下面的人说过，谈不出个圆满结果，宁肯延长停留时间，不达成协议不回国。田中首相有这么一位外相，当然既放心又感到轻松。

在恬静的国宾馆庭园里，当记者问到对周总理的印象时，田中首相说："我通过书籍和报刊，多次见过周总理的面孔，所以，并不觉得是初次见面。"想到周总理在第一次会谈的气势，他接着说："他是在革命的烈火中锻炼出来的，是一位了不起的伟人。"他还披露道："周总理在昨晚的宴会上对我说，他在 19 岁时去过日本，在日本待过两年。我是1918 年出生的，总理正好比我大 20 岁。但周总理显得年轻，他的声音铿锵有力，精力充沛，给我留下了深刻的印象。"

第十一节
第二次首脑会谈

9月26日下午2时半到4时半，第二次首脑会谈在田中首相下榻的钓鱼台国宾馆18号楼厅举行。中方周恩来总理偕姬鹏飞、韩念龙、廖承志出席。日方田中角荣首相偕大平正芳、二阶堂进、桥本恕出席。

周总理笑容满面地开口问道："晚上睡好了吗？"

田中首相笑着答道："睡得很好，因为环境非常之好。"

"晚上冷吗？"周总理接着问。

"不冷。昨天有点热，我是开了冷气睡的。"怕热的田中首相回答说。

周总理听后，说："外边还是冷的哟。"

田中首相听了点点头。

"二阶堂先生怎么样？"周总理又问坐在田中首相左侧第二个位子上的二阶堂内阁官房长官。

二阶堂答道："晚上睡着了，所以什么也不知道。"

接着，田中首相带有解释意味地说，"昨晚在人大会堂的宴会上，我一摇扇子马上映入电视，日方有人提醒我了呀。"

周总理安慰说："不必介意，我也经常用扇子。"并让人取来一把杭州产的漂亮扇子赠给他。

　　周总理的细心、周到，使田中首相为之感动。田中首相拿着这把画有梅花的扇子，一会儿插进衣兜里，一会儿又拿出来。翌日的日本报纸一齐报道了此事，赞扬说："周总理真不愧是一位大政治家。"

　　这次会谈是昨天第一次会谈的继续。双方同意恢复中日邦交，应从政治上解决，而不要从法律条文上去解决；认为如果拘泥于法律条文，双方就很难达成协议。

　　会谈中，针对田中首相昨晚在周总理欢迎宴会上的讲话中关于军国主义给中国人民"添了麻烦"的提法，周总理郑重地说，日本军国主义的侵略战争给中国人民带来了沉重的灾难，日本人民也深受其害，田中首相提到这是"不幸的"，"令人遗憾的"，应该"反省"，我们可以接受，但用"添麻烦"来表述，中国人民是通不过的，这句话引起了中国人民强烈的反感，因为普通的事情也可以说是"添麻烦"，"麻烦"在汉语里意思很轻。

　　田中解释说，从日文的含义来说，"添麻烦"是诚心诚意地表示谢罪之意，而且包含着以后不重犯、请求原谅的意思，分量很重，而不是很轻。中国方面所以感到分量轻，可能是"添麻烦"一词日中双方的含义有所不同。文字起源于中国，因此，中方如有更好的提法，望能提出来，以便由双方商定能够为两国人民所接受的表达方法。

　　会谈中，周总理还就中国放弃要求战争赔偿问题阐明了原则立场，批驳了两国外长会谈中日本外务省条约局长的谬论。周总理指出："你们条约局长说蒋介石已在日台条约中宣布放弃要求赔偿的权利，所以主张在这次联合声明中就不必再提赔偿问题了，这个说法使我们感到诧异。当时，蒋介石已逃到台湾，他已不能代表全中国，是慷他人之慨，遭受战争损失的主要在大陆。我们放弃赔偿要求，是从两国人民的友好关系出发，不想使日本人民因赔偿负担而受苦。你们条约局长对我们不领情,反说蒋介石已说过不要赔偿,这个话是对我们的侮辱,我们绝对不能接受。"

关于中国放弃要求战争赔偿问题,周总理在中日邦交正常化后,还向日本朋友这样说过:战争赔偿最终是要人民来负担。中国人民饱尝过战争赔偿的苦头,庚子赔款直到中国解放也没有完全付清。中日建交了,既然两国要真正友好,我们就不能让日本人民反而增加经济负担,遭受中国人民曾长期吃过的苦头。中国人民、日本人民都是侵略战争的受害者,要吸取历史教训,在新的基础上发展中日两国人民的友好。

会谈中,田中首相在周总理就赔偿问题发言后表示,中国把恩怨置之度外,从大处着眼,本着互让的精神处理问题,日本应坦率地评价中国的立场,并再次表示深切的谢意。

会谈结束后,田中首相把外务省官员召到自己的房间,严肃地对他们说:"你们各位受过高等教育,是很有学问的。不要钻牛犄角尖,请你们提出一些能解决问题的见解来,责任由我负。"就这样,他把下级教训了一顿。

第二次首脑会谈结束不久,接着于5时在国宾馆举行了原定日程中未安排的第二次外长会谈,旨在根据刚刚结束的首脑会谈的精神,就联合声明前言的条文进行磋商。这两场会谈结束后,日本记者根据二阶堂内阁官房长官发布的消息,纷纷发回报道,称北京谈判正快速进展,进入了具体商定联合声明条文的阶段。

是日晚,日本各大通讯社争相报道说,经过两次首脑会谈和外长会谈,双方已就联合声明的下述7点内容达成协议:

(1)建立外交关系;

(2)邦交正常化的意义;

（3）根据和平共处五项原则处理中日关系；

（4）不在亚洲、太平洋地区谋求霸权；

（5）中国方面放弃对日本国的战争赔偿要求；

（6）通过谈判缔结和平友好条约；

（7）通过谈判签订贸易、航海、航空、渔业等协定。

报道称，通过双方迄今的会谈，已基本达成了邦交正常化的协议。

第十二节
田中角荣畅游万里长城

27 日上午，田中首相一行趁会谈的间隙，驱车前往北京西北约 64 公里处的八达岭，游览了长城、定陵。对田中首相来说，万里长城和金字塔一样，"都是进小学后最先学到的外国事物"。所以，从某种意义上说，此行实现了他幼年时代的梦想。

9 点 20 分，车队抵达长城脚下。人说"不到长城非好汉"，对田中首相来说，不登上顶端不算好汉。他以矫健的步伐，沿着将近三十度的陡坡，使劲地往上登攀。姬外长不时地劝他"慢点，慢点"，但过不一会儿，他又恢复了原来的速度。大平外相和二阶堂内阁官房长官气喘吁吁，落后了一大截。田中首相走过一个个相隔几十米远的烽火台，打破了只登到第三个烽火台的计划，一直登上了第四个烽火台。所以，日本和外国记者报道说，"田中远远超过了尼克松"，因为尼克松总统同年 2 月游览长城时只走到第三个台。有的说,这象征性地暗示了田中发展日中关系的决心。

站在长城上的田中首相,环视着连绵起伏的山峰,纵情抒发感想:"雄伟啊,实在是雄伟!因为它有6000公里,而且是全凭人力。为建设它,多少人流了汗!现在看到了,感到了人类的伟大,有了切身体会。真是百闻不如一见啊!"这位建筑师出身的首相还说:"他们为后代人发展了高度的几何学,为人类做出了贡献。"

游长城时,田中只穿着西装,大平外相却套上了风衣。对大平外相来说,今日长城之游虽说也是平生之梦,但他只登上第一烽火台就停下脚步。此时此刻,他的脑海里几乎全被"谈判"二字占据了。虽说双方已谈定实现邦交正常化,但联合声明尚未定稿,恢复邦交的大任有待完成。大平站在长城上,心绪纷繁。为寄托恢复邦交的一腔热情,他赋诗一首:

> 长城蜿蜒六千里,汲尽苍生苦汗泉,
> 始皇坚信城内泰,不知抵抗在民心。
> 山容城壁默不语,荣枯盛衰几如梦。

提及诗,还有一段趣话:游览长城之前,田中同大平约定赛赋汉诗。

吃早餐时,田中首相问:"作出来了吗?"对大平发起了先发制人的进攻。

对此,大平外相回敬说:"还没参观,怎能作?"又挖苦地说:"首相脑子里已经想好了。"

田中首相不示弱地反击说:"大平先生早在从羽田机场起飞的飞机上就作出来啦。"

平时就以能吃自诩的大平外相，到了金风送爽的北京，食欲更大，看上去脸也稍稍胖了，红光满面。来长城之前的早餐，大平外相照样吃了很多。

田中首相见了说："真能吃啊！我无论如何也吃不了那么多啊。"

大平外相回答说："没办法，太好吃了，不能不吃。"

田中首相说："啊，真是来者不拒啊！"

在来北京的飞机上，大平外相曾说过："要是吃胖了回去，夫人就会生气。所以，我要尽量注意。"可是，来北京这几天来，他似乎把这些话忘到脑后了。他吃得多，固然是因为中餐可口，也还因为每天绞尽脑汁，消耗很大。

他的秘书森田一后来回忆说，在北京，"说是首脑会谈，实际上主要是在周和大平之间举行的。具体问题，则是通过姬与大平会谈解决的。如参观长城那天，姬外长与大平外相往返时同坐一辆车，不少时间都被用作车中会谈了"。

第十三节
第三次首脑会谈

27 日即田中游览长城那天下午 4 时 15 分至 6 时 45 分，周总理与田中首相举行第三次首脑会谈。中方参加会谈的有姬鹏飞外长、韩念龙副外长和外交部顾问廖承志。日方是大平外相、二阶堂内阁官房长官。

田中首相比预定时间稍迟了些,4 时 20 分才到。田中兴致勃勃,说:"今天让我们看了万里长城等许多美好的地方。"周总理答:"中国有一句老话,'不到长城非好汉'嘛!"全场人都笑了。

会谈前,周总理谈起了田中首相的得意之作《日本列岛改造论》,很熟悉地说:"万里长城有 6000 公里长,而《改造论》计划修 6000 公里长的高速公路。"

田中首相听后,十分高兴,立即说道:"计划到 1985 年修建 9000 公里。日本人中有一种意见,认为改造日本列岛有困难。今天,我看到了万里长城,更有信心,我想,改造是可能的。"

周总理边听边点头,并谈起了有关长城的历史:"开始,长城是一段一段地零散修的。在秦始皇时代连成整体,以后又进行了加工和修建。如果在现代修,那会修得更快。"

田中首相充满信心地说:"长城的历史表明,什么事只要人类想干,就能实现。我相信,现代中国还会创造出许多宏伟的工程,在技术上取得巨大的进展。"

正式会谈主要谈了彼此关心的问题和国际问题,双方互相介绍了各自的对外关系和对外政策,并阐述了对一些涉及双边关系问题的立场。

针对田中首相的担心,周总理强调中国不会干涉日本内政。周总理指出,不同社会制度的国家可以和平共处,各国人民有权按照自己的意愿选择社会制度,不受外力的干涉。

针对田中对中苏同盟条约的担心,周总理在回顾了该条约的由来和中苏间原则分歧的详细经过后指出,中苏同盟条约有效期 30 年,现在已经有 22 年,实际有效期最多只有 6 年。1956 年赫鲁晓夫上台即不把这个条约放在眼里,现在等于不存在,早就不起作用了,但苏又不敢宣布取消。苏联在我国边境派驻百万重兵，还有什么同盟国可言？这是敌视！我们的办法是不向它挑衅，它打进来就出不去，我们将抵抗到底。

田中谈及日本军国主义复活问题。他说，日本过去侵略过其他国家，日本国民蒙受了很大损失。日本今后不会有扩张领土的野心，不会出现军国主义复活的情况，请你们信赖这一点。日本决心实现日本列岛改造论，仅建 9000 公里高速公路干线就得花 500 多亿美元，日本没有钱再去扩张军备。

周总理听后指出，"是否复活军国主义，这跟当政者的思想和政策很有关系。日本少数人有这个思想，这是事实。当然，我并不反对日本（作为主权国家）拥有必要的自卫武装。"

在这次会谈中，田中提出钓鱼岛等岛屿问题，被周恩来当即挡住。周说，"我这次不想谈这个问题，现在谈没有好处。我们要把能解决的大问题即两国关系正常化问题先解决。不是别的问题不大，但目前最紧迫的是两国关系正常化问题。有些问题要随着时间的推移才好去谈"。

田中被周恩来这么一说，便表示同意把这个问题留待以后再谈。他说，这次来访问是个机会，不问一下，回去不好向国民交代。

会谈结束后，日方发言人二阶堂向记者发表谈话。他说：首脑会谈在和睦的气氛中，就整个国际形势进行了交谈；关于两国间的问题，未必能说通过首脑会谈都达成了协议，但是，双方在信任的基础上进行着会谈，正在接近一致。

第十四节
毛泽东主席会见田中首相

9月27日晚,毛主席在中南海会见了田中首相、大平外相和二阶堂内阁官房长官。双方从8时半开始,进行了一小时认真、友好的谈话。

这次会见的时间,对日方来说是一项临时安排。会见前半小时,周总理来到国宾馆拜访田中首相,请他们去见毛主席。

会见在毛主席住处一间四周摆满了书籍的会客室里进行。客人到来时,毛主席走到门口迎接,同客人一一握手。田中、大平、二阶堂先后表示能见到毛主席,感到很荣幸。毛主席用日语说谢谢,并开玩笑说:"我是个大官僚主义者,见你们都见得晚了。"毛主席还称赞大平的名字好,是"天下太平"。寒暄中,毛主席时而用英语,时而用日语,气氛活跃。

话题从中日两国的交往史,谈到两国政府间打交道解决两国关系,从国际形势谈到中、美、苏、日关系,从中国史谈到日本的政治制度和选举,从日本天皇谈到中国唯一的天皇——唐朝第三代皇帝、武则天的丈夫高宗,从马克思主义谈到佛教和思想文化的传播,从四书五经谈到家庭,从北京风味菜、龙井茶谈到茅台酒,从读书谈到毛主席的幼年时代。

会见伊始,毛主席就风趣地说:"你们吵架吵完了吗?"

"不,不,谈得很融洽。"田中答道。

毛主席微笑了一下,说"不打不相识啊","总要吵一些,天下没有不吵的,吵出结果就不吵了嘛!"

之后,毛主席又问田中:"你们那个'添了麻烦'的问题怎么解决了?"

田中答道:"我们准备按中国的习惯来改。"

毛主席说:"只说句'添了麻烦',年轻人不满意。在中国,这是把水溅到女孩子裙子上时说的话。"

在这次谈话中,毛泽东主席对田中角荣首相和在座的客人说:"你们到北京这么一来,全世界都战战兢兢。主要是一个苏联,一个美国,这两个大国。它们不大放心了,哪晓得你们在那里搞什么鬼啊。美国好一点,但也有一点不那么舒服,说是他们今年2月来了没建交,你们跑到他们前头去了,心里总有点不那么舒服就是了。"

毛主席接着指出,中日复交双方都有需要,说:"可以几十年、百把年达不成协议,也可以在几天之内解决问题。现在彼此都有这个需要,这也是尼克松总统跟我讲的。他问是否彼此都有需要,我说是的。我说,我这个人现在勾结右派,名誉不好。你们国家有两个党,据说民主党比较开明,共和党比较右。我说民主党不怎么样,我不赏识,不感兴趣。我对尼克松说,你竞选的时候,我投了你一票,你还不知道啊。"

说到此,毛主席两眼注视着田中角荣首相,幽默地说:"这回我们也投了你的票啊。"

毛主席加重语气强调说:"正如你讲的,你这个自民党主力不来,那怎么能解决中日复交问题呢? 所以有些人骂我们专门勾结右派。我说,你们日本在野党不能解决问题,解决中日复交问题还是靠自民党的政府。"

9时半,会见结束。毛主席指着堆积如山的书说:"你们看,我有读不完的书。我是中了书的毒了,离不开书,每天不读书就无法生活。"毛主席还介绍说:"这是《稼轩》,那是《楚辞》。"指着《楚辞集注》六卷说:"没有什么礼物,把这套书送给你。"

周总理把它从书橱取下,送给了田中首相。田中首相紧握毛主席的手,不住地点头,说:"多谢,多谢。毛主席知识渊博,还这样用功。我不能再喊忙了,要更多地学习。那么,祝您健康长寿。"毛主席一直把客人送到走廊中间。

会见结束后,二阶堂向记者吹风,破例地介绍了毛主席与田中首相的一些对话。二阶堂说,会见伊始,毛主席就风趣地说:"你们吵架吵完了吗?"

"不,不,谈得很融洽。"田中答道。

毛主席微笑了一下,说:"不打不相识啊。"

二阶堂还作了如下介绍:

毛:(指着在座的廖承志)他是在日本生的,田中先生,这次你把他领回去吧。

田中:廖先生在日本很有名,他如果参加参议院选举,一定会当选。

毛:听说田中先生不喜欢吃西餐,在夏威夷吃的是日本饭菜。北京的饭菜怎么样?

田中:哎呀,吃得太好啦,还喝了很多茅台酒。

毛:喝多了可不好啊!

田中:有 65 度……

毛:75 度哟,谁告诉错了吧。

……

毛:在日本要搞竞选,不容易呀。

田中:25 年里搞了 11 次选举。每次选举都得搞街头演说。

毛：可要当心啊。

田中：不跟选民握手，是很难取胜的。

毛：国会怎么样？

田中：很费神，一出差错，就得解散，进行大选。

毛：日本不容易呀。

二阶堂在介绍情况结束时说："毛主席同日本代表田中首相握手，难道不意味着解决具有历史意义的课题的时刻已经到来了吗？"

日本新闻媒介在这次会见后，纷纷发表评论，认为中国方面安排田中首相同毛主席会见，说明关于关系正常化的会谈事实上已达成协议。

毛主席把 13 世纪出版的朱熹注释《楚辞集注》翻印本送给田中首相，引起了日本新闻界极大的兴趣，纷纷评论说，毛主席选送此书为礼物有三层意思：一是挑选中国古代的爱国诗人屈原和他的诗集来赞扬田中首相的爱国精神，用以告诉日本人民，田中首相正在完成的任务，有着深刻的历史意义；二是表示知道田中首相对中国古典文学感兴趣，对田中首相来华期间赋汉诗一事给予评价；三是表示赞赏田中首相在来中国之前对访日的美国总统安全事务助理亨利·基辛格说过的一句话。据报道，当基辛格问田中为什么要急于访华时，田中明确答道："中国和日本之间的关系比美国和日本之间的关系要久远得多。"（日语"添了麻烦"的表达是"ご迷惑を掛けました"。近年，日本学者矢吹晋先生据此提出一种新的解释，称毛主席送《楚辞集注》给田中，是因为其中有"迷惑"一词。笔者对日本学术界如此"新解"不敢苟同）

第十五节
第四次首脑会谈

第四次首脑会谈于 28 日下午 3 时 45 分至 5 时举行。中方参加的有姬鹏飞外长、韩念龙副外长和廖承志外交部顾问。日方有大平正芳外相和二阶堂进内阁官房长官。

周总理一坐下，就对大平外相说："听说田中首相让大平外相作汉诗，作好了请让我拜读一下。"

大平外相听了，有点难为情地说："不值得一看。"

周总理进而说："不能那样说吧，你好像读过中国古典文学。"

外相更不好意思了，谦虚地说："只不过是排列了一些汉字而已。"

大平外相的话引起一阵笑声。

接着，周总理又问二阶堂内阁官房长官："二阶堂先生怎么样？"

"我可没有这个本事。"二阶堂答道。

周总理又说："听说田中首相书法好，你们两位也是这样吗？"

大平和二阶堂两个人急忙摆手否认。

谈到书法，周总理问田中首相："明天联合声明签字，首相用毛笔还是钢笔？"

田中说："用毛笔。"

周总理笑着说："我被将了一军，我现在一般用铅笔和钢笔写字，不大用毛笔。"他一边打着手势,一边解释说:"如果用毛笔,必须悬起臂来写。我在延安时从马背上摔下来,右手负了伤,右臂就伸不直了。"

周总理接着说:"因右臂不能放直,照相时一般把手放在腰间,不了解情况的人说我摆架子,其实不是那么回事。"他挥一下手说:"打乒乓球也是左手好使。"

杂谈过后,言归正传。双方就外长一级进行磋商的联合声明的内容最后达成了协议,并一致同意于9月29日建立两国间的外交关系。

双方又就台湾问题举行了会谈。大平外相向周总理保证从明天起日本将断绝同台湾的外交关系,撤回驻台湾的使领馆;保证日本政府今后决不支持"台湾独立运动",说日本对台湾决不应该有、而且也不会有野心,这可以请中方相信。大平还保证,今后日本同台湾之间的经济贸易往来,将在不损害日中关系的情况下进行。

周总理对大平外相在第二日发表联合声明后举行记者招待会宣布同台湾断绝外交关系表示欢迎,说"这证明你们是守信义的"。周总理对田中首相说:"我们重建邦交,首先要讲信义,这是最重要的。我们跟外国交往,一向是守信义的。"接着,周总理引《论语》之句,题下"言必信,行必果"6个大字,赠给田中首相,说:"让我们从'言必信'开始,在古代文化交流的基础上建立新的关系。"

田中首相接受后,援引日本飞鸟时代的为政者圣德太子(574—622)的话,挥毫题了"信为万事之本"几个大字,郑重地回馈周总理,表达了他信守诺言、恪守联合声明的决心。

第十六节
田中角荣举行答谢宴会

9月28日晚,田中举行答谢宴会。6时半,宴会在中国人民解放军军乐队演奏的日本民谣和中国乐曲声中开始,宽敞的宴会厅里洋溢着热烈友好的气氛。田中首相的表情与刚抵达北京时迥然不同,其言谈举止都显出了完成邦交正常化使命后如释重负的轻松。

宴会主人田中首相登上讲坛致祝酒词,他强调"邦交正常化是走向明天的第一步",表示要以这次访问为开端,进一步促进相互间的交流,用"友好的纽带"把日中两国"紧密地联结在一起"。

不一会儿,周总理以有力的步伐登台祝酒。他对田中举办宴会表示谢意,并强调指出田中首相访华"取得了丰硕的成果"。他说,我们取得的成就应当归功于我们两国人民,他代表中国人民,对那些长期以来为促进中日友好和实现中日邦交正常化做出贡献甚至不惜牺牲自己生命的日本朋友,表示衷心的感谢和敬意。

周总理祝酒时,向分坐在五张桌子旁的日方代表一一碰杯,当他看到坐在大厅中央的日中备忘录贸易办事处驻北京联络处首席代表安田佳三时,便大步走上前去,同他深情地干杯,对多年来为加强两国间来往、促进邦交正常化做了艰苦努力的日中备忘录贸易界的朋友表示感谢。

田中首相来华访问前夕,周总理曾会见并宴请日本日中备忘录贸易办事处负责人古井喜实、田川诚一、冈崎嘉平太、松本俊一、大久保任晴和安田佳三。当时,周总理说:"实现邦交正常化,是客观形势的发展,也是靠人的努力。这中间,你们各位进行了巨大的努力。中国有句名言,叫作'饮水不忘掘井人',你们各位就是掘井人。"周总理在谈话中还高度评价了已故著名政治家松村谦三、高碕达之助以及藤山爱一郎、川崎秀二、竹山佑太郎等老朋友为促进恢复邦交所做的贡献。

田中首相的答谢宴会很丰盛,菜单中包括中国珍肴鱼翅。但对中国客人来说,最不寻常的菜是日本式土豆泥,还有田中首相家乡产的名酒"朝日山"。每位客人面前还摆放着一个特制的小木匣,里面放着日本著名的九谷陶器大师松木佐一先生制作的酒杯,直径约 6 厘米,高约 5 厘米。这是田中首相送的礼物。席间,宾主频频举杯,对饮着芳香甘醇的日本酒,欢声笑语不绝。

宴会临近结束时,田中首相举起九谷陶杯说:"庆祝邦交正常化,用这样的杯子虽然见小,但多喝几杯,还是能喝很多的,请总理带回去吧。"

大平外相接着把话题引到今后两国关系上,意味深长地说:"开始时小,渐渐搞大吧!"

第十七节
签署《中日联合声明》，实现关系正常化

9 月 29 日，具有伟大历史意义的中日两国政府联合声明发表了。声明庄严宣布从即日起结束两国间存在了 20 多年的不正常状态，建立外交关系，从而揭开了两国关系史上新的一页。

是日上午 10 时 18 分，中日政府联合声明签字仪式在人民大会堂西大厅举行。

周总理和田中首相并肩步入大厅，在一张铺着暗绿色台布、插着两国国旗的长桌前就座。姬外长和大平外相分别在周总理的左侧和田中首相的右侧就座。他们身后并排站着两国代表团的成员。

周总理和田中首相首先在茶色封面的联合声明文本上签字，接着由姬外长和大平外相分别签字。交换后，先由外长、外相签字，再由总理、首相签字。

10 时 24 分，周总理和田中首相再次互换联合声明文本。两位领导人紧紧握手，共祝两国建交。站在他们后面的官员们热烈鼓掌。当两位领导人分别同对方官员握手时，穿雪白上衣的服务员端来了香槟酒。双方互相敬酒，一饮而尽。

这时，周总理高兴地说："这样，就揭开了中日关系新的一页。" 田中首相也兴奋地说："今天就到这里，不再有会了，痛痛快快地喝吧！"

在场的人听了,齐声大笑。

11 时 29 分,仪式完毕。日方根据同中方的约定,由大平外相立即在新闻中心举行记者招待会。

大平在记者招待会上说:"经过历时 4 天的日中两国首脑富有成果的会谈,今天发表了日本国政府和中华人民共和国政府的联合声明,悬而未决的日中邦交正常化问题终于获得解决。"

"日中双方对邦交正常化的基本认识和态度,已经在联合声明前言中表明了。我们相信,结束不幸的长期存在于日中两国间的不正常状态,在两国间建立和平友好关系,是对缓和亚洲紧张局势和维护世界和平的重要贡献。"

大平在谈到联合声明的内容时说:"正如第一条所表明的,日中两国间的不正常状态从今天起宣布结束。作为其具体表现,从今天开始两国间建立外交关系。关于这一点,请参照第四条。"

"关于日中邦交正常化的当然前提——承认中华人民共和国政府这一点,日本政府的意思已在第二条作了表述。"

"日本政府关于台湾问题的立场,已经在第三条表明了。开罗宣言规定台湾归还中国,而日本接受了承继上述宣言的波茨坦公告,其中第八条'开罗宣言之条件必将实施',鉴于这一原委,日本政府坚持遵循波茨坦公告的立场是理所当然的。"

作为日方在联合声明中所表明的立场的重要补充,大平以极其明确的语言宣告废除日蒋条约。他说:"在联合声明中虽然没有触及,但日本政府的见解是,作为日中邦交正常化的结果,《日华和平条约》(指《日蒋条约》——笔者注)已失去了继续存在的意义,可认为该条约已经完结。"

大平外相还说:"关于在第五条中表明的中华人民共和国放弃赔偿

问题,如果想到过去日中之间不幸的战争的结果,中国人民所受损害之巨大,我们认为对此应予坦率而正当的评价。"

他接着说:"邦交正常化的意义固然重要,但更重要的是,社会制度不同的日中两国,互相尊重彼此的立场,建立起持久的和平友好关系。这种日中关系应遵循的原则列入了第六条。第八条所述缔结和平友好条约事,也同样反映了两国政府向前看的态度。"

联合声明发表后,中国人民欢欣鼓舞,日本朝野热烈欢迎。日本执政的自由民主党在联合声明发表后,立即发表一项声明表示支持,指出:"这项声明在第二次世界大战后的日本史上具有划时代的意义,它大大改变了历史潮流。"日本内阁会议迅速予以通过。社会党、公明党、民社党等在野党,各日中友好团体,各界人士也纷纷发表声明和谈话,对联合声明表示欢迎和拥护。

日本广播协会(NHK)报道说,"29日,在日本各地欢迎日中建交的声音犹如洪水一般波澜壮阔地扩展着","街头电视机前人山人海","人们纵情欢呼'好啊,好啊'"。日本舆论界普遍欢迎日中建交,指出"日中建交为日中关系打开了新的一页","它是本世纪的一个巨大事件",同时评称,联合声明贯穿着"向前看"的态度,强调发展今后两国间的和平友好关系。

日本舆论还注意到联合声明中关于中国政府宣布"放弃对日本国的战争赔偿要求"的条文,纷纷赞扬了中国政府和人民对日本人民的真诚友好态度。不少日本人士看到中国放弃战争赔偿要求条文后,感动地说,日本不应忘记中国政府和人民这种宽宏大量的态度,要真诚地对中国给予经济合作。有人则在报纸上建议日本政府给中国修建一条从北京到广州的高速铁路,或建一座大型钢铁联合企业,以表示对中国的谢意。

联合声明发表的当天,日本舆论还就日本同中国实现邦交正常化对日本外交的意义发表评论,认为它使日本真正"结束了战后时期",走上了"自主外交"的道路。

大平外相在谈及日中建交的意义时也指出:迄今为止,以为只要听从美国的吩咐就万事大吉,这种想法行不通了,时代变了,日本进入了必须用自己的头脑和意志进行思索的时代。

第十八节
上海一夜

中日两国政府联合声明发表后,日方代表团兴高采烈。当天中午,田中、大平跟随员们围坐在一起,拿出从日本带来的矿泉水、咸梅和佃煮(用酱油加糖煮的小虾、小鱼——笔者注),共进午餐。

在餐桌上,最健谈的仍是田中首相。雅兴所至,他津津有味地向在座的人披露了自己的一段趣史:老早以前,家乡新潟县一个镇子上有位美貌的姑娘。有一天,她突然失踪了。于是,人们传说一定是被田中拐跑了。田中听了这莫须有的"罪名",泰然处之,高吟出一首绝句来:"丽花杨柳任折去,风光依然明媚也。"田中的故事逗得大家哈哈大笑。

29日下午1时35分,田中首相一行结束了在北京的全部日程,由周总理、姬外长陪同,乘专机去上海访问。在飞机上,周总理同田中首相、大平外相相对而坐。片刻过后,疲劳了的田中首相便进入梦乡,鼾声如雷。

下午 3 时 40 分,专机抵达上海虹桥机场,受到当地负责人及 3000 名群众的欢迎。然后,田中一行直抵马桥人民公社参观,并通过车窗观览了闵行街道的建设面貌。

当晚,上海市举行欢迎宴会,主人用一席特色菜招待客人。宴会菜单是:蝴蝶冷盘、八小碟、鸡粥、芙蓉蚧斗、鱼唇海参、植物四宝、清蒸鲥鱼、冬瓜盅、桂花糖藕、黄桥烧饼、冰糖莲心、哈密瓜。因中日两国已建交,宴会的气氛格外融洽、热烈。周总理向客人们祝酒说:"我希望同你们畅饮通宵,但是我想,我应该为你们的下次访问留有余地。"

在欢迎宴会上,田中兴高采烈,谈笑风生,开怀畅饮。他祝酒时说,"过去近而又远的日中两国,成为名副其实的近而又近的邻邦了",表示"决心本着这次日中首脑会谈的成果,为逐个解决日中间的各种问题继续努力,以便建立日中间的永久和平和睦邻友好关系"。还说,秋意渐浓,回国后将一边喝着周总理送的茅台酒一边吟诗,回忆中国之行。宴会结束时,田中主动挽着周总理的胳膊,并肩走出宴会厅。

大平外相在宴会上也显得非常轻松。田中同大平开玩笑说:"你再喝下去就要倒了!"

大平说:"我已经大业告成,即使化为上海的一抔土,也心甘情愿。"

据说大平每次出国访问,都不希望夜间的宴会搞得太长,所以,往往指示随行的官员尽早结束。但今天却是个例外。他想到完成了日中邦交正常化的大任,兴奋得难以自持,离开他的座位祝酒,一连喝了好几杯"茅台"。这对素不嗜酒、连喝几口啤酒都要脸红的大平外相来说,真是破天荒第一次。

席间,大平外相对上海革委会负责人马天水说,"这次访华是诚心诚意而来,满载收获而归。中日之间的关系,日本是战败国,中国是战

胜国。日本是发动战争遭到了失败的,不应该向中国提任何要求。但
这次谈判,双方完全是平等协商,没有战败国、战胜国的感觉,对此感到
十分满意。"

在欢乐的宴会上,大平外相为日中关系的今天高兴,更为美好的明
天祝福。想到两国今后要缔结和平友好条约,还要签订一系列协定,他
高举酒杯同周总理、姬外长干杯,中国诗人李白的诗句油然浮现脑际:

> 两人对酌山花开,一杯一杯复一杯。
> 我醉欲眠卿且去,明朝有意抱琴来。

席散回到下榻的锦江饭店以后,大平外相仍然很兴奋。他的秘书
森田一开始还担心他的健康,在床边照看了好大一会儿,直到他安然入
睡,才放心地离去。

9 月 30 日上午 9 时 30 分,田中首相一行结束在中国的访问回国。
周总理等领导人和 6,000 名群众载歌载舞在停机坪欢送。田中一再与
周总理紧紧握手,连声说,"受到这般热烈的欢送,太感动了,回国后要
向国民转达,他们一定会很高兴",并祝愿毛主席身体健康,再次邀请周
总理到日本访问。

为感谢姬部长与他的良好合作,同时抒发他悬念尽释的心情,大平
把他作的一首汉诗赠给姬部长。诗文是:

> 友情美酒润枯肠,
> 中国天地新凉爽。
> 得友遂事开国交,
> 飞向东天心自平。

9 时 35 分,田中首相乘坐的专机满载着中国人民的友好情谊起飞了,很快便钻入棉絮般的云层……

这时,日理万机的周总理也登上了回北京的飞机。他欣慰地说:"我们和日本是两千年的历史,半个世纪的对立,20 多年的工作。今天,我们已经看到时代螺旋式地前进了。"

第十九节
满载而归

田中一行于日本时间下午 1 时返抵东京羽田机场。田中首相、大平外相、二阶堂内阁官房长官依次走下专机,同前来欢迎的参议院议长河野谦三、副首相三木武夫、自民党副总裁椎名悦三郎、自民党干事长桥本登美三郎、自民党众议员古井喜实和田川诚一、社会党委员长成田知巳、社会党前委员长佐佐木更三、公明党委员长竹入义胜、民社党委员长春日一幸等朝野人士一一握手,还同前来迎接的中日备忘录贸易办事处驻东京联络处首席代表肖向前及联络处其他人员热烈握手。田中首相在桥本干事长致欢迎辞之后,向国民致辞。他致辞完毕,前来欢迎的约 800 名群众中爆发出"万岁"的欢呼声。

田中离开机场,驱车径直奔向皇宫,向天皇作归国汇报,然后,又前往自民党本部汇报,接着在临时内阁会议上说明了谈判过程和结果。在这之后,他又举行了记者招待会。下午 4 时 20 分,他开始在自民党

众、参两院议员大会上报告访华成果,大会对田中访华的成果表示
满意。

10 月 4、5 两日,田中分别同社会党、公明党和民社党等三个在野党
的委员长会晤,向他们说明了建交谈判的情况,并就今后的政局运营交
换了意见。

10 月 27 日,第七十届临时国会开幕。翌日,田中作为内阁总理大
臣发表抱负演说,就日中邦交正常化问题指出,这个问题之所以能获得
解决,是"由于在时代潮流中,有国民舆论的强有力的支持"。同时,他
指出,由于实现日中邦交正常化,日本的外交"扩展到世界规模",这意
味着日本"在国际社会的责任加重","负有对人类的和平与繁荣应进一
步做出贡献的义务"。

11 月 8 日,日本国会通过决议,庆贺日中邦交正常化,并表示要为
加深日中两国的友好、亚洲的稳定及世界和平做出贡献。其后,田中利
用在外交上取得重大成果的有利时机,于 11 月 13 日解散国会,12 月 10
日进行大选,12 月 22 日田中组成了他的第二届内阁。

关于田中首相访华取得巨大成功后的心境,他的女儿真纪子说:
"爸爸那天回家宽衣后走进客厅,一张口就对我说:'我一见到周恩来总
理马上就放下心来,觉得跟他谈,一定能谈成!'接着他告诉我他在北
京、上海受到热烈欢迎的情况,说:'真想让你看看那个场面呀!中国的
孩子们个个天真无邪,真可爱啊!我还真想让你见见毛泽东、周恩来
呀,那样伟大的政治家可不容易见到啊!当谈判顺利结束、签署联合声
明那一瞬间,我后悔没有把你带来,心想,若带你来该多好啊!'接着,爸
爸举起右手,说声'对不起'向我致歉。爸爸这么想着我,使我非常感
动,顿觉浑身热血沸腾。"

第二十节
田中政权夭折，缔约宏愿未遂

中日邦交正常化之后，田中遵循中日联合声明的原则，为发展两国的友好合作关系做了巨大努力，在下野之前，同中国政府签订了贸易、海运和航空等三个实务协定。值得称赞的是，田中、大平在同中国谈判签订航空协定的过程中，排除了来自自民党内和台湾当局的阻力，勇敢地捍卫了中日联合声明的原则，表示了他们维持和发展中日友好合作的决心。

1973 年 3 月，日本首任驻华大使小川平四郎赴任时，田中首相请他带交周总理一封亲笔信，表明了自己对发展日中友好的信念，提出了发展两国友好合作关系的设想，并邀请周总理访问日本，这封信全文如下：

周恩来总理阁下：

去年 9 月，应总理阁下的邀请，我和大平外务大臣、二阶堂官房长官一起访问贵国，为实现日中邦交正常化，同总理阁下亲切会晤。尔来，已经过了半年的时光。我看到总理阁下在内政和外交方面发挥着伟大的指导力量，日理万机，谨表祝贺。

日中联合声明发表前夕，总理阁下曾表示，日中两国尽管社会制度不同,但如果对两国的友好关系抱有信心,就没有解决不了的问题,我也曾说,日中两国应本着互谅互让的精神来对待两国间的问题。现在,两国互换大使,日中关系自去年秋天以来有了扎实的进展,证明了阁下和我的共同信念。

在当前的日中关系中,有根据日中联合声明第九条签订各种实务协定以及缔结日中和平友好条约的谈判问题。我愿意通过这些磋商,扎实地扩大和巩固日中关系的基础。不言而喻,随着日中两国政府间实务关系的加深和关于双边关系的具体问题的协商的进行,自然会出现一些不同意见和一些分歧,但我坚信,如果两国政府能本着求大同存小异的精神去对待,就一定会进一步增进两国关系,使两国的睦邻友好关系牢固如山。

另外,在纷繁动荡的国际形势下,由于各自的处境不同,两国间的基本立场也会有所不同。目前国际形势正在走向缓和,各国进行自主选择的动向正在发展,为因应这种形势,我认为我国应尽量拓宽外交幅度。还有,目前的国际经济正处于转折时期,为使国民生活建立在更加稳定的基础上,在资源、贸易等方面,我国的方针是不仅同贵国实行合作,还要同其他各国进行超越社会制度的合作。我深信总理阁下一定会理解我国的这种基本立场和方针。

我回忆起半年前,我曾表示,邦交正常化是走向明天的第一步,愿在历史的潮流中开辟新的局面。我想与总理阁下亲切会晤,就日中邦交正常化后的国际形势及其趋势以及广泛的国际问题,交换意见。为此,我再次邀请总理阁下来我国访问。

鉴于日中两国一衣带水,两国间的交流正向各领域发展,借此机会,我愿告诉阁下,我正在研究将来日中两国政府主要成员定期在北京和东京亲切会晤一事,以创造加深相互理解的机会。

最后,我愿表示我的信念,日中两国政府今后恪守联合声明的精神,为亚洲的和平与稳定而合作,是有益于日中两国乃至世界的繁荣与福祉的。

就此搁笔,祝阁下工作顺利、身体健康!

日本国内阁总理大臣　田中角荣

昭和 48 年(即 1973 年——笔者注)3 月 29 日

遗憾的是,田中在信中表示的对周总理的邀请及关于缔结日中和平友好条约的愿望都未能实现。1973 年 9 月 10 日,周总理在给田中首相的复信中表示:"由于工作繁忙,暂且没有时间",不能应邀访日,而想让姬鹏飞外长先去访问。实际上,周总理已经重病在身,又是在动乱的形势下,国内也离不开他。而不等十年动乱结束,周总理便辞世不归,终未踏上他青年时代曾留下足迹的东瀛国土。

关于缔结和平友好条约事,由于《中日航空协定》签订半年之后,田中因金钱来路问题受到攻击,被迫下台,终未遂愿。当时的外相木村俊夫后来遗憾地说:"如果田中不下台,和平友好条约 1975 年 1 月就能缔结。"

所幸的是,发展中日友好符合中日两国人民的根本利益,是两国人民的共同愿望,相互奉行的睦邻友好政策,终究不会因人事变动而改变。经过中日两国政府和人民的共同努力,《中日和平友好条约》终于在 1978 年 8 月 12 日在北京签订,同年 10 月,邓小平副总理访日,10 月 23 日,与福田赳夫首相互换了条约批准书,标志着中日友好合作关系有了进一步发展。这也正是田中角荣前首相所希望看到的。

第三章

周恩来的外交杰作

1972 年 9 月 12 日,田中首相访华临近。周恩来总理在北京会见一直为实现中日邦交正常化奔波的日本国会议员古井喜实一行时,主客之间有一段非常精彩而深刻的对话。

古井:"日中邦交正常化能以这么快的速度进行,是周总理引导工作做得好的缘故。"

周总理:"是两国人民努力的结果,两国人民愿意友好。这是历史的潮流和趋势。"

古井:"很抱歉,我跟总理的看法不一样。我认为,周总理引导得好,所以恢复邦交进展很快。"

周总理:"要说中国方面的作用,当然应归功于毛泽东主席。比如说,我国解放后,日本政界的元老久原房之助先生来过中国,毛主席亲切地接见了他……"

古井:"我们原来的估计是,(田中)新内阁成立后,可能先举行大选,然后再解决日中问题。由于中方引导得好,他倒过来了,先解决日中邦交问题,后举行大选……"

周总理:"……这不是谁的功劳,是形势造成的,归功于人民。"

"中日两国从历史上看,中间有 50 年不愉快的时期,但这是短暂的一瞬,而战后 27 年,我们来往频繁,造成了这样的形势。"

"……恢复两国邦交是形势造成的,客观形势起了很大的作用。但是,人的因素是起决定作用的。"

第一节

纵横捭阖,因势利导

　　如果说中美关系的解冻和日本国内要求日中邦交正常化的呼声空前高涨,使日本执政者同时受到内外双重压力,中国领导人的因势利导,则对田中首相组阁伊始便下决心解决邦交正常化问题,发挥了关键性的推动作用。

　　一直在密切注视着日本政局的周总理于 1971 年 1 月 10 日单独召见时任驻日记者的笔者,听取汇报,并下达指示。他说,1964 年中法建交,本想日本也能跟上来,结果拖到今天也未解决。现在,围绕中国的国际形势变得有利了,解决中日关系的条件走向成熟,日本政局的变化应成为一个转机。你们在第一线,要冷静观察,准确把握形势,还要相机推动。

　　进入 1972 年,佐藤首相引退大势已定,福田赳夫与田中角荣争夺下届自民党总裁和首相的冷战逐渐表面化。与此同时,日中关系问题演成"日日问题",是否要尽快恢复日中邦交,成为日本政治的焦点,不管谁问鼎首相宝座,都必须面对而不能回避了。正因为如此,在下届总裁和首相争夺战中,究竟鹿死谁手,成为中国国内最关心的问题。

　　形势发展很快。是年 1 月以后,为阻止福田赳夫上台,田中角荣、大平正芳、三木武夫和中曾根康弘四派联合的趋势增强,日本舆论开始认为形势变得对田中有利。

与此同时，从各种渠道传出消息：四派联合的基础正是推进日中邦交正常化，田中如上台，有可能先解决这个问题。

周总理极其敏感地捕捉到形势的这种变化，立即加大了工作力度。1972 年 4 月 17 日，周总理与郭沫若、廖承志、王国权等一起会见自民党顾问、众议员、前外相三木武夫一行时说："中日两国没有任何理由这样对立下去。二十二年来两国人民间的来往从未中断过。应根据和平共处五项原则和恢复中日邦交三原则，来实现两国关系正常化。这样做并不排除别人，只要别人也是愿意跟我们友好的。"

周总理还指出："我们并不反对日本和美国发展友好、平等的关系。历史形成了你们不能摆脱和他们的关系，但是日本在亚洲不能代替美国充当宪兵。"

4 月 21 日，周总理再次会见三木前外相。他说："中日关系不同于别的国家。我们两国实现邦交正常化，不是联合起来反对任何人，我们反对任何国家发动战争，反对侵略。我们坚持和平友好。太平洋总有一天要变成真正的太平洋。"

5 月 15 日，周总理会见二宫文造率领的公明党访华团，请该党向田中角荣秘密传话：如果田中担任首相要来中国谈中日两国关系问题，我们欢迎。

7 月 7 日，田中角荣接任首相。他在当天举行的第一次内阁会议之后，就发表了加紧实现同中国邦交正常化的谈话。消息传到北京的第二天，周总理就召集外交部及有关外事、宣传部门负责人开会，研究田中首相讲话，商讨推进中日关系问题。会上，周总理对新华社电讯稿提出批评，并对今后的工作做了重要指示。他说："新华社昨天送来的关于日本新内阁组成的稿子写得太简单，既不写新内阁是怎样产生的，也没摘他的外交政策方面的言论。我们对日本，过去只搞人民外交，不同官方往来。今后当然主要是搞人民外交，但同官方也要往来。形势变了，日本政府的政策也不能不变。情况变了，我们要积极工作，在报道上就要反映出这一精神。"

7月9日晚，周总理利用欢迎也门民主人民共和国政府代表团宴会的场合，表示欢迎田中关于加紧实现日中邦交正常化的谈话，从而做出了明确的回应。周总理的谈话传到日本，立即引起强烈反响。内阁官房长官二阶堂进当夜发表谈话，称"周总理的这番讲话是恢复邦交的东风"。

7月10日，即田中新内阁诞生第四天，周总理又在同法国外长莫里斯·舒曼的谈话中表示："日本在对华关系上出现了新气象，这是战后27年来日本政府第一次这样做。我们对田中政府这样做，没有理由不欢迎。"这是对田中谈话的又一次回应。

也就是在7月10日那一天，周总理指派中日友协副秘书长孙平化率领的、由210人组成的上海舞剧团到达东京。14日进行首场演出，剧目是《白毛女》和《红色娘子军》；每场演出都爆满，引起强烈反响，原本预定在日本逗留33天，后应主办单位日本中国文化交流协会和朝日新闻社的要求延长了3天，访问了东京、名古屋、京都、大阪、神户5个城市。孙平化访日期间，周总理通过随中国农业代表团访日的外交部日本处长陈抗向他转告："要抓住时机，争取向田中首相当面转达我的邀请和传话：'只要田中首相能到北京当面谈，一切问题都好商量。'"这是因为毛泽东主席对实现中日邦交问题有明确的指示。毛主席说："应该采取积极的态度。谈得成也好，谈不成也好，总之，现在到了火候，要抓紧。孙平化嘛，就是要万丈高楼平地起，肖向前是继续向前的意思，要把这件事落实才行。"在毛主席的明确指示和周总理细致入微的指挥下,孙平化卓有成效地为田中首相访华做了实际的推动工作。

田中内阁正是趁这股东风进而统一了执政党内部的意见。在此基础上,二阶堂进于7月10日发表谈话:"政府寄于邦交正常化的热情,得到中国方面充分的理解,这是很好的事情。政府认为,现在进行日中政府间接触的机会正在成熟。从而,我认为今后政府的责任是研究实现日中邦交正常化的具体方策。"

在这种形势下,周总理于7月14日下午5时半,召集外交部、外贸部、中联部、新华社、人民日报等单位的有关负责人研究日本问题。鉴于形势发展很快,各有关部门工作跟不上,总理首先强调说:"毛主席的战略部署我们要紧跟。前一阵是美国热,现在是日本热。就是要出他们不意,能来谈就好,来者不拒。毛主席说,三原则接受不接受都可以来,来了以后谈得成也好,谈不成也好。为什么你们的思想老是不前进?"

他说:"我在9日的讲话中说,'日本要加紧实现中日邦交正常化是值得欢迎的',是因为主席对我说应该采取积极的态度。我们要紧跟主席的思想。我把主席的思想教给你们,你们也跟着学嘛!这样掉以轻心怎么行!平时你们那样积极,现在到了火候,你们反而不抓了,是怎么回事?田中在首次内阁会议上的讲话只提了中日关系,日美、日苏关系都没有提,说明他有点敢于得罪美苏,他要加紧实现中日邦交正常化,我们为什么不敢响应?我们还想侧面搞,人家倒是直接来了。"

在这次会上,周总理在组织和人事上做出具体指示,说:"今后我聘请廖承志、张香山、庄涛、林丽韫四位同志作(外交部)日本组的顾问,大家要经常请教他们。韩念龙同志还是要把日本工作管起来。要让承志同志看文件,看电报,再送一份动态清样给他。承志同志每晚都要看日本问题的清样,发现问题要及时提出来。动态清样也要给日本组,不要落得清闲且清闲,能够偷懒且偷懒。"

周总理还亲自了解外交部主管日本工作的日本组人员构成情况。他一一问了日本组同志的名字后说:"(主管的)王晓云气概不大,美国组就搞了那么多人嘛! 中联部日本组几个人? 他们最近也不出来了,你们要合作。再从'五七'干校调一点人来。我要批评你们在这个问题上不积极,胆子这么小。现在不是要你们慎重,现在是要开扩的时候!"

周总理在会上,指示外交部要加强对中日备忘录贸易办事处驻东京联络处和正在访日的上海舞剧团团长孙平化的指导,要通过他们向日方表示,欢迎日本政府派负责人来谈邦交正常化问题。周总理说:"因为究竟欢迎不欢迎,前方不摸底。"

又说,请告诉他们,"不论是三木(武夫)、中曾根(康弘),还是木村武雄来都可以,人名不一定写的太多。"

"上边谈到的几个人谁来都可以。不提前提条件,来了再谈,先接触上再说,谈得成也好,谈不成也好。我们的条件他们都晓得,当然也不必再进一步谈了。这回不能再叫'旋风',要落地,落实政策。孙平化嘛,就是要万丈高楼平地起,肖向前是前进的意思,这俩人就要把这件事落实才行,否则夜长梦多。"

会上,周总理还对新华社和人民日报有关报道提出批评。他说,"报道日方欢迎上海舞剧团招待会的消息,你们为什么一定要把中曾根的名字摆在后面? 既要登,又要放在后面,不等于挖苦他吗? 人民日报为什么在副标题中不点中曾根? 当晚的国际动态清样上登了两条消息,一条是欢迎上海舞剧团招待会的,一条是促进日中邦交议员联盟欢迎(中日备忘录贸易办事处驻东京联络处新任首席代表)肖向前的,你们为什么只登一条,议联的不登? 田中(首相)把自民党的中国问题调查会改为日中邦交正常化协议会,直属总裁,叫小坂善太郎做会长。小坂出席了欢迎肖的招待会,河野谦三讲了话嘛! 日方备忘录贸易办事处也欢迎过肖向前,我看你们要补发一条综合消息,补救一下。"

7 月 16 日和 19 日,周总理在北京两次会见日本社会党前委员长佐佐木更三,进一步发出信息,力促田中访华,谈判解决关系正常化问题,并有针对性地阐述了中国政府的政策。

周总理说:"从我们来说,现在跟日本政府打交道,还得跟自民党打交道。你们是左派,左派没有掌握政权,社会党、公明党、民社党主张的联合政权还没有建立起来。我们不能等到你们当权后才同日本政府打交道呀!"

佐佐木对周总理说:"为了弄清田中的态度,我来前见了他。我发现他的决心很大,他要排除国内的反对派,以自己的双手来实现邦交的恢复。他表示,如果中国有意思,就可以着手解决。在这一点上,我认为田中是可以信赖的。"

周总理说:"你的介绍我认为是对的,我们已经伸出手了嘛! 你估计,田中首相、大平外相是不是有一位会先来? 再比如说外相或者是其他的相?"

佐佐木答道:"总理讲的这一句话,如果我直接向他们转达的话,我估计他们是会来的。当然,还有一个台湾问题。田中内阁为了说服自民党中和国民中的反对派,需要一些时间。究竟需要多少时间,我不太清楚。我想劝他排除万难到中国来。"

周总理马上接过话茬,说道:"是啊,先来谈一谈嘛! 谈才能谈清楚嘛! 田中首相在竞选时说,他如果当了总裁,他愿意到中国来,所以可以来谈。"

佐佐木又说:"由于田中过去在佐藤政府里担任重要大臣,所以他很担心他本人或派大臣来,中国会不会接受?"

周总理说:"这一点,没有问题。如果日本现任首相、外相或其他大臣来谈恢复邦交问题,北京机场准备向他们开放,欢迎田中本人来。"

佐佐木听后,说:"他会很高兴的。如果把总理的这番话转达给他,他和他的大臣会来的。"

佐佐木提出田中来访打算"谢罪"时,周总理说:"不要讲什么谢罪的话,这已经过去了。毛泽东主席很久以前就跟你们的南乡三郎先生说过,要不是日本军国主义侵略中国,使中国人民觉悟,中国的解放不会这样快。所以,从这一点上说,我们要谢谢日本军国主义这个反面教员。现在日本新政府离过去发动侵略的日本军国主义已经相当远了,现在我们应该向前看,而不应该向后看,要解决今后的问题。"

佐佐木听后感动地说:"我把总理的这段话转达以后,估计不仅田中个人,广大日本国民也会很高兴的。"

总理说:"应该是这个样子! 20 年来,中日两国人民的来往早就不提过去那些事情了。中国解放以后快 23 年了,中日两国人民来往的数量比其他任何国家都大。中日两国人民 20 多年来建立的友好关系已经根深蒂固了,这一点,你们在野的左派政党、团体尽了很大的力量,应该谢谢你们的努力。田中政府采取这样向前看的政策,反映了日本广大人民的愿望。让我们共同努力,实现恢复邦交,平等友好地相处,缔结和平友好条约,一直到达成和平共处五项原则的地步。"

为减少复交的阻力,周总理还对佐佐木说,"恢复中日邦交是两国人民长期的愿望,是历史发展的必然趋势。恢复中日邦交并不是要反对哪一个国家。因为这么两个国家即经济上发展的日本和解放了的新中国,隔海相望,历史上很久就有来往,没有外交关系是不能想象的。我必须强调,中日邦交的恢复,不是为了反对美国或者苏联。这是为了使亚洲、太平洋地区的局势更走向和缓,而不是更走向紧张。"

当佐佐木谈到今后亚洲要以中国为中心时，周总理纠正说："不对。以中国为中心，我不同意。如果说中日两国加强友好来推动远东的和平，那还可以。但拿中国作'中心'，那恐怕不恰当，是错误的。亚洲、太平洋地区所有国家应该不分大小，一律平等。一句话，就是我们反对任何霸权，也不谋求霸权。"

周总理还请佐佐木更三转告日本在野党和各界友好人士："如果中日两国复交了，过去二十多年的友好交往会更加密切，更多起来，而不会冷淡下去。许多日本朋友对促进中日邦交的恢复，促进中日友好来往，是尽了力的，当然我们更应该尊重他们。中国人民结交了新朋友，是不会丢掉老朋友的。我们一向尊重首先和我们友好的人。""不可能因为和政府来往，就把过去民间的、民间友好人士的来往取消了，这是不可能的，相反更会增加起来的。"

当佐佐木说"在日本国民中，被称为亲华派的友好商社多少有些担心"时，总理说"过虑嘛！""说得完全一点，友好贸易会更加发展，同时，新的愿意和中国通商的大公司，我们也欢迎。"

7月18日，周恩来与叶剑英、李先念等政治局成员到毛泽东处汇报外事工作，中日复交谈判程序问题是汇报的主要内容。

7月20日，周恩来主持中共中央政治局会议。谈话中提出：新华社要综合观察田中的政策动向，叫（驻东京的）记者把日本内阁会议的材料全文发回来。

第二节
会见竹入义胜,向日方交底

7月27日、28日、29日,周总理三次会见田中首相特使、公明党委员长竹入义胜,听取田中首相、大平外相的想法,就日方最关心亦为最担心的实现邦交正常化的形式、《日美安保条约》、战争赔偿问题、钓鱼岛问题,阐明了中方的立场,并提出了中方准备的《中日联合声明》的要点,即八条方案和关于台湾问题的三项默契。这实际上是向日方交了个底,给日方吃了定心丸,对解除日方的疑虑,使其下决心访华,起了关键作用。

7月27日,周恩来与竹入会见。竹入25日访华前,与田中、大平进行了长时间密谈,详细询问了日本政府的想法。在这次会见中,周总理就中日邦交正常化的一些相关问题,针对日方的想法,阐述了中国政府的立场。

关于复交的步骤和形式问题,周总理说:"田中首相、大平外相要恢复日中邦交,互换大使,互相正式承认,这件事宜快不宜迟。对我们来说,等了23年,慢一点也没有关系。但对日本内阁来讲,慢了,也许有干扰,夜长梦多。"

周总理接着说:"我赞成田中首相、大平外相先到北京来,发表一个共同声明,或者叫联合宣言。名称问题好办,总之是建交。第二步,搞一个和平友好条约。不是搞一个简单的和约,而是搞一个和平友好条约,要比简单的和约进一步,使全世界也放心。首先是对中日两国人民有利。"

关于日美关系问题,针对日方的疑虑,周总理表示:在共同声明或联合宣言里,可以不提及《日美安全条约》,也不提尼克松(总统)和佐藤(首相)在1969年发表的《日美联合公报》。周总理说,只要中日两国复交、签约,安保条约中针对中国的那一部分就不起作用了,尼克松和佐藤发表的联合公报中有关中国的部分也就自然失效了。

针对田中内阁关于承认中华人民共和国政府是代表中国人民的唯一"正统"政府的说法,总理说,我们对"正统"二字不太理解。按照中国的解释,"正统"是对"偏安"而言,有"正统"就有"偏安"。日本也有"正统""闰统"的说法。我们说中华人民共和国政府是代表中国的唯一合法政府,"合法"的反义词是"非法"。根据是:第一,中国人民只承认中华人民共和国政府为代表中国的唯一合法政府,蒋介石政府被推翻了,所以它是非法的;第二,去年联合国也恢复了中华人民共和国的合法权利,把蒋介石集团赶出去了。也就是说,国际组织也承认中华人民共和国政府是合法的,蒋介石政府是非法的。

关于放弃战争赔偿要求问题,周总理说,"要求赔偿,人民的负担就要增加。这就不是为了两国人民的友好。这一点中国人民有沉痛的感受。甲午战争的结果,中国向日本赔偿2.5亿两银子,不仅割去台湾和澎湖列岛,还要赔偿。清朝利用这一点压迫人民,增加税收。八国联军时赔的钱就更多,可能是4.5亿两,在当时中国贫穷落后的情况下,人民的负担很重。这个战争总是少数人侵略惹出来的,不应该让人民来负担嘛!你可以转告田中首相和大平外相,我们不会要求赔偿,在联合声明中可以提我们放弃这个要求。"

竹入听后,感动万分,用颤抖的声音说:"我找不出什么语言向你致谢。"

周总理说:"这是我们应该做的。20多年来中日两国人民的友谊,大大冲淡了战争的伤痕。"又说:"我们应该为后代着想。田中先生和大平先生可以放心,我们不会使他们感到为难。"

关于台湾问题,周总理说,台湾是中国领土的一部分,这在中美联合公报中已经肯定了。包括蒋介石,他也不说台湾不是中国的领土。他承认一个中国,承认台湾是中国的一个省。不知道日本方面有什么困难?

竹入说,根据我的设想,困难很小,但《中美联合公报》中关于台湾一段的写法,虽然从结果看承认台湾是中华人民共和国的一部分,但在我们看来,表达方式是比较缓和的。他说,田中首相到中国来,发表一个共同声明时,承认中华人民共和国是代表中国的唯一合法政府,这一点是毫无疑问的。但是否一定要明确地写进"台湾是中华人民共和国领土的一部分"?

对此,周总理慎重地答道:"我们正在考虑这个问题,我们还想多考虑一下。我还要报告毛主席,我们党内还要讨论。"

周恩来就在第一次会见竹入之后,主持中共中央政治局会议,报告同竹入会谈的情况。经过讨论,会议通过《中日联合声明要点(草案)》及涉台三点默契:

1.台湾是中华人民共和国的领土,解放台湾是中国的内政。

2.联合声明公布后,日本政府将从台湾撤出其使馆,并采取有效措施,使蒋介石集团的使领馆从日本撤走。

3.对日本的团体和个人在台湾的投资和经营的企业,在台湾解放时,当予以适当照顾。

7月28日,周恩来将《中日联合声明要点(草案)》送给毛泽东圈阅。之后,于29日晚7时30分至10时10分再次与竹入会晤,并拿出一份打印文件对竹入说:"这基本上是我们关于《中日联合声明》的原始方案。"

竹入吃惊道,"这么快就拿出了联合声明的方案?"

周恩来微微一笑,就逐字逐句地宣读并讲述中方八条方案的内容。竹入等三人飞快地记着笔记。

周恩来讲完联合声明草案后说:"为照顾日方立场,还有三点不写进声明的默契。"接着,他就讲了一天前在政治局会议上通过的上述三点默契。并说,"我们提出了三点,田中首相、大平外相有什么需要增减的,可以交换意见。现在这个联合声明的表述,《日美安全条约》、佐藤与尼克松联合声明的'台湾条款'、日台条约都没有写,避开了嘛! 你既然来了,总要让你有收获。当然这是从政治上讲的,不具有法律效力。中日恢复邦交,政治上符合人民的愿望。""我们不是给田中首相出难题,而是为了进一步发展两国间的经济和文化关系,扩大人员往来,在两国建立外交关系后,根据和平共处五项原则,缔结和平友好条约。日本方面如果还有什么,也可以提嘛!" 竹入摇头,说:"我觉得日本政府大概提不出什么意见了。"

周总理在 7 月 28、29 日同竹入的会晤中,针对《东京新闻》7 月 27 日"田中首相访华不等于承认中国"的消息称,这种说法令人不能理解。如果不能承认中国,他来干什么呢? 这个消息还说,签订和约以后才能实现日中邦交正常化,将按照分两步走的"日苏方式"进行。其实,鸠山首相去莫斯科,是把结束战争状态和恢复日苏邦交同时进行的,是一步走,没有分两步走。

周总理问,这个消息是不是外务省故意放的空气? 竹入说,田中、大平在日中复交问题上决心已定,他们的想法是一步走,田中首相访华,日中恢复邦交,互换大使。《东京新闻》的说法,绝不是田中、大平的想法。

周总理还针对《东京新闻》挑出钓鱼岛问题,批驳说"这是故意捣乱"。他说,"现在不要把这个问题摆在重要地位,不然要耽误大事。这同中日两国在和平共处五项原则基础上复交比起来,是个很小的问题。"

针对《东京新闻》所传日本外务次官法眼晋作称"《日台条约》已经解决了结束战争问题的说法",周总理严肃指出:"缔结《日台条约》时,中华人民共和国已经成立了。这个条约根本无视中国的存在,同一个逃到台湾的蒋介石政权缔结结束战争状态的条约,是非法的、无效的,是应当废除的。"

在谈到《中日联合声明要点(草案)》时,周总理特别强调指出:中方将坚持把结束战争状态和复交三原则两个重大问题写入联合声明的立场。

由于周总理深入细致地做工作,竹入8月3日满意地带着中国的原始方案回国,第二天,即到首相官邸会见田中首相和大平外相。8月6日,竹入又把与周总理的谈话整理成笔记面呈田中首相。田中看了两个小时后表示:"我去,没有问题。没有问题,我去。"

这样,8月10日,日本自民党日中邦交正常化协议会召开总会,通过了田中首相访华的决定。

8月11日,田中政府把田中首相访华的决定转告中方。

8月12日,周总理接到报告,立即授权姬鹏飞外长发表声明,宣布中国总理欢迎并邀请田中首相访华,就中日邦交正常化问题进行谈判。

8月15日,田中首相会见正在日本访问的孙平化,表示正式接受周总理邀请,并通告了具体访华时间。

第三节
呕心沥血，昼夜操劳

　　周总理这时已是 74 岁高龄，并已确诊身患癌症。为准备中日两国领导人的会谈，他带病工作，每天工作十几个小时，甚至二十个小时，事无巨细，昼夜操劳。周总理指定姬鹏飞、乔冠华、廖承志、韩念龙等人组成日本组，自己白天接见外宾，夜里约他们到西花厅或钓鱼台开会，研究中日邦交正常化的有关问题，或带他们到毛主席住处开会或汇报。在毛主席那里决定大政方针后，周总理回来又同他们一起研究、安排落实，大事小事都一一过问，想得周到。

　　8 月 7 日晚 8 时 20 分至 11 时 55 分，周总理在百忙中会见日中友协会长黑田寿男和该会主要领导人穗积七郎、田中稔男、石野久男、加藤长雄、赤松康稔。

　　黑田说："我向周总理致意！周总理长期以来为日本人民所盼望的日中邦交正常化尽了很大的努力，做出了很大的贡献。对于这一点，日本人民感到非常高兴，而且非常感谢你。"

　　周总理听后，谦虚地说："我做了什么工作呀，这是你们的贡献嘛！""说是你们的奋斗还差不多，20 年了。"

　　针对日本左派中存在的一些模糊认识，周总理耐心地做工作。针对日本左派中有人说"在复交问题上存在两条路线斗争"，认为与保守的自民党政权打交道是路线错误,总理说:"等到日本的左派执政再恢复日中邦交,那得等到什么时候呀? 这样,中国就没有几个国家可以建交了,这不是把我们自己孤立起来了嘛! 我们的外交是通过上层的关系来接近人民群众,这是可以的。"

周总理说:"在日中关系这个问题上,田中政府和佐藤政府是有区别的。把鸠山(一郎)、石桥(湛山)政府除开,从吉田(茂)到佐藤(荣作)这条线一直是追随美国敌视中国的。而现在田中政府那几派,头一天开会就采取了不同的态度,所以,如果我们不表示欢迎,我们就会犯错误。尼克松都来北京了嘛,为什么对田中政府不可以考虑这个问题呢? 而且它比美国更进一步,它若是和中国建交,就不可能继续跟台湾保持外交关系。"

周总理说:"我们支持独立、和平、民主、中立、繁荣的新日本,反对日本由经济大国走上军事大国,复活军国主义,把日本人民带到新的战争灾难中去。这个问题才是两条路线、两条道路的斗争。"

8月17日,日本自民党众议员川崎秀二访华,把他带来的大平外相给周总理的口信转告了廖承志。口信内容是:

1.政府决心从正面来谋求日中邦交正常化。

2.为使整个外务省为此而努力,在省内设立了日中邦交正常化委员会,以集中全部机能。

3.政府的方针是使日中邦交正常化和日美友好并存,并已向美国非正式地传达了日本谋求(日中邦交)正常化的方针,据说美国方面充分理解(日本的)这一立场,计划在(日美首脑)夏威夷会谈中谈妥此事。

4.关于日中邦交正常化,自民党内设立了(日中邦交)正常化协议会,正在讨论党的态度。尽管党内议论纷纷,但只要政府满怀诚意地阐明方针,最后是能够取得一致意见的。

5.日中邦交正常化实现后,就当然不能维持同台湾的外交关系,目前正苦于考虑对台湾采取何种措施。即使得不到台湾的谅解,(日本)也要坚决实现邦交正常化。当然,有必要对它们(台湾)进行充分的说明。

6.对日本的新闻报道,希望不要产生误解。日本实行报道自由,百花缭乱,因此,有时不能准确地报道政府的设想,臆测性的消息很多,(日本)政府也常常感到困惑。对田中访华前的报道,尤其希望不要产生误解。

川崎还向廖承志介绍了自民党内各派对中日邦交正常化的态度。

18日,周总理与川崎进行了两个多小时的会谈,针对大平外相的想法和自民党内的动向,有的放矢地做工作。他一方面高度评价田中、大平、三木、中曾根四派联合,赞赏了川崎及一大批议员热心推动邦交正常化的努力,高度评价古井喜实、冈崎嘉平太、田川诚一等人搞的备忘录贸易,说这为今天的中日关系奠定了基础,并欢迎他们访华;一方面介绍了尼克松访华后的中美关系。

周总理还请川崎向田中首相和大平外相传话。他说:"基辛格博士6月来北京以后,我问他,你是否反对中日邦交正常化? 他说他不反对,与其说反对,还不如说要促进。所以他现在不好反对。因为我跟他说了,中日邦交正常化不会妨碍日美关系友好。我说,《中美联合公报》,就是人们常说的《上海公报》不是说了这个话嘛! 中美关系的改进,不仅有利于中美两国人民,而且有利于世界各国嘛! 这一点同样适用于日中接近。《中美联合公报》上还讲,中美两国都不在亚洲和太平洋地区谋求霸权,也反对别的大国在亚洲和太平洋地区谋求霸权。这个话在《中美联合公报》上讲了,所以,中日友好也是一样嘛! 另外,田中首相在促进日中邦交正常化协议会开幕式上发表的十点和后来大平外相的六点都讲到,日中友好并不反对第三国。拿这个道理跟美国去讲,它也无话可说。"

周总理还给日本出主意说:"美国最多说你把速度放慢一点。但这也可以回答它嘛!中美关系隔绝了 20 多年,你去年那么快地同中国会谈,也没有跟日本打一个招呼嘛!日本作为一个独立、主权国家,也一样可以做嘛!只要日本做的事不反对美国,美国也不会反对的。快一点或慢一点,只是就彼此促进而言。美国总统要跟中国关系正常化,这在《中美联合公报》上写了嘛!所以,这不发生根本问题,是可以说得通的。"

8 月 19 日,周总理亲自听取孙平化的访日汇报,掌握了关于田中决定访华的最新情况。

8 月 20 日晚 6 时至 8 时,周总理在人民大会堂新疆厅会见日本中国文化交流协会的朋友,继续做工作。他们是理事长中岛健藏和夫人、白石凡、宫川寅雄、清水正夫、白土吾夫、后藤淳和夫人。周总理说:"田中角荣首相感谢日本在野党和议会为日中复交铺平了道路,诸位也在内。所以说,他很会讲统一战线,和佐藤荣作大不相同。"

周总理还说,"很有意思的是,日本社会上极右的人和极左的提的口号一样,说实现'三原则',应公开取消日台条约,不然就不彻底,就是假复交。还有假复交,真复交?那我们现在和西方国家的外交关系到底是假的,还是真的?那些国家是资产阶级管理、领导的嘛!你只能和他们建交,还是真的,不是假的"。

周总理指出,对有极左思潮的朋友,可以帮助、说服他们。他们思想不对头,不懂得分析,我们会分析就行了。如果说等到日本人民掌权才能建交,我们要等到哪一天?建交只能同掌权的人来谈,人民外交那是另一个范畴的事。

周总理特别强调邦交正常化后民间外交的重要性。他说："我们中日两国如果交换大使，大使馆的工作要和民间加以区别才好。民间还可以直接来往，并不是都经过使馆。你们日中文化交流协会，我们中日友协，还要继续存在，而且工作还会更多。"

8 月 23 日，周总理在人民大会堂会见由田实涉、藤野忠次郎、古贺繁一、坂牧弘康、德弘康雄、团野广一、小久保郁郎组成的日本三菱企业集团代表团，进行了亲切的谈话。他说："田中首相要加紧实现邦交正常化，日本的舆论几乎完全一致表示支持。你们支持田中首相支持对了，我们邀请你们来访也邀请对了。只觉得我们相逢为时太晚。"从而对中日邦交正常化即将实现，中日经贸来往更加扩大，表示了自信。

第四节
亲自部署接待和谈判的准备工作

周总理在促成田中下决心访华的同时，亲自指挥部署接待和谈判的准备工作。从 8 月份开始，他指示成立了政治谈判和接待两套班子，并临阵指挥，做了充分的准备，为田中顺利访华和政治谈判的顺利进行创造了条件。

为筹备田中访华接待事宜，外交部于 1972 年 8 月 18 日上呈中央一份报告，建议成立一个由外交部抓总、由有关各方面负责人参加的接待工作领导小组，下设秘书组、安全组、电信组、新闻组、广播电视组、总务组、专机组、礼宾组等 8 个组。

上述建议经中央批准后,领导小组于 8 月 24 日下午召开了第一次会议。会上,首先由外交部韩念龙副部长宣布业经中央批准的领导小组成员和各组组长名单,并通报了日本外务省要求在 8 月底派先遣组来华商谈田中访华事宜的有关情况。接待工作领导小组组长符浩谈了接待先遣组及与其磋商的设想,并进行了具体的研究。根据日方要求,准备分礼宾、安全、新闻报道、电信、专机、电视转播等 6 方面,与对方商谈。

关于接待方针,周恩来总理在《邀请日本国际电报电话公司代表来京商谈北京—东京电视传输问题的请示》上批示:"一切应按接待尼克松总统的原则、规格和手续办事,不许超过。"

9 月 12 日上午,接待田中访华领导小组又开会检查各项准备工作的进展情况和问题。对日方非常重视的安全工作,前一段主要是在有关人员中进行思想教育。当时,中央批准下达了一个有关田中访华的内部宣传提纲。符浩组长强调各组要组织认真学习,深刻领会。对机场、主要交通干线和新闻记者下榻的民族饭店的安全工作已做好部署规划,并在田中来访前夕,利用一个晚上进行演习。为确保安全,北京市于 9 月 9 日进行了一次户口清查,收容了 900 多人;开始控制外地来京人员;大力整顿交通秩序、社会治安和城市环境工作。

9 月 12 日前,日方海运和空运来京的设备已全部到达,并开始安装。

选定了 6 部拟对日本来宾放映的电影:《南京长江大桥》《红旗渠》《针刺麻醉》《出土文物》《考古新发现》《红色娘子军》。还决定举行中日工艺美术展。

鉴于自 1894 年以来的半个多世纪内,日本军国主义多次对中国发动侵略战争,使中国人民遭受深重的灾难;战后 20 多年来,日本的许多届内阁又一直顽固执行追随美国、敌视中国的政策，部分群众中存在着仇日情绪，对邀请田中访华的意义不够理解，周总理指示外交部起草了一份《关于接待田中首相访华的内部宣传提纲》。

9月初，他在审阅这份《提纲》时，在《提纲》中加写"中日邦交恢复后，在平等互利、互通有无的原则基础上，进一步发展中日经济交流。我们同日本几个大财团的贸易会有所增加，我们同日本中小友好商社的来往也将继续保持。所有这一切，都是符合中日两国人民利益的。"

9月5日，周总理亲自草拟中共中央转发上述《提纲》的通知，要求各级党组织"好好学习《提纲》"，做切实的宣传和解释，特别是北京、上海、天津、广州等18个城市和郊区，要在20日前"做到家喻户晓"（田中首相定于25日到访）。

由于工作做在前头，对广大干部群众深入地反复地进行政治动员和思想教育，对直接参加接待的工作人员召开了动员大会，举办了各种类型的学习班，特别对亲属被日寇杀害、民族仇恨较深的人员，进行了认真、细致的工作。田中一行访华顺利，所到之处都受到尊重与欢迎。

第五节
会见田中特使古井喜实

9月9日，古井喜实作为田中首相的密使，偕田川诚一、松本俊一乘战后首次直飞包机到达北京。那天秋高气爽，万里无云。机上载有给中国的黑猩猩。田川先生捧着松村谦三、高碕达之助两位先人的遗像从舱梯上默默走下来。第二天上午，古井一行拜访廖承志，向廖说明了日本方案的要点，并征询了廖的意见。

关于复交方式，古井说，希望采取发表联合声明的方式，这样日本就无须通过国会批准。关于声明的内容，古井说，正文前面应有前言，前言要明确规定三件事：第一，表示对过去的战争进行反省；第二，写明邦交正常化是两国人民的愿望，是为亚洲与世界的和平做出贡献的宗旨；第三，要表达两国的社会制度不同，应相互尊重各自的立场与和平共处这一原则立场。

关于正文，古井说，第一，双方表明结束战争状态；第二，立即建立外交关系，并尽快互换大使；第三，发表联合声明的同时，断绝日台之间的外交关系，即日本政府对日台条约要以某种适当方式明确宣布废除；第四，今后通过外交机构缔结和平友好条约等。

廖承志听后说："日本的想法我明白了。我个人基本上没有疑义。我将立即向毛主席和周总理汇报。"

9 月 10 日下午，古井单独约见中方人士，交来《日本国政府和中华人民共和国政府关于日本国和中华人民共和国邦交正常化的联合声明（草案）》，其中包括："日本国政府和中华人民共和国政府在此确认日本国和中国之间的战争状态已经结束"；"日本国政府承认中华人民共和国政府是中国的唯一合法政府"；"（中华人民共和国政府重申台湾是中华人民共和国领土不可分割的一部分，日本国政府充分理解并尊重中华人民共和国政府这一立场）"；"日本国政府和中华人民共和国政府同意应该遵循互相尊重主权和领土完整、互不侵犯、互不干涉国内问题、平等及互利以及和平共处的各项原则，在持久的基础上确立两国间的和平而友好的关系。与此相关联，两国政府确认，日本国和中国相互尊重对方在不受任何外来干涉的情况下,选择政治、经济和社会制度的固有权利;两国根据联合国宪章的原则,在相互关系上,用和平手段解决一切争端,而不行使武力威胁或武力";"日本国政府和中华人民共和国政府认为,两国的任何一方都不应在亚洲和太平洋地区谋求霸权,每一方都反对任何其他国家或国家集团试图建立这种霸权的努力";"(中华人民共和国政府宣布,为了日中两国人民的友好,对日本国不提出任何有关两国间战争的赔偿要求)";"日本国政府和中华人民共和国同意,为了巩固两国间的和平友好关系,发展两国间将来的关系,通过外交途径进行谈判,以便缔结和平友好条约和通商、航海、航空、渔业等各领域的各项必要的协议"。

古井就上述草案的内容说明道:"……关于台湾问题,括弧内的内容应是中国方面表述的条款,冒昧地作为草案内容提了出来。这个问题是迄今议论最多的要害问题,姑且先不说这样写好不好,但日本政府认为这个问题不要作为"默契",而以"公开"为好。日本政府之所以如此表述是因为:1. 日本已经放弃了台湾,对于放弃了的(台湾)再言其归属问题,作为日本的立场来说是过分了;2. 尽管通过日中复交,日美安保条约中的台湾条款成为一纸空文,但目前仍具有其形式。如正面讲,就直接涉及日美安保条约的远东适用范围,从而发生必须修改安保条约的问题。正如贵方所知,日美关系微妙,从目前的日美关系来看,还做不到这一点。因此,采取了这种间接的表述方法,以'理解'和'尊重'中国的立场,来表明确认台湾是中国的。"

古井接着说明道:"关于赔偿问题,由日方草拟此条文是冒昧的。但由于日方已从公明党那里了解到中方的想法,也看到了相关的资料,所以暂且草拟了案文,加了括号。"

我方人员问古井:"今天上午你向廖承志说明的日本政府的声明草

案纲要中,提出中日复交后,日本将与台湾断交,并以适当形式表明日蒋条约已消亡,这是否要写进两国政府联合声明?"

古井做了否定的回答,他说:"这个不写进联合声明,而将由日本政府以适当形式,可能是以政府声明形式加以宣布。日本政府明确地认为而且已多次公开表示,只要与中国恢复邦交,就不能同台湾继续维持外交关系。如果把同台湾的关系拖到以后去解决,不知会出现什么不测的情况。所以,日本政府的想法是,在这次同中国举行首脑会谈时,就干净利落地处理同台湾的关系,这是日中建交的要害问题。如日方在这个问题上不下决心,是谈不上与中国建交的。"

9月12日,周总理宴请古井并与其会谈。周总理首先说,联合声明要表明中日邦交正常化不是排他的这一宗旨;第二点,日方对于结束战争状态的表述,与中方的想法不吻合;第三点,周要求日方对复交三原则表示总的态度;第四点,周说,对于废除日台条约问题,可同意日本政府所提由日方采取单方面措施的想法,但中方想知道日本政府何时、何地、用什么形式表明。

第六节
三次会见自民党访华团

9月14日,小坂善太郎率领的日本自民党访华团抵达北京。为避开小坂团,以利保密,中方特安排古井等三人于当晚去东北旅行。

小坂善太郎为团长的自民党代表团，是田中首相为消除执政党内部的阻力，让他们"接受教育"而派遣的。周总理深知田中首相的用意，对该团来访十分重视，给予高规格的礼遇，三次会见他们，暗中帮助田中做工作。

第一次会见是 9 月 18 日下午在人民大会堂东大厅举行。郭沫若、姬鹏飞、廖承志、韩念龙、王国权等陪同会见。周总理同全团成员一一握手寒暄，郑重表示欢迎之意。他环顾各位之后说："应该欢迎你们。你们是第一个来中国访问的自由民主党代表团，是正式的代表团，是在你们田中角荣阁下担任了新的总裁后委派的代表团，所以特别值得欢迎。"

周总理在谈话中高度评价了田中首相在 7 月 7 日就任首相当天的内阁会议上关于"在外交方面要加紧实现与中华人民共和国的邦交正常化"的谈话，说："田中首相在'七七'卢沟桥事变那一天，勇敢地讲出了这句话，这样就揭开了中日关系历史上的新篇章。"

接着，周总理又说："今天是'九一八'，就是 41 年前的'九一八'。你看，现在我们握手言欢了。这是不是可以说改变了历史？"大家鼓掌，大厅里顿时活跃起来。

周总理加重语气说道："这是历史性的转变！""这些事发生在同一时代，是中日两国历史上新的一页。"会见厅里又爆发出一阵热烈的掌声。

周总理在这三刻钟的会见中，谈到了中日两国两千年的友好来往，也谈到从甲午战争到二战结束 50 年间日本军国主义对中国发动的侵略和战争，引用"前事不忘，后事之师"的中国古训，强调"这样的教训不应忘记"。

小坂团长表示，"完全同意周总理的看法"，说"日本有一句话叫作

'前车之覆,后车之鉴'"。周总理马上表示称赞,说:"中国也有这样的成语。你这句话讲得好!"

宾主双方谈兴正浓时,周总理看了一下手表,便对小坂团长说:"对不住,因为我现在要到机场迎接伊朗王后和首相,所以不能继续谈了。但是今天晚上邀请你们参加宴会,包括记者在内,请你们吃北京烤鸭。"

晚宴结束后,已是晚上9时20分。周总理和廖承志、韩念龙、王晓云在人民大会堂新疆厅,又同小坂善太郎等五名代表团主要成员举行小范围会谈。

周总理在这次谈话中,针对日方的一些疑虑,交了一个底。他说,田中首相、大平外相来了总可以谈得通的,因为他们都表示充分理解中国所提出的"中日复交三原则"的立场。有了这么一个理解,中方就会照顾日方遇到的某些困难。

小坂等人听后高兴得拍起手来。在座的鲸冈兵辅议员说:"我听到周总理的这席话感到非常高兴。这样一来,以小坂先生为首的访华团的目的也就达到了。"

为使日方放心,周总理进而表示:田中首相下决心到中国来访问,谈判解决中日邦交正常化问题,一定会建立起中日睦邻友好关系。我们相信,成果会是丰硕的。

晚10时30分会谈临结束时,小坂团长一再表示感谢,说:"这次见到周总理,使我们更加坚定了信心,我们一定要协助田中首相完成历史性的事业。"

9月19日晚,周总理又在原定日程之外,第三次会见小坂一行。周总理对他们说道:"我把你们请来是临时定的,本来没有准备再见诸位,但是,为了中日邦交的恢复,为了中日友好的增进,工作还得做,只好不怕麻烦。"

接着,周总理详细地说明了这次紧急约见的缘由。他说:"我今天见诸位是椎名先生把我动员来的,因为椎名悦三郎昨天在台湾公开宣称,自民党日中邦交正常化协议会9月8日决议前言中所说的维持和台湾的关系,包含外交关系。"周总理严肃指出:"如果是这样的话,我们多次见面、会谈,不是等于无效了吗?"

事情的起因是这样的:9月17日,自民党副总裁椎名悦三郎作为日本政府特使去台湾解释日本对华政策,在台北遭到示威群众的猛烈反对。椎名一行在从机场去下榻的圆山大饭店的路上,不断遭到袭击。椎名说,我一跨出飞机舱门,就被几百名赶到机场示威的粗野的群众包围起来;写有"椎名滚回去"的标语牌密密麻麻,口号声、辱骂声犹如雷鸣,石块、鸡蛋朝车子飞来;有人向我的车子吐唾沫,有人用脚踢;有的车子挡风玻璃被棍棒打碎,停在那里动弹不得。

这个椎名在台湾与"行政院长"蒋经国会谈,迫于压力而宣称:"日中邦交正常化的谈判是基于自民党的决议。关于同中华民国的关系,包括外交关系在内,原来的各种关系都将维系下去。"

9月19日,周总理获悉这个消息当晚,会见小坂一行,重申中方在台湾问题上的立场"绝无改变的余地"。

周总理严厉驳斥了田中首相特使椎名悦三郎擅自在台湾发表的"日中复交后可继续维持同台湾的外交关系"的谬论,说:"椎名对大平外相所说'没有一个国家在同中国实现邦交正常化的同时承认国民政府'妄加解释,说什么'那是逻辑上的归结,政治上还没有决定',把逻辑和政治分家了,我不懂得这是什么逻辑。"

为防止日方在原则问题上立场后退,提高全团的认识,周总理重申了中国在台湾问题上的原则立场,强调说:"田中首相组阁第一天就表示要加紧实现邦交正常化。田中、大平先生都多次说过,田中政府充分理解中国对恢复日中邦交三原则的立场。田中、大平先生还说,如果日本和中国建立了邦交,就不可能同时和台湾维持外交关系,因为世界上没有一个国家如此。这不仅是逻辑的必然,而且是政治的必然。我们本着这个立场,所以欢迎、邀请田中首相访问中国,谈判解决日中邦交正常化问题。""昨天我们谈了以后,今天出了这么一个曲折,我们要把我们的立场再次说清楚。"

小坂和在座的议员们听了周总理的谈话后纷纷表态,表示"全团都认为,日中邦交恢复后,日本不能同时还和台湾保持外交关系",说"田中首相的为人完全是可以信任的,只要田中首相来了,你们通过和他充分的交谈,一定可以得出明确的结论"。

周总理特意提到椎名在台湾被打的消息,说:"这是蒋经国搞的双簧,这也是历史转变,就是说谁欢迎田中首相新的对华政策?是7亿中国人民;谁反对田中首相的日中邦交正常化政策?是台湾的少数顽固分子。这是很好的现实写照。"

这次会见从晚10时20分起持续了一个小时。会见结束时,小坂团长握着周总理的手说:"我保证一定守信用。"外务省中国课课长桥本恕则表示,回国后一定要把周恩来总理的谈话内容如实地向田中首相、大平外相转达。

在回饭店的车上,小坂团长对中方人员表示:"今晚周总理再次接见我们,澄清了中国对椎名发言的立场,很有好处。椎名的发言,使团内成员又有机会发表意见。结果,团里的意见更明确、更集中了,这是好事。俗话说'雨后地固',今天我们头上下了大雨,倒使我们的立场更坚定了。请中国朋友不必担心,椎名的发言丝毫不能动摇田中首相访华并实现邦交正常化的方针。"

小坂回饭店后,立即向日本记者发布消息。他说:"周总理今晚对椎名在台湾的讲话发表了强硬意见。对此,我们表示:实现日中邦交正常化后,不能继续维持同台湾的外交关系是理所当然的,我们是基于这种认识来推动邦交正常化的。"

第七节
凌晨再度会见古井喜实

同日,周总理会见小坂团后,于午夜0时15分至20日凌晨2时10分单独会见古井,就他受大平外相之托,带来的日方准备的联合声明草案,再次阐述了中方的见解,内容比上次更加具体。周总理说完后,表示要负责整理成使双方都能接受的文件。

会见在人民大会堂接见厅举行。周总理向古井介绍了以小坂善太郎为首的自民党访华团同中方进行政治会谈的情况,并交一份廖承志的发言稿请古井看。周总理说,17日晚,小坂先生同廖承志同志会见,小坂明确声明:协议会的前言部分所说"应该照顾同台湾的既往关系",不包括外交关系。所以,我18日才见了他们,并对他们说,在日本政府充分理解中方复交三原则的基础上,我们可以照顾日本政府面临的困难。但如果把照顾日本政府的困难摆在前面,就是本末倒置,就谈不上中日建交了。

周总理还把椎名在台湾伪国大代表恳谈会上声称维持同台湾的既往关系中包括外交关系这一内容告诉古井,并问古井的看法。古井表示,椎名为什么这样说他无从判断,但他确信,田中、大平访华的决心没有改变,既然要搞日中邦交正常化,就势必同台湾断交。

在这次会见中,周总理就古井受大平之托带来的日方准备的联合声明草案发表了意见:前言三点,大体可用,文字待双方会谈时酌定;正文八条,我们也基本同意,但对结束战争状态的提法,对恢复中日邦交三原则的表态以及如何表明断绝日台关系等三点,双方还有距离,某些文字也还有待进一步斟酌。所有这些,可在两国政府首脑会谈中进行磋商,求得圆满解决。

早在佐藤首相下台和田中出任首相前后,周总理就一直通过中日备忘录贸易渠道,了解日本政局的变化,因势利导,推动中日关系正常化的进程。古井先生1972年5月访华时,周总理曾通过他向日方发出一个信号:只要日本不是耍嘴皮,而是从根本上下定实现邦交正常化的决心,中方将采取灵活态度。周总理的会见消除了古井的疑虑,增加了他促进邦交正常化的信心。此后,他通过与大平外相的频繁沟通,在日中邦交正常化问题上,起到了田中内阁高级顾问的作用。

田中组阁时,非要大平当外相不可,大平派内部主张让大平拒绝当外相,而当干事长。为此,组阁工作拖后一天。最后,大平自己决定出任外相,这背后有古井的工作。

古井曾劝大平:"日中复交的大事已迫在眉睫,总得有人来做嘛!只有你最合适了。也许会栽跟斗,但这是为了日本啊!难道政治家不应该这样做吗?"

大平下决心接受外相职务时,对古井说,"咱们同心同德地干吧!"

古井说:"既然上了船,就要同舟共济。对我来说,完成日中复交的大业是我的宿命。咱们一起干吧。"

这样,田中新内阁诞生,三木武夫以副首相身份入阁,大平任外相,中曾根康弘也入阁,组织上做好了日中邦交正常化的准备。古井建议,首先应将日本要实现日中邦交正常化的想法公布于众,于是,就有了田中内阁在 7 月 7 日组阁当天的表态。

9 月 9 日,古井受田中内阁之托,再次访华,带来了日本政府关于复交《联合声明》的初步方案。

12 日和 19 日至 20 日,周总理两次会见他,高度评价他暗中发挥的作用,并针对日方的方案阐述了中方的立场。

9 月 20 日,中日双方同时发表关于田中首相应邀访华的公告。

23 日,古井返回东京,翌日,即田中首相一行启程访华的前一天,向大平外相详细汇报了周总理两次谈话的内容。大平通过古井的汇报,具体地了解了周总理的想法,便和田中首相商量进一步修改日方方案的问题。

第八节
高度的原则性和灵活性

关系正常化谈判之所以进展顺利,一气呵成,毛泽东主席和周恩来总理功不可没。当时,日本的《朝日新闻》社长广冈知男曾说,"日本应趁毛主席和周总理健在时,抓紧实现邦交正常化,否则,就会错过机会,不知会推迟到何时"。

这是因为,广冈作为发行量世界第一的报人,一方面深知日本对中国欠账之多,对日中关系正常化需要解决的难题有充分的了解;一方面又看到毛主席和周总理对实现邦交正常化极大的诚意和对日本宽宏大量的态度。

事实表明,中国方面在实现邦交正常化问题上,的确表现出极大的诚意,为照顾日方的困难,在坚持原则的前提下,显示出最大的灵活性。这从田中首相抵达北京之前,党中央批准的外交部起草的《政治会谈方针》就看得很清楚。《方针》称:"着重解决关于两国邦交正常化尚有分歧的实质性问题。既要坚持原则,又要注意策略,通过会谈,使日方做出同台湾断交的明确保证,对废除日台条约,找出一个合理的、双方都能接受的解决办法,达成建交协议,发表联合声明。"

对此,时任外交部部长的姬鹏飞先生在中日复交二十周年时回忆当时的情况,作了很好的诠释。

首先,他指出周总理对中日复交工作"抓得非常紧",原因是周总理"深知中日建交的时机就国内外来讲条件都已成熟,必须抓紧,否则一纵即失,不知要推迟到何时"。

关于"国内外条件成熟",姬外长指出以下几点:

1.1971 年 9 月 13 日林彪摔死在温都尔汗之后,"文化大革命"出现转机,国内形势发生了一系列变化。

2.尼克松于 1972 年 2 月访华,在国际上造成冲击,日本首当其冲。日本国内要求与中国复交的舆论占了上风,给佐藤内阁造成很大压力。

3.1972 年 7 月,田中角荣当选首相,立即宣布要加紧实现日中邦交正常化。

关于原则性和灵活性的关系问题,姬外长披露了周总理 1972 年 8 月接见一位兄弟党领导人时的一段谈话,内中强调与外国当权派来往"既要有原则性,又要有灵活性。必须有原则性,才能允许可能范围的灵活性"。

这个思想体现在中日复交谈判中,主要有以下几点:

1.坚持在"一个中国"的原则下处理台湾问题。强调"只有在你们承认我们提出的复交三原则的基础上,才能照顾你们面临的一些困难",而不是相反。不承认"旧金山和约"和"日台条约"的合法性,在此前提下,同意日方用"一俟日中关系复交,日台条约就自然失效","日台的外交关系不能维持"的方式与台湾断交、废约,同意《中日联合声明》中可以不提"断交、废约"的字眼。

2.在历史问题上,指出"日本帝国主义的侵略使中国人民遭受重大的损害",不能接受日方"添了麻烦"的表态,最后落实到《中日联合声明》上的文字是"日本方面痛感日本国过去由于战争给中国人民造成的重大损害的责任,表示深刻的反省"。

3.关于放弃战争赔偿问题,在谈判中严厉驳斥了日外务省条约局长所谓"蒋介石已在日台条约中宣布放弃要求赔偿的权利,所以在这个声明中就不必再提放弃赔偿问题了"的说法,坚持把"中华人民共和国政府宣布,为了中日两国人民的友好,放弃对日本国的战争赔偿要求"载入了《中日联合声明》的正文。

4.关于结束战争状态问题,不同意日方关于"战争状态已经结束"的说法,找出了一个双方都能接受的灵活处理方法,即不明确说战争状态何时结束。

5.在《中日联合声明》中不提及《日美安全条约》,照顾日方"不损害"日美关系的要求。

姬外长指出,由于周总理强调"从政治上来解决一些历史问题,不要拘泥于法律条文","由于政策明确,方法得当,从7月7日田中组阁起,只用了81天的时间,就在北京签署了《中日联合声明》,宣告中日之间不正常状态结束,真是迅雷不及掩耳,不仅大大出于美苏的意料,而且为世界各国观察家叹为观止。他以高度的原则性和灵活性相结合,办事缜密周到,无可挑剔,令人折服"。

外交谈判中,原则性和灵活性皆不可少,抓住时机也极为重要。不讲原则,丧失原则,无原则地妥协、退让,势必丧权辱国;而没有适当的灵活性,立场僵硬,毫不考虑对方的处境,则可能使谈判旷日持久,徒劳无功,且贻误时机,把本来可以到手的鸭子放跑了。

周总理不仅抓住时机,促成中日复交谈判,而且在他主持的复交谈判中,做到了原则性和灵活性的高度统一,也体现了"处理国家关系,妥协必不可少"的务实态度,主要表现在从政治上而不是从法律角度入手,用双方都能接受的处理方式,就结束战争状态问题、战争赔偿问题、日台关系问题和复交方式等问题取得一致,从而排除了复交谈判中的几大障碍,迅速达成复交大目标,实现了双赢,堪称一部外交杰作。

第九节
放弃战争赔偿的决断

至于放弃战争赔偿问题,这是毛泽东、周恩来出于高度的政治判断作出的决定,也是当时的中共中央政治局常委讨论同意的。周恩来曾经说过,关于放弃对日战争赔偿问题,这也是鉴于历史教训和从中日关系的大局考虑的。此事不是个人的意见,是毛主席和党中央作的决定。

首先也是最主要的考虑是,不加重日本人民的负担。1955年11月,周恩来会见日本前首相片山哲、日本工会总评议会主席藤田藤太郎为正副团长的日本拥护宪法国民联合会访华团时指出:提出战争赔偿的要求是中国人民的权利。不能设想中日战争状态还没有结束,中日邦交没有恢复,不提出要求;不能设想在亚洲所遭受战争灾害的菲律宾都提出了赔偿问题时,而中国人民不要求。但日方如果提供赔偿,则无论如何这一负担最终将落到日本人民身上。中国人民曾长期遭受外来干涉,向列强支付过巨额的赔偿,对战争赔款的重负有着切身的体会,因而深知巨额战争赔款对于日本人民意味着什么,我们懂得这个痛苦……我们不愿把这种痛苦加在别人身上。因此,中国共产党和中国政府在50年代就决定,从中日两国人民世世代代友好下去的长远利益出发,放弃向日本索取战争赔款。周恩来解释说:中国政府之所以不向日本索取战争赔款,是因为社会主义中国不会仅仅依靠外力(日本赔款)进行经济建设。

周恩来不止一次地向日方说过,战争赔偿最终是要日本人民来负担。中国人民饱尝过战争赔偿的苦头,庚子赔款直到中国解放也没有完全付清。中日建交了,既然两国要真正友好,我们就不能让日本人民反而增加经济负担,遭受中国人民曾长期吃过的苦头。中国人民、日本人民都是侵略战争的受害者,日本人民是无罪的,要吸取历史教训,在新的基础上发展中日两国人民友好。

1972年7月27日即田中首相访华两个月前,周恩来会见田中首相特使、公明党委员长竹入义胜时,就请他向田中传话。周恩来表示,为了不增加日本人民的负担,为了两国人民的友好,中国不要求赔偿。他讲到中日甲午战争和八国联军侵略中国后,中国割地赔款的沉痛感受,说日本侵华战争是少数人惹出来的,不应该让人民来负担。

他对竹入说,"你可以转告田中首相和大平外相,我们不会要求赔偿,在联合声明中可以表明放弃赔偿要求"。当竹入听了这番话,感动万分,用颤抖的声音对周恩来说"我找不出什么语言向你致谢"时,周恩来说:"我们应该为后代着想。田中先生和大平先生可以放心,我们不会使他们感到为难。"

同年10月6日即《中日联合声明》发表后的第七天,周恩来会见陈焜旺、梅子强等40多位台湾同胞、旅日旅美华侨、美籍华裔代表时说:"赔款不能要。我们自己吃过赔款的亏的。甲午战争,中国赔款两亿两白银;庚子事件,中国赔款四亿五千万两,直到抗日战争还没有赔完。鉴于这个教训,毛主席说,赔款要不得,要了赔款会加重日本人民的负担。虽然半个世纪来日本欺负我们,但现在平等了,我们和日本人民友好,才能使他们起变化。"

第二是借鉴历史教训,以第一次世界大战后德国的赔偿为例,认为索要战争赔款效果并不好。就在1955年11月,周恩来会见日本前首相片山哲、日本工会总评议会主席藤田藤太郎为正副团长的日本拥护宪法国民联合会访华团时,周恩来指出:"中国人民没有忘记第一次世界大战后,德国与法国等国家之间因巨额战争赔款而产生的矛盾日益激化,最后孕育出纳粹这一怪胎和德国成为战争策源地的历史教训;把上一代人所犯罪恶的后果,让无辜的后代年轻人长期承担,是不合适的;索取战争赔款,不一定能真正惩罚军国主义势力,反而会加重日本人民的负担;如果放弃索赔,却能够教育广大日本人民。总之,从中日友好的大局出发,放弃索赔更符合中日两国人民的长远利益。"

第一次世界大战结束后,战胜国英、法、美、日、意与战败国德国于1919年6月28日在巴黎西南郊的凡尔赛宫签订《凡尔赛和约》(正式名称为《协约和参战各国对德和约》)。该和约以惩罚和削弱德国为目的,对德国提出了多项苛刻的要求,其中包括向美、英、法等国支付巨额赔款的内容,规定在 1921 年 5 月 1 日之前,必须支付相当于 200 亿金马克的赔偿,还规定在 1921 年 5 月 1 日之前,由战胜国组成的索赔委员会对后 30 年德国应付赔款总额做出决定。德国按照和约的规定支付了部分赔偿,结果更记恨接受赔偿的国家,导致复仇主义肆虐,又挑起了战争。中国希望与日本世世代代友好下去,不希望因赔偿问题留下祸根。

第三是为了扫除中日邦交正常化的障碍。田中首相上台后不久,就很快下决心访华,这与接到周恩来总理关于放弃战争赔偿要求的传话,了解了中方在这个棘手问题上的立场,吃了定心丸,大有关系。

周恩来说,在中日复交前,台湾的蒋介石已经先于我们放弃了对日战争赔偿要求,共产党的度量不能比蒋介石还小。其实,蒋介石在抗日战争结束之初,曾有过对日索赔的打算,并曾派出代表,按照美国政府 1946 年 3 月制定的《临时赔偿方案》和"先期拆迁"计划,就中国应分得的份额,进行过多次交涉,还派出专家前往日本拆迁分得的机器设备。只是由于美国政府于 1949 年 5 月 13 日取消了"先期拆迁"计划,停止执行日本对各盟国的赔偿,后又指使日本与台湾当局缔结和约,蒋介石以台湾当局放弃索赔和日本承认台湾当局为"代表中国的合法政府"为交换条件,才在 1952 年与日本签订的《日华和约》中宣布放弃赔偿要求的。蒋介石的所作所为,不过是送顺水人情,正如周恩来所说,是"慷他人之慨",当然不能算数。因为蒋介石集团与日本签约时,已经躲到台湾,完全无权代表中国政府和人民。从中华人民共和国政府的立场来说,蒋介石集团宣布放弃赔偿是非法的、无效的,绝不能承认。

但对日本政府而言,日台和约毕竟是一段外交史,让它从正面否定,十分困难。在中日关系正常化谈判中,大平外相诉苦说:"贵国认为《日华和约》是非法的、无效的,应予废除。我们十分理解贵国的这一见解,没有理由要求贵国改变这一见解。但是,从日本的立场来说,这个条约已经经过国会批准。所以，日本作为当事国是负有责任的。如果日本完全同意贵国的见解，就等于日本政府在过去 20 多年里欺骗了国会和国民。"大平恳请中方理解日本的难处，并保证一旦实现邦交正常化，日台和约自然失效，日台自然断交。

周恩来总理正是在这种情况下才表示："在这个基础上，我们可以照顾日本政府面临的局部困难，这是我们对你们的友好态度的回答。"但在谈判过程中，周恩来曾严厉批判日本外务省条约局长高岛益郎关于"没有必要把放弃赔偿写进《中日联合声明》"的说法。周恩来指出："你们条约局长说蒋介石在日台条约中放弃要求赔偿的权利，所以主张在这次联合声明中就不必再提赔偿问题了，这个说法使我们感到诧异。当时，蒋介石已逃到台湾，他不能代表全中国，是慷他人之慨。遭受战争损失的主要在大陆。我们放弃赔偿要求，是从两国人民的友好关系出发，不想让日本人民因赔偿负担而受苦。你们条约局长对我们不领情，反说蒋介石已说过不要赔偿，这个话是对我们的侮辱，我们绝对不能接受。日本外务省的条约局长居然说出这种话来，使我们感到吃惊。我们在复交三原则的基础上照顾日本的困难，日本也应照顾我们的立场。"这样，根据中方的意见，把中国政府宣布放弃对日战争赔偿要求的内容，列为双方签署的《中日联合声明》正文第五条。

谈判的过程表明，中华人民共和国政府放弃对日战争赔偿要求，是为日本人民的利益着想，是鉴于欧洲历史上的经验教训，是充分考虑到中日关系中存在着历史造成的台湾因素，照顾日方的实际困难，为排除谈判障碍，而采取的灵活、务实的态度。具体做法是，从政治上入手，而不在法律逻辑上与之纠缠，从而扫除了复交谈判的主要障碍，一举实现邦交正常化的目标。

第四章

缔结和约，关系大发展

中日和平友好条约从酝酿到缔结,历时六年多。其间,中日双方各自国内的政局都发生了巨大变化。谈判的决策者和执行者几经转换。中方的当事人先后有毛泽东、周恩来、华国锋、邓小平等领导人和姬鹏飞、乔冠华、黄华三任外长,日方有田中角荣、三木武夫、福田赳夫三届首相和大平正芳、木村俊夫、宫泽喜一、小坂善太郎、鸠山威一郎、园田直六任外相。

缔结中日和平友好条约是周总理征得毛主席同意后,在中日复交前就明确提出的主张。

周总理提出分两步走,先复交,再缔约,但不仅仅是缔结和约,而是缔结和平友好条约。主要考虑:一是为提升两国关系,二是照顾日本的困难。

日方恳请中方理解日本的难处,要求以《联合声明》或《联合宣言》形式实现关系正常化,而不是以缔约方式,这样可以不经国会批准。日方保证:一旦实现邦交正常化,日台和约自然失效,日台自然断交。

周恩来总理正是在这种情况下才表示,"在这个基础上,我们可以照顾日本政府面临的局部困难,这是我们对你们的友好态度的回答。"

第一节
1974 年缔约谈判提上日程

中日邦交正常化揭开了中日关系史的新篇章,为发展两国间各个领域的关系开辟了广阔的道路。经过双方的共同努力,在复交后的几年里,两国政府签订了《建设海底电缆的协议》(1973 年 5 月)、政府间贸易协定(1974 年 1 月)、海运协定(1974 年 11 月)、中日航空运输协定(1974 年 4 月)、政府间渔业协定(1975 年 8 月)等许多实务协定,大大促进了两国经济关系的发展,两国民间交往、科技文化交流也全面展开,呈现了友好合作的良好局面。

为了使这种友好合作关系在牢固的政治基础上长期、稳定地发展,中日两国政府根据 1972 年 9 月实现邦交正常化时发表的联合声明中"同意进行以缔结和平友好条约为目的的谈判"条款,于 1974 年把缔约问题提上日程。

首先是复交后的第二年(1973 年)3 月,日本首任驻华大使小川平四郎赴任时,田中首相请他带交周总理一封亲笔信。信中说:"在当前的日中关系中,有根据《日中联合声明》第九条签订各种实务协定以及缔结《日中和平友好条约》的谈判问题。我愿意通过这些磋商,扎实地扩大和巩固日中关系的基础。"

中日复交两周年之际,中国外交部副部长乔冠华正式向日本外相木村俊夫提出了尽早缔约的提案。日方接到这个提案后,很快做出了积极反应。

11 月,外交部副部长韩念龙应邀赴日签订《中日海运协定》时,与日本外务次官东乡文彦就缔约问题举行第一次预备会谈。这次会谈气氛很好,韩念龙提出了中方的初步设想:在条约前言中应明确肯定《中日联合声明》,条文中应包括和平共处五项原则、不诉诸武力、不谋求霸权并反对建立这种霸权的努力、发展经济和文化关系等。为推动谈判,韩念龙代表中方主动提出,在明确肯定和重申联合声明的情况下,台湾问题可不再提及。韩念龙还表示,钓鱼岛问题可以挂起来,不在缔约时解决。日方对中方提出的条约内容设想表示愿积极地予以考虑。据此,中日双方都有不少人士认为缔约会很快实现。

可是,到了 12 月初,日本政坛响起一声霹雳:田中角荣首相因涉嫌洛克希德案辞职,三木武夫上台组阁。三木上台伊始就表示要"促进《日中和平友好条约》的签订",说"《日中和平友好条约》谈判正在顺利进行,谈判一旦达成协议,想尽早请国会批准"。

这样,中国驻日大使陈楚与日本外务次官东乡于 1975 年 1 月 16 日在外务省次官室举行了第二次预备会谈,并达成了两点共识:

1.即将缔结的条约是保证两国将来走向友好道路的、向前看的条约;

2.条约的内容以《中日联合声明》为基础。

1975 年 2 月,双方在上述会谈基础上,拟定并交换了各自的条约草案。

谁知日方一看到中方的草案,就像打开了潘多拉盒子一样,退避三舍。后来,在日本外务次官东乡文彦和中国驻日大使陈楚之间又举行了十次预备谈判,而且根据中日双方协议,中方以外交部亚洲司副司长王晓云为首,日方以日驻华使馆参赞秋山光路为首,就《中日和平友好条约》的条文举行了三次会谈。

在上述谈判之外,中日双方还就缔约事进行了一系列的接触。

4月3日,副外长韩念龙应邀会见日驻华大使小川平四郎。小川表示,到现在为止,除条约中是否写入"反霸权"条款以外,双方之间基本上没有原则性的对立了。日方曾提出在继续就霸权问题交换意见的同时,进入条约草案的谈判,并得到中方同意,遂于3月28日提出了日方的条约草案。但是,中方至今尚未提出自己的草案。对此,日本政府领导人不理解是什么原因,甚至有人担心中方是不是失去了谈判的热情。小川强调,现在促进日中两国关系的潮流正在前进,应该趁机促进条约的谈判,如果潮流变化,谈判可能会遇到困难。

在这次约见中,小川一再表示,日本政府愿意就霸权问题继续交换意见。他探寻韩念龙对日方草案的印象,并追问中方是否准备在日方草案的基础上进行谈判,而不提出自己的草案。

韩念龙坦言以对。他表示,中日邦交正常化已经两年半,我们应该在联合声明的基础上发展、前进,至少不应该后退。霸权问题是《中日联合声明》已经肯定过的,是双方原来的立场,我们不理解为什么日本政府不同意写入条约。如果双方在这个问题上取得一致,其他问题比较好商量。

韩念龙进一步指出,两国邦交正常化以来,我们已经做了很多事情,有助于两国关系的发展。正是为了顺应日中友好的潮流,进一步增进两国关系,双方都同意签订和平友好条约。但是在具体问题上,日本政府反而后退了,日方草案中根本没有反对霸权这一条。我们没有失去谈判的热情,但更重要的是谈判的内容。

4月16日,副外长韩念龙会见日本外务省亚洲局局长高岛益郎。

高岛说,行前三木武夫首相和宫泽喜一外相见了他,要他向中国政府转告:他们强烈希望推动谈判,争取在日本国会5月25日结束前批准该条约,以进一步巩固日中友好的基础。

关于霸权问题,高岛说,"日方继续维护联合声明关于'霸权'问题的立场是坚定的,日方有一个印象,似乎中方认为日本从联合声明上后退了,我愿意在此确认,日方的立场并未后退"。

他说,日本希望不在条约中写进"霸权"条款,主要是不想刺激苏联。日本同中国和苏联现在都有着友好关系,希望同这两国的关系都能不断得到巩固。苏联对《日中和平友好条约》的会谈非常关心,特别是在"霸权"问题上,表现出异乎寻常的关心。中方认为这不足为虑,但是日本是个小国,同苏联还有各种问题,所以不想去刺激对方。日本与苏联的关系同中国与苏联的关系不同,希望中方理解日本的处境。关于"霸权"问题,希望双方共同研究,找出一个解决办法。

韩念龙表示,中方也同样希望早日缔结《中日和平友好条约》。现在双方主要的分歧是要不要在条约中写进"霸权"条款问题。这个内容在联合声明中已经有了,在和平友好条约中,实际上是重申。没有想到日本政府会不同意,我们感到有些意外,也不好理解。高岛局长提到日方有一个印象,觉得中方认为日本从联合声明上后退了。坦率地说,我们是有这个看法的。听了你今天的解释,也说明日方的立场是在后退。中日建交两年半,理应在联合声明基础上前进一步,可是双方以前已经明确了的东西,如反对霸权问题,日方现在又不同意了,难道这还不是后退吗?

韩念龙进而指出,反霸权问题是和平友好条约的重要条款,但这不针对第三国,所以不涉及刺激什么人的问题。《中日和平友好条约》是中日两国的事情,第三国无权过问。苏联关心与否,我们用不着管它。

日本并不是一个小国,你们有一亿多人口,还是小国吗? 你们不应该迁就苏联。

4月21日,乔冠华外长会见高岛益郎局长和日本驻华大使小川平四郎。高岛向乔冠华转达了三木首相和宫泽外相的5点口信:

1.两国邦交正常化以来,日本一直采取以联合声明为基础,发展两国和平友好关系的方针,并认真按此原则处理两国关系中的问题,务请中方不要产生误解。

2.本着上述方针,日方切望早日缔结和平友好条约,并希望争取在本届国会结束(5月底)之前提交国会批准,以免错过时机。

3.目前双方已同意在北京开始谈判条文,日方准备视条文谈判的进展情况,必要时派宫泽外相访问北京,直接与乔外长会谈,以便最后调整双方意见。

4.关于如何处理"霸权"条款问题,对于中方的观点,日方确信已经有所了解,但对中方是否已经了解日方的想法,没有信心。坦率地说,苏联是什么样的国家,日本是清楚的,但由于日中两国的体制、力量和思想方法不同,对苏政策也不同。日方始终坚信联合声明第七条(即"霸权"条款)是正确的,但无论如何也无法同意将其原封不动地写入条约。

5.至今的谈判过程表明,双方不是在反对霸权上有意见分歧,而是对采取何种表达方式写入条约,存在不同意见。因此,可以说是形式问题,希望双方认真研究,务求早日达成协议。

乔冠华首先对宫泽外相有意访华事表示,"宫泽外相以任何理由访华我们都是欢迎的"。接着,他强调指出,希望早日签订《中日和平友好条约》双方是一致的。关于"霸权"问题,希望双方继续努力,争取尽快达成协议。

乔冠华说:"我们认为,这是一个原则问题,在这个问题上我们是不动摇的。我们的态度可以归纳为两句话:第一,《中日联合声明》第七条的两层意思应该完整地写进条约中去。第二,我们是彼此平等的国家,中国绝不会把任何东西强加给你们。如果达不成协议,只好暂时搁一下,中日照样友好。"

乔冠华继续坦率地说:"写上这一条,对中国对日本都是有利的。中、日、美三国能在这个问题上有大体一致的想法,对亚洲、太平洋地区的和平与稳定也有好处。《中美上海公报》《中日联合声明》上有了的东西,就因为苏联人捣乱,就不能写在条约上吗?请三木首相、宫泽外相再考虑一下。其实日本不必太顾虑苏联的压力,苏联欺软怕硬。你做了,它也不会怎么样。"

小川大使说,他曾经报告日本政府说,中国既坚持原则,又殷切期望早日签订和平友好条约,但乔部长的谈话使他感到中方的热情减退了。

对此,乔冠华重申,我们的态度是积极的,但一定要签订一个有意义的条约,使我们的后代也能认为这个条约还不错。为此,我们双方都要继续努力。万一双方不能取得一致意见,那么,我们也不能强加于你们,只好把条约暂时放一放,你们再想一想,我们也想一想。

5月5日,何英副外长应约会见小川大使。小川转达了日本政府对《中日和平友好条约》谈判的妥协方案。关于"霸权"问题,妥协方案中说,"日本政府准备在条约前言中以某种形式予以表达"。

何英明确表示,应把联合声明第七条关于"霸权"问题的前后两层意思完整地写入条约正文中去。他说,不论航空协定也好,海运协定也好,我们总是对日方持合作态度,凡是能照顾的,我们就照顾。但是,不能让的原则问题是要对日本朋友讲清楚的。

5月5日,廖承志会见冈崎嘉平太。冈崎说,他来中国前会见了三木首相,临行前,三木又给他打了电话,实际上是首相的特使,只是因为怕引起新闻界的注意,怕外务省不高兴,才没有作为特使而来。他说,三木表示,一定要按《日中联合声明》去搞。冈崎说,对于当前日中之间的争执,他有一个解决的办法,就是把《联合声明》第七条反对霸权的全部内容,以重新确认联合声明的方式,原封不动地写入条约的前言中。这样,反对派就不好反对了,因为是原封不动地引用联合声明的条款。

冈崎后来透露,他的这个"办法"其实是三木的主意,是三木让他来试探中方的反应。冈崎还透露说,三木对条约谈判迟迟无进展很着急,如不能在本次国会上通过该条约,将影响他的政治生命。所以,希望在13日回国前得到中方的答复。

廖承志当即答复说:"中国方面在这个问题上的原则立场是坚定不移的,已经由我国领导人一再表明过了。请冈崎先生回国后转告三木首相,要拿出勇气,做出决断,早日缔结《中日和平友好条约》。"这样,冈崎此行只好无功而返。

5月12日晚,韩念龙副外长会见小川大使,对日方提出的关于把反霸条款"以某种表达形式写在前言里"的方案和宫泽外相为签约访华问题,做了正式答复。韩念龙说,"我们欢迎宫泽外相在他方便的时候访问中国。但是,关于《中日和平友好条约》中的反霸条款问题,中国政府仍然主张应完整地,即把这一条款的两层意思写进条文里。这一立场是不能改变的"。

5月23日,小川大使约见乔冠华外长,转告三木首相给周总理的传话。小川说,他最近回国述职,在国内研究了签约谈判问题。为打开缔约谈判中出现的僵局,三木首相做了内容上的指示:

1. 早日缔结《日中和平友好条约》,巩固日中建立永远友好关系的基础，是三木内阁的重要政策，这个方针没有任何变化。

2.《日中联合声明》是两国最高首脑达成的严肃的协议，应根据这一重要协议进行谈判。

3. 因此，必须坚持联合声明中有关和平的各项原则，不容后退。

4. 小川大使应体会三木内阁这一方针，做出最大努力，不应中断谈判。具体设想是：在条约前言中，照抄并重申《日中联合声明》第六、第七条的各项原则。在正文中以适当的表达方式与上述原则挂起钩来，并写入尊重联合国宪章的原则等其他条款。

小川强调，这是三木首相的最终决断，希望中方予以高度评价。他说，三木之所以在缔约问题上煞费苦心，是因为条约签订后必须交国会通过，并得到自民党和国民的理解。三木首相决心亲自出马，掌握主动，使谈判达成协议。

6月5日，韩念龙副外长约见小川大使，向他转达了中国政府对中日和平友好条约谈判的意见，请小川大使报告三木首相。韩念龙说，周总理在认真研究了小川大使转达的三木首相的传话后，指示外交部向小川大使转达中国政府对《中日和平友好条约》谈判的下述想法，请小川大使报告三木首相。

韩念龙说："三木首相设想的对反霸条款的处理方式，同中国政府的想法仍有距离。中国政府仍然认为，为了中日两国人民的共同利益，为了亚洲和太平洋地区各国人民的利益，反霸条款还是应该完整地写在条文里，这是中国政府一贯的、坚定的立场。""谈判和缔结《中日和平友好条约》理应在《中日联合声明》的基础上前进，不应后退。中国政府希望双方根据这一精神继续进行谈判，以便早日缔结条约。"

6月24日，日本自民党前众议员、世界青少年交流协会会长川崎秀二会见廖承志，转达三木首相向周总理的传话。全文是：

1. 日前周总理关于《日中和平友好条约》的回答,虽系口头的,我确已收到,并认为是正确的回答。

2. 不中断谈判,而要继续进行,这是日中双方的共识。

3. 我认为,所谓霸权条款,即反对凭借实力把本国意志强加于人的霸权主义,同尊重主权、领土完整、不干涉内政为中心的和平共处五项原则,以及不行使武力解决一切争端的联合国宪章一样,是世界共同的、普遍的和平原则之一。

4. 连日来,我(三木)正在沿着这条线,为统一国内的想法、取得国民的支持而进行着努力。正如我已在国会屡次阐明的那样,不从联合声明的立场上后退,特别是联合声明强调两国复交不是针对第三国的,和平友好条约亦应如此。

5. 如果中方在这一点上能同我们达成共识,我相信《日中和平友好条约》的早日缔结并不困难。

廖承志听完后表示,三木首相的想法同中方的想法距离太大。他坚持说,必须把反霸条款写进条约正文里,这一点是坚定不移的。

7月28日,小川大使国内述职归来,会见韩念龙副外长。小川说,三木首相认为在决定条约的形式以前,应先就霸权概念的含义统一认识。三木首相的解释是:反对把一国的意志专凭实力强加于人的霸权主义的原则,同和平共处五项原则和联合国宪章一样,成为世界普遍的和平原则之一。因此,日本当然要遵守,同时,也反对世界上任何国家违反这些关于和平的各项原则。正因为这是世界普遍的和平原则,所以,不是以特定的第三国为对象的。

韩念龙坦率地说,关于反霸权问题,建交时是明确了的,很清楚,而且已经写入联合声明。在这以后,没有看到日本人民对联合声明有什么疑问,现在日方却提出"霸权"的概念问题要中方解释,我们不懂这是什么意思,是不是上届日本政府已经明确了的,本届政府又不明确了?从逻辑上推论,是不是本届政府对联合声明又有了不同的看法。其实,"霸权"是什么,世界上已成为常识,不用解释。

韩念龙说,在我们看来,日本政府的顾虑太多,没有必要。现在的问题是下决心,而不是做解释的问题。反霸条款是条约的重要内容,应单独列为一条,不能同和平共处五项原则、联合国宪章混在一起。看来,目前双方对条约的看法还有距离,我们不着急,可以等待,但我们必须讲清楚,反霸条款只能明确完整地写入条文,没有其他办法。

9月30日,外交部顾问张香山会见日本前外相小坂善太郎。小坂说他来华前曾两次见三木首相。三木对他说:"《日中和平友好条约》是要搞的。日本对中国的亲近感要比对苏联强几十倍。但苏联拥有强大的军事力量,日本如果在口头、文字上得罪苏联,导致苏联对日本采取行动,那就不得了了。因此,能否通过稍微改变一下文字的表达方式来解决。"小坂说,三木托他将此意转告中方,并了解中方有何想法。小坂透露,苏联扬言"日本如与中国签订反霸权的条约,苏联有苏联的想法",对日本进行恫吓,而三木软弱,一看苏联在那里说话,就动摇起来。

小坂认为,三木有意搞和平友好条约,但又没有田中角荣那样的决断力。

上述这些接触中,中方坚持维护《中日联合声明》的立场,强调中日缔约谈判应以联合声明为基础,把《中日联合声明》的第七条款即反霸条款完整地写进条约正文。日方虽一再表示希望早日缔约,但因具体方案与中方的主张距离很大,致使缔约谈判停滞不前。

第二节
借机联大,乔—宫泽对阵

为了推动中日缔约谈判,中日两国外长利用出席联合国大会的机会在纽约举行了两次会谈。第一次会谈于 1975 年 9 月 24 日下午 5 时至 11 时 30 分在日本驻联合国大使官邸进行。

宫泽喜一外相一见到乔冠华外长,就开宗明义地说:"我约见阁下的主要目的是,谈一谈两国之间正在谈判中的和平友好条约问题。"他拉开了长谈的架势,说:"我已准备了晚饭,所以可以不受时间约束,自由交谈。"

宫泽回顾了缔约谈判的过程,说迄今在东京和北京举行的近 20 次谈判"在条约论上转来转去,没有抓住本质",致使谈判"处于停滞状态"。他表示,出现这种状况"这应该由我负责"。同时强调,希望今天同乔外长的会谈"能成为缔约谈判的新起点"。宫泽接着详细地回顾了中日邦交正常化以来两国关系顺利发展的情况,进而表示,"如能在此基础上缔结和平友好条约,邦交正常化时讲好的事情就可以全部完成了。所以,日本政府希望早日缔约,以早日实现当时的诺言……条约不能签订,令人感到不安"。

乔冠华外长听后说:"……我们和你同感,是应当努力把条约签好,使两国关系进入更加正常的轨道。这是我们的共同愿望。"

接着,乔外长说:"现在世界局势变化很大,战后 30 年,特别是近 15 年来,变化很大……也许今后几年会有更大的变化。我们希望把两国关系放在长远的位置上看,而不是为了这件或那件当前的事。1972 年,田中前首相和大平外相访问中国时,用快刀斩乱麻的精神解决了两国邦交正常化问题。当时有人对此不理解,但从中日关系长远的观点来看就容易理解了。希望两国关系中的一些问题也能本着这种精神来解决……我们确实没有想到,条约这件实际上比较简单的事会遇到这样的波折,出现僵持。坦率地说,我们想知道贵国对缔约究竟认为阻力何在。原则在联合声明中已经写得很清楚,是现成的,无非是条约化的问题,不应有什么困难。所以,我愿意听取阁下对缔约的具体想法,以便交换意见。"

于是,宫泽滔滔不绝地发表了对缔约问题的想法。他说,通过缔约发展两国的睦邻友好关系,符合两国的国家利益,但各国有各国的外交基本方针,各国有各国的情况。日本根据宪法,放弃战争,不搞军备,要和所有国家保持友好关系,不采取敌对行为,不能刺激任何国家。

宫泽说:"回顾九个月的谈判过程,中国对苏联是保持警惕的,而且中国已将反对霸权主义写进了宪法。在中日两国缔约时,中国把反对霸权主义作为不可缺少的主要内容。对于日本来说,条约也应该是日本外交政策的思想和哲学的体现。"因此,"我想提出以下四点见解,听听阁下的意见。如果你说我的理解没有错,我就可以消除一切疑念,就算我们之间有了理解"。

宫泽在一口气具体阐述了他的四点见解之后说:"关于我说的四点,总起来谈就是:

第一,在反霸问题上,日本有日本的立场,中国有中国的立场;

第二,日本反对霸权,不是针对特定的第三国;

第三,反霸和联合国宪章第二条精神不矛盾,而是相符合的;

第四,不仅反对亚太地区的霸权,而且对世界所有地区的霸权都应反对。"

乔冠华听完宫泽的长篇发言过后,也本着说理的态度做了坦率的发言。他说:"你的这些想法,在过去几个月中,贵方也和我们谈过。我们的看法是这样:关于霸权问题,是不需要做解释的问题。这个话的发明权并不属于中国,而是属于美国的基辛格,你们的盟国,我们的朋友。1972年2月中美讨论《上海公报》时,美方先提出了这个问题,整个句子都是他们提的。他提出后我们觉得很有道理,就同意写上了。当时并未研究它的定义,因为现实生活中确有这种现象,我们不同意,不同意就反对。到9月份,田中首相和大平外相来访时,双方都同意把这一条写进联合声明,也并没有提出要对霸权问题下个定义。因为这是件不言自明的事情。"

乔冠华接着说:"反对霸权这个问题过去几次都没有发生需要解释的问题,同美国发表《上海公报》时没有发生,同日本发表《联合声明》时没有发生,同马来西亚、菲律宾、泰国等东南亚国家确定共同文件时也没有发生。反霸问题已成为世界上的通用语言,大家都了解它的含义,没有必要解释。否则就很滑稽了。早已写入联合声明的东西,今天再来解释,人们要问,怎么没弄清楚其含义就写入声明了?"

乔冠华指出,出现需要解释霸权问题"就是因为某个国家不高兴","这个国家自己有点神经紧张,像鲁迅小说里的人物阿Q,头上长了癞皮疮,头发都掉光了,于是就怕人家说亮。阿Q也很怪,对于不会讲话的人就骂他一顿,对于力气小的人就搂他一顿,而对于力气大的人,他就不敢说话了"。

乔冠华进一步指出,对于有人不高兴的问题,要进行分析,看他不高兴的理由对不对。如果不高兴，证明他自己想谋求霸权。乔冠华又针对宫泽发言中提及的"第三国"问题说道："阁下说写了反霸条款就是针对特定的第三国，这个问题《中日联合声明》本身已经回答了。至于有些国家做了不正义的事，我们反对，这不能说是针对第三国的。"

乔冠华在发言中还从正面谈到中日双方把声明中关于反霸的内容写入条约的好处，称这不仅对日本，对中国也是一个约束。日本不搞霸权，中国也不搞霸权，还反对别人搞霸权，这对亚太地区的稳定有好处。

但他又表示："在反霸问题上，彼此都不要强加给对方。既然双方的想法不一致，可以等一等。总起来说，我们的态度是：

第一，希望条约很快签订，这是我们的共同愿望；

第二，如果由于种种原因，你们有困难，不便于签，我们可以等一等。我们两国是一衣带水的邻国，总的关系是好的。当然，重要的是还要努力。"

宫泽听完乔冠华的长篇发言后表示："承蒙阁下详细说明了你方看法，非常感谢。从中国的立场说，霸权条款是条约不可缺少的重要部分。这一点我很理解。所以，我才提出以上几个问题。"

然后，宫泽接过乔冠华谈话中关于阿 Q 的话题，辩称："阿 Q 见到比自己力气大的人默不作声，见到比自己力气小的人就要动手打。不幸的是，日本正是这样一个力量极小的对手……我说（反霸条款）不能针对第三国，就是说，当阿 Q 要打我们时，我们只好说：说实在的，我根本不是说你。"

宫泽又称："关于我说的四点看法，估计中国方面不会有什么意见，但是，你我之间的会谈，是今后条约谈判的重要基础，所以，我还是要提出来再确认一下。"

乔冠华严肃地说："我再把我方的立场重复一次，坦率地说，关于霸权问题的解释是贵方提出来的。在我们看来,这本来是不应该发生的问题,也没有专门解释的必要。至于你方要解释,那是你们的事。但是,这个解释不应当肢解人所共知的反霸问题的本意。"

当宫泽问乔冠华说这番话是否意味着他方才的讲话有不当之处时,乔冠华说:"反对霸权也可以说是我们共同的观点。如果对此做出各自的解释,日本有日本的观点,中国有中国的观点,那就把原来双方的共同点变成支离破碎的东西了。"

宫泽马上摆手表示:"不是这个意思。"他解释说:"我是说,中国有中国的外交政策,日本有日本的外交政策。双方都反对霸权,结果是一致的,但各自的立场不同……"

乔冠华随即反驳道:"在具体的外交政策上,当然是你有你的政策,我有我的政策。但是,在《中日联合声明》、《中美上海公报》中有许多问题是双方的共同点,如和平共处五项原则和联合国宪章原则问题。在这些问题上不能说日本有日本的看法,中国有中国的看法。我们和美国有许多分歧,但是在《中美上海公报》中有双方的共同点。如果在共同点上还要各做各的解释,那就不成其为共同点了。"

宫泽显然没有被说服,他表示"还需要再谈一次",并说,《中美上海公报》里写入反霸权的内容是因为"中美都有军事力量,受到别人欺侮时可以站起来反击,但日本就不能这样做"。

乔冠华继续强调指出:"条约和声明是记录双方的共同点的。如果各自做各自的解释,说我是这样看的,至于对方的看法,我不知道,那就把共同点变成名同实异的东西了,也就不成其为共同点了。至于刚才讲的对付第三国的问题,有没有反抗的力量问题,我们签订的是和平友好条约,并不是共同防御条约……条约是规定原则的,并不是要采取共同行动的。"

宫泽还是自有想法。他坚持说："这种地方是很难处理的问题。"

乔冠华看到宫泽面带苦涩的表情，便把争论打住，以他惯常的潇洒风度，朗声一笑，说道："朋友之间，我们谈得很坦率，你们如有困难，可以再考虑一下。"

宫泽立即表示同意，说："不一定现在就要做出结论，请阁下也考虑一下。"

宫泽接着又提出了两个问题，请乔冠华回答。他首先提出了《中苏友好同盟互助条约》问题，说"这个条约可以看作是针对日本的。所以，想问一问，中日缔约时，究竟应如何看待这个条约"。

乔冠华的回答非常明确、干脆。他说："这是一个历史的产物。实际上中日两国实现邦交正常化和发表联合声明，已经超越了这个条约。坦率地讲，中苏条约已是名存实亡。实际上的中苏关系你们是了解的。这是历史发展的过程，当时是在第二次世界大战之后。对日本来说，中日两国邦交正常化，发表联合声明以后，中苏条约就已经成为过时的东西了。"

宫泽听后表示："关于这个问题，经外长阁下的解释，我已经清楚啦！"

宫泽提出的第二个问题是关于中日关系将来是否会受到日美关系影响的问题。

乔冠华表示赞成日本和美国搞好关系，并说相信日本和美国会采取双方认为合适的办法，去处理美国在日本的军事基地问题。

针对宫泽的疑虑，乔冠华说："中国现在还是发展中国家，即使今后中国的力量强大一些，也会保持与日本的友好关系。中国的对日政策是坚定的。至于10年后或是20年后，你们如何调整日美关系，那是你们的事，我们尊重你们；至于中国本身，不论是现在或将来，都不会称霸,不会做超级大国。这一点邓小平同志在六届特别联大上已经讲得很清楚。"

宫泽听后,笑眯眯地对乔冠华和在座的各位招呼道:"好,我们准备吃饭吧。"

对外交官们来说,宴会是一种惯用的交际方式,灯红酒绿,觥筹交错,看起来是很轻松的,但不少宴会除了礼节的需要之外,往往是出于某种实际的需要,同行们轮流举行的工作宴请更是如此。举行这种宴会是一种职责,参加的人往往并无乐趣。尽管吃的是美味佳肴,但留下的记忆却是宴席上的一个个话题。

宫泽外相的工作宴充满了轻松愉快的气氛。虽然没有中国的"茅台",但乔冠华外长不负主人盛情,还是喝了不少。

几杯下肚之后,宾主不约而同地又转向了严肃的政治话题。他们谈了各自同那个"第三国"打交道的体验和经验,谈到了日本的军备问题,谈到了那个"第三国"如果挑起战争会先打谁的问题。谈着谈着,话题最终又落到缔约问题上。

宫泽说:"与阁下谈话使我深受感动。关于条约问题,我们到底是签还是不签呢? 你说要签,我就签。到底怎么办,请你下一次告诉我。"

乔冠华重申:"从我方看,反霸权问题没有解释的必要,这本来不成问题,是由于你们国内的原因才产生了问题。现在你们提出来需要解释,我们认为,如果你们要解释,那是你们自己的事,但是这种解释不应该使全世界人所共知的反霸权概念支离破碎,失掉它的精神实质。"

乔冠华郑重表示:"总之,我们的态度是积极的,我们主张把条约搞成、搞好。困难在于你们有些顾虑,我们了解,也可以体谅。但是要搞就要搞好。因为这个条约不仅关系这一代,也关系到下一代。如果能搞成,不管以后形势如何发展,对我们两国人民总有好处。如果你们有困难,也不要紧,我们可以等一等。我的意思是,我们不愿意强加给你们。但我们的态度是积极的。"

宫泽听后表示:"外部困难我倒不在乎,困难在我心里。过去拖了九个月是我的责任,今后也应由我负责。"

散席之际,宫泽与乔冠华握手告别。宫泽笑容可掬地表示:"我很喜欢你,你说的话我全明白。这样的话我们还是搞吧。不过还是要再见一次。我想,多半是可以搞成的。"

应宫泽外相的要求,三天之后即9月27日,乔冠华外长同宫泽外相在中国驻联合国代表驻地举行了第二次会谈。这次会谈从晚7时半开始,加上乔外长的晚宴在内,共进行了三个半钟头。

宫泽带来的阵容与第一次会谈时一样,有日本驻联合国大使斋藤镇男、外务审议官有田圭辅、外务省中国课课长藤田公郎和大臣的秘书官有马,翻译是小原育夫。中方参加会谈的除了原班人马即中国驻联合国大使黄华、外交部亚洲司副司长章含之外,又加了礼宾官员唐龙彬,翻译仍是王效贤,记录还是施燕华。

宫泽不愧为老练的外交家,他一见到乔冠华就说:"虽是第二次见面,可一下子就感到分外地亲热。"

乔冠华也风度翩翩地同他握手,说道:"中国的说法叫'一回生,两回熟'嘛!"

寒暄过后,俩人讨论了一会儿经济问题。后来是乔冠华言归正传,把话题拉到条约问题上来。

乔冠华说:"上次会谈中,我们充分交换了意见,但有一个问题没有弄清楚,即贵方是否同意把反霸条款完整地写入条约的正文,而不是写在前言里。"

宫泽对此未做正面回答,说回国研究后写出条约的案文,交给乔外长,并称"你们认为可以,我们就干;如果你们认为不行,我们就再等一等"。

乔冠华感到宫泽仍是有所顾忌,在晚宴上对宫泽说:"我们两国谈判不应让第三国干预。"还说:"一个民族要主持正义,维护真理。"

宫泽却说:"哪怕我们心里认为阿Q不好,脸上也不敢露出来,因为我们经不住挨打。不是我们不要正义,而是不敢形于色。"

就这样,乔—宫泽两次会谈在实质性问题上未达成一致的情况下结束了。

第三节
两国政局变化时间空转

乔—宫泽纽约会谈过了50天之后,即11月15日,日本驻联合国大使斋藤镇男在纽约向黄华大使面交了三木首相致周总理、宫泽外相致乔外长的信和《中日和平友好条约》日方修改方案及说明。

三木首相在给周总理的信中称,宫泽大臣送交乔部长的条约方案是他和宫泽"充分交换意见之后拟就的","日本政府为此做了最大的努力",并称"这一方案体现了《日中联合声明》的精神,包括了中国方面历来的一切主张,我确信能得到贵方充分的理解"。

宫泽外相在致乔外长的信中则称,日方的修改方案是他"对条约的一项最后建议,这是在仔细研究了我们之间的谈判,特别是我们在纽约会谈的情况而草拟的。我相信,只要仔细看一下新的草案以及所附的说明,阁下就会认识到,新的草案已照顾到中方强调的所有各点,而且我为此已做了最大的努力"。宫泽申明,如果中方同意,他"就准备代表日本政府签署这个条约"。

因日方修改草案在最关键的反霸条款问题上,仍无实质性前进,表明日方仍未下决心以《中日联合声明》为基础缔约,中方没有给三木首相和宫泽外相复信,对日方的修改方案也未主动答复,日方很着急,想方设法探询中方态度。直到1976年2月6日,日方才了解到中方的正式意见。

是日上午,外交部主管副部长韩念龙应约会见日本驻华大使小川平四郎,鉴于小川大使问及条约问题,韩副外长遂做了正式答复,指出日方修改方案关于反霸条款的处理,并未具体体现《中日联合声明》的精神,而是抽掉了反霸条款的精神实质,是从联合声明的倒退,中方不能同意。

4月27日,乔冠华外长应约会见小川大使。小川转达了宫泽外相的口信,说日本政府认为韩副外长2月间所做的答复,很难理解为中方认真研究日方方案后的意见。

对此,乔冠华重申了中方在反霸条款问题上的一贯原则立场,指出韩念龙的答复是中国政府认真严肃地研究了日方方案之后做出的,中方认为反霸条款必须将中日联合声明中关于反霸条款的内容原原本本地写入条约正文,不能后退,希望日方从全局出发,认真考虑中方意见。

1976年初的中国,周恩来总理去世,主持中央工作的邓小平再次被打倒,没有了发言权,而"四人帮"更是嚣张。面对动乱的中国,日本心中无数,认为必须静观其变。在这种形势下,双方都不可能在外交上有大动作,致使时间的车轮空转,《中日和平友好条约》的谈判在僵持中又过了一年。一年一度的联合国大会召开前,宫泽又提出在纽约会见乔冠华的要求。但由于 9 月初日本内阁改组,小坂善太郎接替宫泽任外相,那次中日外长会晤在乔和小坂之间进行了。

1976 年 10 月 4 日上午,乔应约礼节性会见小坂,双方在认真坦率的气氛中进行了 50 分钟的谈话。

小坂向乔冠华表示问候后,肃然起立,对毛泽东主席逝世表示悼念。他表示,为了亚洲的和平与繁荣,中日两国有必要携起手来,保持紧密的关系。为此,希望能迅速签订和平友好条约,这不仅是为了这一代,也是为了两国后代的利益。应避免陷入技术细节,而应推心置腹地交换意见。重要的是政治上的判断,因为条约将成为两国友好关系的象征。他表示,愿朝此方向做出努力,以加速获致相互满意的结果。

乔冠华感谢小坂对毛主席的悼念。他说,条约问题拖而不决,责任不在中方,也是中方不愿看到的。乔冠华重申了中方的一贯立场,指出在反霸条款上不能从《中日联合声明》的立场后退。现在如日方同意将反霸条款原原本本写入条约,问题即可解决,其他均是次要问题。

小坂对乔坦率的态度表示感谢,说重要的是对彼此的思想感情增进了了解。他表示,回国后将仔细研究这个问题,请中方考虑一下这个问题,希望双方能够达成一致。

乔听到小坂这番话,立即追加表示:日方后退了,只要日方回到原来的立场,问题就解决了。

谁知不久,日本政局又起变化,小坂外相未及答复中方,三木内阁就总体辞职了,中日缔约谈判在三木任内无果而终。据说,三木本人后来为此感到万分遗憾。

双方主要的分歧是要不要在条约中写进"霸权"条款问题。起初,日方提出的条约草案中根本没有"反霸"内容,后来提出把反霸条款"以某种表达形式写在前言里"的方案。中国政府主张应完整地, 即把这一条款的两层意思写进正文里。后来, 三木又提出对反霸含义做解释, 强调"不是以特定的第三国为对象的"。

对于三木内阁在缔约问题上犹豫不决、首鼠两端, 日本有一种看法认为: 三木非不为也, 乃无力为之也。这种看法主要是说, 三木派在执政党内是个小派, 三木内阁是个"软体内阁"; 三木本人与其前任田中相比, 缺乏决断力和行动力; 三木在党内历来被称为"鸽派", 当政之后必然受到"鹰派"的掣肘; 三木不像田中有大平那样"一心同体"的好搭档; 三木内阁有对苏绥靖倾向; 三木周围的智囊和军师有人一心想同苏联拉关系, 三木本人也希望任内在日苏关系上有所突破, 解决北方领土悬案, 缔结日苏和约, 名垂青史, 等等。

上述这些看法应该说都是符合实际情况的, 说明了缔约谈判拖而不决的症结所在。无怪乎木村俊夫外相后来遗憾地说, "如果田中不下台, 和平友好条约 1975 年 1 月就能缔结"。其实, 周总理生前就对日中经济协会访华团稻山嘉宽一行说过: "要解决缔约问题, 半年时间都用不了, 三个月就够了。"后来, 邓小平说得更干脆: "真下决心, 一秒钟就可以达成协议。"

第四节
邓小平敦促福田赳夫下决心

1976 年 12 月 24 日,福田赳夫出任日本首相,园田直出任内阁官房长官,鸠山威一郎出任外相。福田属岸信介、佐藤荣作的保守本流传人,福田派内台湾帮和对华强硬派多。因此,中日双方舆论都对福田任内缔约持悲观态度。

福田内阁在缔约问题上,除公开谈话表示积极姿态外,还不断向中国传话。

1977 年新年刚过,小川大使就约见中国外交部礼宾司副司长高建中,转达了福田首相给华国锋总理的三点口信:

一是表示"我有决心,忠实地遵守 1972 年 9 月签署的《日中联合声明》";

二是"日中之间签订了贸易、海运、航空、渔业四个协定,我很高兴看到日中关系的稳步发展";

三是"关于《日中和平友好条约》的谈判,我有早日缔约的热情,期望能够以双方都能接受的方式达成协议"。

1 月 20 日,来华访问的日本公明党委员长竹入义胜先后会见廖承志和华国锋总理时,又转达了福田首相给中方的口信,表示了与上次传话同样的热情。但这两次传话都强调达成协议要"双方意见一致""以双方都能接受的方式"。

1月22日,华国锋会见竹入时指出,"反霸问题并不是一个文字上如何表达的问题,而是一个实质问题,是是否愿意签订《中日和平友好条约》、下决心搞好中日关系的问题。福田首相表示愿意忠实地履行《中日联合声明》,我们表示欢迎。如果真正下决心,问题就好办。现在,就我们知道的消息,好像福田首相并没有真正下决心。我们希望日本老朋友们在这方面促进"。

3月11日,回国述职后返任的小川大使会见外交部余湛副部长,又转达了福田首相的传话。传话原则上态度积极,表示"福田内阁忠实恪守《中日联合声明》,强烈希望缔结悬而未决的《日中和平友好条约》",但强调"要在双方都感到满意,得到两国人民欢迎的情况下解决","日方决心在时机到来之际,一举谈成"。

由于这几次传话都是话中有话,中方每次听到传话后都在重申关于缔约的原则立场后表示,福田首相是否下决心是关键所在,既然还没有下决心,认为时机不成熟,中方可以、也只能等待。

1977年9月初,邓小平副主席会见来华访问的日中友好议员联盟议长滨野清吾,在谈到缔约问题时,邓小平敏锐地抓住福田赳夫在施政演说中表示要推动缔结日中友好条约的动向,不无风趣地说:"既然福田首相声明要搞这件事,我们期待他在这方面做出贡献。其实这样的事只要一秒钟就解决了,不要很多时间。所谓一秒钟,就是两个字'签订'。"

邓小平是在两个月之前刚刚恢复工作的。1976年10月粉碎"四人帮"后,经过一个阶段的拨乱反正,中央于1977年7月决定恢复邓小平原有的全部职务,主持中央工作,并分管外交,继续贯彻毛主席和周总理的外交方略。

邓小平对缔结中日和平条约一直非常重视,并积极做促进工作。1974年8月15日,邓小平会见以竹入义胜为团长的日本公明党第四次访华团,提出关于《中日和平友好条约》问题,希望能比较快地谈判。9月,邓小平会见日本日中通航友好访华代表团时指出,现在的世界形势是个动荡的形势。我们两国的友好,对安定国际形势和安定亚洲、太平洋的形势都很重要。邓小平还主张用长远眼光看两国关系,中日两国友好的历史有2000多年,中间只有一个几十年很短的插曲。"不能只考虑现在的几年、十几年、二十年,要考虑几百年、几千年。"当双方的谈判遇到困难时,邓小平利用会见日本客人的场合,阐明中方原则立场,多次谈到两国政治家应登高望远,要从全球战略,从大局、长远利益来考虑两国关系。他说签订这个条约,不从大局,不从政治角度看,是不行的。我们双方只要从全球战略和政治的观点出发,《中日和平友好条约》的签订就比较容易解决。

坚持把霸权条款写入条约是邓小平一贯坚持的立场。就在1975年乔—宫泽会谈后不久的10月3日,主持中央工作的邓小平副总理在北京会见小坂善太郎率领的代表团时说:《中日联合声明》中关于反对霸权主义的内容,一定要写入《中日和平友好条约》。这是中日缔约谈判的关键所在,也是中国方面坚持的原则立场。反霸条款是《中日联合声明》的内容,怎么连这个立场都不能坚持呢?如果双方就反霸条约不能达成共识,那就等一下,一年不行,一年不搞也可以,三年五年不行,三年五年不搞也可以。反正联合声明还在嘛!与其不明不白地做这样那样的解释,还不如暂时不搞为好。但不能从联合声明后退,任何解释实际上都是后退。

1977年10月14日,邓小平副主席会见日本前内阁官房长官二阶堂进。二阶堂进说,来华前他见了福田首相。关于缔约问题,福田表示现在还不能够做出决断,希中方再等待一些时候。二阶堂进认为,福田还是有热情的,只是还没有把热情变为决心。

邓副主席说:"他不下决心,你有什么办法?我曾对滨野先生表明了两条:第一,我们对福田先生的政治见解是熟悉的;第二,问题在于福田先生下决心,只需一秒钟。我们期待福田先生下决心,这一点不变。"同时,邓小平指出,反霸条款对日本是有好处的。

11月30日,韩念龙副外长应约会见日本新任驻华大使佐藤正二,双方又就条约问题交换了意见。韩念龙坦率指出,"到现在为止,日本政府还没有下决心","主要是顾虑苏联,怕得罪苏联","联合声明上说过的话,五年后的今天写进条约就不行,从道理上讲,是令人费解的。日方的态度后退了"。

当佐藤大使询问,是否只要日方下了决心,何时何地谈判都可以,韩副外长做了肯定的答复。

12月10日上午,廖承志应约会见日本驻华大使佐藤。佐藤说,现在缔约问题陷于僵局,犹如宾客云集一堂,但新郎新娘总不出场,无法举行结婚典礼。他说,现在的问题是,中方认为日方从联合声明后退,而日方则认为没有后退。他又说,中方的想法是要把日本纳入反苏战线中来,而日本的立场是要同中国建立友好关系,但不能因此而妨碍同其他国家的友好关系。

廖承志介绍了当初把反霸条款写入联合声明的经过,指出联合声明发表后两年多并没有引起任何争论,只是在三木内阁成立后,由于苏联在那里煽动,并向日方施加压力,日方就上了苏联的圈套,跟着节外生枝地提出各种解释,这只能说明是后退了,令人遗憾。

佐藤听后直点头,说舆论的确是被苏联搞乱了,一提到第七条就说是反苏。佐藤说,事到如今,总得设法摆脱这个局面,使条约得以早日缔结。他表示,希望中方最低限度能同意日方说明该条约不是针对特定的第三国的,否则搞不成这个条约。

1977 年 12 月,邓小平接待巴基斯坦客人,在谈到中日关系时指出:在《中日和平友好条约》中写入反霸条款对日本是有利的,可以改变日本的形象。而且,反霸条款也是对中国提出的,"体现了中国长久的国家政策",是向全世界表明中国永远是维护世界和平的重要力量。

1978 年初,日本驻华大使佐藤正二约见廖承志,二三月份又两次约见韩念龙副部长,称福田首相已开放绿灯,建议恢复缔约谈判。韩副部长表示:理解日方的心情,关键是要真正下决心。

此后不久,即 3 月 26 日,邓小平副主席会见飞鸟田一雄率领的日本社会党代表团时说:"去年,我对河野洋平说过,太平洋应该成为真正的'太平'洋。中日两国人民要友好起来,亚洲人民要友好起来。但是,最重要的是中日两国人民要友好起来。中日友好、早日缔约是大势所趋,是真正符合中日两国人民根本利益的。日本绝大多数人民是明白的,绝大多数政治家是赞成的。现在的问题是要福田首相下决断。我们认为,从联合声明基础上有所前进最好,至少不要后退。"

4 月 16 日,邓小平会见日本创价学会会长池田大作,又通过他继续就霸权问题做福田政府的工作。小平说:"搞霸权就是侵略、奴役、控制、欺侮别的国家。中国人民和日本人民接受反对霸权主义不应当存在问题。现在的事实是确有超级大国在这样做。"

接着,邓小平一针见血地指出:"条约中写入反对霸权,无非有两个含义:一是中日两国都不在亚太地区称霸。我们愿意用这一条限制我们自己;至于日本,由于有历史的渊源,写上这一条,对日本改善同亚太地区国家关系是有益的、必要的。二是反对任何国家或国家集团在这一地区谋求霸权,日本反对在条约中写入反霸条款,是因为怕得罪美苏两个超级大国。其实，反霸条款是美国人写进《中美上海公报》的，所以，说得清楚一点，是怕得罪苏联。难道中国人民、日本人民还愿意和高兴苏联在亚太地区谋求霸权吗？"

此后，邓小平副主席还会见了日中记者会友好访华团。他指出，缔约问题从外交角度是不可能解决的，要从政治角度考虑才能解决，从中日两国人民长远利益考虑就很容易解决。

邓小平副主席还预言，日本同意签约，苏联也就无可奈何。他说："它能用什么东西来报复？"

第五节
重开谈判，邓小平决断

邓小平副主席的这几次谈话，对条约谈判起了很大的促进作用。5月31日，佐藤大使约见韩副外长说，日本政府建议在北京恢复缔约谈判。韩副外长表示，谈判未宣布中断，所以谈不上"恢复"，应说是继续会谈。他表示欢迎继续谈判，希望早日达成协议。

6月14日，外交部亚洲司副司长王晓云约见日驻华使馆公使堂之胁光朗表示，中国政府同意在北京继续举行缔约谈判，建议谈判于7月举行。

这样，以韩念龙副外长为团长的中方代表团与以佐藤大使为团长的日方代表团，按双方约定时间，于7月21日下午在北京继续谈判。中方参加谈判的有王晓云副司长和亚洲司、国际条法司有关官员。日方参加谈判的有日本外务省亚洲局长中江要介和驻华使馆公使堂之胁光朗等。

谈判时值盛夏,外面骄阳似火,谈判厅内的政治温度同样很高。双方都抱着早日达成一致的强烈愿望,谈判加紧进行,但在具体的案文表述上颇费周折。

在谈判进入关键阶段,中央专门开会听取外交部关于缔结《中日和平友好条约》谈判的汇报。外交部亚洲司司长沈平汇报谈判进程、问题和方案建议。韩念龙副部长说,看来日方这次谈判想解决问题,提出的问题比较实际,在反霸权问题的措辞上也逐渐接近。现在到了一个关键时刻,请中央审定。大家议论了一会儿,最后小平同志总结说,同意外交部所提方案,要力求达成协议,中断和破裂对发展两国友好关系不利;同时也要做好达不成的思想准备。

根据政治局常委会议的精神,在第二天举行的第九次谈判会议上,中方提出了一个较前有灵活性的方案,显示了缔约的最大诚意和积极态度。

在8月7日的谈判中,日方已同意把反霸条款全文写入条约正文,只是提出把这一原则的范围扩大到世界任何地区,以淡化其针对性。同时,日方还希望将我方提出的"不是针对第三国"的表述,改为"不影响缔约各方同第三国关系的立场"。

邓小平看简报后,认为日方的表达"很简洁,符合我们的原意",遂当即拍板同意。邓小平的这一意见为前方的谈判定了调。

美国哈佛大学教授、中日关系问题学者傅高义在他的著作《邓小平时代》中说:"经过8个多月的谈判后,邓小平为何突然决定打破外交僵局,同意日本把语气缓和的条款写入条约?一方面是由于邓确实急于搞现代化,但当时与越南发生冲突的前景也使加速谈判变得更为迫切。此前两周的 7 月 3 日,中国政府宣布从越南撤回全部中国顾问。当时邓小平感到越南很有可能入侵柬埔寨,此事一旦发生,中国就要被迫做出反应。为了不让苏联插手,邓小平希望尽快加强与日本和美国的这两个重要大国之间的关系。"

8 月初,在北京的日方谈判人员已经充分相信,中国会在缓和条款语气上做出让步,于是,园田直外相亲赴北京谈判。园田一直是个缔约推进派。他出任福田内阁外相后,亲自给中日友协会长廖承志写信,希望尽早访华,打开缔约谈判僵局。他说:"霸权问题不应受第三国牵制,即使有障碍和压力,只要我当外相就不必担心。"

他 1978 年 1 月访问苏联时,没有屈服苏方的压力。在联合国大会的讲话中,他与苏联外长葛罗米柯的讲话针锋相对,并说,虽然某国的雷声轰鸣,但日本外交不会受其左右。

1978 年 5 月,园田会见美国国务卿万斯时表示,希望利用日美首脑会谈推动打开日中缔约的僵局。他请万斯转告卡特总统,希望卡特从中斡旋。

8 月 6 日,园田怀着不准访华就辞职的决心会见福田首相,终于取得了访华许可,便于 8 月 8 日启程来到北京。

来华前,园田在外务省主持召开了三次重要会议,商量确定了日方让步方案的底线:

一、将反霸条款写入条约,但同时另立一条,写明"本条约不影响缔约各方同第三国关系的立场";

二、条约在列入反霸条款的同时,申明"两缔约国无损害第三国利益的意图"。

园田是在上述方案得到福田首相的批准,并在福田确定了由外相访华以打开局面的方针后,启程来中国的。

8月9日上午9时半,两国外长在人民大会堂举行第一轮会谈。中方出席会谈的有副部长韩念龙,驻日大使符浩,亚洲司司长沈平、副司长王晓云,礼宾司副司长高建中,日本处处长丁民、副处长王效贤(兼翻译)和徐敦信等。日方参加会谈的有外务省审议官高岛益郎、驻华大使佐藤正二、公使堂之胁光朗、中国课课长田岛高志和大臣秘书官佐藤等。

黄华外长发言对园田外相为缔约所表现的热诚和信念给予积极评价,对谈判以来所取得的成果和成为焦点的反霸条款问题做了概括,并阐明了中国方面的原则立场,强调这不是文字表述问题而是原则问题,是以缔约保证两国关系友好发展的实质性问题。他还指出,中日两国同处亚太地区,在当前的形势下都面临着重要课题,因此应从全世界角度来关注面临的问题,从政治高度来思考问题。

园田说,他的到访正是为了推进会谈,以便早日缔约。他在强调了缔约对日中两国和亚洲乃至世界的意义后,谈到美国为了牵制苏联和说服其国内的慎重论者,也希望日中早日缔约。他说,苏联公开指责我,这倒使我更加要为早日缔约而努力。我们都在进行反霸斗争,但日中两国做法不同。日本过去有王道霸道之说,孙中山离开日本时也曾说过,"以势力操纵国家称作霸道,以人心操纵国家称作王道",是劝日本友人勿走霸道。日本人坚决反对以实力相威胁。但是,日本国民不能接受只指责一个国家为霸权国家并采取与其敌对的政策,这不是顾忌苏联,而是想在理解和祝福的气氛中缔约。如果苏联要说挑衅的话,我们就要签订谴责它的条约。

黄华赞赏园田的坦率陈述,说中国的外交风格也是坦率和直截了当。但重申:我们只能在联合声明的基础上发展而不能倒退,更不能削弱它。他指出，联合声明所载入的反霸条款，反映了当今的世界形势。面对霸权主义的威胁，两国人民和世界人民必须与之斗争，这是深入人心的道理。他进而强调："目前的国际形势比《中日联合声明》发表时更为紧张，根源就在于超级大国的争夺和一个超级大国更加疯狂地推行霸权。我们应正视当今现实，不怕威胁，坚守联合声明的精神，维护两国人民的利益，早日缔结条约。"

园田表示对于不削弱联合声明、不在此基础上倒退、争取早日缔约没有任何异议。接着，他谈了对中苏关系和亚洲国家关系的看法，说，"关于中苏关系问题，我理解目前关系紧张的原因，日本期待中苏关系缓和，日本决不会与苏联合作威胁中国，同时也不会与中国合作对苏联采取敌对行为。联系到霸权问题，我们的理解及与其斗争的方向是一致的，如果我们相互理解其真意，中国就会站在日本的立场上考虑缔结什么样的条约能得到日本人民的理解和祝福，而日本站在中国的立场上考虑中国今后在与第二、第三世界相处中，缔结何种条约不会给中国造成障碍，这样才能达到双方满意的结果。因此，早日达成协议对两国都很重要。如果双方都说等上几个月或一年半载也可以，那么，我和你黄华岂不成了世界人民嘲笑的对象了嘛！"

园田表示了此行务求谈成的决心。他好动感情，越说话音越高，情绪越激动："我是豁出政治生命和冒着生命危险来中国的。如果条约缔结不成，我就不能回日本了，只好在北京自杀。我没有退路，你们也一样。如果谈崩了，我和你黄外长都会受到世界的耻笑！"

黄外长听完园田的话后，赶紧把话题拉了回来，表示"还是谈条约问题要紧"。

黄华告诉园田，"中国一直希望早日缔约，从来没有考虑要延期，只是因为在反霸条款上认识还有分歧，我们才请你来华，就这一关键问题进一步磋商"。

园田发言说,霸权行径当然要反对,但日本不愿卷入和介入中苏对立之中,希望中方充分理解日方反霸的方式不同和日本基本外交方针的不同点,站在各自立场上进行反霸斗争,为亚洲及世界和平做贡献。

园田还直言,在先前召开的东南亚联盟的外长会议上,大家也承认存在着苏联的威胁,同时对中国的未来也感到不安,就是说对中国能否永远不称霸和与各国友好相处,还有疑虑。各国欢迎日中缔约,但是对条约的内容,特别是对反霸条款的表述,他们是非常关心的。因此,请黄华外长理解,一定要缔结能够消除东南亚人民和日本国民对反霸条款的不安和肯定中国真正要永远作为日本的朋友、彼此和睦相处的条约;日本一定要缔结让国民接受和满意的条约;希望中国也谋求缔结让日本、东南亚、美国和世界各国满意的条约。

会谈坦诚而热烈地继续着,早已过了午餐时间。黄华外长宣布休会,下午继续谈判。

第六节
中方松动,带来转机

当天下午,中日外长第二轮会谈举行。黄华肯定了园田外相对中日缔约的热情和中日双方代表团自 7 月 21 日以来所进行的 14 次会谈的成果后,按照中央的指示,表示为使双方的谈判一举达成协议,中方原则同意日方 8 月 7 日提出的建议,即在反霸条款上加进"本条约不影响缔约各方同第三国关系的立场"的内容,并同意在反霸条款上增加"其他任何地区"的字样,强调这是中方所做的又一次重大努力,希望阁下不虚此行。

黄华发言后,园田喜出望外,激动得热泪盈眶,立即站起来与黄华握手。后来据日本外务省条约局长东乡和彦说,当黄华外长接受了日方的措辞时,"我们非常高兴,我在桌子下面和我的上司紧紧握了一下手"。

园田发言说:"过去二十几年里,在日中问题上我一贯是积极的。日中友好议员联盟成立之前,我就在《世界》《中央公论》等杂志上发表论文,主张日本与中国携手合作,日本一味追随杜勒斯的政策,将在亚洲陷入孤立。为此,曾受到党纪委员会的审查,遭到一部分人的反对。我就任外相后,前往美国等国家进行过许多会谈,我的发言都是为了使贵国繁荣,有助于贵国的反霸斗争。这次克服很大困难,才访问贵国。如果这次缔约谈判不能成功,日中关系将出现一个相当长的停滞阶段,东盟各国同日本和中国携手合作争取和平繁荣的道路将会被堵塞。我作为政治家,这次是豁出自己的政治生命来中国访问的。这是因为我爱贵国,爱自己的国家,也爱亚洲。这是从战争的痛苦反省中产生出来的愿望和心情。部长阁下刚才的发言,使我感到谈判向着成功的方向大大前进了。这是中方着眼于日本和中国的将来以及亚洲和平的结果,对此应予高度评价,我衷心感谢你们。如果谈判达成协议,我将负责亲自向国内说,这是中国朋友、中国人民对于日本国民的友谊的体现,也是从真正希望亚洲和平的愿望出发达成协议的。"

他还说:"关于东南亚国家对日本的疑虑,也是我经常进行反省的。今后,日本将在中国、东南亚繁荣发展过程中寻求出路,用行动表明日本不再复活军国主义。"

他接着说："日本舆论调查,同意无条件缔约的占30%,还有一部分是慎重论者。但是,反对霸权不是一时而是长期的,不局限于眼前。也要让东南亚各国看到,我们两国已携起手来,真正步调一致。这样,反霸斗争才有成效。我们站在各自的立场上永远进行反霸斗争,不只以一个国家为对手,日中条约才名副其实地具有生命力,永远发挥和平友好的作用。"

随后,韩念龙副外长和佐藤正二大使根据两国外长达成的原则协议,于8月10日上午就条约的条文措辞进行具体磋商,并在11日上午举行的事务级谈判班子全体会议上,就条约的全部问题达成协议。双方商定,条约将在北京由两国外长正式签字,交换批准书在东京进行。

由于协议是在涉及第三国问题的表述上基本同意日本方案的情况下达成的,日方喜出望外,园田外相热泪盈眶。

第七节
邓小平会见园田,谈及钓鱼岛

8月10日下午,邓小平副总理会见园田外相和日方谈判班子的全体成员,气氛十分融洽,双方为条约基本谈成感到由衷的喜悦。会见中,邓小平首先感谢园田外相的诚意,并语重心长地说："中日两国有两千年的友好交往史,其中只有一小段走的不好。今后,我们的友谊应该超过过去历史上的两千年。恢复邦交是晚了一点，但复交之后，两国关系发展得不算慢，两国人民希望早日缔约，使两国的友好进一步确定下来。"

邓小平强调指出："条约的中心内容就是反霸，虽然反霸不是针对第三国的，但是，谁搞霸权就反对谁，谁发动战争就反对谁，不单是第三国，也包括反对自己那样干。虽然这次写入条约的反霸条款，文字上做了些修改，但保留了精神实质。我完全同意园田外相说的，这个文件不但是我们过去两国关系在政治上的总结，也是我们两国关系发展的新起点。"

园田问及中苏友好同盟互助条约，邓小平郑重表示："那是名存实亡。那个条约规定，提前一年通知就可以废除。明年 4 月就到期了，我们将采取适当办法宣布废除。"

园田对邓小平的回答感到非常满意。他问："这个问题，对外可以讲吗？"

邓小平将手一挥，连声说："尽管讲，尽管讲！"

园田喜不自胜之余，又提出了一个日方极为关心的另一个问题。他说："说真的，还有一个问题……如果我这个日本外务大臣不讲的话，就无脸见江东父老……"

邓小平大方地说："你尽管讲嘛！"

园田直鼓足勇气说："尖阁列岛自古以来就是日本领土，再发生以前那种'偶发事件'，我无法交代。"

邓小平严肃强调钓鱼岛等岛屿自古以来就是中国的领土，然后微笑着摊开双手说："上一次是偶发事件，渔民追起鱼来，眼睛里就没有别的东西了。"

邓小平挺了挺身子说："一如既往，搁置它 20 年、30 年嘛！"

小平最后说："在当前的国际形势下,我们是要取得你们的帮助,但我也深信,日本也要取得中国的某些帮助。我们两国并不是不存在一些问题,比如你们说的尖阁列岛,我们叫钓鱼岛的问题,还有大陆架的问题。在你们国内不是也有一些人企图挑起这样的事情来妨碍《中日和平友好条约》的签订吗? 这样的问题不要牵扯进去,本着和平友好条约的精神,放几年不要紧,达不成,我们就不友好了吗? 这个条约就可以不实行了吗? 要把钓鱼岛问题放在一边,慢慢来,从容考虑。我们两国之间是有问题的。我们两国政治体制不同,处境不同,不可能任何问题都是同样语言。但我们之间的共同点很多,凡事都可以求大同、存小异。我们要更多地寻求共同点,寻求相互合作、相互帮助和相互配合的途径。条约的性质就是规定了这个方向,正如园田先生说的,是一个新起点。"

8月12日下午7时许,人民大会堂安徽厅灯火辉煌,《中日和平友好条约》签字仪式在那里举行。总理华国锋、副总理邓小平和全国人大常委会副委员长廖承志出席了仪式。黄华外长和园田直外相分别代表本国政府在条约上签字,双方共同举杯庆贺。至此,历时3年多的缔约谈判终于大功告成了。

四天之后即16日,中国人大常委会开会审议批准了该条约。

日本众、参两院也先后于10月16日和18日以起立表决方式顺利批准了《中日和平友好条约》。

在此前进行的众议院外务委员会审议,从10月13日开始到18日众议院全体会议通过,只用了五天,日本各大派都称之为"罕见的快速审议"。

除极少数"青岚会"成员外,各党代表在发言中都对批准该条约普遍表示欢迎、支持和祝贺。众议院通过那天,前首相田中角荣也在会场上露面。他对各党代表赞成通过条约的发言频频鼓掌,表决时"两手背后,挺起胸膛","毅然第一个起立"。

第八节
条约缔结,犹如春雷震寰宇

中日缔约在中日两国深得人心,受到广泛欢迎和支持。签约当晚,成千上万的日本国民兴高采烈地观看了电视转播,签约仪式的电视实况转播收视率之高又一次打破纪录。日本各政党连夜发表声明或谈话,欢迎条约的缔结;日本经济界人士也纷纷发表谈话,赞扬条约为发展两国经贸关系开辟了道路。

8月18日晚,日中友好十团体联合举行庆祝大会,各界代表纷纷发言,场面热烈非凡。签约后一个多月内,日本47个都道府县中就有东京都和31个府县分别举行了官民联办的庆祝会。

几年来一直为缔约奔走呼号并起了巨大推动作用的日中友好议员联盟的朋友们感到欢欣鼓舞。他们除了在日本举行庆祝活动外,还派出20人组成的"日中议联庆祝日中缔约友好访华团",按照日本的习惯,带着喜庆的大年糕和红豆、大米前来北京,与中国朋友同贺。

9月1日,中日友好协会等11个团体在人民大会堂举行庆祝缔约的盛大酒会,滨野清吾会长率领日中议联祝贺团专程前来参加。当时在北京访问的其他日本代表团、日本驻华使馆外交官、日本企业、机构常驻北京代表和在北京的日本专家、留学生等1600多人应邀出席。滨野会长的祝贺团带来了红小豆饭和特大年糕。有两大桶日本清酒,使酒会锦上添花,别开生面。年糕是一位民社党议员用从家乡许多农民手里收集来的江米做成的,红、白两块,大似磨盘。红豆饭是用祝贺团从日本带来的大米和红小豆,动员日本驻华使馆外交官的夫人们一锅一锅煮好,拿到人民大会堂的。中国党和国家领导人总理华国锋、副总理邓小平和人大常委会委员长叶剑英同中日各界人士欢聚在人民大会堂宴会厅,共同庆祝中日关系史上这一具有重大意义的盛事。主宾桌中间摆着两块特大年糕,人人面前放着红豆饭。个个笑逐颜开,欢声笑语不绝,盛况空前。

中日缔约使福田首相、园田外相声望提高。日本几家大报舆论调查的结果表明,对福田内阁的支持率因中日缔约显著增加。日本外务次官说,园田缔约签订后在外务省内"更受尊重",被认为是"近年来最出色的外相"。日各大报也把园田当作政坛"明星",对他缔约后荣获美国一所大学的国际和平贡献奖和授奖时他发表的演说以及他在联大期间与苏外长葛罗米柯针锋相对斗争的情况,以醒目标题,做了详尽的报道。缔约后,园田还被评为本年度日本男子时装最佳穿着者之一,在普通群众中也颇得好感。

中日缔约谈判开始不久,苏联就发表政府声明表示反对在条约内写进反霸内容,对谈判进行牵制。到了1978年6月,苏联越发感到不安。为阻止中日缔约谈判达成协议,苏联报刊又连续发表文章对日本施加压力并进行恫吓,声称《中日和平友好条约》的缔结不能不使苏日关系复杂化,苏将做出必要的结论,采取相应措施,修改对日政策。

可是,中日缔约后,苏联只发表了消息和署名评论文章,与签字前的汹汹气势相比,调门很低。评论重点攻击中国,埋怨日本屈服中国的压力;不打自招,认为条约的核心是反霸条款,是反苏;对苏日关系的表态却格外谨慎,不再强调中日签约损害苏日关系,也没有重复签约前曾表示的要对日采取反措施、修改对日政策等威胁性语言,声称苏日关系是决定亚太地区国际气氛的重要因素之一。

驻莫斯科外交使团认为,条约的签订是中日两国的胜利,对苏不利,并认为,苏明知中日签约势在必行,却大张旗鼓地反对,说了许多大话,现在又无计可施,手中没有牌,只好降低调门,转而拉拢日本,挑拨中日关系。苏最为担心的是中、美、日联合抗苏的前景。

条约谈判成功是天时、地利、人和使然。日本当时面临苏联的现实威胁,国内要求警惕和防范苏联的呼声日益增高;中国粉碎"四人帮"后,全国安定团结,形势大好;邓小平复出,对内开始拨乱反正,以经济建设为中心的大战略行将提出,对外开始酝酿调整政策,中国外交开始从"革命外交"向"务实外交"转变;中日经贸往来活跃,日本各界要求早日缔结和平友好条约、进一步发展两国关系的呼声不断高涨,对福田内阁形成巨大压力;1978 年 12 月日本自民党将举行总裁选举。福田为蝉联总裁,继续执政,需要解决这一外交悬案,创下政绩;在国际上,苏美争夺加剧,苏攻势咄咄逼人。美国出于对苏战略,公开表示支持中日缔约,德意志联邦共和国、英、法等西欧国家也不同程度地鼓励日本同中国加强关系,东盟各国也大都表示了赞同中日缔约的态度。

《中日和平友好条约》的缔结不啻具有重大的现实意义和深远的历史意义。

首先,它使两国睦邻友好关系建立在更加稳固的基础上,是继中日邦交正常化之后两国关系史上的又一件大事。条约是迄今中日关系的政治总结,也是进一步发展两国关系的新起点。条约继承了《中日联合声明》的各项原则,通过法律的形式把两国间的和平友好关系固定了下来。条约的缔结为增进两国人民的传统友谊,开展两国的经济、文化、科技交流开辟了更加广阔的前景,为加速中国的经济发展创造了有利的条件。

第二,中日两国鲜明地把"反霸条款"载入和平友好条约,承担不谋求霸权的义务,并反对其他任何国家或国家集团谋求霸权,是国际条约中的一项创举。中日两国人民高兴,亚太地区各国人民高兴,全世界一切受霸权主义欺侮和损害的国家和人民高兴。这个条约的缔结,对中国来说是外交上的重大胜利,有利于团结第三世界,争取第二世界,反对两霸、侧重打击苏联的战略全局,对日本人民开展反对霸权主义的斗争也是一个有力的推动,对于维护亚太地区的和平与稳定是一个强有力的积极因素,对整个世界形势的发展都有重大意义和深远影响。

第三,邓小平主导的缔结《中日和平友好条约》谈判与周恩来主持的中日关系正常化谈判异曲同工,都是诚意加智慧的产物,堪称中国外交史上的经典双璧之作。这两个谈判的共同点是:既确保了自身的利益,也照顾了对方的关切,谈判的结果是互利、双赢。邓小平主导的中日缔约谈判,开辟了新时期中国"务实外交"的先河,为"务实外交"提供了成功的范例,其宝贵经验值得记取。

第五章

邓小平赴东瀛，掀起"邓旋风"

第一节
小平抵东京,受到热烈欢迎

　　为出席互换《中日和平友好条约》批准书仪式并对日本进行正式友好访问,1978 年 10 月 22 日至 29 日,当时中国的最高决策者、副总理邓小平作为中国国家领导人战后首次正式访问日本。22 日下午 4 时 20 分,邓小平偕夫人卓琳乘三叉戟军用专机抵达东京羽田机场。陪同邓小平出访的还有中日友协会会长廖承志及夫人经普椿,黄华外长及夫人何理良,韩念龙副外长及夫人王珍等。

　　舷梯停靠后,专程前来迎接的日本外相园田直突然改变原定在舷梯下迎接来宾的计划,以礼宾官猝不及防的速度疾步奔入机舱。

　　邓小平未等园田开口,就满面笑容地握着他的手说:"我还是来了嘛!"

　　园田外相热情地指着机外说:"欢迎,欢迎,您给我们带来了难得的艳阳天。"

　　邓小平爽朗地笑着,随园田步出舱门。顿时,记者们一齐把镜头对准了他,争先恐后地拍下他那动人的风采:脸庞黑里透红,神采奕奕;一身黑色中山装显出中国领导人特有的魅力。当邓小平和园田直并肩走下舷梯时,礼炮鸣 19 响,以示欢迎。

　　邓小平向站在迎送台上高呼"热烈欢迎"的旅日华侨招手致意,同前来迎接的各界人士一一握手,然后在园田外相和日本驻华大使佐藤正二的陪同下,乘车前往赤坂迎宾馆。

邓小平来到迎宾馆,不禁发表了感想:"这里活像缩小了的法国凡尔赛宫嘛!"

邓小平的话很对。赤坂迎宾馆本是天皇的离宫,1968 年至 1974 年照巴黎凡尔赛宫的模式,改建为富丽堂皇的国宾馆。1972 年中日邦交正常化时,田中角荣首相曾邀周总理访日,希望周总理成为这座国宾馆的第一位客人。周总理表示,只要中日间缔结了和平友好条约,他一定去日本访问。今天,邓小平在中日缔约后来到这里,实现了周总理的遗愿。

23 日上午,日本首相福田赳夫在迎宾馆举行隆重的欢迎仪式,400 名日本人到场欢迎。

9 时半,邓小平和夫人卓琳在佐藤大使陪同下来到正面门厅。福田偕其夫人三枝前来迎接。双方握手致意后,一起来到迎宾馆前庭。伴随着日本陆上自卫队乐队奏起的铜管乐,邓小平健步走上欢迎台。乐队奏完《义勇军进行曲》和《君之代》后,邓小平在福田陪同下检阅了由 100 多名陆上自卫队士兵组成的仪仗队。他不时举起右手向士兵们致意,走到两国国旗前时,深深鞠躬。然后,在《江户日本桥》的乐曲声中,邓小平和福田相互介绍了在场的两国要人和 28 国驻日大使。

第二节
出席换文仪式,举杯祝愿美好明天

　　欢迎仪式一结束,邓小平就在内阁官房长官安倍晋太郎的引导下前往首相官邸,对福田首相进行礼节性拜访。

　　福田先在一楼的吸烟室接待了邓小平。两人稍事寒暄,便肩并肩地来到首相办公室,进行了约30分钟的谈话。

　　坐定之后,邓小平从容地从口袋里掏出一包"熊猫"牌香烟,按中国的礼节递给在座的人每人一支。这样一来,气氛立即轻松起来。

　　福田首先对邓小平来访表示欢迎,并称:"我们对于中国领导人下决心缔结日中条约表示钦佩!"

　　邓小平对日本的邀请表示感谢。他说:"多年来一直希望访问东京,这一天终于到来了。早就想认识福田首相,这个愿望实现了,我感到高兴。"

　　接着,两人谈到了缔约的经过、波折和困难,一致肯定了缔约的意义。

　　当福田谈到他只了解旧中国,希望有一天能有机会访华时,邓小平掐灭烟头,回答道:"我感觉不到这是和福田首相初次见面……我愿代表华国锋主席、中国政府及中国人民,邀请福田首相去中国。任何方便的时候都欢迎。"

福田愉快地接受了邀请，表示"一定要访问中国"。

10时半，在首相官邸一楼大厅举行了《中日和平友好条约》批准书换文仪式。邓小平、福田及两国外长在乐曲声中踏着红地毯进入会场，只见会场中央摆放着由白菊花、黄菊花和红红的石竹花装饰起来的中日两国国旗，色彩鲜艳夺目。

园田和黄华在铺着绿丝绒的长桌前并排而坐，福田和邓小平分别坐在他们身旁。他们身后以金色屏风为背景，屏风前挂着两国的国旗，国旗两侧共有12对中日两国的小国旗排列着。日本方面的8位大臣，外务省干部40多人和中国官员坐在桌子对面。

日本外务省中国课课长田岛宣布仪式开始。全体起立，乐队奏两国国歌。随后，园田和黄华用毛笔在日文和中文写成的批准书上签名，又交叉互换签名。时间是10月23日上午10时38分，《中日和平友好条约》从此生效。两位外长紧紧握手，会场上立即响起热烈的掌声。

这时，福田和邓小平举起斟满了香槟酒的酒杯，互致美好祝愿。接着，邓小平放下酒杯，出人意外地以西方的礼节与福田拥抱，随即与园田拥抱，使他们万分感动。邓小平说，和平友好条约将推动两国政治、经济、文化和科技等各方面的交流……也将对亚洲和太平洋地区的和平与安全产生积极的影响。……中日两国要和睦，要合作，这是10亿中日人民的共同愿望，也是历史发展的潮流。……中日两国人民要世世代代友好下去。

换文仪式结束后，福田环视了一下周围的记者，感叹道："（日中之间）木桥变成了铁桥，今后运东西方便多了。"

第三节
会见裕仁天皇，相约世代友好

23 日中午，邓小平前往皇宫拜会裕仁天皇夫妇。这是新中国领导人第一次会见天皇。日本当局有些担心，害怕邓小平当面追究天皇在日本侵华战争中的责任。

但是，会见却出乎意料的愉快和轻松。

裕仁天皇首先伸出手来同邓小平及其夫人握手，说："热烈欢迎，能够见到你们，很高兴。"

邓小平微笑着说："感谢贵国的邀请。"

随后，天皇把良子皇后介绍给客人，请客人落座。天皇和邓小平相对而坐，皇后与卓琳并肩坐在沙发上。

裕仁先开口致意说："你在百忙中不辞劳苦远道而来，尤其是日中条约签订了，还交换了批准书，我非常高兴。"

邓小平回答说："《中日和平友好条约》可能具有出乎我们预料的深远意义。过去的事情就让它过去，我们今后要积极向前看，从各个方面建立和发展两国的和平友好关系。"

天皇可能被邓小平诚恳、大度的话所触动，离开日本外务省和宫内厅商拟的讲稿，临场发挥说："在两国悠久的历史中，虽然其间一度发生过不幸的事情，但正如你所说，那已成为过去。两国之间缔结了和平友好条约,这实在是件好事情。今后,两国要永远和平友好下去。"

邓小平欣然表示同意:"一点不错,我赞成。"

日本共同社评称:"陛下在首次会见中国领导人时使用'不幸的事情'这一措辞,是从天皇的战争责任这个角度,间接向中国人表明谢罪之意。"

邓小平的回答,使天皇心里一块石头落了地。他马上换了话题,问邓小平:"你身体很好啊。"

"我74岁,听说陛下比我稍大一点,身体却很好,这最要紧。"

皇后插话说:"北京很美吧?"

邓小平说:"北京还有各样的问题,现在正在加紧改造。"

裕仁天皇也直言说道:"东京也有公害问题。"

邓小平说:"看天空,好像在逐渐好起来嘛。北京可差远了。"

尔后,两人又从城市问题谈及植物和历史,越谈越热烈。

会见结束时,天皇和皇后把一张署名的照片和一对银花瓶赠给邓小平夫妇,中方回赠了一幅水墨画卷和彩色的刺绣屏风。

接着,邓小平夫妇等中国客人出席了天皇夫妇在皇宫丰明殿举行的午宴。大概是考虑到邓小平曾留学法国,上席的是法国菜。为了适合中国人的口味,汤里加了燕窝。

在宫内雅乐和《越天乐》《五棠乐急》等优美的乐曲声中,邓小平和天皇、皇太子及福田等人频频举杯,互祝健康。当邓小平强调要"子子孙孙、世世代代友好"时,天皇立即赞同地说:"日中两国建立起这样的友好关系,历史上还是第一次,要永远继续下去。"

据侍候左右的宫内厅人士称,天皇如此高兴,实属罕见。

第四节
话反霸，表维护和平决心

23 日下午 3 点半至 5 点 25 分，福田与邓小平在首相官邸举行第一次会谈。出席会谈的，日方有园田外相和安倍内阁官房长官，中方有黄华、廖承志、韩念龙等人。

会谈结束后，福田向记者谈及对邓小平的印象说："非常了不起。总之，非常了解世界形势。"

当晚 7 点半，福田在首相官邸举行盛大宴会，欢迎邓小平一行。大约有 100 名日本政界、经济界、学术界的重要人物出席。

由于互换《中日和平友好条约》批准书已在上午结束，所以晚宴气氛轻松。宾主在两国人民喜爱的歌曲《樱花，樱花》和《洪湖水浪打浪》的乐曲声中落座，吃的是"奶油炸霸鱼"等纯法国菜，谈笑风生。

餐后，福田和邓小平分别致了祝酒词。福田首先回顾了日中两国具有两千年以上的友好交流的悠久历史，并举出了阿倍仲麻吕和修建唐招提寺的鉴真和尚的事例。他说："在漫长的历史中，我们两国的交流密不可分。到了本世纪，经历了不幸关系的苦难。"讲到这里，他离开眼前的讲稿，像上午天皇的表现一样，突然冒出一句，"这的确是遗憾的事情。"然后，他再接上讲稿说："这种事情是绝不能让它重演的。这次的《日中和平友好条约》正是为了做到这一点而相互宣誓。"

对于福田突然冒出的这句话，在场的日方译员没有翻译。不过，这话还是传到了邓小平的耳朵里，并在第二天的《人民日报》上登了出来，宴会后，有记者就此追问福田时，他避而不做正面回答，只是说："由于原稿字小，有三处不能读。"

邓小平接着致辞说："中日友好源远流长。我们两国之间虽然有过一段不幸的往事，但是，在中日两千多年友好交往的历史长河中，这毕竟只是短暂的一瞬。中日两国尽管社会制度不同，但是两国应该而且完全可以和平友好相处。"

邓小平在讲话中还说："《中日和平友好条约》明确地规定，中日两国不谋求霸权，同时反对任何其他国家或国家集团建立这种霸权的努力。这是国际条约中的一项创举。条约的这项规定首先是中日两国自我约束，承担不谋求霸权的义务，同时也是对当前威胁国际安全和世界和平的主要根源霸权主义的沉重打击。"

这是邓小平到日本后首次提到霸权主义问题。今天，邓小平借日本的讲坛再次重申这一条款，表达了中国与日本共同反霸的决心。

宴会结束后，邓小平在福田首相陪同下转到大餐厅，欣赏了由日本财团法人"才能教育研究会"的 3 至 12 岁儿童的小提琴演奏，并同演员们合影留念。

福田同邓小平的第二次会谈是在 25 日上午进行的。会谈之前，福田仍然在首相官邸的吸烟室迎接了邓小平。"您好，您好！"在互相握手之后，福田对邓小平连日来表现出来的充沛精力表示了浓厚的兴趣，他感叹说，"您真是一位超人，一点倦色都没有"，邓小平笑着说："我多次说过，高兴时就不觉得疲倦。"

邓小平还爽快地接受了摄影记者的再一次握手的要求，并且十分亲切地说："能够见到新闻记者们很高兴，但遗憾的是时间短……"坐在沙发上后，福田再次称赞他是位超人，邓小平对此仍很谦逊地说："我不过是个兵。在旧中国，人们把兵称为丘八。"这话的意思，显然是指健康的秘诀在于不摆架子。

会谈中，双方强调中日两国要进一步加强经济、文化及贸易合作。

第五节
广交议员朋友，强调任重道远

24 日上午，邓小平对众议院议长保利茂和参议院议长安井谦进行礼节性拜访。

会见时，保利说："我迎接阁下一行，深切感到，日中两国间的和平友好关系不只是空喊，而是具有实际内容的。"安井说："过去的日中关系未必都是幸福的。但是，日本以第二次世界大战的结局为转机悔过自新，作为和平国家投入了新的建设。作为最后的总结，缔结了日中条约。"

对此，邓小平说："对于两位议长的热情讲话表示感谢。"并说，"诸位都是老朋友，彼此都是老相识。今天的好天气象征着两国之间的未来。"

在这里，邓小平还会见了日本社会党、公明党、民社党、新自由俱乐部、社会民主联盟和共产党等六个在野党领导人，并进行了约 15 分钟的恳谈。

恳谈中,邓小平大概想起了徐福奉秦始皇之命东渡日本寻求长生不老药的故事,便轻松地把话题一转:"听说日本有长生不老药,这次访问的目的是,第一交换批准书,第二对日本的老朋友所做的努力表示感谢,第三寻找长生不老药。"他话音一落,议长室里就哄堂大笑。之后,他又愉快地补充说:"也就是为寻求日本丰富的经验而来的。"

邓小平的话诱发了各党领导人的幽默感。一时间,议长室里谈的尽是"关于药的话题"。

公明党的竹入委员长说:"(长生不老的)最好的药不就是日中条约吗?"

民社党的佐佐木委员长接过话头:"日本正苦于药物公害,最近对中国的中草药评价很好。"

对此,邓小平又说:"由于山区都在进行开发,草药也不大容易弄到了。所以,最近在进行人工栽培。"

恳谈结束后,保利茂和安井谦在众议院议长公邸庭院举行盛大的露天酒会,热烈欢迎邓小平和夫人卓琳。

当邓小平和夫人一行在保利议长、安井议长等陪同下步入翠绿如茵的庭院时,300多名日本国会议员长时间鼓掌,表示热烈欢迎。

廖承志副委员长和夫人经普椿,黄华外长和夫人何理良,韩念龙副外长和夫人王珍,符浩大使和夫人焦玲等应邀出席了酒会。出席酒会的日方人士还有福田首相、园田外相、安倍内阁官房长官及其他官员和知名人士。

席间,保利议长代表众参两院致辞,对邓小平访问日本,表示由衷的欢迎。他说:"这次邓小平阁下一行的访问,是揭开两国新时代之幕的第一步。"

邓小平在祝酒时,首先向日本国会和日本人民转达了中华人民共和国全国人民代表大会常务委员会叶剑英委员长和中国人民的诚挚问候及良好祝愿，并对日本国会众参两院、对日本各地方议院、对日本朝野的大多数政党、政治家和由众参两院的许多朋友组成的日中友好议员联盟，为促进早日缔结《中日和平友好条约》，为发展两国睦邻友好关系和中日友好事业做出的巨大努力和宝贵的贡献，表示衷心的感谢和崇高的敬意。

同时，邓小平强调说："《中日和平友好条约》缔结了。但是，我们的任务并没有因此而告终，我们要做的事情还很多，任重道远。在座的各位都是日本的政治家，肩负着日本国民的重托。我们愿意同各位一起，再接再厉，为在《中日和平友好条约》的各项原则的基础上，进一步发展两国的睦邻友好关系和各方面的交流，为两国人民世世代代友好下去而共同努力。"

祝酒一结束，邓小平就拿着香槟酒走到草坪上，说是要"和保利议长一起走走"。于是，各位议员都陆续跑过来，一片"祝贺""欢迎"之声。

保利介绍说："这些议员都为国会通过《日中和平友好条约》做出过努力，他们都是中国的好朋友。"

邓小平说："看见这么多的朋友，非常高兴。"

保利还介绍不久将同他一起访华的议员同邓小平见面。

邓小平高兴地说："欢迎！欢迎！"

十分钟后，邓小平在议员们的鼓掌欢送下，挥手告别。目睹了这一动人情景后，福田首相和园田外相笑着说："今天是老邓唱主角。"

第六节
会见记者，语惊四座

25 日下午 4 点，邓小平在东京日比谷的日本记者俱乐部，举行一次为世人瞩目的记者招待会。参加记者招待会的 400 多名记者分别来自共同社、时事社、路透社、合众国际社、美联社、法新社、德新社等著名通讯社。

这是中华人民共和国领导人在出访时第一次同意以"西欧方式"同记者见面。

他一入席，就给人一种沉着、自信、充满活力的感觉。"如果我的回答有错误，请大家批评。"在概括地谈了《中日和平友好条约》缔结的意义、反霸问题和中国的内外政策后，邓小平摊开双手，微笑着来了这么一句。

会场活跃起来。四台转播用的电视摄影机和 30 多台远镜头照相机在忙碌地运作，按快门的声音接连不断。

时事通讯社记者率先提问："在刚才的讲话中，您说由于霸权主义存在，就有世界大战的危险。不过，我国奉行全方位外交，要同所有国家友好相处。你认为两国对世界形势的认识有没有分歧呢？"

邓小平抓住日本记者提问的机会，简明扼要地表了态："反对霸权主义是《中日和平友好条约》的核心。因为我们要和平友好，谋求亚洲太平洋地区的和平与安全,谋求世界的和平与安全,不反霸是不行的。按照《中日和平友好条约》包含的意义来说,我想,如果有人把霸权强加在日本头上,恐怕日本人民也不会赞成。"既然邓小平的回答在设身处地地为日本人民和世界和平着想,这位日本记者也就不好再说什么,只得信服地点了点头。如果说,邓小平在 23 日晚福田首相举行的欢迎宴会上还是含蓄地谈到中日共同反霸的话,那么,今天的讲话就真可谓明明白白了。

日本记者还提出了"尖阁列岛"的归属问题。邓小平神态自若。他说:"'尖阁列岛'我们叫钓鱼岛,这个名字我们叫法不同,双方有着不同的看法,实现中日邦交正常化的时候,我们双方约定不涉及这一问题。这次谈《中日和平友好条约》的时候,双方也约定不涉及这一问题。倒是有些人想在这个问题上挑些刺,来阻碍中日关系的发展。我们认为两国政府把这个问题避开是比较明智的。这样的问题放一下不要紧,等十年也没有关系。我们这一代缺少智慧,谈这个问题达不成一致意见,下一代总比我们聪明,定会找到彼此都能接受的方法。"

本来,当日本记者提出这一微妙、敏感的问题时,会场内刹那间紧张了起来,大家都屏住呼吸,等着看邓小平怎样回答。他们怎么也没想到邓小平竟把许多国家多年来一直为此大动干戈的领土归属问题,以如此巧妙的中国方式给"解决"了。于是,会场又恢复了轻松的气氛。

邓小平后来讲了他当时的一些想法。他说,当时我脑子里在考虑,这样的问题是不是可以不涉及两国主权争议而共同开发。共同开发的无非是那个岛屿附近的海底石油之类,可以合资经营,共同得利嘛!

邓小平后来还与其他外宾进一步阐述了这一思想。他说,把一些领土主权争议搁置起来,先共同开发,可以消除多年积累下来的问题:"我们中国人是主张和平的,希望用和平方式解决争端。什么样的方式呢？搁置争议,共同开发。"

在回答有关中国的现代化问题时,邓小平让西方记者们充分领略了他那坦率、务实和开放的风格。他说:"我们所说的在本世纪末实现的现代化,是指比较接近当时的水平。世界在突飞猛进地前进,那时的水平,例如日本就肯定不是现在的水平,我们要达到日本、欧洲、美国现在的水平就很不容易,要达到22年以后的水平就更难。我们清醒地估计了这个困难,但是,我们还是树立了这么一个雄心壮志。"

为了实现现代化,他指出:"要有正确的政策,就是要善于学习,要以现在国际先进的技术、先进的管理方法作为我们发展的起点。首先承认我们的落后,老老实实承认落后就有希望。再就是善于学习。这次到日本来,就是要向日本请教。我们向一切发达国家请教,向第三世界穷朋友中的好经验请教。相信本着这样的态度、政策、方针,我们是有希望的。"

就在他谈到要承认落后的时候,他突然说了一句饶有风趣的话:"长得很丑却要打扮得像美人一样,那是不行的。"记者们对这一自我评价发出了哄堂大笑,但他们也不得不承认,这种态度正是中国重新崛起的希望所在。

26日,日本各大报纸都在显著位置报道了这次会见。《东京新闻》说,邓小平"既诙谐又雄辩,有时还岔开话题,很有谈话技巧。这位'矮个子巨人'真是名不虚传"。

《每日新闻》以《邓副总理首次举行"西欧式"记者招待会》为题评论邓小平说:"既不显威风,也不摆架子,用低沉而稳重的声调和温和的口吻发表谈话……始终笑容满面地谈日中友好和世界形势。一想起被称为'长生鸟'的三落三起的坎坷人生,就令人觉得他是一个多么难得的'人才'。"

记者招待会结束后，邓小平前往新大谷饭店举行盛大的答谢宴会，用精美的中国菜、北京的"五星啤酒"、青岛的红葡萄酒和上海的"熊猫牌"香烟热情款待了包括福田首相、保利和安井议长在内的各界日本人士，从而结束了对东京的日程，前往京都、奈良、大阪访问。

邓小平在这次访问中，用自己的行动体现了已故周恩来总理"吃水不忘掘井人"和"广交新朋友，不忘老朋友"的思想和作风。临行前，他就向外交部索要日本老朋友的名单。他说，到日本以后，一定要去看望田中角荣等老朋友。

当时，日本国内有人对邓小平去见官司缠身的田中前首相有异议。但是，邓小平却坚持说："那是日本内部的问题。与他作为日本首相时，对中日邦交正常化所做的贡献，完全没有关系。我们不能忘了老朋友。"

于是，在互换条约批准书的第二天，邓小平便偕同廖承志、黄华、韩念龙等代表团主要成员，去田中家中探望，并邀请他再度访华，使田中全家及田中派的议员们非常感动。

邓小平在紧张的日程中，还挤出时间先后参观了新日铁公司、日产汽车公司和松下电器公司，游览了雨中的岚山、奈良唐招提寺，留下许多脍炙人口的故事。

邓小平访问日本时，正值中共十一届三中全会前夕，他作为中国改革开放的总设计师，心中正在勾画着改革开放的宏伟蓝图。

陪同访问的日本驻华大使中江要介注意到"邓小平访日期间虽然话语不多，但却用心观察对中国有用的事物，脑中思考着中国如何改革开放，中国将来如何富强"。

中江先生说，在参观新日铁的君津钢铁厂时，邓小平仔细询问了工厂的设备、技术，并希望日本朋友把先进的生产管理经验介绍给在那里实习的中国工人,使人感到了他一定要在中国建成同样先进工厂的决心。正是这种决心在后来促成了上海宝钢的中日合作项目。

中江先生回忆说,邓小平在访问中总是边参观边对比,了解哪些是中国应该学习的、哪些应作为教训汲取。

在从东京到京都的"光号""子弹头"列车上,中江问邓小平:"现在时速是 240 公里,您感觉如何?"

邓小平听后微微一笑:"这对于中国太快了。"后来还说:"我们现在很需要跑。"

中江说,现在回忆起来,觉得邓小平的话意味深长,既表达了"要让国家迅速发展"的迫切心情,也指出了办什么事也不能过于着急,中国有中国的国情,不能照搬的道理。

访问日本松下电器公司时,邓小平应邀来到一间展示微波炉等新产品的展览室,讲解人员把一盘烧卖用微波炉加热后,请邓小平观看,邓小平拿起一个烧卖看着,突然一下放到嘴里,边吃边说味道不错。这一幕出乎松下公司职员的意料,大家无不赞叹邓小平敢于尝试的精神。

10 月 28 日访问奈良那天,邓小平和夫人卓琳在奈良饭店用午餐时,宴会厅隔壁正在举行的婚礼吸引了他。邓小平用餐后走到婚礼现场,与这对新婚夫妇握手祝福,这个富有人情味的场面被一位青年拍了下来,照片被冠以"意外的祝福"之题刊发在次日的《读卖新闻》上,一时被传为中日友好的佳话。

还有一件是邓小平出访不忘国内百姓忧苦的插曲,中江要介在陪同途中问邓小平对日本的什么感兴趣,邓小平说中国老百姓冬天使用煤球,时常发生一氧化碳中毒的事情,他想知道日本有没有不产生一氧化碳的煤球……

访日期间,邓小平应邀先后 6 次挥毫题词,表达他对日本和中日关系的胸臆。在参观日产汽车公司时的题词是:"向伟大、勤劳、勇敢、智慧的日本人民学习、致敬!"在新日铁君津制铁所的题词是:"中日友好合作的道路越走越宽广,我们共同努力吧!"给松下电器的题词是:"中日友好,前程似锦。"

第七节
"邓旋风"掀起"中国热"

10 月 29 日下午,邓小平结束了对日本为期 8 天的正式友好访问,从大阪乘专机离开日本回国。他说:"我是以一片喜悦的心情来东京,以一片喜悦的心情回北京。"他深有感慨地说:"看了日本,我明白什么叫现代化了。"

8 天来,邓小平的访问获得了圆满的成功。美联社记者约翰·罗德里克以赞赏的语气评论说:"邓在日本访问期间扮演了一个中国超级推销员的角色,他那盈盈笑脸和精力充沛的交谈,不仅给人留下了深刻的印象,而且为中国结交了新朋友。"不仅如此,影响是双向的。邓小平的到来,也在日本各界人士中引起了极大的轰动。

还在邓小平抵达东京的前一天,日本《产经新闻》惊呼:因邓小平访日,经济界的"中国热"已经过热了! 然而,这种呼吁无济于事。23 日一大早,福田首相就在家里同记者们感叹地谈起了举国一致谈论邓小平的"清一色"局面。

日本经济界人士认为,中国有 9 亿人口,石油、煤炭等资源丰富,随着四个现代化的进展,将向国外购买大量的机器设备。因此,无论从哪个方面讲,中国都无疑是世界剩下来的最大的贸易市场了。基于这一认识,五十铃、三菱、丰田、日立等 200 多家日本公司在 24 日采取了一次空前的行动,它们分别在《读卖新闻》《日本经济新闻》《每日新闻》《东京新闻》等大报上刊登广告,庆祝《中日和平友好条约》生效和欢迎邓小平访日。

25 日,由经团联等六大经济团体为邓小平举行欢迎宴会时,出席人数有 320 多人,突破了他们在欢迎英国女王伊丽莎白时出席者近 300 人的最高纪录。而且,引人注目的是,宴会桌的周围还出现了一对一对地同邓小平的随行人员交换名片的热烈场面。邓小平在到达关西地区前,关西经济界人士为了能够出席大阪府、大阪市和商工会议所预定在 28 日联合举办的晚餐会,早已展开了一场别开生面的"角逐"。他们接连不断地向宴会主办者毛遂自荐,要求"一定让我们公司也……"主办方面惊讶地说:"不出所料,真是邓小平热啊!"

《每日新闻》就此评论说:"中国对关西财界寄予的期望之大是出乎意料的,而关西经济界对中国市场所寄予的巨大期待又超过了中国。"评论认为,战后日本关西经济基础削弱的一个主要原因就是由于失去了中国市场,因此,各大公司都想趁此机会,迎头赶上。除此以外,关西经济界人士还专门在 29 日中午为邓小平举行了一次欢迎宴会,请邓小平品尝了日本菜,从而实现了进一步给中国客人留下印象的目的。

对于因邓小平到来而在日本列岛上掀起的这种"中国热",日本新闻界和政界人士形象地称之为"邓小平旋风"。

第八节
从日本得到的启示

　　1978 年 8 月缔结《中日和平友好条约》,是年 10 月 22 日至 29 日,当时中国的最高决策者、副总理邓小平作为中国国家领导人战后首次正式访问日本,对中日关系的推动,对中国后来的发展,其作用难以估量。这次访问,是为了出席互换《中日和平友好条约》批准书仪式,也是邓小平在酝酿中国现代化大战略的过程中所做的一次考察、取经和向日本发出强烈的合作信号之旅。同年 12 月,中共中央在邓小平的主导下,做出了以经济建设为中心、实行改革开放的重大战略决策,以及邓小平提出"两步走"的发展战略,都与他这次访日有着内在的、重大的联系。

　　在对日本 8 天的访问中,邓小平反复强调这次访问是为了学习日本的先进技术和经验,并怀着浓厚的兴趣,参观了三个大企业。乘坐新干线从东京去关西时,记者问他有何感想。他说:"快,真快! 就像后边有鞭子赶着似的! 这就是现在我们需要的速度。"他还说:"这次访日,我明白什么叫现代化了。"

　　1978 年,是中国的战略重大转变之年,也是中日关系在解决了政治悬案之后向着务实的方向转变的一年。在邓小平的心目中,日本是中国现代化的老师、不可缺少的合作伙伴。正是在这种思想指导下,20 世纪80年代以后,中国出现了"日本热",大批考察团涌入日本,大量的日本专家、学者被请到中国讲课,中日政府成员会议相继举行,官民之间各领域、各层次的交流日趋活跃,两国间的经济、贸易、技术合作迅速发展。

1979年,大平正芳首相访华时,与邓小平副总理会谈。当大平问及中国的现代化是什么概念时,邓小平略有所思后说,中国现在的人均所得是250美元,我们的目标是到本世纪末达到1000美元。也就是说,在20年里翻两番。邓小平还说:"如果达到这个程度,我们就可以做些想做的事,也可以对人类做出更大的贡献。我把这个程度叫作'小康'。那时,中国人就能解决温饱问题了。"

邓小平与大平相识于1978年10月24日。那天上午,邓小平在东京拜访了前首相田中角荣后,拜会了时任自民党干事长的大平正芳。

大平说:"阁下不忘老朋友,在百忙中特地来看我,使我感到光荣。"

邓小平说:"今天是为了表示感谢而来。1972年阁下和田中首相一起访华,实现中日邦交正常化,为中日关系开辟了道路。两国签订《中日和平友好条约》,我们感谢福田首相的决断,同样也要感谢田中先生和大平先生。"

两个月后的1978年12月7日,日本成立了大平正芳内阁。

三个月后的1979年1月28日下午,邓小平赴美访问飞临日本上空,想到老朋友大平,给他发了一封电报:"一周后,从美国回国时,计划在贵国逗留,我为那时能同阁下及其他日本朋友交谈而高兴。"邓小平结束访美后,2月7日抵达东京,如约同大平在日本首相官邸会谈。会谈进行了1小时40分钟。邓小平代表中国政府邀请大平首相在方便时访问中国。

1979年12月5日,大平首相应邀对中国进行正式访问。12月6日下午,邓小平会见了大平首相一行。

会谈中,大平问道:"中国根据自己独立的立场提出了宏伟的现代化规划,将来会是什么样的情况,整个现代化的蓝图是如何构思的?"大平提出这样的问题,从自身经历而言并非偶然。他在东京商科大学(现在的一桥大学经济学部)这个日本企业家和经济学家的摇篮上过大学,毕业后进入大藏省(现在的财务省)工作了15年,42岁当选众议院议员,50岁出任内阁官房长官,协助池田勇人首相,使"国民收入倍增计划"1960年在国会获得通过。该计划目标是10年内将实际国民收入增加一倍,结果7年内使计划得以实现。日本的国民生产总值1966年超过英国,1967年超过联邦德国和法国,经济规模达到世界第二位,人均收入1970年超过1500美元。

邓小平回答大平提问的谈话节录已收入《邓小平文选》第二卷,题目为《中国本世纪的目标是实现小康》。他在谈话中首次提出的小康目标,1981年11月写入五届人大四次会议的政府工作报告,1982年9月举行的中共十二大确定为全党和全国人民到20世纪末的奋斗目标。

就是在1979年那次会谈中,大平首相表示:为维持和发展与中国的稳定友好关系,愿对中国为实现现代化的努力提供尽可能的合作。

邓小平后来多次提到与大平关于小康目标的这次谈话。1984年3月25日,邓小平在会见日本首相中曾根康弘时说:"这个小康社会,叫作中国式的现代化,翻两番、小康社会、中国式的现代化,这些都是我们的新概念,是在这次谈话中形成的。"

1988年8月26日,邓小平会见日本首相竹下登,在回顾提出小康目标的过程时说:"提到这件事,我怀念大平先生。我们提出在本世纪内翻两番,是在他的启发下确定的。"

邓小平说:"大平首相访问中国时,向我提出一个问题:'你们讲现代化,究竟具体目标是什么?'自从 1978 年我们党的十一届三中全会以来,我们重点搞经济建设,一心一意搞四化,但是实际上达到什么程度,步子怎么走,心中还没有数。大平先生提出的这个问题,把我问住了。我有一分钟没有答复。接着我说,我设想到本世纪末,那时还差 20 年左右,如果 80 年代翻一番、90 年代翻一番,那么,在 250 美元的基础上,就可达到 800 至 1000 美元。后来在其他场合,我讲过考虑到中国那时人口是 12 亿。现在看来 12 亿还打不住,可能是 12.5 亿。因此,我说可能是 800 美元比较靠得住。我们讲的是以 1980 年为基数,到现在为止,翻两番中的第一番目标已提前两年完成。从现在中国发展情况看,本世纪末达到人均 800 至 1000 美元,看来是没有问题的。"

第六章

云散雨霁，关系恢复正常

《中日和平友好条约》的缔结为中日友好合作关系的全面发展奠定了政治和法律基础。从 1978 年到 1988 年的 10 年间，堪称中日关系大发展的时期，其间两国各个领域的交流和合作，从广度和深度而言都是两千年中日关系史上任何时期无法比拟的，但是，至 1989 年，中日关系却遇到了困难，经历了一番曲折。

第一节
风波百日后，日要人相继访华

1989 年春夏之交的北京政治风波之后，日本政府参与西方国家对中国的制裁，冻结了两国之间部长级以上的高层往来和一些合作项目，限制日本人来华，推迟原定秋季开始提供的第三批政府贷款谈判，使两国关系一度处于停滞状态。但是，在制裁中国的西方国家中，日本一直扮演着一个不太情愿的角色，只是为了保持西方的团结，才不得不维持一致。就在政治风波发生不久，宇野宗佑首相在国会答辩中表示，在制裁问题上，必须意识到日中关系与美中关系截然不同，中国是日本的重要邻国，不应该以情绪代替理智，表明了冷静的态度。在 7 月中旬的西方七国首脑会议上，宇野发言时主张不应该在国际上鼓吹孤立中国。

综合分析各种因素，7 月 6 日至 12 日在北京召开的中国驻外使节会议确定打开缺口、着重做日本工作的方针，争取和推动日本在逐步取消制裁方面先走一步，在西方国家中起个带头作用。任务明确后，我国驻日本使馆积极开展工作。时任大使杨振亚、公使唐家璇（后来任外交部部长、国务委员）、王毅（后来任外交部部长、国务委员）等外交官，一齐出动，采取登门拜访、演讲、座谈等多种方式，与日本各界广泛接触，深入地做宣传解释工作，收到良好效果。前首相竹下登说，在历史发展过程中，各国出现这样那样的问题是常有的，重要的是日中友好不能改变。他表示，愿为改善和发展日中关系尽力。一些人士说，观察中国问题要冷静客观，多听听中国朋友的声音。

正在这时，日本政局有变，日本首相易人，7月24日宇野宗佑辞职，8月9日海部俊树出任首相。他重视同中国的关系，对同中国恢复正常交往采取积极的态度，加之海部属自民党内小派系，实力雄厚的竹下派对其影响较大。竹下登前首相主动对杨大使说，对海部首相如果有什么话不便说，可以来找他。因此，我驻日使馆就继续保有沟通的渠道。

这样，北京政治风波百日之后，即9月17日至19日，日本著名政治家、日中友好议员联盟会长伊东正义率日中友好议员联盟代表团访华。这是西方大国向中国派出的第一个访华团。日本的这一举措表明日本的对华政策与欧美存在差异，引起了全世界的关注。

伊东行前对杨大使说，自己曾多次访问中国，但这次心情有些沉重，自民党内不少人反对，劝我此时不要访华，但我认为日中友好不能停留在口头上，只有在出现困难的时候访华，通过坦诚交流，增进相互了解，才是真正的日中友好。

伊东此访受到高规格的接待。中央军委主席邓小平在人民大会堂福建厅会见伊东一行，称赞伊东和访华团其他成员都是多年来致力于日中友好的中国人民的老朋友，说老朋友来了不能不见。中日友好十分重要，对中国十分重要，对日本也十分重要。友好对两国人民有利，对世界和平与发展有利。

邓小平还说，不管国际上有什么变化，也不管日本和中国国内有什么变化，中日友好不能变，也不会变。中日两国世世代代友好下去是大家的愿望。伊东表示完全赞成邓小平主席的看法。

中国共产党总书记江泽民应伊东要求，介绍了中国的内外政策和经济形势。

总理李鹏在会见伊东时说，中日友好关系来之不易，我们不愿意看到它受到损害，而希望它继续向前发展。

伊东转达了海部俊树首相对李鹏总理的问候。伊东说，他此次来华前，海部首相表示他本人重视对华关系，并希望伊东此行成为对两国关系有意义的一次访问。

9月25日，日本政府宣布全部解除有关日本人访华的限制，中日间人员来往首先恢复正常。

11月9日至13日，以日本经济团体联合会会长斋藤英四郎为最高顾问、日中经济协会会长河合良一为团长的日中经济协会代表团访华，邓小平军委主席、江泽民总书记、李鹏总理、田纪云副总理分别会见了访华团。

邓小平主席在会见中告诉客人，这是他告别政治生涯之前正式会见的最后一个访华团。在谈到中日合作时，邓小平主席坦诚地说，两国合作具有深厚的基础，这种合作要长期坚持下去。我们发展中日友好的方针不会改变。日本要自慎，不要自大；中国要自强，不要自卑。只有这样，友谊才是永恒的，合作才是永恒的。邓小平主席称赞在座的日本朋友为发展中日合作关系做了很多工作，尽了很大努力。

李鹏总理在会见中说，代表团的访华说明，中日两国人民的友好交往和两国之间的经济、技术、贸易的合作关系没有中断，而且存在着继续发展的可能性。中日两国经济界有着多领域、多层次的广泛联系。

中日两国包括贷款在内的经济技术和贸易关系的发展不仅对中国的建设有利，从长远观点看，对日本也是有利的。斋藤等日本客人表示，日本经济界人士希望中国稳定，因为中国的政治、经济稳定不仅对中国有利，而且对日本乃至整个亚洲都有利。

11 月 27 日至 12 月 1 日，日本国际贸易促进协会会长樱内义雄率团访华，邓小平作为老朋友应约礼节性会见樱内义雄及部分随行人员。他对樱内义雄等人访华给予高度评价，说："在国际垄断资本对我国实行制裁时，你们带了这么大一个代表团来我国访问，这是真正友情的表现。中国有句古话，叫作患难见真情。虽然我们并不算处于患难之中，但你们此时来我国访问的真情是可贵的。现在同情和支持我们的人比要制裁我们的人多得多，我们没有孤立感。"

邓小平在这次会见中，还讲了一段语重心长的话。他说："我虽然退休了，但还是关注着中日两国关系的发展。我们两国毕竟是近邻，我对中日友好有一种特殊的感情。即使在日本军国主义发动侵华战争时，也有很多日本人在反对侵略。讲历史要全面，既要讲日本侵华的历史，也要讲日本人民、日本众多友好人士为中日友好奋斗的历史，这些人多得很呢！你们这么大的一个代表团来中国访问，肯定有人会不高兴的，但是你们的勇敢行动证明，日本人民同中国人民一样，是希望中日两国世世代代友好下去的。对一小撮不甘心中日友好的人，唯一的办法就是用不断加强友好、发展合作来回答他们。"

江泽民总书记、李鹏总理、邹家华国务委员、钱其琛外长分别会见了访华团一行。李鹏总理在会见中表示，中国欢迎外国经济界人士来华进行多种形式合作的政策没有改变，希望长期致力于中日友好的日本各界人士以长远的眼光，采取积极的态度为克服目前两国关系中的阻力，恢复和发展两国友好合作关系迈出勇敢的一步。樱内等日本客人表示,中国政局日趋稳定,新的领导集体的团结给他们留下了深刻印象,他们将继续为发展日中经济合作做出努力。

12月28日,日本政府正式决定邀请国务委员兼国家计委主任邹家华于1990年1月16日至25日访问日本,参加日本国际贸易促进协会成立35周年的庆祝活动。这是中国领导人在北京政治风波后首次应邀访日,具有特殊意义。

第二节
新年伊始,互访频繁进行

进入1990年,中日关系明显好转。1月16日至25日,国务委员兼国家计委主任邹家华如期访日,会见了海部俊树首相、中山太郎外相等日本政府领导人和政界知名人士,出席了日本国际贸易促进协会成立35周年的庆祝活动,并同日本各界人士进行了广泛的接触。

邹家华向海部介绍了中国的政治、经济形势和改革开放政策;表示愿同日方共同努力,发展中日友好合作关系;希望中日关系在新的一年里能恢复它应有的勃勃生机。

海部说,中日两国正处在一个非常重要的时期,希望两国关系在加强相互理解的基础上,朝着好的方向发展。

中山外相在饭仓公馆会见和宴请邹家华时表示,日本无意把自己的价值观强加给与日本社会制度不同的中国,也无意据此制定对华政策;日本政府希望通过双方的共同努力,使两国关系早日恢复正常。

邹家华访问期间,在东京新大谷饭店向 800 多位日本各界人士发表了题为《中国经济调整时期课题和改革开放政策》演讲,受到欢迎和好评。

其后,高层互访增多。前首相宇野宗佑、自民党政调会会长渡边美智雄相继访华。

同年 6 月底、7 月初,李铁映国务委员访日。

7 月 9 日,海部首相在休斯敦西方七国首脑会议上,再次强调不应在国际上孤立中国,同时告诉美国和其他西方国家,日本准备恢复对中国的第三批贷款,说日方允诺的事情不能自食其言。他还说,中国继续坚持改革开放政策,规劝美欧各国也改善同中国的关系。会前,海部首相召集中曾根、竹下等四位前首相,听取意见。到会者一致主张改善同中国的关系,认为日本应自主判断,多向其他国家做说服工作。

7 月 16 日,日本外务省审议官小和田恒作为首相特使来华,向中方正式转达日本政府关于恢复第三批政府贷款的决定。

11 月,日本内阁会议正式决定解冻第三批日元贷款,双方举行了换文仪式。这表明,中国打破了西方的共同制裁,率先恢复了中日关系。

11 月中旬,吴学谦副总理作为中国政府代表,赴日出席日本明仁天皇的即位典礼。在同海部首相会见时,吴学谦对其为恢复和改善中日关系所做的努力表示感谢,并希望中日关系能进一步发展。海部表示,日本政府愿意进一步发展同中国的友好合作关系。为此,希望双方共同做出努力。

1991 年 4 月和 6 月,日本外相中山太郎和国务委员兼外长钱其琛先后互访,就进一步恢复和发展两国友好合作关系以及双方共同关心的国际问题交换意见。钱外长访日期间,中日双方还就海部首相访华进行讨论并取得一致意见。中山表示，海部首相热切期待于当年 8 月访华，日本政府非常重视这次访问。钱其琛说，中国政府高度重视海部首相对中国的访问，并将努力使这次访问取得成功。我们希望通过海部首相访华，双方能为今后 10 年的中日关系确定正确的方向，使两国关系顺利过渡到 21 世纪。

双方就纪念中日邦交正常化 20 周年问题达成了一些原则协议，认为中日邦交正常化 20 年来，两国友好合作关系在各个领域都取得了重要进展，值得两国政府和人民共同纪念。双方初步商定，将通过两国最高领导人互访和举办一些大型文化交流活动，促进和发展两国人民相互了解和传统友谊。

钱其琛在会见海部首相时，对海部首相和日本政府迄今为支持中国改革开放和现代化经济建设所做出的努力表示感谢。钱其琛强调中日关系十分重要，中日发展长期睦邻友好合作，将为亚太地区乃至世界和平与发展产生积极影响。

海部首相则期待 8 月对中国的访问，并表示 1992 年是中日邦交正常化 20 周年，是一个十分重要的年头，希望以相互信赖为基础，不断发展两国友好合作。海部首相还说，他本人十分珍惜日中友好关系并一贯支持中国的改革开放政策，愿为此提供力所能及的合作。

第三节
海部首相访华，关系全面恢复

1991 年 8 月 10 日至 13 日，海部俊树首相对中国进行正式访问，受到中国政府和人民的热烈欢迎。海部下飞机后，陪同团团长、机械电子工业部部长何光远等立即迎上前去，同他热烈握手。下午 4 时，李鹏总理在人民大会堂东门外广场主持隆重仪式，欢迎海部首相。

这是一次具有特殊意义的访问。海部是 1989 年春夏之交的北京政治风波后第一位访华的西方国家政府首脑，显示出日本政府继续发展日中关系的积极姿态，而中国也非常需要在制裁链条最薄弱的一环，寻求更大的突破。海部访华，标志着中日关系在经过一段曲折后完全恢复正常。这也是中国打破西方无理制裁的重大胜利。

10 日下午，李鹏总理与海部首相会谈。开始时，海部就中国遭受严重水灾表示慰问，说专机进入上海上空不久，就看到华东地区遭灾的情景，特地让驾驶员降低高度，从 11000 米降到 4500 米，看到灾害比想象的要大，所以日本政府决定追加提供 150 万美元的紧急援助。

海部在会谈中说，日中友好一直是日本外交的支柱。历史表明，日中两国交恶，不仅对两国人民不利，而且也不利于亚太地区的和平与稳定。稳定发展日中关系，对亚太地区和世界的稳定与繁荣，都具有重要意义。在当前的国际形势下，日中加强对话与合作日益重要。因此，愿意通过这次访问，进一步推动日中两国关系的发展。海部表示，日本打算在今后 5 年内邀请 1000 名中国青年访日。

李鹏总理说，中日实现邦交正常化以来，两国关系的发展总的来说是顺利的。两国签署的《中日联合声明》和《中日和平友好条约》两个重要文件，对两国关系的发展有着重要的指导作用。李鹏指出，1989 年之后，两国关系一度出现了一些曲折，但我们高兴地看到，两国关系已经恢复正常。我们对日本政府和海部首相本人为恢复和发展两国关系所做的积极努力表示赞赏。中国重视中日关系，并很高兴地迎接明年中日邦交正常化 20 周年的到来。

在谈及日台关系时，可能是针对不久前发生的日本取消李登辉访日事件，海部首相明确表示，日本处理同台湾的关系时，将严格按照《日中联合声明》和《日中和平友好条约》办事，日台之间只维持民间的实务关系，这种关系是非官方的、地区性的。日本的这一方针没有变化。李鹏对日方的上述立场表示赞赏。

11 日上午，海部首相在《献花曲》伴奏下，向人民英雄纪念碑敬献花圈。之后，参观了中日合作建成的中国康复研究中心。这座中心由日方提供无偿援助和专家指导、中国残疾人福利基金会募集基金于 1988 年 10 月建成，至海部首相参观时，已接待门诊患者约 10 万人，住院患者约 2300 人。海部首相夫妇来到一个 7 岁的小孩王晗面前，用中文向他问好。正在聚精会神地画画的小王晗，看到贵宾便甜甜地问好。医护人员介绍说，小王晗来自四川，因脑外伤致残，经过治疗，现已得到较好的恢复。王晗把他的"作品"送给首相，首相夫人回赠了精美的画册。参观结束时，海部挥毫题词"日中友好"四个大字留念。

11 日下午 3 时，海部首相在中日青年交流中心向首都各界发表了题为《新的世界和日中关系》的政策演讲。站在庄严的讲台上，面向中

国各界 800 多名人士,重申了他扎实地发展日中和平友好关系的决心,
并寄希望于日中两国青年一代。他说,未来的日中友好,应该由日中两
国青年一代去创造,通过直接交往和相互学习,在相互充分了解对方长
处的基础上,建立成熟的友好合作关系。他指出,确立国家间的相互理
解和信赖绝不是件容易的事情,而且前途绝不会是平坦的。他表示,他
本人今后要更加努力,使众多人士用血汗铸成的两国关系的长城坚不
可摧。海部的演讲赢得全场阵阵热烈掌声。

其后,海部会见中外记者。在回答日本记者关于历史问题的提问
时,海部表示,日本作为一个和平国家,必须对过去那一段历史进行很
好的总结,要在深刻反省的基础上,作为和平国家向前发展。日本作为
和平国家的信念没有任何改变,今后也决心继续坚持和维护这一信念。
他说,日本国民应当对此痛下决心,一直铭记在心,正确认识过去的历
史,特别是要让年轻人有正确的认识。

11 日晚,中日友好协会举行盛大宴会。国家副主席、中日友协名誉
会长王震在宴会上向海部赠送了我国青年画家袁熙坤为海部画的肖
像。这是海部访华前,画家专程去东京,到首相官邸画的。

12 日上午,江泽民总书记在中南海会见海部首相时,海部介绍了他
两次在西方七国首脑会议上强调不应孤立中国,以及日中关系应继续
向前发展的情况。江总书记对此表示赞赏,并高度评价了海部首相的
积极努力。

在谈及中日合作时,江泽民总书记说,中日两国在经济、文化、科技
等方面合作的潜力很大,两国合作有许多有利条件。江总书记还指出,
世界已经进入 20 世纪最后 10 年,我们认为,各国采取什么样的社会制
度,这应当由各国人民根据本国的国情和历史发展来做出决定。中国
希望有一个和平的国际环境,来建设自己的国家。长达一个半小时的

会见，气氛轻松，宾主谈笑风生。

这天晚上，杨尚昆国家主席在钓鱼台国宾馆养源斋会见并宴请海部首相时说，海部首相的来访标志着两国关系的全面恢复，我们感到很高兴，并希望这次访问将会把中日两国关系推进到一个新的水平。总之一句话，我们两国要把关系搞好。海部表示赞同，说当今世界很不安定，日中两国作为亚太地区的重要国家，一定要加强对话和合作，把两国关系搞好。

海部访华期间，中日两国政府还签署了关于向中国文化无偿赠款的换文。

第四节
江总书记访日，喜庆复交 20 周年

1992 年是中日邦交正常化 20 周年。4 月 6 日至 10 日，江泽民总书记应邀访问日本，将中日两国纪念邦交正常化的活动引入高潮。江总书记会见了日本天皇明仁，与宫泽喜一首相举行会谈，并同日本各政党的领导人以及朝野各界的老朋友和新朋友，进行了广泛的接触。

在与宫泽首相的会谈以及宫泽举行的欢迎宴会上，江总书记高度评价中日邦交正常化以来两国关系的发展。他说，20 年来，在《中日联合声明》和《中日和平友好条约》的基础上，经过两国政府和人民的共同努力，中日友好合作关系取得了长足的发展。两国领导人的不断互访，

官方和民间的频繁往来,有力地促进了彼此之间的相互理解和信任,推动了政治、经济、文化、科技等各个领域的交流与合作。

江泽民总书记说:"中日友好合作的潜力巨大。中日两国是一衣带水的邻邦,文化传统接近,经济技术互补,共同利益广泛。只要共同努力,合作前景十分广阔。

"我们将遵循邓小平同志倡导的改革开放方针,集中力量发展经济,将积极吸取和借鉴包括日本在内的世界各国的成功经验。中国坚持改革开放,加快经济发展,将会有力地推动两国技术合作与交流,使中日友好关系在更高层次上向纵深发展。对两国关系中现存的以及可能出现的问题,双方要以大局为重,妥善处理。

"在《中日联合声明》和《中日和平友好条约》的基础上,发展长期稳定的中日友好合作关系,是中国外交的一项基本政策。中国政府和人民愿意同日本政府和人民一道,把中日友好合作关系不断推向前进。"

宫泽首相说,同意江总书记对日中关系20年来发展状况的评价。他说,日中两国有两千年的交往,日本在文化上受中国的影响很大。中国实行改革开放,经济有了突飞猛进的发展,日本感到十分高兴。

宫泽特别强调称,今天的日中关系不仅是日中两国之间或地区性的关系,而且已进入"世界中的日中关系"的时代。对日本来说,日中关系和日美关系同等重要。

宫泽还说:"自苏联解体后,正在重建国际新秩序的当今世界,要求日中两国在国际社会的和平与稳定方面发挥重要的作用。为此,我们愿意同中国相互合作,为在亚洲、太平洋地区创造和平环境做出贡献,并更加积极地支持各国为发展本国社会经济的努力。

"日本期待中国今后进一步推进改革开放政策,以实现长期稳定的发展。同时,日本愿意对中国的现代化努力,继续给予力所能及的合作。"

4月7日下午,江泽民在外长钱其琛、中央办公厅主任温家宝陪同下,去探望身患重病的前首相田中角荣。20年前,他刚就任首相,就访问北京,谈判实现了中日邦交正常化。江泽民对田中说:"中国有句古话:'饮水不忘掘井人。'中国人民不会忘记你与毛泽东主席和周恩来总理共同揭开了中日关系的新篇章,使两国关系正常化,可谓利在当代,功系千古。"

田中的女儿田中真纪子,代父亲读了一篇讲话,其中说到田中的政治信条是"决断与实行",在20年前那种形势下,他是豁出生命访问中国的。他确信,只要相互信赖,就可超越政治制度的不同,完成邦交正常化。他说,正是由于毛主席和周总理博大的胸怀,邦交正常化才得以实现。

翌日,江泽民在迎宾馆与福田赳夫、铃木善幸、中曾根康弘、竹下登、宇野宗佑、海部俊树6位前首相共进早餐,回顾以往,展望未来。江泽民引用王羲之《兰亭集序》中的名句"群贤毕至"来形容这次聚会,还说:"日本是中国一衣带水的邻邦,中国的改革开放为两国经济文化等各个领域友好合作关系的发展创造了十分有利的条件,希望各位朋友继续为中日友好做贡献。"福田赳夫说:"20年前我就说过,日中关系已经架起一座桥梁,希望20年后这座桥梁变成经得起各种重压的铁桥。今天的日中关系已经取得了喜人的发展,重要的是必须进一步巩固它,发展它。"

在东京期间,江泽民总书记还在日本广播协会大厅发表演讲,就当时国际形势、中日关系以及中国的对外方针政策,做了全面而深刻的阐述。演讲受到日本政界、经济界、文化艺术界以及旅日华侨、留学生等

2500 多人的热烈欢迎。日本广播协会还通过电视卫星实况转播。

江泽民总书记对日本的访问达到了预期目的,取得了圆满成功,对巩固和发展两国长期稳定的友好合作,具有重要的现实意义和深远的影响。

第七章

日本天皇首次访华

第一节
明仁天皇访华成行

　　应中国国家主席杨尚昆的邀请，1992 年 10 月 23 日至 28 日，日本天皇明仁偕皇后美智子对中国进行友好访问，受到中国政府和人民的热情欢迎和隆重接待。这次访问进展顺利，富有成果，中日双方都感到十分满意。

　　明仁天皇原是皇太子。他的父亲裕仁天皇因患十二指肠癌医治无效于 1989 年 1 月 7 日晨 6 时 33 分逝世。是日上午 10 时 1 分，通过举行传统的"继承之礼"，把象征皇位的镜（八尺镜）、剑（天丛云剑）、玺（曲玉、日本国玺、天皇玉玺）交付皇太子，宣告明仁皇太子即位，成为第 125 代天皇。当天下午 2 时，内阁官房长官小渊惠三宣布更改年号，将"昭和"改为"平成"，从 1 月 8 日起，日本正式进入平成年代。"平成"之典出自中国《史记·五帝本纪》及《书经·大禹谟》"内平外成""地平天成"二语。1990 年 11 月 12 日，明仁天皇和皇后美智子在皇宫举行即位典礼，正式登基。

　　日本战后宪法规定，天皇是"国家和国民整体的象征，其地位以主权所在的全体国民的意志为依据"。宪法虽规定天皇有权公布宪法修正案、法律、政令及条约，召集国会、解散国会，公布举行国会议员的选举等权力，但这些权力的行使，必须"根据内阁的建议与承认"，"天皇只能行使本宪法所规定的有关国事行为,并无国政的权能"。从而,天皇便由战前的"神圣不可侵犯"的专制君主变为"日本国的象征",从明治宪法体制下处于总揽国家大权的顶点地位,降至新宪法体制中处于无任何实际权力的象征性地位。

尽管如此,天皇仍要处理许多政务,尤其是外交事务。他代表国家出访和接待外国访日的国家元首、重要宾客,因此,可以认为天皇的地位相当于国家元首。天皇出访的对象国需由日本政府选择和决定,这种访问往往反映了两国关系发展的水平。

明仁天皇夫妇在中日邦交正常化 20 周年之际对中国的访问,在两千多年的中日交流史上首开了天皇访华纪录,意义非同寻常,象征性地说明了中日间自 1972 年实现邦交正常化后,两国关系有了长足的发展,进入了一个新时期。

由于历史原因,天皇访华一直是个敏感的问题。中日邦交正常化后,裕仁天皇曾多次流露过访华的心愿。《中日和平友好条约》缔结后,裕仁天皇在几次会见中国领导人时,仍表达了访华的愿望,但日本政府一直采取谨慎的态度,每次都要求中方不要就此事公开报道。

20 世纪 80 年代中曾根康弘执政时,曾试探邀请李先念国家主席访日的可能性。中方综合考虑各种因素,尤其是鉴于日本侵华历史,认为天皇应首先访华,对这段历史做出交代,而中国国家主席不宜先去。于是,中方表示希望天皇先行访华。此后,日方又以裕仁天皇年事已高为由,试探中方可否邀请皇太子代表裕仁天皇访华。

1989 年,裕仁天皇病故,明仁天皇太子即位,为解决天皇访华悬案提供了新的机遇。1989 年 4 月,明仁天皇在皇宫会见访日中的李鹏总理。明仁天皇对两国间一段不幸的历史表示遗憾。李鹏总理表示欢迎天皇在方便时访问中国。

　　1991 年 6 月国务委员兼外交部部长钱其琛访日时,与日外务大臣中山太郎探讨了天皇访华问题。是年 8 月,海部俊树首相访华时,李鹏总理再次表明希望天皇访华。1992 年是中日邦交正常化实现 20 周年。新年伊始,日本副总理兼外务大臣渡边美智雄来访中国,就庆祝邦交正常化 20 周年活动,特别是高层互访事交换意见。1 月 4 日,钱其琛与渡边美智雄会谈商定,上半年江泽民总书记访日,全国人大常委会委员长万里也于年内访日。钱其琛表示希望天皇在这值得纪念的年头里访华。随后,江泽民总书记和李鹏总理会见渡边时,也都表示希望天皇年内访华。

　　这年 4 月,江泽民总书记访日时会见明仁天皇,当面表示欢迎天皇皇后在秋季访华。与宫泽喜一首相会谈时,正式重申了中方对天皇的访华邀请。他向宫泽说明:中方邀请天皇访华,是出于增进两国人民世世代代友好下去的真诚愿望,没有其他目的。处事一向圆通的宫泽则笑嘻嘻地表示"将予以积极研究",并未做肯定的回应。

　　宫泽如此表态,事出有因。一段时间以来,日本国内围绕天皇访华一事议论纷纷。右翼势力坚决反对,甚至搞了不少小动作。政界和其他各界既有赞成也有反对的声音,而认为需要慎重考虑的占多数,他们主要担心天皇访华被"政治利用",或在历史问题上被强迫表态,成为"谢罪天皇"。

　　鉴于这种状况,我驻日使馆向国内提出"此时无声胜有声"之建议,采取冷处理方式,不再紧逼日方表态。5 月下旬万里访日时,只字不提天皇访华事。这样做的结果是日方主动找上门来。就在万里 6 月 1 日离开大阪回国前,日本外务省亚洲局局长谷野作太郎专程赶到大阪,就天皇访华事向随行的徐敦信副部长做解释,称当前的麻烦主要在于自民党内还有反对势力,但媒体的论调出现积极变化,有的大报还发表社论表示赞成。他特别说明，宫泽首相和渡边外相正在积极争取各方面支持，估计在 7 月底参议院选举后才能得出结论。

8 月 5 日，宫泽首相在舆论的风向变化、"赞成论"压过"慎重论"的形势下，召开由前首相等组成的自民党最高顾问恳谈会，争取他们的支持。8 月 25 日，宫泽内阁开会终于做出同意天皇访华的正式决定。中日两国政府同时发表天皇将于 10 月访华的消息。

第二节
天皇会见记者表期待

为配合天皇访华，日本外务省特地邀请中国新闻代表团访日，10 月 12 日下午，天皇和皇后在皇宫正殿的连翠南厅举行茶会，会见中国新闻代表团和部分中国驻日媒体记者。10 月 15 日下午，日本外务省为天皇皇后访华安排了记者见面会，包括人民日报驻日首席记者张国成和新华社东京分社社长刘文玉在内的各国驻日记者代表受邀参加。

明仁天皇在谈及此次访华的意义时说："日本和中国地理上相近，有着长期友好交往的历史。日本人从小就学习中国的文化，并根据汉字创造了假名。像这样，中国文化从许多方面培育了日本文化。因此，日中两国的异同很难分清。由于两国关系密切，因此对于关心两国关系的人来说，进一步加深相互理解，增进友好，是极为重要的。"

在谈到对中国的印象和访华准备时，天皇说："我从小就听到过有关中国的传说,也读过有关中国的书,对中国很关心。我从中国古代的典籍和历史中也学到了很多东西。在我喜欢的格言中就有'忠恕'一词,这个词出自《论语》,意思是自己诚实,体谅他人。还有,我小时候,时任东宫大夫穗积写了一本《新译孟子》,我很有兴趣读了这本书。日本人就是这样得到了中国的恩惠。我对从远古时代就产生了这样文化的中国怀着深深的敬意。另外,我接触过许多中国人,我感到他们都非常亲切。"

美智子皇后说:"我上小学时,在音乐课上曾学过一首描写长江的歌。歌词是滔滔大河,不舍昼夜,浩荡奔流,滋润着大陆的沃野……唱着这支歌,顿感心中无限的宽阔,这种感受至今记忆犹新。如今,想起这支歌就想到了中国和生活在那里的人们。"

在谈及日本皇室与中国的关系时,天皇说:"从古代起,天皇就派出遣隋使、遣唐使和许多留学生到中国,努力学习中国的文化。遣唐使的派遣停止后,随着日本权力转移到将军手里,与中国的关系停止了。尽管如此,中国文化还是给日本皇室以深刻的影响。例如,天皇即位典礼上穿的礼服式样,直至孝明天皇,都是来自中国。明治以后,日本受到各种变动的影响,日中关系也发生了变化,其间也出现了不幸的历史。日中邦交正常化后,两国关系日益密切,我对此感到非常高兴。我希望两国关系能超越过去,并希望两国建立起以相互信赖为基础的持久的友好关系。"

对即将启程的中国之行,天皇寄予热切的期待。他说:"在访问期间,我乐于会见尽可能多的中国人。""实地观察曾对日本文化产生过巨大影响的未知之中国,并加深对中国的理解,对于思考中国的未来具有深刻的意义。这次访问地包括西安。我想在那里缅怀古时的遣唐使。"皇后也难掩对中国之行的兴趣,她说:"中国是我至今没有访问过的国家。因此,中国的一切对我来说都是第一次,一切都很新鲜。"

第三节
天皇夫妇访华,受到热烈欢迎

10 月 23 日东京时间上午 10 时 25 分,明仁天皇、皇后乘坐专机飞离东京羽田机场,开始了他们访华之旅。临行前,机场举行了欢送仪式。德仁皇太子和皇族、宫泽首相、众参两院议长、最高法院院长和中国驻日使馆临时代办王毅出席。

天皇乘坐的波音 747 大型专机于北京时间下午 1 时 30 分在北京首都机场降落。当他们走下舷梯时,受到中方陪同团团长、国务委员兼国家科委主任宋健的热烈欢迎。宋健任陪同团团长是中国政府的精心安排,因为考虑到天皇还是一位造诣颇深的自然科学家。

北京欢迎尊贵的客人,天安门前长安街的灯柱上悬挂着中日两国国旗,通往钓鱼台国宾馆的道路上挂起了彩旗。在天皇和皇后下榻的国宾馆 18 号楼前,由北京市中小学生组成的鼓乐队奏起了迎宾曲,300 多名少年儿童挥动鲜花和彩带,欢迎来自东瀛的客人。天皇和皇后被热情的欢迎气氛所打动,他们不住地招手,皇后还用中文说"你好",使小朋友们感到很亲切。

欢迎仪式当天下午 4 时在人民大会堂东门外广场举行。礼炮鸣 21 响以及军乐队高奏两国国歌之后,天皇在杨尚昆主席的陪同下,接受中国人民解放军陆海空三军仪仗队荣誉礼,并检阅了仪仗队的行进仪式。身穿白色西服套装的美智子皇后伫立在人民大会堂东门外的台阶下,接受了这一最高礼遇。

欢迎仪式结束后,杨尚昆国家主席在人民大会堂会见明仁天皇夫妇,在诚挚友好的气氛中进行了亲切的谈话。杨主席代表中国政府和人民对天皇夫妇来访表示热烈欢迎。他说,陛下来访是中日关系中的一件大事,也是两国交往史上的第一次,意义重大。杨主席强调指出,陛下的这次访问标志着中日友好关系进入了一个新的发展阶段,对增进两国人民的相互理解和传统友谊并进一步推动中日关系的发展,必将产生积极和深远的影响。

明仁天皇说,在中日邦交正常化 20 周年之际,承蒙主席的邀请,我们前来贵国访问,感到十分高兴。两国关系有着悠久的历史,近 20 年来两国关系不断发展,我感到十分高兴。他还介绍这次带来的礼物是特地请著名画家平山郁夫画的法隆寺。他说,法隆寺是古代日本吸收中国文化修建的,是日本现存的最古老木质结构建筑。人们认为,天皇的礼物是用以表示他不忘中日两国的历史文化渊源之深。

第四节
国宴讲话,宾主抒胸臆

傍晚 6 时 30 分,身穿黑色礼服的天皇和身着奶油色和服的皇后在人民大会堂北门前走下座车,前来参加杨尚昆主席在这里举行的盛大国宴。明仁天皇夫妇在新疆厅门口受到杨尚昆主席等中方要人的迎接,在新疆厅,会见了对中日友好做出贡献的约 30 位中方人士。

宴会上,杨尚昆主席首先发表讲话,代表中国政府和中国人民,并以他个人的名义,对天皇、皇后的来访表示热烈欢迎。他说:"中华民族和日本民族都是伟大的民族。勤劳和智慧的两国人民在长期的友好交往中互相学习、互相帮助,结下了深厚的友谊,为人类的东方文明做出了可贵的贡献。""令人遗憾的是,在近代史上,中日关系有过一段不幸时期,中国人民蒙受了巨大的灾难。'前事不忘,后事之师',牢记历史教训,符合两国人民的根本利益。"

杨尚昆主席接着论述了中日邦交正常化 20 年来两国关系的巨大发展,强调"天皇、皇后两位陛下的这次访问,将进一步增进两国人民的相互理解和传统友谊,将两国的睦邻友好合作关系推向新的深度和广度"。

明仁天皇在讲话中首先提到了遣隋使和遣唐使,强调中国文化对日本的深刻影响,说日本国民长期以来一直对中国的文化怀着深深的敬意和亲近感。明仁还谈及他自己受到中国文化熏陶的情况,说他从小就读过李白的诗,对《三国志》也颇感兴趣。

接着,天皇就日本侵华历史郑重表示:"在两国关系悠久的历史上,曾经有过一段我国给中国人民带来深重苦难的不幸时期,我对此深感痛心。战争结束后,我国国民基于不再重演这种战争的深刻反省,下定决心,走和平国家的道路,开始了国家的复兴。"

对日本侵华历史如何表态,是天皇访华最敏感的政治问题。明仁天皇与其父裕仁天皇不同,第二次世界大战结束时他仅 12 岁,与侵华战争无直接瓜葛。他在中国的土地上,就中日间那段不幸的历史做上述公开表示,算是日本天皇对中日间历史问题的交代。

天皇讲话后回到座位上,杨尚昆主席端起酒杯,礼貌地对他说,谢谢您亲切的讲话。

宴会进行了约一个半小时。席间,杨尚昆主席和明仁天皇进行了愉快的交谈。当杨尚昆主席说到唐朝是中日间交流的鼎盛时期时,天皇说:"直到孝明天皇时代,历代天皇都是穿中国式的礼服登基的。"

第五节
长城秋色美,交流情更浓

10月24日上午,天皇和皇后在宋健和夫人王雨生陪同下,兴致勃勃地游览了万里长城。两人手拉着手一直登上北段的第三烽火台。此前,八达岭长城已接待了177位国家元首和政府首脑,日本天皇是第178位贵宾。

同日下午,热衷于海洋生物研究的明仁天皇在宋健的陪伴下,来到中国科学院院部二楼的科艺厅,同42位中国科学家欢聚一堂,共叙两国科技合作发展前景。

中国科学院院长周光召致欢迎词说,20年来,中国科学院同日本科技界在沙漠、冰川、植物、宇宙线和加速器等许多领域开展了卓有成效的合作,并表示希望天皇的来访将进一步促进中日间的科技交流。

明仁天皇说,回顾科学发展的历史,最重要的一点是,在探讨自然界真理的科学领域,学术交流要超越国界。他希望日中科学家加强交流与合作,为世界科学的发展做出贡献。他向中国科学院赠送了一批书籍,其中包括他参加编著的《日本产鱼类大图鉴》。

明仁天皇见到古脊椎与古人类研究所的张弥曼教授时,显得格外高兴。1986 年,明仁还是皇太子的时候,曾邀请张教授介绍过中国总鳍鱼类的研究情况。从此,他们一直保持着学术交往。

明仁天皇还饶有兴趣地观看了专门为他准备的旧石器、古人类和鱼类化石展览。中国科学院向他赠送了鱼化石。

美智子皇后对北京北海幼儿园的访问,也受到了热烈的欢迎。在音乐教室,孩子们表演中国秧歌舞,演唱日本歌曲《红蜻蜓》与《幸福拍手歌》。在美工教室,孩子们把他们的绘画赠送给美智子,令美智子很感动。临别时,美智子说北海幼儿园给她留下了深刻的印象,此访让她感到非常愉快。

下午 5 时许,李鹏总理和夫人朱琳前往国宾馆会见天皇夫妇。李鹏总理表示热烈欢迎天皇和皇后陛下来访,并愉快地回忆起三年前访日时与天皇会见的情景。天皇表示很高兴再次见到李鹏总理,并感谢中国政府和人民的热情接待。李鹏总理亲切地介绍了天皇和皇后要去访问的西安和上海的情况后说,这样,两陛下既可看到我国古都的风貌,又可以了解改革开放给中国带来的变化。李鹏总理表示,相信天皇这次访华将促进中日友好关系的发展。

第六节
总书记设盛宴，宾主尽开颜

24 日晚，中国共产党总书记江泽民在钓鱼台国宾馆会见并宴请了明仁天皇夫妇。宾主为他们能在北京第二次见面感到高兴。

江泽民对天皇和皇后访华表示诚挚的欢迎。他说："中日两国人民的友好交往可以追溯到公元前 1 世纪。两国人民在相互往来和文化交流方面，留下了许多动人的佳话，鉴真和尚矢志东渡日本，李白和阿倍仲麻吕的友谊，至今仍被两国人民传颂。"

江泽民愉快地回顾了中日邦交正常化 20 年来中日关系的发展，并说："20 年的实践证明，中日友好符合两国人民的根本利益，也有利于亚太地区乃至世界的和平、稳定与发展。两陛下的这次访问将会推动两国睦邻友好合作关系，使它向着新的深度和广度发展。"

江泽民还高屋建瓴地指出："在我们看来，对于中日关系，一要以史为戒，二要向前看，三要世世代代友好下去。"

天皇听后表示有同感。他说："日中两国要回顾过去，展望未来。加强两国友好关系十分重要。"

晚宴在钓鱼台国宾馆 17 号楼芳菲苑举行，中日双方约 40 人出席。

25 日是天皇夫妇在北京访问的最后一天。上午，客人饶有兴趣地参观了故宫博物院，领略了这座明、清两个朝代的紫禁城的风采。天皇夫妇仔细观看了几个大殿的木结构特色、皇帝龙座等内部装饰陈设。在养心斋,当他们得知这是西太后垂帘听政的地方和皇帝的卧室后,便好奇地询问当时的取暖和饮食是怎么解决的。在漱芳斋,他们怀着浓厚的兴趣欣赏北宋画家张择端的《清明上河图》,图中栩栩如生的市场交易和生活场景,令他们心驰神往,留恋不舍。天皇看到世界现存的帝王宫殿中规模最大的这座宫殿保存得如此完好,惊叹不已,在宫殿群中流连了一个小时才离去。参观结束时,故宫博物院向天皇赠送《国宝》画册,作为纪念。

中午,日本驻华大使桥本恕和夫人在中国大饭店举行盛大招待会,庆祝天皇夫妇访华成功。天皇夫妇亲切地会见了为中日友好事业做出贡献的50多位中方人士,同他们一一握手,互致问候。天皇兴致勃勃地发表讲话,他说,"日中两国地理相近,历史上交流悠久,增进相互理解,增进友好,非常重要","我在这里看到中国的文物,就想到中国文化对日本的影响,太感兴趣了,很值得玩味啊"。他还说,现在两国关系如此之好,离不开在座的各位的努力,表示深深的感谢,并鼓励各位为日中关系的进一步发展做出新的努力。天皇的讲话博得与会者热烈的掌声。

下午3时,杨尚昆主席到钓鱼台国宾馆与天皇和皇后话别。天皇夫妇临时改变了在大厅里恭候的礼宾安排,执意走到大门口迎接杨主席。杨主席称赞天皇和皇后在北京的各项日程都进行得很顺利,也很圆满,希望访问达到加深彼此了解、促进睦邻友好的目的。

天皇彬彬有礼地说,几天来受到了热情、周到的接待,访问顺利,为此感到高兴。关于两国今后的关系,天皇说,国之交在于民相亲,如果每个国民都努力去做,长此以往,定会开花结果。

杨尚昆主席向天皇和皇后赠送了他们访问北京的影集,并在影集上签上自己的名字。天皇高兴地说:"这将是一种永久的纪念。"

第七节
难忘西安、上海之行

天皇夫妇 25 日离开北京后，先后去西安、上海访问。

被誉为"天然历史博物馆"的古都西安是天皇和皇后期待访问已久之地。动身来华之前曾多次向记者表示，这次访问的目的之一就是要到唐都长安亲自体味日中两国悠久的交往史，缅怀开拓友好交流的先人使者。

黄昏时分，天皇夫妇乘坐的专机降落在咸阳机场时，受到陕西省省长白清才的欢迎。天真的儿童向天皇夫妇献上鲜花。抵达下榻的凯悦饭店时，天皇未直接进门，却拉着美智子皇后的手向外面走去。原来他注意到饭店外面聚集了不少自发前来欢迎的群众。天皇夫妇满面笑容，向人群挥手致意。

26 日，明仁天皇夫妇首先登临了对奈良、平安时代的日本文化产生强烈影响的长安旧迹大雁塔，缅怀遣唐使的功绩。巍峨的大雁塔昔日曾迎接一批批来自日本的遣唐使、留学僧。天皇夫妇今天登临大雁塔二层，环视四周，听身穿红色袈裟的住持介绍大明宫、玄奘院远景，仿佛时空倒转，又看到了大批僧俗先人跋涉入唐的盛况。

在参观被誉为"中国古代书法艺术宝库"的碑林博物馆时，明仁天皇在《开成石经》碑系列中，看到了自己即位后的年号"平成"的语源即

《尚书·大禹谟》石刻上的"地平天成"四个字,深感中日关系之源远流长。当王馆长解释说"地平即平定洪水,天成即地润而丰"时,天皇还详细地询问了这碑的时代背景,并称,西安的碑林在日本颇有名气,今天能亲临目睹,真是太好了!

下午,天皇、皇后又到陕西历史博物馆参观。从百万年前的蓝田猿人到唐墓壁画,从秦俑铜车到唐三彩,数不清的稀世国宝和珍贵文物,令天皇夫妇目不暇接,惊叹不已。对音乐造诣颇深的美智子皇后看到仿佛在大漠中浩荡行进的唐三彩骆驼背上,坐着7名乐俑,愉快地演奏竖琴、笛子、排箫、拍板、笙等乐器,惊喜地说,以前在欧洲访问时曾见过排箫,没想到中国也有排箫,太不可思议了!接着,他们又看到反映中外交流的《客使图》,图中三名唐朝官员正在迎接外国使节,其中一名使节酷似日本人,驻足仔细端详半天,以至于超过了原定的时间。可皇后说,这么多珍宝,看得太快,多可惜呀!她与天皇决定索性取消了休息时间,继续参观。离开时,意犹未尽,依依不舍。

下午4时,天皇、皇后兴致勃勃地登上明代西城门,受到数百名少年儿童载歌载舞的欢迎。历经600载风雨的西城门,雄伟气势不减当年,不禁令人肃然起敬。这座城门西去数公里就是世界著名的丝绸之路的起点。天皇、皇后来到箭楼北侧,登上瞭望台,极目远眺西方,发思古之幽情,仿佛看到了长安西市国际交易的繁华景象。

当晚,在白省长为他们举行的宴会上,天皇若有所思,深情地自言自语,说今天所到之处都是遣唐使当年去过的地方吧。皇后说,今天看到了许多文物,非常高兴,只是时间太短了。晚宴后,陕西省歌舞剧院专门为天皇夫妇演出了一台唐代宫廷歌舞,在身着朝服、头戴龙冠的"唐朝宫廷乐官"主持下,《汉宫秋月》《春夜喜雨》《望乡诗》等一曲曲悠扬悦耳的唐乐,响彻大厅,天皇夫妇陶醉其中,不断热烈鼓掌。演出结束时,他们同演员们一一握手,表示感谢。天皇对白省长说,过了一个非常愉快的夜晚。

翌日上午,天皇夫妇离开西安去上海访问。登机前,天皇紧握白省长的手,说这次访问非常愉快,十分感谢陕西省和西安市的盛情接待,并请白省长转达他们对陕西人民的问候。

27日中午,天皇和皇后从西安飞抵上海,下榻西郊宾馆。在上海期间,天皇和皇后还参观了南浦大桥和浦东新区,领略这座大城市改革开放新貌,并访问了南汇县周浦乡沈西村的新建农家,同农民亲切交谈。

天皇在下榻的宾馆会见了13位上海知名人士。其中的上海水产大学教授伍汉霖同明仁天皇一样,都是研究虾虎鱼类的,在天皇还是皇太子的时候,他们就进行了长达13年的学术交流,俩人重逢,格外亲切。明仁表示,日中有1/3以上的鱼类相同,因此,需要加强合作和研究成果的交流。

在上海交通大学校园里,天皇和皇后看到一群群年轻学子,分外高兴。学生们同他们互相提问,无拘无束地交谈,不时发出爽朗的笑声。皇后说,这些学生很有吸引力,自己也变得年轻了,仿佛又回到了35年前的大学时代。

27日晚,黄菊市长在新锦江饭店设宴款待天皇夫妇。宴会后,天皇、皇后游览灯光璀璨、夜色阑珊的南京路、外滩时,受到市民们自发的夹道欢迎。男女老幼,纷纷向车队招手、鼓掌,有的还高呼"你好"。天皇和皇后高兴万分,让车子慢行,不停地向众人招手致意,并打开车内灯,让外面的人群看得更清楚些。

28日下午1时半,天皇一行圆满结束了对中国历史性的访问,从上海乘专机回国。在虹桥机场,黄菊市长把一本记录他们访问上海的影集赠送给天皇和皇后。数百名少年儿童载歌载舞,热烈欢送。天皇登机前对陪同访问的国务委员兼国家科委主任宋健说:"这次访问很有意义,受到了中国人民的热情欢迎。中国政府为我这次访问做了周到的安排,给予友好接待,对此再次表示感谢。"

在回国的专机上,天皇回味这次难忘的华夏之旅,俯瞰扶桑山河,不禁诗兴大发,赋诗一首:

别华夏兮把家还,览山川兮云雾间。

红霞艳兮映白雪,富士峰兮色斑斓。

第八章

中国国家元首
江泽民访日本

第一节
飞抵东京,受到热烈欢迎

应日本政府邀请,中国国家主席江泽民于 1998 年 11 月 25 日抵达东京,开始对日本进行为期 6 天的国事访问。这是中日两千年交往中中国国家元首首次访问日本,对 21 世纪中日关系的发展意义重大,可以说是确定未来两国关系基调的一次重要访问。这次访问原定于同年 9 月成行,因中国东北和长江流域夏季同时发生严重水灾,江泽民主席亲自坐镇指挥抗洪救灾斗争,访问推后了两个多月。

25 日 17 时 50 分(东京时间),江泽民主席乘坐的波音 747-400 专机在东京羽田机场降落,受到国宾礼遇。当专机停稳后,日本外务省仪典长河村武和、中国驻日本大使陈健登上飞机,向江泽民主席和夫人王冶坪致以问候。江泽民主席和夫人走下飞机舷梯时,机场响起 21 响礼炮声。

江泽民主席在机场发表了书面讲话。他说,今年是《中日和平友好条约》缔结 20 周年。值此中日关系承前启后、继往开来的重要时期,认真总结中日关系的历史经验,对发展未来的两国友好合作具有重要的意义。

同机抵达的陪同人员有国务院副总理钱其琛及夫人周寒琼,中共中央书记处书记、中央办公厅主任曾庆红,中央政策研究室主任滕文生,中国科学院院长路甬祥和中央办公厅副主任、中央警卫局局长由喜贵。

先期抵达的陪同人员外交部部长唐家璇,国家发展计划委员会主任曾培炎,对外贸易经济合作部部长石广生,国家环境保护总局局长解振华和外交部部长助理王毅以及陪同人员陈健大使和夫人姚文卿,也到机场迎接。

日方到机场迎接的有外相高村正彦、日本驻中国大使谷野作太郎等。

当晚,日本首相小渊惠三夫妇在江泽民主席夫妇下榻的迎宾馆和风别馆举行非正式晚宴,为江泽民主席夫妇接风洗尘。

席间,小渊首相首先向江泽民主席和夫人王冶坪表示欢迎,并预祝江主席的访问取得圆满成功。江主席感谢小渊首相的热情款待。双方在轻松愉快的气氛中进行了亲切的交谈。

出席这个晚宴的客人还有钱其琛夫妇、陈健夫妇。日方出席作陪的有前首相、最高外交顾问桥本龙太郎夫妇和谷野作太郎大使夫妇。

同日晚,曾庆红主任、唐家璇外长还应邀出席了日本内阁官房长官野中广务的宴请。

第二节
作为国宾,受到天皇最高礼遇

11 月 26 日下午,江泽民主席出席了明仁天皇在迎宾馆广场举行的盛大的欢迎仪式。

欢迎仪式结束后,江泽民主席和夫人分别在天皇和皇后陪同下乘车前往日本皇宫。在皇宫的"竹间",双方会见并进行了友好的谈话。

天皇表示,他为能接待江泽民主席到日本进行国事访问,感到由衷的高兴。他认为,这次访问对两国友好关系的发展具有划时代的意义,并希望通过这次访问进一步密切两国关系。他愉快地回忆起 6 年前对中国的访问,并对中国政府和人民给予的热情友好接待,再次表示感谢。他还对中国 1998 年遭受百年不遇的特大洪灾,再次表示慰问,对中国人民在江泽民主席领导下战胜洪灾,表示敬意。

江泽民主席感谢天皇和皇后给予他和夫人的热情欢迎。他说,天皇和皇后陛下 1992 年在中日邦交正常化 20 周年时对中国进行的友好访问很成功,对两国关系的发展起了重要的推动作用。江泽民还对天皇在中国发生特大洪灾时给他发来慰问电,今天又再次慰问,表示感谢。

江泽民说:"6 年前,我是作为中国共产党总书记对贵国进行友好访问的。今年是《中日和平友好条约》缔结 20 周年,我作为中国国家主席首次访问贵国。我愿意同贵国朝野各界在总结过去的基础上，共同探讨和构筑面向 21 世纪的中日友好合作关系框架。"

会见时，江泽民代表中国人民向天皇陛下赠送了珍贵的礼物——朱鹮。江泽民说，听说陛下对鸟类颇有研究，这次访日想赠送一对朱鹮，我把照片带来了。我愿借此表达中国人民对日本人民的友好情谊，希望它们能够成为中日友好新的象征。天皇看了照片后说，日本国民看到如此珍贵的鸟，一定会非常高兴，我深表感谢。

朱鹮是一种国际保护鸟，当时仅有 137 只。江泽民主席赠送的这一对朱鹮均系人工繁殖，它们于 1999 年 1 月底被送往日本新潟县新穗村的佐渡朱鹮保护中心落户。

26 日晚，日本天皇明仁和皇后美智在皇宫丰明殿举行盛大宴会，欢迎江泽民主席和夫人王冶坪访问日本。

在宴会上，天皇首先致辞表示欢迎江泽民主席的来访，并期待着江泽民主席在日本逗留期间，能会见日本各界人士，并同他们进行友好的对话，以加深相互理解。他认为，这有利于两国友好关系的进一步发展。他恳切希望日中两国今后携手致力于解决共同面临的问题，为改善地球环境，为人类的福利，为世界和平继续做出贡献。

江泽民主席致答辞感谢天皇的盛情接待，并代表中国人民向日本人民致以亲切的问候。

他说："中国和日本是一衣带水的邻邦，两国人民在两千多年的交往中结下了深厚情谊。长期以来，两国人民相互学习、互相借鉴，促进了各自国家的发展。但不幸的是，在近代历史上，日本军国主义走上了对外侵略扩张的歧途，给中国和亚洲其他国家的人民带来了浩劫，也使日本人民深受其害。'前事不忘，后事之师'，对于这一惨痛的历史教训，我们应该永远记取。"

江泽民接着说："我们欣慰地看到，经过两国老一辈政治家和各界有识之士的共同努力，1972 年两国实现了邦交正常化，1978 年又缔结了和平友好条约，中日关系在新的历史条件下得到了广泛发展，对亚洲和世界的和平与发展也产生了积极影响。"

他又说："我作为中国国家主席首次访问日本，目的是同贵国朝野各界一道，在总结过去的基础上，共商两国长远友好的大计。"江泽民最后表示相信，只要中日双方共同努力，就一定可以在新世纪建立一个健康、持久、稳定的中日睦邻友好合作关系。

第三节
与小渊会谈，确定未来关系框架

江泽民主席会见天皇后，于 26 日下午在迎宾馆同日本首相小渊惠三举行会谈，就两国关系中的一些重要问题和双方关心的问题，广泛地交换了意见。双方一致认为，这次会谈是重要的，也是有益的，将对两国关系的发展起到积极的促进作用。

江泽民全面阐述了中方对历史问题和台湾问题的立场。关于历史问题，江泽民说，纵观中日两国两千年的关系史，友好与合作是主流。但近代，日本军国主义发动了多次给中国人民带来深重灾难的侵略战争。坦率地讲，在多国列强中，日本是加害中国最重的国家。尽管如此，我们一直主张侵略战争的责任应由军国主义分子来负，广大日本人民同样也是受害者,应同他们和睦相处,发展世代友好。这一既定政策不会变化。但是,在历史问题上采取向前看的态度,前提必须是正视和承认历史,这也是《中日联合声明》和《中日和平友好条约》之所以签订的重要政治基础之一。

江泽民接着说,回顾中日邦交正常化26年的历程,不能不遗憾地指出,日本国内不断有人在历史问题上制造事端,否认甚至歪曲历史事实。这些都极大地伤害了战争受害国人民包括中国人民的感情,干扰了中日关系的正常发展。中方从维护历史真相和中日关系政治基础的大局出发,不能不做出必要的反应。

江泽民强调,日本军国主义的横行曾给中日两国人民都带来了灾难,也使中日传统友好关系遭到严重损害。军国主义是中日两国人民的共同敌人,是完全违背人类和平与进步的历史逆流,两国人民应当共同予以坚决反对。日本政府对此采取明确的态度,首先对日本继续坚持和平发展的道路有利,也将赢得包括中国在内的周边邻国的谅解和信任,并且有助于日本在国际和地区事务中进一步发挥积极作用。

江泽民还希望日本政府能够认真总结这方面的经验教训,真正遏制否认和歪曲历史的势力。

对此,小渊首相回应说,为发展面向未来的两国关系,首先有必要正视过去的历史,日中两国在过去有过不幸的关系。1995年发表的日本内阁总理大臣谈话,对日本过去的殖民统治和侵略表明了深切的反省和由衷道歉。小渊强调,日本政府在此再次向中国表示反省和道歉。他说,日本基于对过去的诚恳认识,第二次世界大战以后一直坚持走和平发展道路,今后也不走军事大国道路。小渊说,作为政治家,他认识到自身承担的责任,愿为日中两国的长远友好继续做出不懈努力。

关于台湾问题,江泽民说,在台湾问题上,日本是有负于中华民族的。日本曾通过武力吞并台湾并进行了长达50年的殖民统治。日本政府在《中日联合声明》中,明确承认中华人民共和国政府是代表中国的唯一合法政府,充分尊重和理解中国政府关于台湾是中华人民共和国不可分割的一部分的立场。1978年缔结的《中日和平友好条约》又确认了《中日联合声明》的各项原则。这不仅进一步从政治上和法律上解决了台湾地位问题,而且为正确处理涉台问题确立了明确的指导原则。

江泽民接着说:"必须指出,日本国内在台湾问题上仍存在一些错误的认识。我们希望日方切实尊重中国政府关于台湾问题的立场,恪守在《中日联合声明》中就台湾问题做出的郑重承诺,妥善处理台湾问题。"

小渊说,日本深刻地认识到台湾问题对中国的重要性。自日中邦交正常化以来,在台湾问题上,日本一直遵循《日中联合声明》确定的只有一个中国的原则,并愿在此基础上全力以赴地发展日中关系。他说,其日本不支持台湾独立,这一点已明确表示过,今后也不会变。同时,日本对台湾也没有任何野心。日本在台湾问题上将恪守《日中联合声明》和《日中和平友好条约》所确立的各项原则。小渊希望海峡两岸之间的交流进一步取得进展,并希望台湾问题通过对话和平解决。

江泽民说,中日关系正常化以来,两国关系发展的主流和趋势是好的,经过双方共同努力,中日关系已奠定了较扎实的基础。双方通过《中日联合声明》和《中日和平友好条约》奠定了两国关系的重要政治基础;中日两国人民长期培育起来的传统友谊,在新的历史条件下进一步得到发扬和光大;两国交流与合作呈全面发展的良好势头;中日两国政府都高度重视中日关系,明确将发展两国长期稳定的睦邻友好合作关系作为各自的一项国策。

江泽民又说,当前国际形势发生了重大而深刻的变化,多极化发展趋势日益明朗,和平与发展仍是当今时代的主题。中国是世界上最大的发展中国家,日本是亚洲唯一的发达国家,两国承担着维护和平和促进发展的重要责任。中日两国适应时代发展潮流,对两国关系做出跨世纪的定位,具有重要意义。

江泽民接着说:"我高兴地看到,双方经过协商,现在已就两国建立致力于和平与发展的友好合作伙伴关系达成一致。在此,我愿同小渊首相共同加以确认。中方也愿意同日方一道,为实现这一目标做出应有的努力。"

小渊说,21世纪即将到来,回顾日中邦交正常化26年的历史,两国关系取得了重大的进展。江泽民主席此次访问期间,两国宣布建立致力于和平与发展的友好合作伙伴关系,这将为两国关系长期稳定的发展确定新的框架。

会谈中,双方谈到了加强两国青少年交流的问题。双方商定,将签署这方面的框架合作计划。江泽民说:"青年是民族的未来,人类的希望。珍惜今天来之不易的两国友好,进而面向长远未来,我们更应寄希望于两国青年一代。为此,加强两国青少年之间的交流,进一步增进相互了解,加深彼此信任,十分重要。"他希望这一计划能够带动两国各个领域的青少年交流呈现更加活跃的局面。

双方还讨论了加强两国经贸、科技、环保领域的合作问题。在谈到中国加入世界贸易组织的问题时,江泽民说,中国加入世贸组织不仅符合中国的利益,而且对世界多边贸易体制和各贸易伙伴也是有利的。他对日方在中国加入世贸组织问题上采取的积极态度和为此做出的努力,表示赞赏。小渊表示,日方将继续积极支持中国早日加入世贸组织。

会谈后,中日两国发表了《关于建立致力于和平与发展的友好合作伙伴关系的联合宣言》和《关于加强双边合作、国际领域的合作的联合新闻公报》。

第四节
广泛接触各界，力促友好发展

江泽民主席在东京访问期间，本着"不忘老朋友，广交新朋友"的精神，与日本各界人士进行了广泛的接触，增进了相互理解和友谊。

26 日上午，江泽民在迎宾馆花鸟厅举行早餐会，款待六位前首相。他们是中曾根康弘、竹下登、海部俊树、羽田孜、村山富市和桥本龙太郎。席间，江泽民同他们进行了亲切友好的交谈。

江泽民说，今天有机会同六位日本前首相坐在一起，可谓高朋满座。各位先生担任首相期间都为推动中日关系发展做出了积极贡献，卸任后，仍继续关心和支持中日友好，我们对此表示赞赏。

中曾根代表各位前首相对江泽民主席在繁忙的日程中会见他们，表示衷心感谢，并表示非常高兴能在《日中和平友好条约》缔结 20 周年之际迎接中国国家主席访日。中曾根说，村山前首相在 1995 年代表日本政府就过去历史表示反省和道歉的讲话，代表了我们大家的想法，希望在此基础上面向 21 世纪，建立和平合作的两国关系。

江泽民说，古人云："以史为鉴，可以知兴替。"中日两国之间的交往可追溯到两千多年前。特别是本世纪中由于军国主义的侵略带来的那段惨痛历史以及中日关系终于化干戈为玉帛的曲折历程表明,实现世代友好这一目标,最重要的是要正确认识和对待历史。

各位前首相对此表示赞同。村山富市表示,我们赞同"前事不忘,后事之师",正确认识历史是日中两国建立信任的基础,我们期待以江主席这次访问为契机,揭开日中关系新的一页。

接着,江泽民又在迎宾馆羽衣厅会见了曾为中日邦交正常化和缔结《中日和平友好条约》做出贡献的老朋友和已故老朋友的家属。

江泽民对有机会同他们见面感到特别高兴。他说:"各位都是为中日邦交正常化和缔结《中日和平友好条约》做出贡献的功臣和功臣的家属。我们的周恩来总理生前曾经说过:'饮水不忘掘井人',正是出于这种心情,我特意在这次访问期间安排了这场活动。"

江泽民说:"各位都是历史的见证人。中日友好的今天来之不易,是你们和你们的先辈为之不畏艰难、积极努力的结晶。这一业绩,中日两国人民永远不会忘怀。"

参加会见的有中日建交时的内阁官房长官二阶堂进,有《中日和平友好条约》缔结时的首相福田赳夫的儿子福田康夫、外相园田直的遗孀园田天光光及儿子园田博之等。

江泽民称赞几位老朋友为中日友好立过汗马功劳。他还说,特别令人高兴的是,在座的还有一些老朋友的后代,从你们身上可以看出,中日友好后继有人。他希望老一代"老骥伏枥,志在千里",期待新一代"青出于蓝而胜于蓝",使中日友好事业代代相传。

二阶堂进代表参加会见的所有日本朋友讲话,对江泽民主席来日本进行国事访问表示热烈欢迎。他针对日本国内的有关动向,强调表示:"在面向 21 世纪时,日本对过去的历史进行反省,是十分重要的。我已十几次访问中国,每次访问都会对此有愈加深切的认识。为了世界和平,日中两国应在各个层次加强交往,加深理解,应在各个领域发展全面的关系。"

江泽民对朋友们的讲话深表赞同。他说,只有正确对待历史,才能面对未来。

27 日晨,江泽民主席出席了日本众、参两院议长在众议院议长官邸为他举行的欢迎早餐会。

27 日上午,江泽民主席在下榻的迎宾馆分别会见了日本政党领导人。他们是自民党领导人森喜朗、深谷隆司、池田行彦,民主党代表菅直人,公明党党首神崎武法,自由党党首小泽一郎,共产党委员长不破哲三,社民党党首土井多贺子。

27 日中午,江泽民主席出席了日中友好七团体在东京新高轮王子饭店举行的欢迎招待会,受到出席招待会的各界友好人士 1500 多人的热烈欢迎。

28 日,江泽民主席应邀出席了日本经济团体举行的欢迎午餐会,受到日本经济团体联合会、日本商工会议所、日本经营者团体联盟、经济同友会、日本贸易会及日中经济协会 170 多名经济界人士的欢迎。

日本经济团体联合会会长今井敬代表各经济团体致辞,认为这次由两国政府发表的联合宣言,在指明 21 世纪中日关系发展方向方面具有重要意义。日中两国不仅要在政治和经济领域加强合作,还应该以密切的关系为基础,展望未来,在诸如国际货币系统、环境能源和科学技术开发等全球性问题上携起手来。这是 21 世纪赋予日中两国的责任。

江泽民讲话表示希望两国经济界着眼于长远,努力开拓合作的新领域。他希望双方今后要着重加强在高新科技和产业技术领域、环境保护领域以及中国中西部地区经济发展中的合作。

江泽民谈到了亚洲一些国家发生的金融危机。他说,我们注意到日本正在为应对金融危机制定新的对策。我们期待日本作为本地区的唯一发达国家,进一步承担责任,为亚洲的经济稳定做出积极的贡献。

江泽民还说,中日经贸合作经过几代人的努力,已取得了长足发展。一个互利互补、形式多样、稳定发展的框架已经形成。双方已互为重要贸易伙伴。两国政府资金合作顺利,民间投融资增长迅速。中日经贸合作的发展,符合两国人民的利益,也为世界和地区经济的发展做出积极贡献。

江泽民还强调指出:"中日两国都是对亚洲和世界经济有着重要影响的国家。我们应同亚洲及世界上其他国家一道,加强对话与协调,为推动建立起公正合理的国际经济新秩序而不懈努力。"

第五节
面向青年,发表演讲

11 月 28 日上午,江泽民主席在日本著名的早稻田大学礼堂发表了题为"以史为鉴,开辟未来"的重要演讲,受到 1000 多名师生的热烈欢迎。

奥岛校长在致欢迎词中称,早稻田大学与中国有着悠久的交往史,该校 1882 年创立后不久,即接受了清政府派遣的公费留学生,成为日本最早接受中国留学生的大学。李大钊、廖仲恺、彭湃等不少革命志士早年也曾在该校学习过。目前在该校学习的中国留学生约 300 多名。该校还与上海交通大学等院校建立了交流合作关系。

江泽民在热烈的掌声中走上讲台并发表了精彩的演讲。他在全面回顾和总结了中日关系史正反两方面的经验和教训的基础上强调指出，不同民族、不同国家之间的交往，只有在和平友好的气氛中按照人民的意愿来进行，才会对他们的共同发展和整个人类进步事业，产生巨大的推动作用，而任何以武力侵略、奴役别国人民，或者把自己的文化和生活方式强加于其他民族，都必然带来浩劫和灾难，是注定要失败的。这个人类曾经付出惨痛代价才得到的基本教训，值得我们的今人和后人格外珍重。在当今世界上，各个民族、各个国家之间的交往，应该坚持相互尊重、相互借鉴，平等互利，友好相处，以促进我们居住的这个星球上的所有国家，在丰富多彩的发展中不断地实现共同进步。

他说："总结过去，展望未来，可以得出几点重要的认识。"

一是"要百倍珍惜和维护中日两国人民历尽艰辛共同努力建立起来的睦邻友好关系"。"无论是现在还是将来，我们两国的人民和政治家们，都要继续精心培育和发展这种友好关系。有利于中日友好的事，要竭尽全力去做。不利于中日友好的事，决不要去做。"

二是"要正视中日关系史上出现的那段不幸经历，从中真正吸取历史教训"。"无论从日本的国家利益出发，还是从促进亚洲和世界的和平与发展出发，日本都应坚持走和平发展的道路，用正确的历史观引导国民和青年一代，而绝不能允许任何形式的军国主义思潮和势力重新抬头。"

三是"要随着时代的前进推动中日两国关系不断向前发展"。"我们应该以长远的观点来审视中日关系，顺应历史潮流，把握时代主题，排除各种干扰，严格按照国际关系的基本准则办事。"

江泽民还向与会者阐述了中国的对外政策。他说:"中国人民将始终不渝地奉行独立自主的和平外交政策,努力构筑一个长期和平稳定的国际环境,特别是良好的周边环境。中国是维护地区和世界和平的坚定力量。即使中国发展了,也绝不会欺负别人。中国永远不称霸。'亲仁善邻,国之宝也。'我们坚持在和平共处五项原则的基础上同所有邻国和世界各国发展友好合作,为维护世界和平、促进共同发展的崇高事业而不断做出新的贡献。"

演讲临结束时,江泽民深情地说:"美好的未来要去创造,未来终究属于年轻一代。我衷心希望中日两国青年相互学习,加深了解,增进友谊,发展合作,为实现两国人民世世代代友好的崇高目标,为促进亚洲和世界的和平、繁荣与进步而共同努力。"

最后,他引用曾在早稻田大学学习过的李大钊的一句名言,作为给中日两国青年的赠言,而结束了他的演讲。这句话是:"为世界进文明,为人类造幸福,以青春之我,创建青春之人类。"

演讲结束后,江泽民给早稻田大学挥毫题词:"加强文化交流,促进中日友好。"

第六节
会见记者,增信释疑

11 月 28 日下午,江泽民主席应邀来到东京的日本记者俱乐部,面对400多名记者,举行了一场别开生面的记者招待会。

他向记者们讲述了访问的情况,说访问虽还没有结束,但可以说,经过双方共同努力,这次访问已经取得了重要的成果,将有助于推动中日关系向前发展。

日本共同社记者问,这次发表的联合宣言既然是继《日中联合声明》和《日中和平友好条约》签署以来又一个重要的日中双边关系文件,为什么没有由双方签署呢?

江泽民答称,中日双方在讨论发表联合宣言的过程中,并未考虑过要签署宣言的问题。中方与许多国家都发表过类似的共同文件,大多数也都没有签署。我想强调的是,文件无论签字与否,一经发表都是一种庄严的承诺,都应予以恪守。

当新华社记者问如何评价这次访问的成果和如何展望中日关系的未来时,江主席说:"这次访问的最重要成果是,双方本着'以史为鉴、面向未来'的精神,在认真总结两国关系经验教训的基础上,一致同意建立致力于和平与发展的友好合作伙伴关系。我相信,只要两国领导人从跨世纪的战略高度出发,就定能将一个健康、稳定的中日关系带入21世纪。"

日本《读卖新闻》记者问,江泽民主席这次在日本不同场合多次谈到对历史的认识问题,强调"前事不忘,后事之师"。您是否认为日本存在着复活军国主义的危险?

江泽民答称,中国古人说过:"以史为鉴,可以知兴替。"历史是客观事实,不可能改变。唯一正确的态度,是正视历史,从中吸取经验教训,从而更好地面向未来,开辟未来。我不能不指出的是,日本国内总是有一些人,包括一些身居高位的人经常歪曲历史、美化历史,伤害了包括中国人民在内的亚洲受害国人民的感情,我们对此不得不做出反应。

这也说明,如何正确对待历史,一直是日本没有解决好的一个问题。我们认为,日本本着对历史负责的态度,遏制这些人的错误言行,并用正确的历史观加强对青少年一代的教育和引导,这对中日关系长远发展有利,最终对日本也有好处。

中国香港凤凰卫视台记者问及这次发表的联合宣言中,日本再次表明了对台湾问题的立场,这对中日关系的发展会有什么影响时,江泽民答称,日本在 1972 年的《中日联合声明》中已就台湾问题做出了郑重承诺。在这次我同小渊首相的会谈以及之后发表的联合宣言中,日方再次就台湾问题做出重要表态。应该说,在如何处理台湾问题上,中日之间已经有了充分和明确的指导原则。台湾问题是中国的内政,事关中国主权和统一大业。正确对待和处理这一问题是中日关系发展的政治基础。中国有句古话:"与朋友交,可无信乎?"我们希望日方能够信守自己所做的承诺:"言必信,行必果。"

中国台湾电视台记者问,最近江主席会见了台湾海基会董事长辜振甫先生后,对台湾的看法和印象是否与过去有所不同?

江泽民告称,我和辜振甫先生不是第一次见面,我们在亚太经合组织会议上见过几次。新中国成立后,辜先生没有来过北京,但他对北京很熟悉,也喜欢京剧,我们在一起的话题是很多的。但最重要的是如何促进两岸早日统一。

江泽民面对全场的记者,以坚定有力的口吻指出,台湾问题是中国的内政,是中国内战遗留下来的问题。1995 年我曾就台湾问题发表过八点意见。在这个问题上,我们的立场很清楚,就是"和平统一,一国两制"。但是,我们不承诺放弃使用武力。这绝对不是针对台湾人民的,而是针对台湾岛内一切分裂主义势力的。我们坚持一个中国,坚决反对台湾独立。

第七节
访问仙台，凭吊鲁迅

11 月 28 日下午，江泽民主席一行结束在东京的访问，乘新干线专列前往仙台访问。

江泽民主席抵达仙台当晚，出席了宫城县知事浅野史郎为他举行的晚宴。

江泽民主席在晚宴上讲话说，仙台是中国人民熟悉的城市，中国现代文豪鲁迅先生曾经在这里学习和生活过，他同许多日本朋友有过密切的交往。鲁迅先生同藤野严九郎先生结下的深厚情谊，在中日友好史上成为佳话。当地的广濑川畔、青叶山下建立的鲁迅纪念碑，不仅是对鲁迅先生的深切怀念，也体现了对中国人民的友好感情。

浅野知事在致欢迎词时说："在晚秋时节，江泽民主席阁下和夫人光临宫城县，使宫城县民感到光荣和自豪。""鲁迅先生与藤野先生交往的美谈广为流传。现在，在宫城县的大学学习的中国留学生有 400 多名，在他们之中一定会出现 21 世纪的鲁迅先生。我们也要培养出第二个、第三个'藤野先生'。"他表示，宫城县民将尽可能地去帮助中国留学生，以此加深两国友好关系。

29 日上午，江泽民主席和夫人在仙台市市长藤井黎陪同下，瞻仰了位于仙台市西郊的鲁迅先生纪念碑。纪念碑坐落在青叶山下、广濑川畔,掩映在一片苍松翠柏之中。纪念碑高 5 米,宽 2 米,用 10 吨当地产的玄昌石建成,上方镶嵌着直径约 1 米的青铜鲁迅头像。碑的正面镌刻着郭沫若先生题写的"鲁迅之碑"四个大字以及由仙台东北大学教授内田道夫先生撰写的碑文。江泽民主席夫妇听完藤井黎关于纪念碑修建经过的介绍后,静默肃立,向纪念碑三鞠躬,然后走上前去,将两束鲜花轻轻地摆放在碑座,向这位伟人致以崇高的敬意。

接着,江泽民在纪念碑附近挥锹培土,栽下一棵红梅树,并淋洒了清水。江泽民对众人说,这棵树是中日两国人民世代友好的象征,我们要精心培育,让中日友谊之树开出艳丽的花朵。

离开鲁迅纪念碑,江泽民一行驱车来到仙台东北大学,在阿部博之校长陪同下,参观了该校史料馆有关鲁迅的展览。展品中有鲁迅当年入学时的照会公函、在校成绩单、考勤表、鲁迅与同窗好友的合影等宝贵资料。此外,还有藤野先生的照片以及藤野批改过的鲁迅解剖学笔记的照片。

参观完毕,江泽民将自己手书的一首题为《访仙台》的古体诗赠送给仙台东北大学。

第八节
北海道之行,走进寻常百姓家

29 日中午,江泽民主席结束对仙台的访问后,前往白雪皑皑的北海道访问,这是他访日行程的最后一站。

前往机场迎接的有日本外务省政务次官町村信孝、北海道知事堀达也、札幌市长桂信雄、中国驻札幌总领事王泰平和夫人方慧聪以及华侨和留学生代表等。江泽民一行抵达下榻饭店时,一群小学生挥动手中的鲜花,欢呼雀跃,欢迎客人的到来。

当天下午,江泽民主席参观了石狩郡当别町的养花大户池田悟家和位于江别市郊的町村牧场,赞扬了他们艰苦创业、钻研科学、德业并进的精神。

在池田家的客厅里,江泽民主席同池田全家人亲切交谈。参观温室时,江主席细心地向主人了解花卉栽培管理情况。当他了解到现年47岁的池田悟是当地的花卉农艺师,目前有4座大型钢骨温室、35座塑料大棚和1个冷库,种养的鲜花远销九州,年平均销售额为1亿日元时,对池田的勤劳致富精神和科学种花的技术,给予高度评价。池田将自家生产的鲜花献给江泽民主席,江泽民主席高兴地用日语说:"真漂亮!"

离开池田家时虽暮色苍茫,江主席不顾连日访问的劳累,又兴致勃勃地来到町村牧场访问。这座牧场创建于1917年,经过几代人的努力,目前已成为集饲养奶牛、奶制品加工一体化的现代化养牛大户。饲养的奶牛有360头,年产鲜奶量为1650吨,并生产黄油、奶酪、冰淇淋等高附加值的乳制品,年销售额为3.5亿日元。

牧场主人町村末吉对江泽民主席的来访表示热烈欢迎。他向江主席介绍他的家庭成员。他的孙女为欢迎江主席画了一幅《日中友好》的画,亲手送给了江爷爷。町村先生激动地说:"今天是我们町村家创业80年来最辉煌的一天。"町村还热情地请客人品尝自家生产的冰淇淋。

江泽民主席和代表团主要成员与主人团坐在榻榻米上聊家常,还应主人的要求在一帧色纸上写下"江泽民一九九八年十一月访町村先生之家"几个大字。随后,他还在主人陪同下,参观了机械化挤奶设施,并走进巨大牛棚,认真地向主人了解了奶牛的饲养情况及夏冬季节不同的管理方法。晚上,江主席一行应邀出席了北海道和札幌市政府联合举行的盛大欢迎宴会。

翌日,江主席在下榻饭店会见著名治沙专家远山正瑛等六位为中国的发展做出了宝贵贡献的日本专家,感谢他们对中国发展所做出的贡献后,结束对札幌的访问乘专机回国。

第九节
访问成果,发表联合宣言

江泽民主席这次对日本的国事访问,是中国最高领导人在世纪之交进行的一次具有深远意义的重要外交行动。

江泽民主席是在中日关系处于承前启后、继往开来的历史时期访问日本的。江主席在这次访问中,以长远的观点和战略的高度,总结过去,展望未来。

江泽民主席在访问中就历史问题全面、深刻、坦诚地阐述了看法,强调只有以史为鉴,才能正确地走向未来,表示中方愿意在历史问题上采取向前看的态度,但前提必须是正视和承认历史。过去日本军国主义侵略中国的历史事实不容抹杀。指出日本应当坚持走和平发展的道路,决不允许任何形式的军国主义思潮和势力重新抬头。中日两国人民只有和睦相处,互相尊重,珍惜和维护来之不易的传统友好关系,防止历史悲剧重演,两国才能永远做好邻居,两国人民才能世代友好下去。

江泽民主席访日期间强调历史问题不是算历史旧账,而是从历史的角度总结经验教训,使 21 世纪的中日关系顺利发展。这也有利于日本在地区和国际事务中摆正自己的位置,发挥健康的作用。

经过会谈,在历史问题上,日本政府首次承认过去对中国的侵略,并再次就侵华战争给中国人民造成的重大灾难,表示深刻反省和道歉。双方确认,正视过去以及正确认识历史,是发展中日关系的重要基础。

中日关系中的涉台问题也是这次首脑会谈的一个重要议题。中方坚持原则,通过会谈取得了好的成果。日方保证继续遵守日本在《中日联合声明》中表明的关于台湾问题的立场,重申中国只有一个,日本将继续只同台湾维持民间和地区性往来。

江泽民主席和小渊首相通过会谈,发表了联合宣言,这是继《中日联合声明》《中日和平友好条约》之后,指导两国关系发展的第三个重要文件。双方宣布建立致力于和平与发展的友好合作伙伴关系。这一重要定位指明了中日关系的前进方向。

对于江泽民这次对日本的访问,究竟取得了什么样的外交成果,日本有不同的看法。日本报界有人把江泽民主席这次访日称之为"教训日本之旅",对产生的影响称之为"江泽民震荡",对中方强调历史问题表示严重不满、厌烦和反感,有力地说明到 20 世纪末期,日本国内政治氛围已经发生了显著变化,否定历史、美化侵略的右翼势力抬头,民族主义思潮高涨,舆论界变调,成为中日政治关系趋冷的背景和根源。

第九章

战后日本的轨迹

第一节
占领政治的开始

战后日本的政治是根据《波茨坦公告》开锣的。天皇和日本政府的国家统治权从属于驻日盟军最高司令的管理权，日本被盟国占领。关于日本统治阶级直到决定投降之前最为担心的未来的"国体"问题，盟国认为，日本最终的政治形态应该依据日本国民自由表明的意志来决定。

根据这个原则，盟军开始进驻日本本土，于 1945 年 10 月在东京设立了驻日盟军总司令部(G.H.Q.)。盟军并不对日本实行军政，而是采取间接的统治方式，即由最高司令官对日本政府发出指令和劝告的方式，来推行其占领政策。其占领政策的根本方针表面上由最高决策机关远东委员会决定后，经过 G.H.Q.咨询机构对日理事会的审议，实质上是美国驻太平洋军队的单独占领，根本谈不上是盟军的共同占领。日本的战后政治就是在这种状况下重新出发的。

占领政治构图：

远东委员会

[本部　华盛顿]

成员国(11 国)：美国、英国、苏联、中国、法国、荷兰、加拿大、澳大利亚、印度、新西兰、菲律宾

主席国　　　美国

战争一结束，美国便单独占领日本。驻日盟军最高统帅道格拉斯·麦克阿瑟（1880—1964）成了日本的太上皇。这位曾在第二次世界大战期间统帅盟军在南太平洋同日军作战的美国将军，在 8 月 15 日即日本投降的当天，被杜鲁门总统任命为驻日盟军总司令。他要按照美国的意志，对日本进行一番彻底的改造，给日本制定了一部宪法。日本尽管心里不服，却表现得对美国百依百顺，且一味讨好，甚至于到了为占领日本的美国大兵开妓院的地步。

1945 年 8 月 18 日，即日本宣布投降的第三天，日本政府就以内务省为中心，决定建立为美国占领军提供性服务的"特殊慰安设施"，作为"战后处理的国家紧急措施之一"。为此，成立了"特殊慰安设施协会（RAA）"，立即着手募集慰安妇。18 日，内务省的桥本政美警保局长向各府县的长官（当时称县知事为长官）发出募集为占领军服务的女人的指示。各地的警察署长为了完成任务，四处奔波求助，请求当地提供"为了国家而卖淫"的女人。结果，募集到 1,360 个慰安妇，赶在 1945年 8 月 30 日第一批占领军登陆日本之前，日本政府便在美军登陆必须经过的京滨国道旁的大森开设了第一家慰安设施——小町园。随后，在东京都内的银座、赤羽、小岩和立川、调布、福生、青梅等处陆续开张了 33 家特殊慰安设施，前后募集了 2 万到 5 万名慰安妇。在美军驻扎的其他 20 座城市也设立了不少同样的设施。只是因为性病在美军军营里蔓延，至 1946 年 3 月，公开的慰安所在盟军最高司令部干预下解散。

同年 12 月，"慰安设施"刚刚废止不久，日本内务省就公然声称女性有卖淫权，在城市里划定了红灯区，推定有 55,000 至 70,000 名女性随之当了妓女。她们以向美国占领者提供性服务为时尚，只要是占领军，不管是白人还是黑人，她们都热心服务，与征服者"交际"成了缔造"最亲密的国际关系"的有效手段，她们也成了"时髦的女人"。她们出于"工作"的需要,学会了特殊的语言本领,独创出妓女日语与大兵英语的混合语。她们常常是边讲着这种"时髦"的语言,边挽着美国大兵的胳膊在街上张张扬扬,或坐在美军吉普车上招摇过市。

美国学者约翰·达维尔在评论当时的情形时写道:"在来到日本的美国人的头脑中,这个战败国本身就变得像一个女人一样。曾经是仇敌的日本人,从该死的猛兽,突然令人吃惊地变成了可以随手取乐的柔顺的异国人,而且,这种'乐趣'让你一触即得。妓女就是个典型。昨天还是危险的男性化的敌人日本,转瞬之间变成了白人征服者可随心所欲地玩弄的女人。而且,在此同时,不管是妓女还是良家的日本女性,常常超越人种差别,相互关照和示敬,进而萌发爱情。从这种意义上说,这种男女关系正表现出美日国家关系的特点。"

麦克阿瑟于1945年8月30日下午2时5分从马尼拉飞抵厚木机场。他虽然身为占领军最高统帅,但下飞机时,并没有带警卫,一个人穿着军便装,戴着一副墨镜,右手端着烟斗,就悠然地走下舷梯了。

踏上日本的土地伊始,他对记者说了一句颇值玩味的话。他说:"从墨尔本(二战期间麦克阿瑟作为西南太平洋的盟军司令在墨尔本指挥美国、澳大利亚、荷兰、新西兰等各国军队同日军作战。——作者注)到东京,很不寻常,是一条非常漫长而且困难的里程。但是,到此一切都结束了。"

对这个"白脸天皇"麦克阿瑟的身世经历,日本人并不了解。而日本人更关心的是,他作为驻日盟军最高司令,会如何占领日本?

就在举国注目之下,日本投降签字仪式于9月2日上午9时在"密苏里"号战舰的甲板上举行了。日本政府代表重光葵、军方代表梅津美治郎参谋总长在投降书上签了字。

选择"密苏里"号作为受降舰只,并不是偶然的巧合,密苏里是时任美国总统杜鲁门的出生州。关于日本事务,杜鲁门在日本投降前曾做出两个决断:一是向日本两座城市投掷原子弹,二是坚持了其前任罗斯福总统要求日本"无条件投降"的方针。

意味深长的是,受降那天,"密苏里"号上悬挂的两面美国国旗,一面是1941年12月7日日本偷袭珍珠港时飘扬在白宫上空的那面星条旗,另一面则是美国提督帕利乘坐的"泼哈顿"号旗舰上悬挂的有31颗星的星条旗。1853年,帕利率领一支由冒着黑煤烟的"黑船"和帆船组成的小小船队来到日本,迫使日本门户开放,结束了日本锁国200多年的历史。

在投降书上签字的政府代表重光葵,本是一名外交官。1932年,他挨了一个反抗殖民主义统治的朝鲜人的炸弹,失去了一条腿。这一天,他来到摇晃着的"密苏里"号的甲板上,无精打采,一瘸一拐地走着,成了投降后的日本的生动写照。

按说,裕仁天皇应来出席这个不同寻常的仪式,至少,应有皇室或宫内省的代表在场。但因盟国主要是美国的安排,天皇及相关者谁也没有到场。这一点,令胜败双方都惊愕万分。像曾经当过美国驻日大使的约瑟夫·格尔,虽然是个彻头彻尾的日本皇室拥护者,也以为天皇在投降书上签字是顺理成章的。而且,天皇本人在得知自己"幸免"之后,也认为会让皇室或皇族的代表去代替他签字的。没让天皇签字投降,对日本来说,是一个吉兆,因为它暗示战胜国可能不追究天皇的战争责任。

在这个受降仪式上,麦克阿瑟发表了仅有3分钟的演说。他说:"……我们代表地球上大多数的人民会聚在这里,并不是怀着不信任、恶意和憎恶相聚的。……让我们从过去的流血和杀戮中走出来,铸就一个以信仰和理解为基础的世界;让我们在自由、宽容和正义的旗帜下,缔造一个可实现人类的尊严及其理想的更好的世界。这是我的愿望,也是全人类的愿望。"

麦克阿瑟从菲律宾来日后,先是住进横滨的新格兰德饭店,没过多久便迁居东京,住进美国大使馆。迁居那天,麦克阿瑟及其一行出动了一个车队。车队从横滨到东京,穿行了 35 公里的废墟,开进美国使馆大院。麦克阿瑟站在使馆办公大楼的台阶上,检阅了美军第 11 空降师的一支仪仗队。然后,他吩咐说:"把我们的国旗展开,让它在东京的阳光下光荣地飘扬吧……"这面国旗就是 1941 年 12 月 7 日在白宫上空和一周前举行的受降仪式时在"密苏里"号上飘扬的那面旗帜。随着国旗的升起,响起了军号声。

麦克阿瑟将大使馆作为他的官邸,另选中"一号大楼"即附近一家日本大保险公司的办公楼作为盟军最高总司令部的驻地。安顿下来后,麦克阿瑟就开始了一种非常固定的生活,除每天到近旁的盟军最高司令部上班外,深居简出。可是,从盟军最高司令部后来接二连三的举措看,他到日本之后,就进入了十分紧张的工作状态。据说他每周工作七天,每天都工作到很晚,而且从不过节假日,甚至连圣诞节和复活节也不例外。除了偶尔到机场去迎送重要官员外,从未在日本旅行过,也不参加晚会和招待会。在他驻日本 5 年多的时间里,他只有两次离开过日本:1946 年 7 月 4 日,他飞往马尼拉参加菲律宾独立日的庆祝活动;1948 年 8 月 15 日飞往汉城(今改称首尔),参加大韩民国宣告成立的仪式。这两次出访都是一天的日程。

麦克阿瑟的第一个任务是使日本非军事化,其中包括 6 项主要计划:遣散军事人员,销毁军事装备,粉碎军事工业体系(财阀),清洗国家机关和重要工业中的军国主义分子(或极端民族主义分子),审判战犯,废除神道,以及对日本的警察制度进行全面的改革。

遣散军事人员。日本投降时,有近 700 万穿军服的日本人。其中约半数在日本本土,另一半及 300 万日本平民在海外。盟军最高司令部责成由原日本陆、海军司令部组成遣散军事人员局,花一年多时间基本上完成了此项任务。同时,遣散军事人员局还释放了被日本人抓来当劳工的 150 万中国人和朝鲜人。其中约 100 万人要求回国而被送了回去,其余 50 万人留在了日本。

销毁军事装备。日本投降时,在日本全国各地和台湾等地,军事装备和补给品堆积如山。例如在日本有 12,000 架各种型号的飞机,其中 4,000 架可以使用,还有无数的坦克、步枪及其他战争工具。美国占领军用几个月的时间搜遍日本,炸毁了弹药库,烧毁了飞机,或把武器扔进大海。生产战争物资的工厂被关闭,海军基地和造船厂被摧毁。机场被犁掉,或被重新整修以供占领军使用。

解散财阀。二战前和战争期间,日本约 80% 的工业和金融财富被三菱、三井等很少几个财阀控制着。麦克阿瑟认为它们跟德国的克虏伯卡特尔一样是专制主义、军国主义和帝国主义化的。他下令解散这一庞大而复杂的社团式组织,起初拟解散 1200 家公司。但是这个计划在美国非常不得人心。美国国内认为,日本经济没有财阀或某种有益的形式就无法运转,担心此举会导致日本经济复苏无限期推迟,更担心会增加美国对日经援负担,便把解散财阀的计划削减了,最终 1,200 家公司中只有 9 家被解散。

整肃。根据《波茨坦公告》的规定,1946 年 1 月,盟军最高司令部开始了一项所谓"整肃"的清洗计划。目的是禁止一切军国主义分子和帝国主义分子或极端民族主义分子担任公职或工业领域的关键性职务。结果,有 20 万人被禁止担任公职,约有 1,300 个政治性或半政治性、极端民族主义的组织被解散了。但是,由于麦克阿瑟对波茨坦的决定是否明智"感到怀疑",在实行中"尽量地宽容",这个清洗计划与在德国实行的"非纳粹化"计划不同,它不是惩罚性的。被清洗的 20 万人中,没有人被打入监狱或被罚款,占领结束后,一些人便被恢复了名誉,又堂而皇之地出现在社会上。

审判战犯。战犯被分成甲、乙、丙三级。东条英机等 25 人作为甲级战犯,受到由 11 个国家的法官组成的东京国际军事法庭的审判,6 名将军和 1 名文职官员被处以绞刑,16 人被判处无期徒刑,另外 2 人被判处较轻的徒刑。乙级战犯是 20 多名高级将军,他们受到了盟军最高司令部军事法庭的审判,除 2 人外,其他人都被宣判无罪。4,200 名丙级战犯受到了各种盟军军事法庭的审判,700 人被判处死刑,400 人被宣判无罪,其余的被关进监狱服各种徒刑。美国人承认审判是在"宽大为怀的怜悯中"收场的。

废除神道。鉴于以推崇天皇和自我牺牲为主要特征的神道,作为日本的国教,在战争中成为日本军国主义分子煽动民族主义狂热的手段,宣传"一个人在战斗中死去,就可成为军神"云云,起了很坏的作用。盟军最高司令部在 1945 年 12 月 15 日就明令废除神道,禁止日本政府支持神道或其他别的宗教。教科书中凡是提到神道的地方全被删去;公共建筑物上的所有相关标志都被拆除;神道节被废除,约 8,000 处神道纪念碑被推倒;天皇的画像从学校摘走,学生们也被禁止向皇宫的方向鞠躬。根据麦克阿瑟的旨意,裕仁天皇于 1946 年 1 月 1 日发表《人间宣言》,将自己由神变成人。他告诉日本人民,他不是神圣的,也从来没有神圣过,而这一切都不过是可悲的"神话"。此后,天皇在麦克阿瑟的"鼓励"下,揭开神秘的面纱,像欧洲的君主那样巡视日本,观看体育运动会,出席音乐会及其他公众集会,成了一位普通的君主。

警察改革。鉴于日本警察在战争期间被用来残酷镇压人民,煽动战争情绪,酷似德国纳粹的盖世太保。在美国占领初期,麦克阿瑟曾下令摧毁全国性的警察组织,而将警察部队分散于各地,让它们仅向当地政府负责。可是,这只是个虎头蛇尾的改革,1951年签订和约后,一个全国性的强有力的警察组织又重新建立起来了。

麦克阿瑟和他领导的盟军最高司令部在实施上述改革的同时,还实施了使日本民主化的计划。主要步骤有5项:制定一部新宪法,建立地方政治自治机构,进行土地改革,进行劳工和经济改革,进行教育改革。

新宪法。盟军最高司令部和日本当局经过大量的内部辩论,为日本制定了一部新宪法。最后的结果是介乎于英国和美国宪法之间的产物。相对于战前《大日本帝国宪法》将天皇奉为国家主义者,新宪法开宗明义规定国家主权属于全体国民。它把天皇降低到了作为日本"象征"的地位,把真正的主权授予人民。它建立了像美国政府那样的一个三位一体的全国政权,即立法机构、司法机构和行政机构。立法机构即日本国会,是"最高国家权力机关",是"国家唯一的立法机构"。日本国会的两个机构被称为参议院(类似美国的参议院)和众议院,每个机构的所有成员都由公众选举产生,任期分别为6年和4年。日本国会的众议院选举首相,而首相(像英国一样)直接对国会负责。首相的大多数内阁成员也是国会议员。宪法还包括不少于31条保障人民权利的条款:宗教自由、集会自由、演讲自由、出版自由,等等。

这部被称为"和平宪法"的新宪法是在防范日本再度走上军国主义老路的设定下制定的,最重要的特点是,含有著名的非战争条款即第9条的内容,规定日本永远放弃以战争或武力作为解决国际纷争的手段,不再保有陆海空军及其他战争手段,并且不承认国家之交战权,从而彻底否定日本的军备和战争权。

这部宪法是由天皇和麦克阿瑟于 1946 年 3 月 6 日颁布的。在麦克阿瑟的要求下，这部宪法于 1946 年 4 月 10 日交由日本国民在第一次大选中投票表决，结果得到了压倒多数的支持，于 1947 年 5 月 3 日生效。

建立地方政治机构。日本的地方政府（都、道、府、县）以前受到中央政府的严格控制，权力集中在臭名昭著的内务省。地方行政人员是由中央政府任命而不是选举产生。按规定，人民受居民协会的管理，中央政府的命令就是通过这一机构下达的。麦克阿瑟下令将内务省和居民协会彻底革除。地方政府通过公民选举产生，地方立法机构也由公民选出，通过或废除与其所在地区有关的法律。

土地改革。日本原来是封建主义的农业经济，一半耕地由佃农从地主手里租种。在麦克阿瑟的授意下，日本国会通过了一系列新法律，主要是要求政府购买约 500 万英亩（约合 202 万公顷）的农田，然后再根据一项长期协定卖给佃农。到 1950 年，日本 85% 的可耕土地由自由的、独立的、自负盈亏的农民拥有。麦克阿瑟此举被认为是他的所有改革措施中最成功的。

劳工改革。由于新宪法明确规定，所有人不论男女都有工作的"权利和义务"，并保障工人进行组织的权利和"集体争取提高工资待遇和采取集体行动"的权利，日本国会通过了一项自由劳工法，规定保护工人的权利并赋予他们罢工的权利，战后初期，日本工会组织雨后春笋般出现，到 1949 年，1,500 万名工人中近乎一半成了约 35,000 个工会的成员。这些工会组织极端活跃，几乎到了无法控制的地步。于是，麦克阿瑟采取了相反的措施，向日本国会施压，使国会通过了限制性的劳工法，由于遭到强烈反对，又不得不折中行事。

教育改革。日本原来的教育制度在文部省的控制下，严格而带有歧视性。小学是 6 年，是义务制和男女合校制；中学为 5 年，是男女分校制;最后是 3 年的高中和 3 至 4 年的大学,仅收男生。只有 3.5%的学生可以升到十一年级以上,只有 1%的人可以上大学。盟军最高司令部彻底废除了这一学制,代之建立了一个着重于智力开发的美国式的制度。它延长了义务学制;实行新的鼓励独立思考的教学方法;颁发了新的教科书,从中剔除了虚假的宣传、对天皇的崇拜和军国主义的内容;给许多反对军国主义的教师恢复了名誉。

麦克阿瑟一系列大刀阔斧的改革措施,给日本带来了巨大的冲击。令美国人都十分吃惊的是,日本人在美军占领当局如此苛刻的举措面前,却表现得唯命是从,而无一反抗和怠慢。

岂止如此!

11 月 12 日,日本《读卖新闻》为迎合占领当局,竟发表文章,大肆鼓吹废除汉字,采用罗马字,煞有介事地写道:"废除汉字有助于清除存在于我们脑海中的封建意识,追随干净利落的美式效率",说什么"欲建设文化国家,确立民主政治,就必须废除汉字,采用简单的拼音文字(罗马字),这才能提高国民的知识水平"。

当然,当时在日本国中,迎合、讨好者并非《读卖新闻》一家!

麦克阿瑟驻在日本 5 年 8 个月期间,裕仁天皇先后拜会过麦克阿瑟 11 次。麦克阿瑟从一开始就拒绝去皇宫会见天皇,而是等待裕仁到美国大使馆向他致意。

麦克阿瑟刚到日本不久,他的一些参谋人员建言说,为了显示一下权威,应该把 44 岁的天皇传到盟军最高司令部来。麦卡阿瑟拒绝了这个建议。他说:"这样做将会伤害日本人民的感情,因为在他们看来,这样做是折磨天皇。"

对此,美国作家小克莱·布莱尔分析说:"更为重要的是,麦克阿瑟不愿意贬低天皇的身份。他打算利用天皇对日本人的神秘影响,来促进实现他重建这个国家的伟大宏图。他决定等待,相信天皇会不请自来。"

果然,天皇很快就要求会见麦克阿瑟。1945 年 9 月 27 日,即日本正式投降的第四个星期,天皇就带着一名翻译上门拜访了。次日,东京各大报早刊登载的麦克阿瑟与天皇第一次会见的照片,对外界了解当时的日美关系,比任何文字都具有象征性和说服力。照片上,麦克阿瑟照例穿着没戴军衔的军便装,敞着领口,一只手随意地插在口袋里,另一只手搭在臀部,两眼直盯着镜头,脸上毫无表情。裕仁则郑重其事地穿着燕尾大礼服和带条纹的裤子,僵直地站在他身旁,整整比他矮了一个脑袋。照片刊出的第二天,麦克阿瑟得意地对《芝加哥论坛报》记者说:"日本已沦为四流国家,不可能东山再起了!"

1951 年 4 月 16 日,麦克阿瑟离开日本回国。离开前夕,天皇专程前往话别。天皇告辞时,麦克阿瑟破例送到汽车旁。不用说,这是他给天皇的第一次也是最后一次礼遇。吉田茂首相也去造访麦克阿瑟,感谢他做出的"伟大贡献"。

麦克阿瑟走的那天,日本广播协会电视进行实况转播,学校放假,约 20 万人手持日本和美国国旗,站在通往羽田机场的道路两旁,为他送行。日本政府的全体阁员则前往羽田机场送别。日本前首相、时任大臣秘书的宫泽喜一回忆道:"虽然给一个占领者送行,心里并无多少惜别之情,大家都无言地站在微妙的气氛里。可是,当麦克阿瑟登上舷梯的瞬间,有一位大臣举起双手,高呼'麦克阿瑟元帅万岁'时,其他阁员也不约而同地振臂高呼万岁。"此后,日本国会立即通过感谢麦克阿瑟的决议。

第二节
美国对日政策大转弯

　　战后日本对美国的态度，赢得美国的好感。其好感首先体现在麦克阿瑟主持制定的战后新宪法中。这部宪法对日本最大的照顾则是保留了天皇制。虽然规定"主权在民"，天皇只是"国家统合的象征"，但是，毕竟没有按许多国家的要求，将裕仁天皇作为甲级战犯，追究其战争责任，且将天皇制保留了下来。

　　战后，亚洲各国人民，还有英国人、苏联人以及不少的美国人纷纷要求处死天皇。但麦克阿瑟认为，那样做的结果对美国不利，会在日本引起严重的骚乱和暴动。他曾经告诉美国政府说，如果裕仁被逮捕并作为战犯受到审判，他和盟军最高司令部将需要"一百万增援部队"。麦克阿瑟考虑到天皇对日本人拥有的神秘力量，采取了借重天皇的权威来"改造"日本的策略，公然称赞天皇是"新民主主义的领导人"，暗中废止了日本内部曾经讨论过的让天皇退位的方案。

　　麦克阿瑟不仅决意在法律上免于追究天皇的战争责任，而且决意免除天皇对于那场残酷战争的道德责任。美国学者约翰·达维尔（John W. Dower）说："普遍认为，如果美国占领军当局不做出这样的决断，美国政府是不可能对天皇优待到如此程度的。"

　　他还说："不让进行关于天皇战争责任的正式取证调查，是美国占领军当局故意安排的。""尽管关于天皇积极参与了日本侵略行为的事实,当时已经不容忽视,至少天皇的道德责任是明摆着的。然而,这个关于天皇责任的问题,美国人不仅仅是睁一只眼闭一只眼,甚至予以否定。因此,整个的'战争责任'问题,几乎变成了不经之谈。"

随着冷战的开始,美国改变了彻底改造日本的初衷,不仅决定不追究裕仁天皇的战争责任,保留天皇制,而且对战犯的审判也草草收场,并于 1951 年 9 月 8 日在旧金山与日本媾和,缔结了对日和约、日美安全保障条约。

二战后不久,东西方冷战开始,世界以美苏为首,分成两大阵营;中国共产党领导的新中国成立,宣告"苏联一边倒";在日本国内,日本共产党的力量迅速发展,工人运动蓬勃发展,日本出现了走向社会主义的势头。在这种情势下,美国占领当局的对日政策发生变化,占领初期高喊民主化、彻底改造旧日本、建立新日本的美国,政策开始大转弯了。

象征性的举措是,在新宪法公布的前一天,麦克阿瑟致函吉田首相,表示自 1947 年 5 月 3 日即新宪法实施之日起,允许国会、最高法院、首相官邸、皇宫悬挂日本国旗,不再设任何限制。日本战败后处于被占领状态,是不准悬挂象征侵略的日本旗的。由此,美国占领当局先是解除政府、官厅挂旗的限制,从 1949 年 1 月 1 日起,日本全国各地都可不受任何限制地悬挂日章旗了。

远东国际军事法庭进行的"东京审判"也是在日本国内和世界形势发生了巨变的情况下开始的。1945 年 7 月 26 日,中、美、英三国发表《波茨坦公告》,随后苏联也副署。该文件第十项称:"吾人无意奴役日本民族,或消灭其国家,但对于战罪人犯,包括虐待吾人俘虏者在内,将处以严厉的法律制裁。"同年 9 月 2 日,日本在投降书上亦载明:"我们为天皇、日本政府及其继承者承允忠实履行波茨坦公告之各项条款。"

这当然包括审判日本战犯在内。同年12月，苏、美、英外长在莫斯科开会，做出如下决议：盟国驻日最高统帅应采取一切必要措施，以实现日本的投降条件，占领并管制日本，其中包括惩办日本战犯。中国后来也同意这个决议。根据这些规定，盟国授权远东盟军最高司令麦克阿瑟于1946年1月19日发布了《特别通告》和《远东国际军事法庭宪章》，规定了任务、组成、诉讼程序和法庭对下列各种罪行有管辖权：破坏和平罪（即发动侵略战争罪）、违反战争法的罪行、违反人道罪。远东国际军事法庭从1946年5月3日开庭，直至1948年11月12日宣告判决为止，历时两年半。检察和被告双方共提出419名证人，文件4300余件，判决书长达1213页。东京审判于1948年11月12日宣判，东条英机、土肥原贤二、广田弘毅、板垣征四郎、木村兵太郎、松井石根、武藤章等七人被判死刑，荒木贞夫、桥本欣五郎、畑俊六、平沼骐一郎、星野直树、木户幸一、小矶国昭、南次郎、冈敬纯、大岛浩、佐藤贤了、岛田繁太郎、铃木贞一、贺屋兴宣、白鸟敏夫、梅津美治郎等16人被判无期徒刑，东乡茂德被判有期徒刑20年，重光葵被判有期徒刑7年。第一批受审的被告原为28名，其中的松冈洋右和永野修身在审判过程中死去，大川周明因发精神病被宣告停止审判，实际被判处的计25名。同年12月23日凌晨，上述被判处死刑的7名罪犯在东京的巢鸭监狱被处以绞刑，这些恶贯满盈的罪犯终于受到了应有的惩罚。

但是，由于美国的祖护，东京审判并没有彻底清算日本的战犯罪行。曾参与远东国际军事法庭工作的周锡卿说："（美国）祖护的地方很多，例如，当时有人建议同时审判鲇川、岩崎、中岛、藤原、池田等参与战争的财阀，但遭到否决。虽然拘捕过一些财阀头目，却很快就免予起诉释放了。原先被捕在押的甲级战犯更多，但后来除上述28人外，全都被释放了，其中包括直接与侵华战争有关的派遣军总司令西尾寿造、华北派遣军司令多田骏,还有伪满洲国总务厅长岸信介等。"周锡卿说:"这是麦克阿瑟在对 7 人处刑后的第二天下达的命令。"

周锡卿说:"臭名昭著的冈村宁次一直逍遥法外。对中国俘虏进行生物武器试验(即 731 部队)的战犯被捕后在美国受到包庇。美国人甚至答应,只要他们说出通过他们的犯罪行为所得到的全部知识,就不予起诉。""到 1949 年 10 月,宣布结束对乙、丙级战犯的审判。到 1950 年 3 月 7 日,颁布《第 5 号指令》,规定所有依据判决书仍在日本服刑的战犯都可以在刑满前'宣誓释放',这就等于废除了远东国际军事法庭的判决。不久,重光葵、荒木贞夫、畑俊六、贺屋兴宣等战犯都被释放,有的重新回到政界,爬上高位。"周锡卿认为,正是由于对日本战犯罪行未彻底清算,所以直到现在还有不少日本政界要人对当年进行的侵略战争不认账并企图翻案。

另据英国的一份调查材料揭露,16 名被判无期徒刑和 1 名被判 20 年徒刑的战犯,没有一个人的服刑期超过 10 年。而且,在 1950 年,麦克阿瑟还发布了一项命令:刑期不满 10 年的战犯都可以获得假释。英国《每日电讯报》的记者本·芬顿指出:"发布此项命令的目的是,在朝鲜战争的关键阶段,增强日本在西方势力范围内的地位。"的确,美国此举是不希望把日本推到共产圈内,而要把它筑造成共产主义的防波堤。1948 年 1 月,美国陆军司令肯尼斯·罗亚尔在华盛顿的一次演说,把美国的这一意图说得一清二楚。他说,"要把今后的日本,变成亚洲阻挡共产主义侵入的防波堤","把日本变成对美国的亚洲政策有用的国家",为此,要放松迄今严厉的对日占领政策,把它培育成一个"更健全的自由国家"。

正在东京审判开庭审判的关键时刻,美国政府于 1948 年 3 月派特使乔治·凯南赴日,于 1 日、5 日、21 日三次向麦克阿瑟传达美国政府的指示,要求他改变严厉的对日占领政策:一是不再扩大改革和整肃的范围;二是不再清算日本所干的坏事,尽早结束远东国际军事法庭等机构对战犯的审判;三是把发展日本经济、贸易放在第一位,而不是搞改革,以消除日本国民的不满情绪;四是着眼于日本的独立,准备与日本媾和,强化警察,确保美军在冲绳、横须贺的军事基地,尽量将盟军最高司令部的权限委让于日本政府。

美国政府关于"强化警察"的真实意图在于"重整军备",重新武装日本,但估计麦克阿瑟会强烈反对,凯南没有直说。

不出所料,麦克阿瑟果然对重新武装日本表示坚决反对。他举出了五点理由:

一是认为这与美国在国际上的约诺大相径庭;二是认为这样做等于放弃迄今的占领政策的根本原则;三是认为日本人现在没有能力独自建立武装力量;四是认为重新武装将给濒临崩溃的日本经济造成毁灭性打击;五是认为日本国民衷心支持放弃战争的和平宪法,应尊重他们的意愿。由于麦克阿瑟坚持己见,双方争吵厉害,因此,麦克阿瑟遭到杜鲁门总统的厌恶。

同年10月,美国政府制定了一份包含20项内容的《国家安全保障会议文件》,对应把日本变成什么样的国家,为此美国应怎么办,做了明确而详细的规定,其中主要内容是:注意不要使日本的民主化搞过头,解除把军国主义分子开除公职的规定,强化警察力量(实行重新武装),置重点于经济的复兴和稳定。

这份文件是以总统令的形式发表的,麦克阿瑟不得不服从。于是,盟军最高司令部的占领政策来了一个180度的大转弯。从此,盟军最高司令部的政策改变为以恢复日本经济为中心,而把"民主改革"放到一边去了。

接着于 1948 年 12 月，美国政府向麦克阿瑟发出了"稳定日本经济九项原则"的指示。为此，美国政府于 1949 年 2 月派银行家约瑟夫·道奇来日落实这九项原则。

道奇来日后，采取强制手段执行九项原则，提出《道奇指南》，彻底地抑制了日本战后出现的通货膨胀，使日本人的日常生活趋于稳定。

正在这个时候，日本身边的中国发生了天翻地覆的变化，共产党领导的新中国诞生了。这对美国是个严重打击，意味着它将中国培植成蒋介石亲美政权统治下的中国的企图破产。毛泽东宣布对苏"一边倒"，与苏结盟，在美国看来，等于一个新的敌人出现在它的面前。

事情至此，日本作为对付共产主义防波堤和桥头堡的作用更加重要。这成为促使美国改变对日政策的巨大动因。1950 年 6 月，朝鲜战争的爆发，以美苏为首的东西两大阵营之对垒更加分明，中国被卷入，中美关系决定性的恶化。与此相关联，美国对日本的期待更高了。

美国记者约翰·根瑟当时曾写道："朝鲜战争开始，日本一夜之间便从史无前例的、和平的社会、政治、经济改革的舞台，变成了被武装起来的、美国在亚洲的军事及政治上的桥头堡。"

1950 年 6 月朝鲜战争爆发两周之后，盟军最高司令官麦克阿瑟指令日本政府成立由 75,000 人组成的国家警察预备队，成为重新武装日本的开始。1952 年，日本政府将警察预备队改组为保安队，增设海上警备队，并设置保安厅。1954 年，保安队改组为具备陆海空三种武装力量的自卫队，改保安厅为防卫厅。

作为成立自卫队法律根据的《自卫队法》明文规定："自卫队旨在保卫国家之和平与独立、国家之安全，以防卫对国家之直接侵略与间接侵略为主要任务。"

也就是在这种大背景下，盟军最高司令部从 1950 年开始，对日本共产党和工会,由暗中施压到公开镇压。

同年 6 月 6 日,麦克阿瑟致信吉田茂首相,指示"将德田球一、野坂参三、志贺义雄、伊藤律、神山茂夫、宫本显治等 24 名日本共产党的主要干部开除公职",致使这些人都不得不转入地下。接着,这些人因继续从事地下活动遭通缉。7 月 18 日,日共机关报《赤旗》被勒令无限期停止发行。这样,在战后初期极为活跃的日共,遭到了彻底的镇压。

这种镇压不仅仅是针对共产党领导层的。日本政府秉承盟军最高司令部的旨意,对普通的日共党员、日共的同情者,甚至于"稍带赤色的分子",都采取了取缔的方针。基于此,盟军最高司令部首先于 7 月 24 日下达命令,开除新闻机构里的日共党员及其同情者。接着,日本政府于 9 月 1 日决定开除公务员中的日共党员和同情者。凡是被视为"赤色分子"的人,一律开除。结果,到 1950 年 12 月,全国被开除 12,168 人。以此为标志,日本从 1950 年起完全右转,当初占领军实行的改革已经销声匿迹了。

第三节
"白脸天皇"麦克阿瑟

回顾日本被占领时期的那段历史,人们可以发现一个人在其中留下的巨大印记,这个人就是麦克阿瑟。美国作家小克莱·布莱尔在他的著作《麦克阿瑟》中说:"在美国历史上,从来没有哪一个人像麦克阿瑟在战后的日本那样被赋予如此重大的责任,面临那样巨大的挑战。德国被分成四个占领区,而日本仍是一个完整的国家。作为驻日盟军最高司令官,年已65岁的麦克阿瑟是一个拥有7500万人口的国家的绝对统治者。他是独裁者,是殖民地总督,是日本幕府时期的将军,是沙皇。"

主观上说,在占领初期,麦克阿瑟和他领导下的一帮"改革者"们,以救世主自居,对在日本实行"非军事化和民主化",怀有一股非凡的热情。客观上说,二战刚刚结束时的美国,忙于处理欧洲事务,无暇东顾,使麦克阿瑟的最高司令部获得了相当大的行动自由。

麦克阿瑟是在华盛顿的政策筹划者们正将注意力集中于苏联的东欧政策和西欧的复兴政策上时,作为太上皇君临日本的。他领导的盟军最高司令部由许多美国军人和文官组成,1946年占领初期约有1,500人,1948年高峰时多达3,200人。这个凌驾于日本政府之上的机构,不仅制定政治、经济、社会、文化领域的基本政策,而且负责实施,以"行政指导"之名,行发号施令之实。

麦克阿瑟到达日本后,不仅保留了天皇,而且做出了保留日本政府的决定。在德国,国家被占领了,纳粹政府彻底被粉碎了,暂时由四国占领军官员组成的政府所取代,而日本政府在投降时是完整的,并且一直如此。这样,麦克阿瑟是通过以首相为首的现行行政机构对日本进行统治的。从一开始,他就采取了由盟军最高司令部"建议""指导"而不是命令的做法,而当日本人清楚地理解盟军最高司令部的"建议""指导"实际上就是命令时,这种"铁拳戴天鹅绒手套"的做法,使事情变得更易于为日本人接受了。而对麦克阿瑟来说,这种做法不仅丝毫不会削弱他的权力,反倒使其政策的推行变得容易了。

1951年,麦克阿瑟就他自己在日本行使的权力,在美国上院做证时说："我不仅拥有总统在美国拥有的那种行政权，而且拥有立法权。我的命令就是法律。"

麦克阿瑟统率的百万人规模的占领军，包括文武官员及其眷属在内，是一个地地道道的特权集团、特权阶级、特权人种。他们把东京的中心大街变成了一个"小美国"，不少美国人索性管它叫"麦克阿瑟大街"。从 1945 年占领的头一年开始，每年的圣诞节都作为重大节日，将其装饰一新；占领军在其接管的许多建筑物上，悬挂美国国旗；满街上都是美国吉普车、军用大轿车和从美国运来的新车。在交通流量大的日比谷路口，由美国警察和日本警察一起指挥，而日本警察总是在美国警察打出手势之后，才跟着动作，大街上这道风景线，恰是当时的日美关系的生动写照。

在这个"国中之国"中，实行人种隔离政策。许多商店、剧场、饭店、建筑物、列车，一些地区和高尔夫球场等游乐设施，都对日本人写上"禁止入内"的标记。在物资极端匮乏、日本人为填饱肚子不得不往黑市跑的年代，美国占领军有他们自己的商店，里面不仅有各种生活用品，还充斥着五花八门的奢侈品。

占领军用罐头、巧克力、香烟、酒、口红和尼龙袜子等物品做礼物，与日本女性交际，寻欢作乐。这些美国货魅力无比。据记载，当时竟有日本女子甘愿用自己的贞操与一双尼龙袜子交换。这种作为特权象征的美国商店，直到 70 年后的今天，在东京和各驻日美军基地中仍然存在。美军运输机把美国货运到日本时，日本的海关是无权过问的，因为它被称为"军用物资"。

盟军最高司令部的文武官员们住进从日本人手里接收过来的高级住宅里。这些人在本国过的不过是中产阶级的生活，而到日本以后，他们一般都雇用三五个用人，有的甚至雇到六个，以此来夸耀他们这些统治者的地位和权势。问题是这些用人的薪水，都由日本政府全额负担。

尽管当时日本人的住房情况相当糟糕，日本政府为满足占领军的需要，仍拿出很多预算，按照美国的生活水平，给他们修造住房和相关设施。如一个美国军官住进被占领军接收的房子以后，里面的水电设施都要更新，内部要重新装修，电话、取暖、卫生设备也都要换成最新式的。虽然当时的交通十分紧张，以至于发生过母亲怀里的婴儿因拥挤而窒息的事件，日本政府却为占领军准备了宽敞的专用列车，供他们免费享用。

事实上，日本支付占领军的费用，在占领开始时竟占日本国家预算的1/3。而且，这并不是一时的负担。直到今天，驻日美军的开支仍由日本政府埋单。

不言而喻，占领军的每一个成员都享有治外法权。美国人一旦犯罪，只能由美方处理，日本当局是不能过问的，而且不准媒体报道。尽管强奸日本妇女等案件时有发生，但是媒体不能报道，受害者更不可能得到任何补偿。实际上，在很长一段时期内，媒体对大大小小太上皇们的任何批判，都是被禁止报道的。

日本战后社会一个非常尴尬的现象是许多混血儿问世。他们是占领军的后代，但他们无从知道究竟谁是自己的父亲，因为几乎没有人认自己的孩子。许多混血儿生下来就被抛弃，不少人是在孤儿院长大的。他们只知道自己的母亲是日本人，父亲是美国人，但永远不可能知道他们的父母姓甚名谁。这些混血儿被普通的日本人视为野种，无一不遭白眼。

战后日本，出现了数万名身为占领军"战后新娘"和"临时夫人"的日本女性，她们中的绝大多数，命运是很惨的。那些"临时丈夫"奉调离开日本的时刻，往往就是他与这个"临时夫人"和孩子永远"拜拜"的时刻。美国社会学家的研究证实,由于存在种族歧视和文化差异,美国占领军与被占领国的女人的婚姻,成功率是很低的。例如,珀尔·巴克的书中描写了一位日本姑娘随美国大兵丈夫到了他的家乡弗吉尼亚,因忍受不了当地强烈的排挤,又不得不返回日本。

第四节
与美结盟的选择

冷战成为日本在世界舞台上转变角色的阶梯。正是冷战的开始,日本的战略价值得到美国的青睐,使它从一个战败国变成美国的宠儿。日本堪称冷战的最大受益者,日本战后的成功故事,也可谓一部冷战故事。

1951年签订的《旧金山和约》意味着日本与美国等西方交战国单独媾和的成立。1949至1950年,日本面临单独媾和还是全面媾和的选择,日本国内围绕这个问题发生了严重分歧,激烈的争论达到白热化的程度,时任东京大学校长的南原繁主张全面媾和,而当时的首相吉田茂则大骂南原繁是"曲学阿世",即歪曲学术真理、趋炎附势之徒。因为全面媾和意味着获取全体参战国的认可,而当时冷战已经开始,如果要以苏联为首的社会主义国家都参加进来,很难达成一致,而单独媾和则等于搭美国的便车,方便可行。该和约和《日美安保条约》1952年4月28日生效后,日本获得名义上的独立,并与美结成了军事同盟关系。

1951 年 9 月 4 日傍晚 7 时，美国全权代表、国务卿艾奇逊主持的对日媾和会议在旧金山歌剧院开始举行。参加国 52 个。葛罗米柯率领的苏联代表团和波兰、捷克斯洛伐克代表团也出席了会议。日本代表团总人数为 71 人，全权代表是吉田茂首相。

会议上，苏联等东方三国要求改变议事规则，要求邀请中国参会，要求撤回美英两国提案，并提出一份修正案，以至于采取了拖延审议的行动。由于美国对苏联可能进行的"妨碍"早有准备，并以美国艾奇逊为中心确定了对策，苏联的要求未被采纳。

会议的第二天，葛罗米柯发言强烈谴责，指出"这个（媾和条约的）美英草案根本不是和平的条约，而是为了在远东发动新战争的条约"。

9 月 8 日上午 10 时，举行和约签字仪式时，葛罗米柯与波兰、捷克斯洛伐克代表一起拒绝出席。结果，在和约上签字的是 49 个国家。

值得注目的是，就在和约签订的当天下午 5 时，吉田茂去旧金山郊外的美军第六兵团的营地，以美军继续在日本本土和冲绳驻留为条件，与美国签订了《日美安全保障条约》。这样，从和约签订之日起，日本虽在表面上结束了被占领的历史，到第二年（1952 年）和约生效，日本实现了完全独立，但实际上仍处在美国的掌控之下。

旧金山和约讴歌日美"信任与和解"，双方都着眼于防止出现历史上常见的"胜者"与"败者"间报复的循环。不言而喻，这是冷战下的美国战略诉求使然。国际上曾有过惯例，一个国家在和平恢复后 90 天以内，占领者必须撤走。按此，对日和约生效后 90 天之内，美军是必须撤走的。事实上，70 年后的今天，被称为"国中之国"的美军基地，在日本仍有多处。

探究造成这种局面的原因，还要从冷战说起。

冷战开始，日本担心美军撤走后，苏联进来，日本外务省就开始研究对策。1947 年 9 月 12 日,社会党的片山哲内阁时期,以芦田均外相为中心,拟制了一份"媾和后的日本"计划,表示希望媾和条约中明确载入"美军驻留,保卫日本"的内容。为了避开其他国家对美国的不满和反对,日本政府在一份秘密文件中表示,可采取由日本政府要求美国政府保卫日本的形式。

据说,在外务省拟出这个方案一周之后,裕仁天皇往见麦克阿瑟,将这个方案作为他自己的想法提了出来。据当时的翻译寺崎英成的笔记:"天皇希望美国继续占领冲绳等岛屿。依天皇之见,这种占领,对美国有利,日本也可得到保护。……天皇进而认为,美国占领冲绳(及要求占领其他岛屿),应采取主权留给日本,长期即 25 年到 50 年甚至更长时间出借给美国的形式。"

美国听到这个想法,十分高兴,认为是个好主意。后来在冲绳建立军事基地,使其成为关岛、冲绳、台湾弧形链条基地的中枢。

1950 年 2 月,《中苏友好互助同盟条约》签订,标志中国加入苏联阵营。美国感到形势严重,越发看中日本的地位和作用,加速了重新武装日本的进程。吉田茂首相也利用有利的时机,不顾日本国内要求全面媾和的呼声,为争取与美国单独媾和,与美国进行秘密交易。

据日本前首相宫泽喜一回忆,1950 年 4 月,池田勇人大藏大臣访美之前,吉田首相曾交给他一项秘密使命,即要他在会见华盛顿政要时,就媾和的条件摸摸底。吉田知道,美国在日本独立后,也希望继续保留在日本的军事基地。尤其是美国军方,有很强烈的要求。于是,吉田就让池田向美方传话:1. 希望以多数媾和(实为与美国单独媾和)的方式缔结和约,而不是全面媾和;2. 和约缔结后,承认美军驻留日本;3. 如果美方难于启齿,也可研究采取由日本政府提出请求的方式来解决。

美国当然求之不得,双方迅速达成默契。接着,便加紧推进片面媾和的进程。为此,杜鲁门总统于 1950 年 5 月 18 日任命杜勒斯为负责远东事务的国务院顾问,并把他作为自己的特使,派到日本来处理媾和问题。

杜勒斯是个彻头彻尾的反共主义者。他在离开美国启程时曾说,对日媾和"不能重复凡尔赛的错误"。第一次世界大战后签订的对德媾和条约——《凡尔赛和约》,对德国提出了十分苛刻的条件,结果导致希特勒利用德国人的民族情绪,又挑起第二次世界大战,祸害了整个欧洲。

杜勒斯从 1950 年 6 月抵日以来,到 1951 年末,约一年半的时间里,先后 4 度访日,与吉田茂首相就媾和条约问题进行了 5 次秘密磋商。杜勒斯的使命是通过媾和,重新武装日本,并使日本加入美国阵营,企图以此作为与日本单独媾和的条件。

吉田反对大规模重整军备。僵持的结果,吉田表示"日本将从长计议,慢慢地、分阶段地朝着拥有军备的方向前进,而不是现在就重新武装"。

杜勒斯勉强答应。事实上,吉田政府在 1950 年 12 月 29 日,就按着麦克阿瑟的旨意,完成了"警察预备队"的组建工作,还起用军国主义时代的陆军大佐 10 人、海军大佐 1 人为"警察预备队"的主要负责人。这支队伍成为"自卫队"的前身。

后来,日本按承诺于 1952 年成立保安厅,警察预备队改为保安队。1954 年 6 月,《防卫厅设置法》成立,《自卫队法》公布,保安队又变成自卫队,拥有 15 万人规模(现在约 24 万多人)。

回顾日本外交史,日本每一次结盟,几乎都是无一例外地选择了它所认为的世界第一强国。19 世纪末 20 世纪初,它与世界头号强国英国结盟;二战中,德国在欧洲不可一世,日本又与德国结盟。二战后,日本与美国结盟,其外交政策思想在后来自民党的政策阐述中得到最好的诠释。1978 年该党在阐述日本的"综合安全保障"政策时,就提出不加入"弱者的同盟",而加入"强者的同盟",与强者为伍。

从哲学思想看,这与日本人对德川家康的偶像崇拜有关。

这个江户幕府的德川家康在随时可能被织田信长杀害时,曾问过妻子:"如果我被织田杀害,你怎么办?"

妻子说:"我会带孩子一起切腹自杀,绝不屈辱求生。"

德川说:"你错了,德川家人都死光了,谁复仇呢?若是我死了,你要屈辱地活着,即使卖身,你也要为了扶养德川家的幼苗而去屈辱地做。当然,我也会忍受一切屈辱。"

德川妻子回答要带孩子切腹自杀,这种观念是符合武士道精神的。而德川的"屈辱地忍耐,屈辱地等待"哲学,并不符合武士道精神。所以,日本在明治维新时非常憎恶江户幕府的德川家族,对德川的活法引以为耻。

但到二战以后,日本在尊严扫地、饱受屈辱之下,悟出一个道理:为了日本的将来,就要像德川家康那样屈辱地活着,屈辱地等待,以屈求伸。正是受上述政治和哲学的支配,1946 年上任的吉田茂首相立即奉行亲美政策。

吉田茂是一个与皇室关系密切的贵族家庭的长子,曾在牛津大学受过教育,能说一口流利的英语。他从 1946 至 1947 年、1948 至 1954 年两度担任首相,其间,他按照美国的旨意,致力于将日本建成对付苏联和中国的"不沉的航空母舰"。在人事上,他按着美国的要求挑选了三届内阁成员,使战前和战争期间占上风的保守反动分子,包括一些甲级战犯重新上台。1951 年 8 月,吉田表示日本政府希望美国军事基地留在日本。翌月,他在旧金山签署了《日美安保条约》,允许美国在日本驻军。他不惜通过把日本置于美国的保护伞下,以及通过不公开地实行重新武装,与美国的冷战政策保持一致,来迁就美国的对日政策,正是吉田"以屈求伸"的政治和哲学思想的实践。他希望通过迁就美国,给日本带来机会,从而使日本有朝一日东山再起。

他认准了紧傍美国这条路。他甚至强调:"置日本外交的根本基调于对美亲善的大原则,今后也不会改变,也不应改变。这不仅仅是战后暂时状态的惰性,而是关乎捍卫明治以来的日本外交的大道。"

他自辩道:"这不是主义、思想的问题,也不是人们常说的那种隶属关系。这样做,是最便捷而有效的。总而言之,这是一条增进日本国民利益的捷径。"

第五节
"重经济,轻军备"路线开花

在吉田的战略思想指导下,日本同美国结成同盟,接受美国的军事保护,从而得以奉行"轻军备"路线,埋头于恢复和发展经济。可以说,日本从 1950 年到 20 世纪 80 年代初期的历史,其主要内容是创造了经济奇迹。

1950 年 6 月 25 日,朝鲜战争爆发,给日本带来"天赐良机",对日本经济来说,简直等于吹来了"神风"。这场战争使日本成为美军的后勤补给基地、运兵站和美国空军的前进基地,不仅运输粮食、弹药,还成了治疗伤员、保养、修理武器的场所,发挥了美国"不沉的航空母舰"的作用。美国在三年的朝鲜战争中的"特需",据统计,合同金额超过11.36亿美元。正是这种"特需"带来了战后日本的景气,带动日本经济迅速恢复。企业因此恢复了元气,而且通过特需订货,在美国的指导下,掌握了大量生产方式和品质管理的诀窍,奠定了日本经济腾飞的基础。

1953年朝鲜战争停战时,日本人就恢复了正常的生活。1954年,国民所得超过战前(1934—1936年)最高水平,百姓生活安定,收入增加。至1956年,日本整个产业的生产指数超过战前的最高水平(指1944年),出口激增,国际收支扭亏为盈,国民生产总值(GNP)的增长率达10%。同年12月,日本加入联合国。据此,日本政府1956年发表的《经济白皮书》,宣告日本"已经度过战后阶段"。

以此为转机,日本人的意识开始抹去战败的伤痕,对未来增强了信心。全国上下,在吉田茂的"重经济、轻军备"的路线指引下,埋头苦干,致力于经济建设,千方百计发展对外贸易,创造了高速增长的奇迹。1955年至1960年五年间,GNP的年均增长率达10.4%。

1964年,日本加入国际货币基金组织(IMF);同年,加入经济合作与发展组织(OECD),以此为标志,进入了发达国家的行列。这年的9月7日,池田勇人首相在东京召开的世界银行大会上说:"收入倍增计划给了日本国民以信心","战后19年的高速增长,使日本的国民收入接近西欧的水平"。这样,战败国日本,在日本人的意识中,一跃又成了"大国"。同年,在日本全国兴高采烈的氛围中,东京成功地举办了奥运会。这个首次在亚洲举行的奥运会为日本挣足了面子,成为战后恢复了经济的日本回归世界的庆典。

顺便说一句,自1959年国际奥委会在慕尼黑做出1964年的奥运会在东京召开的决定之后,日本为了在全世界树立自己的形象,倾全国之力来筹备,不仅对东京进行大规模的城市建设和改造,将其打造成世界级的大都市,而且花 30 亿美元巨资修建体育场馆,成为日后奥运会竞相追求豪华场馆设施的先驱。

当时的日本,极力追求经济增长,在收入翻番的路线上迅跑。方便面、方便咖啡、招工难、大量消费社会、自家车、买车贷款、太平洋工业地带、能源革命等新词汇接踵出现。由于生活富裕了,1964 年实行日本人海外旅游自由化,随之出现了出国旅游热。

10 月 1 日,即在东京奥运会开幕前 10 天,连接东京、大阪的东海道新干线通车了。伴着《超特快进行曲》的旋律,"光 1 号"列车从东京的八重洲车站驶出,时速 200 公里,3 小时就到了大阪。

总之,1964 年是日本战后扬眉吐气、向世界显示实力的一年,具有划时代的意义。战败的"战后"结束了,从此,进入了另一个"战后",更快,更高,更强——日本另一个战后的战斗开始了!

6 年之后,正当日本经济的持续高速增长奇迹成为世界热话题时,具有标志性意义的世界博览会又于 1970 年 3 月在日本第二大城市大阪开幕。日本政府为此出资 20 亿美元,吸引 77 个国家参加。这届世博会的主题是人类的进步与和谐。由于官民一体的努力,世博会取得了极大的成功,参观人数创造了世博会史上的最高纪录,成为世博会史上的经典之作。

日本通过世博会进一步打开了国门,意味着日本跨入了世界经济大国的行列。日本著名作家安部公房说:"1970 年大阪世博会的成功举办,正是日本国家现代化到来的标志。"笔者当时曾去会场采访,其声势之浩大,气氛之热烈,观众之踊跃,尤其是日本展馆内容之丰富、精彩,至今难忘。

10 年之后,日本无可争辩地跃居为世界第二经济大国,做了 G7(发达7国集团)的创始成员国。"MADE IN JAPAN"即标有"日本造"的商品,成了高级品的代名词。

1977年,日本超过瑞典,跃居世界第一长寿国。1979年,美国学者埃兹拉·沃格尔(傅高义)的大作《日本名列第一》出版,更使全世界对"日本奇迹"有了进一步的认识。

从1950年到1973年,日本的年均经济增长率超过10%。这么长时间的高增长,在此前的世界经济增长史上,是绝无仅有的。此后,日本的经济规模继续扩大,至1980年,其汽车生产数量突破1,100万辆,首次超过美国,居世界第一位。这是一直追赶美国的战后日本所梦寐以求的。

经历了高速增长的日本社会,实现了城市化、电气化、新干线、高速公路以及私家车普及化等巨大变化,家庭结构也经历了高学历化、小家庭化和妇女进入社会的变化。收入的普遍上升,导致"一亿中产阶级"产生。也就是从这时候起,日本人开始自信自傲起来。随着日元大幅升值,日本人大把大把地甩出日元,或去购买美国黄金地段曼哈顿的地皮,或收购毕加索的原作,或抢购欧洲的历史名城、名堡、名建筑。大批乡下人带着鼓鼓囊囊的钱包,到海外旅游。

1983年4月15日,亚洲第一座迪士尼乐园在东京的千叶县浦安市开张,10天之内就有80多万游客光顾,乐园成了一棵大摇钱树。整个80年代,股票暴涨,房产高腾。1980年至1989年,日经股票平均上扬31.3%;国土面积仅为美国1/25的日本,其地价总值却相当于美国的4倍。若按单位面积计算,日本则为美国的100倍。

整个80年代,日本到处都是一派繁荣景象,首都东京更是日日车水马龙,夜夜灯火辉煌。一位酒吧老板说,那时候一到夜间,连厕所里都挤满了来喝酒的人。由于人太多,有人匆匆喝下一杯威士忌,付了5万日元便出门找另一家酒吧去了。有的人只要屁股挨到沙发，就消费 10 万日元。极度繁荣之下，日本政府在 1984 年发行了一千、五千和一万日元的新钞票。

对于富裕给日本人生活带来的变化，萨姆·詹姆森在 1985 年 2 月 26 日的美国《洛杉矶时报》上有篇细密而精彩的描述，这里不妨摘录几段如下：

20 世纪 60 年代初，一般日本家庭不仅没有汽车、电话、电冰箱和电炉，甚至没有浴室……东京多数人不得不到公共浴室洗澡。

从此以后，日本迅速地富起来了，富裕使日本人的物质生活发生巨大变化，以往罕见的奢侈品成了日常用品，同时也给人们的心理以深刻影响。

一般日本人 1984 年收入 15,000 美元，为 1960 年的平均工资的 13 倍。日本的国民生产总值在同一时期增加了 17 倍，达到 12,000 亿美元。

富裕带来过去因受贫穷限制而不可能有的文明礼貌。在 60 年代，不少日本人就像一群暴徒。例如，要想买一张火车或地铁月票，必须拼命从人群中挤到售票窗口。现在有许多售票机，日本人有礼貌地排在不长的队列里。

60 年代初，东京是世界最肮脏的城市之一，今天它进入最清洁城市的行列。

由于公路划了分道线，街道用栅栏与人行道隔开，交通秩序明显好转。现在，车辆在自己的路线内行驶，不再像过去那样横冲直闯了。行人也不再在快车道上行走，以防出事。

有人说，挥霍也成了一种生活方式。例如，给旧鞋换新底和后跟已经不时兴了。20 世纪 60 年代初经常修鞋的人，现在有一半不愿意修了。

日本一些企业家过去把衣服放在床垫下压平；外出时从公共汽车转乘地铁或火车，而不坐出租车。现在，他们已经放弃了这些省钱办法。他们不在乎用高价购买昂贵的高尔夫球装备。今天，每4个就业的职工中，就有一人有一套高尔夫球具。

甚至在厨房里也可以看到日本的新面貌。越来越多的年轻主妇除了最简单的饭菜外，什么也不会做。这样，全国都出现了向家庭配送食品的公司。

今天日本的平均教育水平高于美国。多数日本人不愿干脏活，女用人几乎找不到了。许多方面的服务质量明显下降。修理费常比买新的还贵。

富裕之后，甚至公众抗议的方向都从政治转向了经济。20年前日本人甚至闻所未闻的权利，如不让邻居的建筑物挡住阳光的"接受阳光权"，现在经常有人要求了。

个人时间的增加使各种娱乐业蓬勃发展。日本现在是全世界出国旅行人数最多的国家之一，它直到1964年才准许个人出国旅行，那年的人数128,000人。1984年，日本有400多万人出国旅行，其中83%纯粹是为了玩。

虽然创造了经济奇迹，成为"经济大国"，但在外人看来，日本这个国家仍是个"政治小国"。在近两千年的历史中，日本很少在世界格局中发挥重要作用，对国际秩序的形成也几乎没有积极地参与。古代同大陆的交流，都是按着东亚的超级大国中国铺设的路子去做的。它走出德川时代240年的锁国，复归国际社会时，欧美列强已经建立了国际秩序。第二次世界大战后，日本重新复归国际社会时，世界已经形成了东西两个阵营的冷战结构，日本加入了以美国为首的西方阵营。历史上,日本主动出来建立国际秩序只有一次,那就是 20 世纪上半叶以"东亚新秩序"为号召,企图建立所谓"大东亚共荣圈"。但是,结果以日本的彻底失败而告终了。对日本人来说,世界结构和国际秩序总是外界赋予的,而不是自己创建的,日本人考虑的只是如何利用它的问题。所以,即使冷战结构消失和海湾战争爆发之后,日本并未积极参与缔造新的国际秩序,甚至可以说它连兴趣也没有。日本有些人高喊要开展"自主外交",但对通过"自主外交"要建立什么样的世界结构和国际秩序,并没有明确的想法。

话是这么说,可这并不意味着战后日本没有一个坚持一贯的基本方针,那就是追随美国,这是个一直没有改变的方针。日本外务省所说的"以联合国为中心的外交",不过是追随美国的外交的代名词,因为在日本看来,联合国总是被美国掌控的多数意志所左右的。然而,这并不是日本自身的选择,而是日本败于二战、被美国占领的结果。在美国的占领下,日本没有另作选择的余地。但是,后来日本人自己认为,日本的"厄运"变成了"幸运"。因此,日本战后很快复兴,经济迅猛发展,技术水平迅速提高,出口大为增加,以低成本获取了和平和发展。最重要的是,除了坚持追随美国的基本方针以外,在国际事务上,不再需要独自做出重大的决断,一切唯美国马首是瞻就行了。海湾战争以后,美国要求日本"分担国际责任",那并不是要求日本"分担决策责任"。直到 21 世纪初,美国关于国际政治的第一商量对象是英国,而不是日本。

日本对美国的追随,给日美双方都带来了利益。美国由此在东亚获得了战略据点,使它得以在冷战对峙中处于优势。日本由此获得了稳定的粮食、资源供应和巨大的输出市场,实现了经济大发展。这种贷借关系起初对美国有利,后来则慢慢地变得对日本更为有利。

第六节
迈出走向政治大国的步伐

一直凝视着日本发展的"新加坡国父"李光耀,早在 1969 年与尼克松总统会谈时,就言及了日本走向政治大国的可能性。他说:"日本这个国家并不是只满足于生产和推销半导体的国家。"

果然不出所料。到 20 世纪 80 年代,中曾根就提出了"战后政治总决算"和"国际国家"的政治口号,其意图在于摘掉战败国的帽子,走向政治大国。

生于 1918 年 5 月 27 日的中曾根康弘毕业于东京帝国大学法律系,1941 年毕业后进入内务省任职,上班不到 10 天,即应征入伍,任海军军需中尉,参加了太平洋战争。随后,又以中尉会计身份被派往菲律宾和中国台湾。二战结束时,他在海军省军务局任职。1945 年 10 月重回内务省工作,先后担任过香川县警务课课长和警视厅检察官。1947 年当选众议员,走上政坛后一直为话题人物,被称为"少壮军官"、反吉田茂的"急先锋"、"全副盔甲的青年武士"、"标新立异的人"。

中曾根具有浓厚的民族主义色彩。1954 年,他毛遂自荐当了党的宪法调查会理事,被视为"促进修改宪法的头号热心人",他还谱写了《修改宪法之歌》。他宣传日本的历史培养了"非常进取的民族性",确定了"以天皇为中心的国家观"和"武士道精神";他主张"使明治天皇的思想适应当代",强调建立"自主防卫"为主、日美"安全条约"为辅的体制,建立具有新精神秩序的经济大国,树立与美苏大国平起平坐的政治大国地位。中曾根政权从 1982 年 11 月到 1987 年 11 月,长达 5 年,在战后是仅次于佐藤、吉田政权的长期政权。

为了实现其政治大国的战略目标,中曾根首先从经济、社会领域入手,大刀阔斧地进行了国铁和电话电报公社的民营化、行政财政改革、教育改革等一系列的改革。

他的自我宣传是:"我要彻底改掉的是,明治以来的中央集权官僚政府,战后经济高速增长下臃肿的政府及其种种限制,而且,要从根本上改变日本只顾自己、逃避国际化、怠于开放和贡献的形象。"

他宣称:"日本正迫于走向与明治维新、麦克阿瑟改革并列的'第三次开国'。如不进行大刀阔斧的改革,21 世纪的繁荣是不可想象的。有人说日本是一朵脆弱的花朵(指美国的布热津斯基著书《脆弱的花朵——日本》),正是如此。在远东的日本正走向孤立,其前途岌岌可危。"

从表面上看,中曾根搞的这一套,似乎是对吉田战略的绝对否定。实际上,则是对吉田战略批判地继承。在哲学上,可谓批判的扬弃。从日本的文化史和日本的发展史看,这是顺理成章的。它恰恰淋漓尽致地表现出日本这个民族敏感于时代变迁、时刻抱有危机感和不断追求进取的特点。

"战后政治总决算"被定位在"第三次开国"的思路里。这只能是"文明开化",而不是"尊皇攘夷",是进步,而不是倒退。至少,对日本统治层来说如此。

中曾根是要效仿当时的美国总统里根、英国首相撒切尔夫人奉行的追求"小政府"、重视市场的新自由主义。如果说吉田茂是借麦克阿瑟之威,推行其经济大国路线,中曾根则是欲借里根、撒切尔夫人的新自由主义,激活经济,并杀出一条通向政治大国的血路。

20 世纪 80 年代中期,中曾根通过有意识地亲近美国总统罗纳德·里根和密切日美关系,极力塑造日本的大国形象,并在实际上使他的"国际化"战略取得了不小的进展。1983 年 5 月,中曾根在美国弗吉尼亚州的威廉斯堡参加峰会时的照片,具有象征性意义。会上,发达国家领导人合影时,身材高大的中曾根风光满面地站在中央,罗纳德·里根和玛格丽特·撒切尔则站在他的两侧。这张照片第二天刊登在日本各大报上,使一向惯于看到自己的领导人站在边上的日本民众精神振奋,并引以为豪。他们发现自己的国家"长高了"。美国人看了这张照片也发了议论,如学者约翰·内森就说:"如果说 1945 年麦克阿瑟和裕仁那张声名不佳的照片代表了被美军占领的年代,那么,中曾根的照片则象征着经历了同样戏剧性变化的日美关系。"

中曾根是战后正式参拜供奉着甲级战犯的靖国神社的第一个现职首相,给世人留下"反动"的印象。这只是问题的一面。

事实表明,他是一个有平衡的国际感觉的政治家。为了国家利益,当脚下的路一时走不通的时候,他会立即停下,而不是硬往死胡同里钻。在同亚洲邻国取得历史和解方面,中曾根的做法是现实主义的。

1983 年 1 月 11 日,中曾根作为日本首相,战后首次正式访问了韩国。日韩两国虽然于 1965 年就签订了和约,恢复了邦交,但直到中曾根这次访韩和翌年韩国总统全斗焕访日,两国首脑从未互访,双方的关系也未真正实现正常化。中曾根此访是日本外交的一个突破,使金浦空港战后第一次飘起日本的太阳旗,吹奏了《君之代》。会谈的气氛不错。欢迎晚宴后,在迎宾馆里举行了气氛轻松的"二次会"。全斗焕总统和中曾根首相并肩而坐。中曾根用韩语唱了一首韩国歌曲《黄衬衫》,全斗焕则用日语唱了日本歌曲《知床旅情》。舆论认为，首脑互访"使日韩两国关系向前跨进了一步"，"进入新时代"。

中曾根执政期间，中日双边合作与交流续有发展。

他在任期间，曾于 1984 年 3 月和 1986 年 11 月两次访华。1984 年访华，受到中方的最高礼遇。机场安排了欢迎队伍，少先队员献花，领导人迎接。欢迎仪式上，鸣礼炮和检阅三军仪仗队，这些礼宾"文革"期间取消了，这是首次恢复。胡耀邦总书记在中南海设家宴欢迎中曾根全家，开创了中国领导人设家宴款待外国元首的先例。

中曾根抵达北京的第二天，邓小平就会见了他，谈了两个多小时，超过预定时间 40 分钟。在这次会见中，邓小平高瞻远瞩，深谋远虑，发表了规划和设计中日关系未来的谈话，意义重大，影响深远。邓小平向日本发出了十分明确的信息，说："我们总的方针是世世代代同日本友好下去，这一方针是毛主席、周总理多次重申的政策，这个政策不会因为中国领导人变动而改变，中日两国没有理由不友好下去。"

邓小平对中曾根说："胡耀邦（去年）在东京同你们之间做了一个有远见的决策（指成立中日友好 21 世纪委员会。1983 年胡耀邦同志访日时，中曾根首相为响应胡耀邦同志关于谋求中日睦邻友好关系长期稳定发展的主张而提议设立的。1984 年 3 月 23 日，中曾根首相访华期间，中日双方一致同意设立中日友好 21 世纪委员会。该委员会是中国和日本两国政府的咨询机构，由两国各界知名人士组成）就是要实现面向 21 世纪的友好。但这是一个形象的说法，22 世纪、23 世纪也要友好下去，是世世代代永远友好下去。谁要反对它，我们就要以更加友好的行动来回答他，这件事的重要性超过了我们之间的任何一件事情。正是在这个意义上，我们特别欢迎你和安倍（晋太郎）来访。"

邓小平强调指出："我们看中日关系，应该向前看，应该从历史的长远眼光看问题。希望今后交往更紧密一些,这是我们的共同愿望。""发展中日友好合作关系,不是十年、二十年的事情,要以长远的战略眼光来看待。中日两国政治家,应该把中日关系看远一点,短视是有害的,是不可取的。从亚洲和太平洋地区的形势来说,中日两国必须搞好关系,扩大一点说,我们两国关系搞好了,对整个国际局势也有意义。"

在这次会见中,邓小平还花时间谈到两国加强经济合作问题。他说:"我相信,我们两国发展合作的前景是良好的。我们要向你们学习的东西很多。我们要实现四个现代化,需要朋友的帮助。"

邓小平特别把合作提到"使命"的高度,讲到什么是"大局"、什么是"细节"的问题。他说:"中日两国要友好合作,这是历史赋予我们双方的使命。尽管某些时候对某些问题,中日双方会有不同的看法,甚至产生一些困难,但对中日友好的大局来说,都是暂时的、细节的问题,都是能够解决的。"

中曾根1985年8月15日第二次参拜靖国神社,中日间引起轩然大波。经过斗争,他改弦更张,翌年就停止了参拜,并作为首相于当年第二次访华,使中日关系得以继续保持发展势头。

为何停止参拜?他自有其考虑。不妨看看他1986年9月16日在日本众议院全体会议上的答辩吧。

他说:"在国际关系上,以为只是我国的想法正确,是错误的。单方面的道理是危险的。正确的政策是,要考虑到亚洲各国的国民感情,按国际通用的常识和通常的想法去做。我认为,这样做的最终结果,是符合国家利益的。如果日本在亚洲孤立了,那些当年满以为自己是为了亚洲而战死疆场的将士们、英灵们会高兴吗?我认为,(不去参拜)英灵们也会理解的。"

中曾根重视同中国的关系,主张加强同中国的关系,当然是为了给自己的国家营造一个良好的生存和发展环境。

他在 1992 年就预言："中国在 21 世纪，将作为一个无可争辩的大国，不仅在亚太地区，而且在全世界，增大发言权。"

他认为："中国的动向，不单单是亚洲、太平洋地区的问题，而是全世界最大的课题……到一定阶段，也许会有人出来，在邓小平改革的基础上，搞更大的改革。必须用这种中长期的眼光来看待中国。"

"21 世纪，(中国)总有一天会加入 G8(先进八国集团)。届时，这个集团的性质就会改变。现在，G8 像个同好会，到那时，将变成政治协商会议。"

他也深知日本过去的侵华战争留下的"负遗产"有多大。他说："应该知道，因日本的帝国主义性质的膨胀和侵略而使受害国产生的怨恨，在战争结束一百年、三代人之内是消除不了的。我们在下一个 50 年，必须进一步走克制和谦让之路。"

中曾根任内，没能达到他的"总决算"目标。战后日本，犹如一艘开足马力的大船，产生了相当大的惯性和惰性，欲想掉头，需要足够的时间和条件。

中曾根政权之后的 14 年内，日本这艘大船，在波涛汹涌的大海上，经受了战后最严峻的考验。

1989 年，东欧剧变。1991 年，苏联解体。持续 40 多年的冷战被认为结束了，但世界和平并未到来。国际力量的失衡，导致不稳定、不确定因素增加，国际风云变幻莫测。海湾危机爆发了。世界各地，内战四起。

日本国内，政局动荡不已。各种政治势力分化改组，合纵连横，上演了一幕幕悲欢离合的精彩大戏。在走马灯似的政坛上，先后有竹下登、宇野宗佑、海部俊树、宫泽喜一、细川护熙、羽田孜、村山富市、桥本龙太郎、小渊惠三、森喜朗等十名首相出掌政权。最长者两年半，最短者不足两个月。自民党"万年掌朝"的神话被打破，社稷之大权一度旁落于联合起来的反对势力手中。

在上述持续动荡的政局中，小泽一郎的政治改革和桥本龙太郎的行政改革具有承前启后的意义。小泽批判1955年形成的自民党、社会党所谓保守、革新两党体制，试图改变自民党一党统治的局面。他于1993年率领他的伙伴，脱离了自民党。大选的结果，自民党虽然保住第一党的地位，但在国会中的席位不到半数。小泽纠合八个党派，组建了细川护熙政权，把自民党赶下台。而且，小泽推行以小选举区制为中心内容的选举制度改革，企图造成两大政党轮流执政的政治结构。这个选举制度的改革，使派阀政治走向衰退。

小泽的改革很快夭折后，1996年诞生的桥本内阁着手进行了全面的行政改革。他推进大规模的政府机构合并重组，强化了首相官邸的机能。桥本执政期间，还通过与克林顿总统发表联合宣言，改变了《日美安保条约》的内涵，扩大了日本在安全保障方面的国际作用，并改变了日本民众战后形成的"一国和平"意识，为日本后来派兵海外，奠定了思想基础。此举是中曾根和小泽曾经想做而没有做到的。不过，桥本内阁因在经济上无力回天，执政时间不长就下台了。

尽管如此，日本仍一直追求着中曾根在20世纪80年代提出的"战后政治总决算"和"国际国家"的政治目标。1995年即日本战败50周年时，仍对日本政治具有巨大影响的中曾根前首相对媒体发表谈话，极力鼓吹"第三次开国论"。他说："现在迎来了战后50年，我们将受到检验的是有没有'向新时代挑战'的宏伟蓝图，能否把国际的观点纳入国家的政策。我想，这就是要'脱离1955年体制'，'向新时代挑战'，这是'第三次开国'。"

中曾根特别指出:"现在如何协调联合国与日本宪法的关系是个大问题。宪法问题到底该怎么办? 集体安全保障的一环,即集体自卫权的问题该怎么办? 日本迟早要面对这些问题。"(见日本《读卖》月刊1995 年 9 月号刊登的《加快第三次开国——中曾根前首相谈战后 50年》)

第七节
小泉纯一的政治目标

2001 年 4 月,小泉纯一郎接替森喜朗出任日本首相。他 1942 年 1 月 8 日出生于神奈川县的一个官宦人家,祖父和父亲均当过内阁大臣;庆应大学经济学部毕业后,曾去英国伦敦大学留学;1972 年首次当选国会议员之前,曾担任福田赳夫的秘书三年。

小泉被认为是一位敢于直言和坚持己见的政治家,1992 年任邮政大臣时,因主张邮政事业民营化遭到反对,受到各方关注。1998 年参加自民党总裁竞选,虽然败给了小渊惠三,但其影响力却与日俱增。小泉政权出世时,曾被海内外人士看作"短命政权"。可是,时间证明这种预测错了。小泉内阁从 2001 年 4 月登场,到 2006 年 9 月 26 日落幕,执政 5 年 5 个月,是仅次于佐藤荣作、吉田茂两个内阁的战后第三个长期政权。

小泉是以改革为号召上台的,声称"没有改革,就没有经济增长",

为实现改革目标,不惜搞垮他自己任总裁的自民党。5年多来,他一直大力推行结构改革,大大地变革了支撑战后日本的政治、社会格局,特别是在内政方面,他在执政期间,处理了被许多人认为不可能解决的银行的不良债权问题,削减了公共事业,从而引导陷入长期滞胀旋涡的日本经济走向再生,使日本经济重新走上增长的轨道。除经济、社会领域的改革外,他还执意把修改宪法、修改教育基本法提上日程,以构筑"脱战后"国家战略。

小泉说到做到。2005年8月,因为自民党内有些人抵抗、造反,导致被他视为改革核心内容的邮政民营化议案在参议院遭否决。小泉孤注一掷,竟然不顾党内的劝阻和反对,冒着搞垮自民党的风险,毅然解散众议院,举行大选,搞了一次政坛大洗牌。投票结果,以小泉为总裁的自民党获大胜,更加巩固了小泉的执政基础,使他有可能继续朝着既定的"脱战后"国家战略目标狂奔。

尽管小泉被称为"怪人",他的性格、政治手腕与中曾根迥然不同,但从其政治取向看,他跟中曾根是一脉相承的,也是小泽和桥本改革路线的继承和发展。他正在努力完成中曾根没有完成的"战后政治总决算"和"国际国家"的目标。因此,不妨说在日本保守化的潮流中,中曾根是20世纪80年代的旗手,小泉则是21世纪的领军人物。

小泉执政5年多来,不仅修改了吉田茂的"重经济,轻军备"的和平发展路线,而且修正了20世纪70年代以来历届政府奉行的"日本既是西方一员,又是亚洲一国"的国际协调路线,更加露骨地紧贴、紧跟美国,表现出明显的脱亚入美倾向。

"脱亚论"是支配小泉首相行动的思想体系。从这个角度说,他是一个复古者,可谓"当代的福泽谕吉"。

福泽谕吉(1834—1901年),就是正在流通的一万元日币票面上的那张脸。他是日本明治维新时期发起学习西方运动的核心人物,在日本被奉为"启蒙运动之父""明治三杰之一"。此人是一个武士的儿子,少时接受过儒教和汉学经典的传统教育,后来投身于"兰学"(18—19世纪日本为了掌握西方科学技术,曾经努力学习荷兰语,当时他们把西方科学技术统称为"兰学",即日本锁国时代通过荷兰传入的西方科学文化知识叫作兰学)的研究。他曾三次作为幕府政府的代表出访欧洲。1868年,他在江户(现在的东京)创建了一所荷兰语和英语兰学塾,该学塾是庆应大学的前身。他的"东亚盟主"论、"脱亚入欧"论,在一定程度上,成为日本军国主义思想的源头。

明治十八年(1886年),福泽谕吉撰写《脱亚论》一书,成为日本战前行动的指南。他主张,在现代化起步阶段,日本必须抛开亚洲的邻国,尤其是中国,去学习西方的模式。该书指出,"我日本之国土虽处亚洲东缘,然其国民之精神却已脱离亚洲之固陋,而转向西洋之文明。然此处有不幸之邻邦,一称支那,一称朝鲜","为今日之谋,我国不应犹豫踟蹰,与其坐等邻国文明开化,退而与之共同复兴亚洲,不如脱离其行伍,而与西洋各文明国共进退。与此支那、朝鲜相处之法,毋庸以邻国之故致格外之体念,当遵西洋人与其相处之方处之。与恶友相睦,则难免恶名。我等心中当谢绝亚洲东方之恶友"。

《脱亚论》的价值观因日本在二战中的惨败一度消退。但随着冷战后一极独霸格局的出现,《脱亚论》在日本又以将"西洋"改为"美国"的面目死灰复燃了。以小泉为首的日本保守势力的行动,充分证明了这一点。他一再声称,日美关系是日本外交的基本,认为日本只要与美国的关系好,与其他国家的关系都不在话下;认为日本同亚洲国家的关系以日美关系为依归,日美关系好,同亚洲国家的关系就不会坏到哪里去。

正是在这种思想指导下,小泉改变了日美同盟的内涵,在"履行国际责任"的名义下,大力加强日美军事同盟,把中国台湾纳入日美联防的范围,还派遣军舰游弋印度洋,派兵远征伊拉克。在美国的战略棋盘上,小泉已经把日本变成亚洲的英国。

在这种思想指导下,他实际上并不重视同中、韩等亚洲国家的关系。他口头上有时也表示重视,但只是表白而已。不仅如此,他一再刺激、怠于改善同中、韩的关系,使其保持紧张,也不无制造"假想敌国",以大力推进其由战败国变为"普通国家"的国内体制改革、加速建立备战体系的深层考虑。他一再参拜靖国神社,正是旨在用"靖国"思想来整合国民意识,为曾因被军国主义利用而声名狼藉的"爱国心"正名,唤起新生代日本人对日本在明治以后形成的"霸道文明"+"忠君爱国"国家精神的向往,以重新确立国家观,为推行他的"脱战后"战略奠定思想基础。

从小泉在2005年9月11日大选后阐述的执政方针看,小泉并非什么"怪人",而正像他自己所说的,是个"正常人"。他要把日本带到什么路上,他自己十分清楚。他的一举一动都是为了实现他心中的目标,且不说这条路对日本的弊利祸福如何。

从文化的角度看,小泉政治明显地体现了大和民族那种时刻怀有危机感,追求进取,争强好胜,野心勃勃而不满足于现状的传统特征。

小泉政权一直维持高支持率,绝非偶然。人们不应该把他的威望看作仅仅是靠他的政治戏法获得的。正是因为他敏感地掌握了相当多数国民的脉搏,他的政治指向反映了他们的政治诉求,他才赢得了长期政权,而且在这次大选中赢得了喜出望外的战果。

历史即使不会重演,也会惊人的相似。遥想近代日本史轨迹,从发动中日甲午战争、日俄战争,到殖民统治朝鲜,到侵略中国东北,到发动全面侵华战争,到发动太平洋战争,无一不得到日本国民主流的支持。尽管有识之士大有人在,怀有良知而不惑者不乏其人,但当统治集团的思想一旦得势,统治集团的思想便成为民众的主流思想。环顾小泉执政时期日本国中的所谓右倾保守社会思潮,与当年的日本何其相似乃尔。

从日本投降到如今,70 个春秋过去了,在统治集团的思想主导下,日本全国上下不再满足于一个经济大国的现实。彻底甩掉战败国的帽子,恢复战前一等国的地位,已经是日本国中的主流诉求。日本社会党的垮台,日本社民党等所谓革新势力日渐萎缩,正是因为他们的政策主张,已经不能反映现时日本国中的主流诉求。

从中曾根提出"战后政治总决算",到小泉主政 5 年后,日本的"脱战后"战略目标正在一步步变成现实。一个"战败国"正在蜕变,一个"普通国家"正在复活。而这个"普通国家"究竟为何物,在日本,在海外,都被打了不少的问号。

由于日本为政者对日本近代历史的认识很成问题,由于现时的日本政治中具有浓厚的复旧色彩,人们担心日本的走向是顺理成章的,亚洲邻国的警觉也在情理之中。

东亚的国际关系的确不同于欧洲的国际关系。英、法并不担心德国走老路,因为德国政府对纳粹德国的立场坚定,而亚洲国家则担心日本回归战前走老路,期待它继续走和平发展的道路。

第十章

过渡期的中日关系

第一节
小泉纯一掌权，中日关系冷却

　　小泉掌政后，日本与中、韩等亚洲国家的关系冷却。根本的原因在于小泉对历史问题的认识，根本的责任在于日本，根本的出路在于日本认真听取亚洲国家的声音，以诚意去化解纠葛，酿成信赖，以行动去赢得信任。

　　中日关系正常化以来，在历史问题上的斗争时起时伏。1982 年，日本文部省在对初、高中及职业学校的教科书进行审定时，提出了在记述第一次和第二次世界大战的历史事实时要淡化日本侵略的修改原则。因而，文部省在审定教科书时，把日本对别国的侵略，改成了含糊其词的"进出"或"进入"，把日本军队侵略中国华北说成是"进入"华北。特别是关于日本军队在中国南京进行了惨绝人寰的大屠杀一事，日本文部省将原来的"在占领南京之际，日军杀害了中国军民，并进行了强奸、掠夺、放火，这一南京大屠杀遭到了国际上的谴责，据说中国牺牲者达 20 万人之多"一段，修改成"在占领南京时，遭到中国军队的顽强抵抗，日本军队也蒙受相当大的损失，由此使激怒了的日本军队在占领南京时，杀害了多数的中国军民，受到了国际的谴责"。这种对历史的蓄意歪曲自然激起了中国人民和亚洲各国人民的极大愤怒，也遭到了日本国内人民的谴责。1982 年 7 月 26 日和 8 月 5 日，中国外交部亚洲司长和副外长先后向日本驻华公使和大使进行了严正的交涉,指出承认不承认日本军国主义侵略中国的事实,是中日关系中的一个原则问题,要求日本政府采取切实措施,纠正这一错误。日本方面在中国的强烈要求下,终于表示要纠正这一错误。

但1986年日本文部省又故技重演,把由"保卫日本国民会议"编写的严重歪曲历史事实、为军国主义翻案的《新编日本史》审定为合格。这自然遭到中国人民、亚洲各国人民和日本人民的反对。在中国政府严正交涉后,日本政府才对这本教科书做了修改。

日本内阁大臣参拜靖国神社也是严重伤害中国人民感情的事件。从1975年起,日本历届首相(除池田勇人外)都以"私人身份"前往靖国神社参拜。进入80年代后,不仅首相,几乎所有内阁大臣都在8月15日"终战纪念日"去参拜该神社。1985年8月15日,当时的日本首相中曾根康弘更是带领内阁成员集体"正式参拜"了靖国神社。日本政界要人的举动极大地伤害了中国人民的感情,激起中国人民的愤怒,中国政府理所当然地对此表示反对和提出批评。

此后,日本政府领导人表示不再去参拜。但到1996年,日本首相桥本龙太郎突破日本多年来的自我约束,又参拜了靖国神社。是年9月30日,日本自由民主党更是公然地把"实现首相和阁僚正式参拜靖国神社"写入选举公约。这些行径再次激起中国人民的愤怒,中国外交部发言人两次对此表示严厉谴责。

小泉2001年4月上台后,坚持每年参拜一次靖国神社。从2001年8月13日第一次参拜始,就遭到中、韩等亚洲国家的强烈反对。但他仍一意孤行,到2006年,已累计参拜6次之多。这是导致中日关系恶化的直接原因。

中国方面并不希望因靖国神社问题影响两国间的正常来往,影响两国关系大局，并为此做出了自己的努力。

2001 年，中日间因台湾前领导人李登辉访日问题、教科书问题和小泉首相参拜靖国神社问题，关系紧张。为打开僵局，中国政府邀请小泉首相于 10 月 8 日访华。

在这次当日往返的、极其短暂的访问中，小泉首相一下飞机，便直奔位于北京西南郊约 15 公里处的卢沟桥和中国人民抗日战争纪念馆。他以严肃的表情参观了纪念馆之后，挥毫题写"忠恕"二字留念。对此，中国记者当时的理解是"日本对中国人民因那场战争而受到的灾难之深重和被害者的心情，有了诚心诚意的理解"。

小泉首相离开纪念馆之前，还向媒体表示："今天得到访问纪念馆的机会，进一步体会到那场战争的悲惨。我向因那场战争而失去宝贵生命的中国人民表示衷心的哀悼和歉意。"

就在这次访问中，朱镕基总理和江泽民国家主席先后会见了小泉首相，高度评价了他去抗日战争纪念馆参观之举，双方谈得很好。

在朱镕基总理和小泉的会谈中，总理语重心长地说："我想，在纪念馆里，阁下对日本发动的侵略战争给中国人民带来的深重灾难有了理解，也会明白中国人民的伤痛至今仍未痊愈。如果不重视解决这个问题，要从根本上改善日本同包括中国在内的亚洲各国的关系，是非常困难的。""我们希望日本政府对这个问题采取正确的态度。"

对此，小泉首相说："通过访问，我认识到，那段历史不仅影响现在，而且会影响未来。我们对那段历史表示深刻反省，对日中关系，以至于日本与亚洲各国的关系都非常重视。"

小泉首相会见江泽民主席时，首先表示："参观纪念馆的展览后，进一步痛感那场战争的悲惨。我向因那场战争而牺牲的中国人民表示衷心的歉意和哀悼之意。"又称："这次，我亲自目睹纪念馆展示的那些残酷的场面,更加认识到战争给人们带来的创伤是难以估量的。我们必须对历史进行反省,同时必须找到通向未来的道路。决不能重蹈战争的覆辙。"他还补充说:"当时,日本听不进国际社会的意见,一意孤行,结果导致了那样的事态。今天,日本必须反省过去,谋求同国际社会的协调。"

江主席坦诚地表示:"小泉首相就任首相以来,对中日关系表示了积极的姿态。但是,重要的是行动。小泉首相这次亲自到卢沟桥和抗日战争纪念馆参观,具有重要意义。如何对待历史问题是中日关系的政治基础,是通向未来的出发点。"

至此,中日关系可以说恢复到正常状态了。在此背景下,同年10月,江泽民主席在上海举行的亚太经合组织(APEC)会议期间,朱镕基总理在文莱举行的东盟加中日韩(ASEAN+3)会议期间,又分别会晤了小泉首相。

为庆祝中日邦交正常化30周年,翌年(2002年)4月2日至9日,中国人大常委会委员长李鹏访问日本,拉开中日邦交正常化"中国年""日本年"的帷幕。

同月12日,小泉首相访问海南省,出席博鳌亚洲论坛,并在会上发表讲演,指出中国的发展不是威胁,而是机遇。可是,他回国不久,便于4月21日第二次参拜靖国神社。

这次参拜严重刺激了中国人民的感情,也使世人大长见识。原来小泉这个人既能一本正经地去抗日战争纪念馆,郑重其事地向受害者表示哀悼和忏悔,又不耽误参拜供奉着加害者的靖国神社。

由于这次参拜,他自我封杀了访问中国的道路。本来,那年正值中日邦交正常化30周年,9月下旬有多批日本客人前往北京,参加盛大的纪念活动,对小泉来说,是个访华的好机会。但是,由于当时的气氛,中国领导人在没有得到小泉不再参拜的许诺的情况下,不得不考虑广大民众激昂的情绪,无法邀请他到访。

尽管如此,中国领导人仍从两国关系大局出发,同意在第三国利用国际会议场合,会见小泉首相。

于是,朱镕基总理9月在丹麦举行的亚欧会议(ASEM)期间,江泽民主席10月在墨西哥举行的APEC期间又应约分别会见小泉首相。

遗憾的是,中国领导人同他一次次会晤都没有产生任何效果。2003年1月14日,小泉首相又第三次参拜靖国神社。

中国古语有云:"事不过三。"这在中国是常识,也是中国人容忍坏事的极限。1963年4月,时任总理的周恩来在谈到中国外交政策所依据的哲学思想时,提到了"退避三舍",即你来我先退,给你警告;再来,再退,再给警告,但事不过三……有人可能视我可欺,逼我到墙角,我只好还击。小泉上任后,不顾中国人民的强烈反对,也不顾中国领导人好言相劝,悍然第三次参拜。

这之后,中国新一届领导人仍然抱着很大的耐心,继续与小泉首相对话。于是,胡锦涛主席5月应约在俄罗斯与小泉首相会晤。10月,温家宝总理应约于印尼(ASEAN+3)、胡锦涛主席应约于泰国(APEC)又分别会晤小泉首相。

中方的诚意得到的是,2004年1月1日,小泉首相第四次参拜靖国神社。尽管如此,中方继续坚持对话。于是,11月,胡锦涛主席应约于智利(APEC)、温家宝总理应约于老挝(ASEAN+3)分别会晤小泉首相。

2005年4月,胡锦涛主席应约在印尼的雅加达(亚非首脑会议)会见小泉首相,提出改善中日关系的五点主张。可是,10月17日,小泉首相又做出了他自己认为的"适当判断",第五次参拜靖国神社。

如果说,在此之前,人们对他停止参拜还或多或少抱有希望的话,这第五次参拜使人们良好的愿望彻底破灭了。在小泉第五次参拜之后,不仅中国人、韩国人清楚地看到小泉任内同日本的关系难以改善,日本国内也普遍认为,欲修复同中、韩两国的关系,只好等他下台之后再说了。不以小泉为对手,成为最现实的选择。

中国、韩国都是有尊严的国家,不可能无限度地任由小泉的耍弄。中韩两国的领导人都不能不考虑各自国内激愤的民情,在事关政治基础的原则问题上,没有让步的余地。

通过对话和协商来解决国与国之间存在的问题,是中国的一贯主张。中日之间在靖国神社问题上的高层对话已进行了 20 年,小泉出任首相后,这个问题突出起来,双方的对话密度更高,次数已难以计数。中国领导人仁至义尽而无果,只好静观等待。2005 年 11 月在釜山举行的 APEC会议和 12 月在吉隆坡举行的东亚峰会本来都是中日领导人聚首的机会,但是由于不具备会晤的条件和气氛,只能擦肩而过。

中日关系的改善需要双方良性互动,需要人民间加强交流,增进了解和互信,更需要政治家的正确决断。中方希望日本领导人回到中日双方共同达成的三个政治文件的原则上来,为会谈创造良好的气氛和条件。这样,坐下来谈才有意义。

第二节
小泉纯一第六次参拜的意图

令人遗憾的是,就在中日、日韩关系因小泉一再参拜靖国神社而陷入十分困难的境地,许多国家的领导人和各方人士都希望出现转机的时候,在日本国内,包括执政党内部,朝野各界反对参拜的呼声空前高涨,许多群众团体或集会走上街头,要求小泉不再参拜,而舆论调查结果也表明,反对参拜者已超过半数的情况下,在一份证实裕仁天皇1978年后不再参拜,是因为甲级战犯被合祀在靖国神社中的材料被媒体披露之后,在参拜靖国神社问题成为下届自民党总裁竞选争论的焦点,有的候选人公开表示一旦当选不去参拜,有的人则暗示不去参拜的形势下,在不少甲级战犯的遗属、后代也顾全大局,主张(把甲级战犯的名册从靖国神社搬出来)分祀的情况下,在一些政治家为解决靖国神社问题而提出具有积极意义的方案以后,小泉竟然于2006年8月15日一大早,跑到靖国神社去进行他首相任上的第六次参拜。

这次参拜与前五次不同,是在日本无条件投降、世界人民取得反法西斯斗争胜利的"8·15"这个"正日子"进行的;而且,采取了正式参拜的形式。小泉振振有词地说,他之所以这样做,是因为"反正我什么时候去、怎么去,都要受到(中、韩的)批判",从而把自己打扮成一个"英雄",摆出了逞强好胜、不惜与亚洲人民对抗到底的架势。

小泉这种不管不顾、破罐破摔的做法,看似强人示以强势,实则表现了其内心的虚弱和其外交赌博惨败后的哀鸣。他从2001年第一次参拜以来,屡遭批判而不止,一直心存侥幸地走边缘,搞外交赌博,误以为参拜多了,造成既成事实,中国也好,韩国也好,自然也就认了。为此,他或避开"正日子"参拜,或"以平民身份"非正式参拜,千方百计地想蒙混过关。他当初并没有想到,几年下来之后,自己竟会走进了死胡同。

他在自己的首相任期行将结束时,索性选择"堂堂正正"地到靖国神社走上一遭,这毫不足怪,而是合乎逻辑的结局。

首先,他有明确的施政目标,他要彻底摘掉日本战败国的帽子,把日本变成一个"普通国家"、一个能够向海外派兵打仗的国家。为此,他要打破战后以来的禁区,抹掉日本人头脑中"日本在历史上曾干了坏事"的所谓"自虐史观",重塑日本人的精神。于是,否定远东国际军事法庭审判的结论,利用参拜靖国神社的方式,把甲级战犯正名为"为国捐躯的战没者",对他而言,就成了非做不可的事了。

第二,小泉决意在他自己下台的一个月前正式参拜,是为了立一个"首相参拜"的规矩,使"首相参拜"程式化,从而为继任的新首相指一条路,以完成他未竟的"事业"。对小泉而言,这是他下台前要做的政治交代,要给后任留下的政治遗产。

第三,小泉一不做,二不休,与他个人一意孤行的性格有关,更有深刻的国内背景和一定社会基础。他在任六年,以改革之名,行独裁之实,大大加强了首相的权力,把他自己变成了一个"说一不二、谁的话都不听、谁的账都不买"的唯我独尊的人。他玩弄权术,招降纳叛,剔除异己,改造了他身处其中的执政党,大大强化了自己的执政基础。他紧紧抓住并最大限度地利用舆论工具,为自己营造了一个有利的施政环境。经过六年的苦心经营,他在相当程度上改变了国内的政治气氛,"脱战后"思潮蔓延,战前的"皇国史观"死灰复燃,狭隘的民族主义情绪陡升。这些,反过来又成为小泉大行其道的社会基础,成了他的内阁一直得以维持较高支持率的原因。在靖国神社问题上,他之所以一意孤行,正是日本国内政治空气变化的集中反映。

小泉在任期间的第六次参拜,理所当然地遭到国内外的反对。在日本国内,反对的声音高过以往,所有在野党同声抗议;许多民间团体发表声明、举行集会或愤然走上街头;在执政党内部,不仅公明党谴责,自民党内许多元老、资深议员乃至现职大臣都纷纷表明谴责态度。不仅中国、韩国做出了强烈的反应,俄罗斯、新加坡、马来西亚和印度尼西亚等不少国家的政府都出来说话,要求日本尊重受害国人民的感情和尊严。另一方面,小泉的行径也鼓励了日本国内的右翼势力,进一步煽起了民族情绪,为之拍手叫好者不乏其人,也有相当多的民众受到迷惑而认同。但日本各大媒体的调查都表明,超过一半的被调查者都担心日本与中、韩的关系恶化,希望下任首相改弦更张,以实际行动修复同邻国的关系。

情况表明,小泉给其后任留下的遗产是负的遗产,是给其后任出了一个大难题。

第三节
靖国神社问题的本质

中国反对日本主要领导人参拜供奉着14名甲级战犯的靖国神社的立场是坚定不移的。邓小平说过:"这个问题比起经济纠纷等问题来,更本质,更重要。"这是为了维护中日关系的政治基础,维护反法西斯的价值观,维护世界人民的共识。

第二次世界大战以后,远东国际军事法庭对28名日本甲级战犯进行了审判,其中14名目前祭祀在靖国神社中。他们都是对外侵略战争的发动者和指挥者,其中绝大部分人是侵略中国的元凶,犯下滔天罪行。

在靖国神社中供奉的甲级战犯

姓　名	生卒年	出生地	简历、罪行	判决结果
东条英机	1884—1948	东京	陆军大将、首相　战争狂人、头号战犯 1935年关东军宪兵司令 1937年关东军参谋长 1941年首相兼陆军大臣 同年发动太平洋战争	绞刑
板垣征四郎	1885—1948	岩手	陆军大将　"九一八"事变主犯 1931年与石原莞尔共同策划"九一八"事变 1936年关东军参谋长 1939年中国派遣军总参谋长	绞刑
土肥原贤二	1883—1948	冈山	陆军大将　侵华阴谋家 从1913年任奉天特务机关长开始,在中国30余年,参与策划"九一八"事变,炮制伪"满洲国" 1939年北满洲第五军司令官 炮制汪精卫伪政权	绞刑
松井石根	1878—1948	爱知	陆军大将　南京大屠杀元凶 1937年上海派遣军司令官 中中国方面军司令官	绞刑
木村兵太郎	1888—1948	埼玉	陆军次官、大将　杀人不眨眼的屠夫 1939年侵华日军第32师团师团长 1940年关东军参谋长 1944年驻缅甸方面军司令官,制造仰光大屠杀,被称为"缅甸屠夫"	绞刑
梅津美治郎	1882—1949	大分县中津市	陆军大将　残杀东北军民的刽子手 1934年中国驻屯军司令官 1939年关东军司令官、驻伪"满洲国"特命全权大使	无期狱中病死
武藤章	1892—1948	熊本	陆军中将　扩大侵华战争"谋士" 1937年中中国方面军副参谋长,指挥南京大屠杀 1938年北中国方面军副参谋长 1942—1945年驻苏门答腊第二守备师团长,制造了"马尼拉大惨案"	绞刑

（续表）

姓　名	生卒年	出生地	简历、罪行	判决结果
永野修身	1880—1947	高知市	海军大臣、元帅、天皇军事顾问　偷袭珍珠港的下令者 上海"一·二八"事变制造者 1941 年初海军军令部部长，指示山本五十六制订海军"南进"计划 1941 年 12 月签署偷袭珍珠港的作战命令	审判中病死
小矶国昭	1880—1950	山形	陆军大将、首相　镇压中朝人民的罪魁 1932 年关东军参谋长 1942 年朝鲜总督 1944 年 7 月首相	无期徒刑狱中病死
平沼骐一郎	1867—1952	冈山县津山市	天皇制司法官僚的总代表，"日本法西斯教父" 1923 年司法大臣 1939 年首相 1940 年内务大臣和国务大臣	无期徒刑狱外病死
广田弘毅	1878—1948	福冈	1932 年日本外务大臣 1935 年 10 月提出企图吞并中国的"广田三原则" 1936 年 3 月出任首相，是发动对华全面侵略战争的主谋之一	绞刑
东乡茂德	1882—1950	鹿儿岛	疯狂侵略扩张的策划者 1941 年东条内阁的外相兼拓务相，参与太平洋战争的筹划和准备 1945 年铃木内阁的外相兼大东亚大臣，参与指导太平洋战争及对华战争	20 年有期徒刑，服刑期间病死
松冈洋右	1880—1946	山口	侵华舆论制造者 1935 年南满洲铁道株式会社总裁 1940 年日本外相，签署与德意日三国军事同盟条约、与汪伪政权缔结《关于日华基本关系条约》	狱中病死
白鸟敏夫	1883—1949	千叶	对外侵略的吹鼓手　1914 年驻奉天领事官补 1930 年外务省情报部长 1938 年驻意大利大使，力促政府与德、意结成三国军事同盟	无期徒刑狱中病死

追溯甲级战犯合祀于靖国神社的经纬，靖国神社问题的症结何在，就很清楚了。

靖国神社位于东京千代田区九段，原名"东京招魂社"，是明治天皇为祭祀"戊辰之役"（1868年初推翻旧幕府、建立明治新政府的国内战争）中阵亡的将士，于明治二年（1869年）6月建立的。明治十二年（1879年），明治天皇将其更名为现名。

据神社当局解释，"靖"与"安"同义，"靖国"意为"使国家平安，永享和平"。现在，里面合祀着246.65万余所谓"英灵"。其中包括明治维新前后日本国内历次战争中的死者，更多的是在中日甲午战争、日俄战争、第一次世界大战、侵占中国东北、全面侵华战争和大东亚战争（第二次世界大战）中的死者，包括甲级战犯，他们被视为"为国捐躯的人"。

战前，靖国神社是国家神道的据点，军国主义的精神支柱，自1887年起，成为名副其实的日本陆、海军的宗教设施、军事设施，对培育军国主义精神、灌输侵略战争意识，起了重要作用。战前，历届首相，特别是第二次世界大战期间，都把靖国神社作为祈祷战争胜利和宣传侵略战争有力的场所，大加利用。也就是说，靖国神社成为国家动员民众参加侵略战争的设施，"以生命奉献给神国"的人被供奉其中，成为一种无上的光荣。于是，一些死者的遗属便认为，把死者的名册放进神社合祀，是死者"光荣战死的证据"。

事实上，并不是所有遗属都希望把他们的亲人的亡灵合祀在靖国神社的。战后合祀其中的名单，是日本政府送进去的，事先并未通知遗属，也未征求遗属的意见。但是，靖国神社是根据明治天皇的旨意开始合祀的，据说有一条规定是，一旦名单被送进去了，便不能撤出。

1945年8月15日，日本无条件投降。

同年 12 月 15 日,美国占领当局以驻日盟军总司令部(GHQ)的名义发布命令,切断国家神道、神社神道与政府的一切关系,禁止国家神道体制,实行政教分离。

1946 年 1 月 1 日,天皇发表"人间宣言",宣布他自己由"神"变成人,国家神道的教义实质上失去存在的根据。

同年 9 月 7 日,靖国神社根据《宗教法人令》登记,变成一个宗教法人。

同年 11 月 3 日,美国主持制定的《日本国宪法》公布(1947 年 5 月 3 日开始施行),其中,明文载入了"政教分离"的原则,明确规定"国家及其国家机关也不得进行宗教教育及其他任何宗教活动"(宪法第 20 条 3 项);规定"任何宗教团体也不能接受国家授予的特权,或行使政治上的权力"(宪法第 20 条 1 项后段)。

1951 年 4 月 3 日,《宗教法人令》废止,《宗教法人法》施行,对宗教团体、组织、设施的性质、活动范围等做了严格的规定。

根据宪法及有关法律规定,靖国神社的性质和作用都被改变,已经不是战前意义上的靖国神社了,它当然也不应当进行任何政治活动,或被国家权力加以政治利用。但是,后来的情况表明,它并非一般的宗教法人组织,而是被作为肯定和美化侵略战争历史、进而复活国家主义的机器了。在那里,包括东条英机等 14 名甲级战犯在内,把所有的战死者都作为"英灵",加以肯定,加以赞美,宣传他们给日本"带来了战后的和平和繁荣",应"感谢"他们的"恩惠",而不问侵略的历史和战争的责任问题。

早在 20 世纪 50 年代初期,在全国战死者组织的强烈要求下,日本厚生省援护局就开始选定合祀名单。当时,厚生省曾发出通知,选定工作所需费用由国家负担。日本政府的这种做法曾遭到国会内外的强烈反对和追究,但厚生劳动省却诡称此举并不违反宪法,而继续选定工作,并把"因公死去的军人及军属"作为入选的标准。

1946 年至 1948 年,远东国际军事法庭审判日本战犯,东条英机前首相等 28 人被起诉。法庭 1946 年 5 月开庭,1948 年 11 月,除审判期间死去者外,其余 25 名被告全部被判有罪。东条等 7 名甲级战犯被处以绞刑,还另有 7 人也被判为甲级战犯。

1951 年,日美媾和,签订《旧金山和约》。其中的第 11 条,是日本接受远东国际军事法庭审判的结果。

可就在《旧金山和约》签订三天之后,日本政府发出"法务总裁通知",声称被远东国际军事法庭判定的罪犯,在日本国内不按战犯对待。

在日本政府这种政策下,日本刮起了要求释放战犯和复权运动的妖风,声称"甲、乙、丙级战犯全是牺牲者"。

接着,日本国会于 1952 年修改了《战伤病者战死者等遗属援护法》,把发放养老金、慰问金的范围从军人、军属扩大到被处死的战犯的遗属,把被判死刑和囚死狱中的人都作为"因公务而死去的人"。1953 年事实上恢复了被《波茨坦公告》勒令废除的旧军人抚恤金。1954 年,通过修改《抚恤金法》,开始对囚死狱中或被处死者的遗属发放生活补助费。1955 年,再度修改《抚恤金法》,规定对受审判刑者发放抚恤金时,把它们被监禁的时间计入在职时间之内。

1955 年,东条内阁的大藏大臣、甲级战犯贺屋兴宣被释放。乙、丙级战犯也随之释放。

1959 年,厚生省将死去的乙、丙级战犯的名簿分批送进靖国神社合祀,计 1000 人。为避免引起反对,送交工作是在极端秘密的情况下进行的。

1966 年 2 月,日本政府开始暗中策划将甲级战犯也放进靖国神社合祀事。

1969 年,自民党川岛正次郎等 241 名议员向国会提出《靖国神社法案》,至 1973 年,先后提出 5 次,均被否决成为废案。

1974 年,因自民党单独强行表决,该法案在众议院通过。但因参议院未决,自动作废。

在上述背景下,1970 年,参议员青木一男(生于 1889 年,卒于 1982 年。此人原是东条英机内阁的大东亚相,日本战败后作为甲级战犯嫌疑人被捕,后来由于美国改变政策,免于起诉,被释放后,当了靖国神社最高决策机构"崇敬者总代会"的总代)极力主张将甲级战犯合祀。他毫不掩饰地说:"如不合祀,就等于承认东京审判的结果。"又威胁说:"如因为他们是战争负责人就不合祀,神社可要负重大责任噢!"

由此,在 1970 年 6 月 30 日的"崇敬者总代会"上,决定了伺机将甲级战犯的名簿送进靖国神社、具体时间可由宫司定夺的方针。但因当时的靖国神社宫司筑波藤麿(旧皇族出身,历史学家)反对,一直顶着未办。

1975 年,三木武夫首相参拜靖国神社,成为日本战后第一个参拜靖国神社的首相。

1978 年夏,松平永芳(旧军人,当过海军少佐、一等陆佐,战后曾在自卫队内任职)接替筑波任新宫司。此人上任伊始,既未征得遗属的同意,也未了解天皇的意向,就偷偷摸摸地把甲级战犯作为"昭和殉难者""英灵",把他们的名簿放进靖国神社合祀了。

松平新宫司此举引起裕仁天皇的不满。《日本经济新闻》根据新发现的"富田笔记",于 2006 年 7 月 20 日在头版头条位置报道称:1988 年,裕仁天皇曾对当时的宫内厅长官富田朝彦说,关于在靖国神社里合祀甲级战犯事,"听说筑波(指筑波藤麿宫司)处理得很慎重","松平的儿子、现在的宫司(指松平永芳,他是日本战败时在任的最后一个宫内大臣松平庆民的儿子)是怎么想的? 这么轻率。我认为松平是个和平信念很强的人,可他的儿子不知老人心。所以,我从那以后,就没参拜过。这是我的心。"

裕仁天皇战后曾8次参拜靖国神社,但自1975年参拜后,就未再去参拜过。《日本经济新闻》根据上述新发现的材料认为,甲级战犯合祀于靖国神社,是裕仁天皇终止参拜的原因。基于同样的原因,现在的明仁天皇1989年继位后,也从未参拜过。

1985年8月15日,中曾根康弘首相开始正式参拜,遭到国内的强烈反对和中、韩两国的强烈抗议,引起轩然大波。(此后,直到1996年7月29日桥本龙太郎首相参拜,一直没有首相参拜)

1986年,中曾根内阁的官房长官后藤田正晴宣布:首相中止参拜。

后来,后藤田先生在接受日本广播协会(NHK)记者采访时说:"日本既然接受了《旧金山和约》,就应坚持那个立场,不能不守信义。"他明确表示,反对小泉首相参拜靖国神社,并一直主张将甲级战犯从靖国神社里撤出来。(2005年8月14日,NHK播放的特别节目《思考靖国问题》)

NHK这个节目的主持人指出,靖国神社成为问题,是日本自身造成的。战后60年了,至今仍未解决,是因日本自身的矛盾没有解决,是因当初对《旧金山和约》和在国内实行了双重标准所致。

二战结束60周年之际,日本著名的哲学家梅原猛与神户大学教授五百旗头真举行对谈,也指出了靖国问题的症结所在。

梅原称:"在靖国神社那里,没有对战争的反省。到供奉着东条英机原首相的靖国神社去参拜,在那里说不再发动战争,这是可笑的。还有,作为人之常情,祭拜在战争中死去的人,是可以理解的,但那里面包括杀了许多邻国人的人。考虑邻国人的心情,义不容辞。"

五百旗头说:"虽说靖国问题大部分属国内问题,但因它与过去日本发动侵略战争伤害了邻国相关联,就不可避免地成为国际问题。虽然中国执拗的态度教人无可奈何,但日本绝不能对做过损害了邻国人的尊严的事心安理得,无动于衷。东南亚、美欧也对一再参拜靖国神社的(小泉)首相冷眼相看。"

他还说:"如果不能将别国的尊严与本国的尊严同样看待,良好的关系是绝对不能持久的。"(《朝日新闻》对谈《战后 60 年日本亚洲世界》2005 年 1 月 7 日)

第四节
"政冷经凉",相互理解倒退

2001 年小泉政权登台后,中日政治关系不畅,经济合作关系受到的影响明显,出现了由"政冷经热"走向"政冷经凉"的局面。

ODA 即政府资金合作领域所受影响最为明显。ODA 的初期贷款是采用一揽子协议方式。但由于小泉领导的执政党内部分议员施压,日本从 2001 年开始实施单年度协议方式,贷款额减少了,合作内容也从基础设施建设转换为环保、医疗、人才培养等领域。由于日本国内不断爆出"中国不领情""中国把 ODA 用于军事"等杂音,并以"外交政治关系不好"为由,2004 财政年度向中国提供的贷款降至 860 亿日元(7.35

亿美元）。

关于 2005 财政年度的贷款，日本由于不满中国在东海问题上的新建议，曾一度冻结，直到 2006 年 6 月 6 日，日本政府才决定解除冻结。不过，决定提供的数额仅为约 740 亿日元，又比上年度减少了 120 个亿。此后，日本多次表示，将在 2008 年停止这种长期低息贷款。

情况表明，小泉政府已不顾日本向中国提供 ODA 的特殊历史背景，且改变了大平正芳首相的初衷，把 ODA 当作一张牌打了。

日本有一句家喻户晓、老幼皆知的话，叫"有终之美"。做事善始善终，这本是日本人崇尚的美德。可小泉政治之下，已经顾不上这么多了。

其实，日本向中国提供 ODA，对日本也带来不少好处和利益，是一种互惠双赢的安排。在这个问题上，双方完全可以通过协商，获得圆满解决。为什么 20 多年来一直做得很好、令中国人心存感激的事情，不去求个"有终之美"呢？

中日贸易 2001 年后，也受到政治关系的影响。2000—2004 的 5 年间，中国对外贸易年均增长 26% 以上，而中日贸易增长只有 20.8%。从 2004 年开始，日本从中国的第一大贸易伙伴，退居为欧盟、美国之后的第三位。

更为严重的是，小泉执政 5 年来，两国人民间的相互理解，不仅未随着两国实务关系的发展而加深，反而出现倒退。对于不少日本人来说，中国从一个由远而渐近，又变成一个近而又远的国家。

日本人对太平洋战争、对侵华战争性质的模糊认识，是导致他们对中国感情变化的根源。出现这种局面，是日本战后一些为政者和一些遗老遗少肆无忌惮地坚持错误的立场和观点，并通过教育和舆论引导的结果，而近年来，这种倾向一再加码。正是因为错误的导向，在日本

国民中,存在以下误区:

美英同罪史观或美英同罪论:认为不仅是日本侵略过别的国家,英、美、法、荷兰等欧美诸国都进行过侵略和掠夺,不应只说日本的坏话。

自卫战争史观或自卫战争论:认为日本发动"大东亚战争"(日本对太平洋战争的称呼)实属无奈。因为当时美国(America)、英国(Britan)、中国(China)、荷兰(Datch)四国形成了所谓"ABCD 包围圈",威胁了日本的安全。为打破包围,日本不得不拿起武器。这也是日本军国主义在太平洋战争爆发前大肆宣扬的"理论"。

解放战争史观:认为日本进行"大东亚战争"的结果是使亚洲其他民族获得了独立,把他们从欧美列强的统治下解放出来,因此,那场战争是"正义之举"。

殉国史观或英灵史观:认为日本以前进行的对外战争是为神圣的天皇、为自己的国家进行的"圣战",不能将其说成"侵略战争",反对将那些为"圣战"牺牲的"护国英灵"说成侵略者。

还有相当一部分日本人认为,日本在二战中不是败给中国,而是败给美国。不后悔战争,但懊悔战败,懊悔在那场战争中,在没有巩固侵华战争所取得的"伟大胜利"情况下,过早地与强大美国摊牌,从而导致了失败;认为同美国的战争,不是精神上的失败,而是物质上的失败,输的是武器、技术和国力。

日本人一般都知道日本过去对中国和其他亚洲国家做了坏事,但因为日本在战争中死了 300 万人(二战时日本人口约 8000 万),且同亚洲各国的战争发生在海外,战败时,许许多多身在海外的日本人曾吃过不少苦头;而日本国内的二战痕迹都是美国留下的,一提及二战,很多日本人便想到与美国的战争,想到在同美国的战争中,很多人战死,许多城市化为焦土,1945 年 3 月 10 日的东京大空袭,一天之内就有 10 万人失去生命,尤其是广岛、长崎受到原子弹的打击,日本成为唯一的原子弹受害国,以至于无条件投降,全国被占领,感到自己也是受害者,他们的"加害者"意识不如"受害者"的意识那么强烈。

许多日本人认为日本已多次向中国道歉,所以,不少人对中国仍然不断要求日本反省、道歉,感到厌烦,感情上有抵触情绪,有人甚至提出疑问:到底到什么程度中国才能满意呢?

抱怨世界上只有中、韩两国反对参拜靖国神社问题;认为参拜靖国神社是出于日本独特的"人死罪消"生死观,属于文化范畴的问题,是日本的内政问题;认为中国反对日本领导人参拜,是对日本打历史牌,干涉了日本的内政;认为中国部分民众中表现出的不满情绪和过激行为是 20 世纪 90 年代以来,中国政府开展反日教育导致的。

上述观点有很大的迷惑性,乍听起来似乎蛮有道理,但问题的症结恰恰就在这里。以道歉为例,本来在 1972 年中日关系正常化的时候,通过发表《中日联合声明》,双方已就历史问题达成了和解,旧的一页算是翻过去了。可是,树欲静而风不止,后来在日本国内,不断曝出歪曲美化侵略历史,甚至具有挑衅性的言行,严重伤害了中国人民的感情。对此,中国的公众和舆论不能不做出强烈反应,中国政府不能不表明严正的立场。回顾 20 世纪 80 年代以来的情况,从教科书问题,到一些政治家歪曲美化历史的言论问题,到参拜靖国神社问题,每每都是日方挑起来的,事关中日关系的政治基础,伤筋动骨了,中方能不说话吗? 能不要求日本政府做出表态吗?

又如,日本舆论指责中国近年来的爱国主义教育使中国人民仇恨日本,这显然不是事实。中国的教科书中虽有抗日的内容,但那是对历史事实的表述,并没有刻意煽动人民仇恨日本。实际上,以前中国教科书中抗日的内容比现在还多。北京的"抗日战争纪念馆"、南京的"南京大屠杀纪念馆"等纪念物的立意,在于警示国人"不忘国耻",激发其"爱我中华,振兴中华"的热情;在于"以史为鉴,面向未来",加深认识"中日两国和则两利,斗则两伤"的经验教训,永不再战,世代友好下去。中国人从百年近代史中得出的血泪教训是:落后就要挨打。反言之,振兴中华是为了不再受欺负、受奴役,让中国这个国家与世界各国平等相处,让每个中国人都能过上好日子,而不是为了算旧账、图报复。"和为贵""己所不欲,勿施于人",中国人民热爱和平,绝不会把自己曾经吃过的苦头强加到别人头上。中日两国唯一正确的选择就是两个字:友好。

第五节
艰苦努力,实现关系转圜

对于如何打破中日关系的僵局,中国领导人一直非常重视。2005年2月,时任中共中央总书记、国家主席胡锦涛对负责外交事务的国务委员唐家璇说,中日关系正处在一个十字路口,日本是中国的重要邻国,也是经贸合作重要伙伴之一,要从战略高度认识稳定中日关系的重要性。胡锦涛主席强调,要实现中日关系的稳定发展,一个巴掌拍不响,只有中方努力还不行,需要调动日方的积极性。

同年3月,温家宝总理在"两会"记者招待会上,就改善中日关系提出三项原则:以史为鉴,面向未来;坚持一个中国原则;加强合作,共同发展。他还提出三条具体建议：积极创造条件，促进中日高层互访；双方的外交部门共同着手进行加强中日友好的战略性研究；妥善处理历史遗留问题。

为落实中央指示，唐家璇多次召集外交部同志研究下一步该怎么走，经常是一谈就谈到下半夜。后经中央批准，在继续同小泉进行斗争的同时，抓紧做日本各界的工作，以经促政，以文（化）促情，以民促官，为中日关系转圜积累资源，创造条件。

方针既定，立即行动。首先由中日友好协会出面邀请日中友好七团体负责人访华。胡锦涛主席会见他们，推心置腹地说，近年来中日关系出现困难的局面，是我们不愿看到的。之所以如此，坦率地讲，责任不在中国方面，也不在日本人民，症结在于日本个别领导人坚持参拜供奉有甲级战犯的靖国神社，伤害了包括中国人民在内的受害国人民的感情，损害了中日关系的政治基础。

胡锦涛主席强调要本着对历史、对人民、对未来高度负责的态度妥善处理中日关系中出现的问题，并重申了中国对日政策。他说，中国政府在对日关系上的立场是明确的、一贯的、坚定不移的。中国政府将始终从战略高度和长远角度看待中日关系，致力于两国和平共处、世代友好、互利合作、共同发展；中国政府将坚持《中日联合声明》等三个政治文件的原则，妥善处理两国间存在的问题，维护中日友好的大局；中国政府将坚定奉行"与邻为善，以邻为伴"的周边外交方针，积极推进双方在广泛领域的交流与合作，增进两国人民间的友好感情。

说完这些话，胡锦涛主席特别加重语气说，我愿明确表示，只要日本领导人明确做出不再参拜供奉有甲级战犯的靖国神社的决断，我愿就改善和发展中日关系与日本领导人进行会晤和对话。当时，两国领导人会晤已完全中断，胡主席就是要借这个机会向日本领导人传话，向日本人民传话,告诉他们,只要靖国神社问题得到解决,两国领导人会晤就可恢复。

为使日本各界更好地理解胡锦涛主席讲话精神,2006 年 5 月 1 日,唐家璇国务委员会见来华访问的日本执政党自民党干事长武部勤,详细诠释了胡锦涛主席讲话的内涵,表示希望日本各界认真领会、深刻理解胡锦涛主席所表达的诚意与善意,共同努力促进中日关系的转圜。

与此同时,中国还相继启动了两国议会、政党间的交流,建立了两国青少年友好交流机制,组织高中生互访。

其间,中方积极开展文化交流,在日本举办"中国文化节",并为中日经贸合作搭建平台,提供支持。2006 年 3 月,启动了中日财长对话机制;5 月在东京召开了首届中日节能环保论坛;9 月,温家宝总理特地会见访华的日中经济协会代表团,强调中方重视发展两国经贸关系,希望进一步拓展合作领域。

中方坚持不懈的工作,为打破中日关系僵局创造了必要的环境和条件,日本政权更迭则为两国关系转圜提供了重要契机。日本国内也将目标锁定在 9 月首相易人,双方都希望把握机遇,实现转圜。就在首相更迭前夕,日方提出希望新首相诞生后首相上台前举行第六轮中日战略对话。日方提出此建议旨在新首相上台前就改善关系达成共识,为新首相顺利执政铺平道路。9 月 20 日,安倍晋三当选自民党总裁,9 月 22 日,时任外交部副部长戴秉国赴日,与日本外务次官谷内正太郎进行第六次战略对话。谷内外表温文尔雅,一副绅士派头。他儿时家境贫寒,因此砥砺出坚毅的性格,后来长期的外交生涯,更使他成为一个不会轻易被说服的谈判对手。这次高强度的谈判果然进行得非常艰难,日方反复无常,给出的方案时好时坏,导致双方到了几乎谈崩、不欢而散的地步。经过反复较量,终于就克服影响中日关系的现实政治障碍达成了一致。专家认为,"就克服影响中日关系的现实政治障碍达成了一致",意味着日方在安倍参拜靖国神社问题上做了"不去参拜"的承诺。否则,怎么谈得上"克服影响两国关系的政治困难"呢?

第六节
安倍首相的"破冰之旅"

2006年9月26日,安倍晋三继小泉纯一郎之后出任第90任首相。安倍1954年9月21日生于东京,52岁登上首相宝座,是战后日本最年轻的首相。他的上台,在日本政坛具有划时代的意义,标志着日本已进入二战后出生的少壮派政治家掌权的时代。

安倍出身于政治名门,祖父安倍宽是战前的众议院议员,外祖父岸信介是未曾被定刑的二战甲级战犯,其后于1957年成为日本首相,叔外祖父佐藤荣作也是日本首相,父亲安倍晋太郎曾任日本外相,可谓"官三代"。

青年时代的安倍就是日本政坛上公认的鹰派人物,民族主义色彩浓厚。1995年众议院通过对日本当年的殖民主义统治表示"深刻反省"的决议时,他以缺席表示不满;1997年,他参与组建"思考日本前途和历史教育的年轻议员会",认为日本历史教科书中否定侵略历史的叙述属于"自虐史观",应予修订;他作为国会议员,在历史教科书、"慰安妇"等历史认识问题上,屡有过激的发言。2005年8月国会通过《战后60年决议》时，他身为内阁官房副长官，也中途退席；他甚至否定远东国际军事法庭审判的结论，否定关于"二战"的国际共识，坚决主张参拜靖国神社。他的言论表明其美化当年的侵略战争的立场超过小泉。人们担心，他的历史观和战争观，有可能引导日本回归战前军国主义路线。

从安倍迄今尤其是竞选自民党总裁、首相期间的言论看，他的政治思想与中曾根康弘、小泉纯一郎一脉相承，即通过"摆脱战后体制，结束战后日本"，彻底甩掉战败国的帽子，彻底摆脱战后宪法的束缚，彻底改变战后"非武装、放弃战争"的路线，重振日本的政治大国地位。安倍竞选期间发表著书，表示他的目标是把日本建成"美丽国家"，其三大支柱是：重振教育、行使集体自卫权、修改宪法。

由此，安倍内阁的诞生曾引起日本各在野党的高度警惕。社民党党首福岛瑞穗认为"安倍内阁将成为'否定战后的内阁'，在战后历届的自民党总裁中，是离战争最近的"。新党日本代表田中康夫说，安倍内阁是"第三届岸信介内阁的开始，最保守的自民党势力卷土重来"。民主党代表小泽一郎认为，安倍"与其说是小泉纯一郎的继承人，倒不如说有些地方很像他"。日本主流舆论也提出了"安倍内阁是小泉内阁的复制版"，是"岸信介内阁死灰复燃"的看法。

不过，安倍是个现实主义者。他上任后，面对其前任小泉纯一郎留给他的负遗产，不得不采取现实政策，摆脱在亚洲孤立的局面。2006年9月26日，他上台后在国会发表的第一个抱负演说，就强调他自己将根据新思维，转换外交方针，以贯彻自己的主张。

那时，他刚刚坐上首相的交椅，立足未稳，在国内外众目睽睽之下，不能不面对现实，综合各种因素，采取比较稳健、务实的态度和比较现实而灵活的做法。回顾西方国家政治史，一个政治人物上台后，为巩固政权，打破外交僵局，说与上台前不同的话、做与上台前不同的事，以打造自己的新形象,这是屡见不鲜的。对他们而言,"政治"是把玩的东西,是戏法,是魔术,是为其权力服务的。

安倍上台两周以内就匆忙出访,并把第一个访问对象定为中国,表明了他迫切打开日中关系僵局的意愿。安倍 2006 年 10 月 8、9 日对中国的正式访问,是日本首相时隔 5 年的首次访问,标志着中日关系出现转机,为改善冷却的双边关系创造了条件。这次访问是在双方经过紧锣密鼓的、水面下的折冲樽俎,达成关于克服影响两国关系的政治困难,促进两国关系健康稳定发展的共识后实现的。中日之间因小泉在任期间一再参拜,首脑互访中断了五年,2005 年之后,两国领导人甚至中断了在国际场合的接触,致使两国关系陷于困境。日本政权更迭、安倍出任新首相,客观上为中日关系的改善提供了机会,而关键是中日双方都紧紧抓住了这个机会,趁热打铁,使安倍访华成为可能。

安倍的访问受到中方隆重的接待和诚挚的欢迎。尽管安倍到访那天正值中共十六届六中全会开幕之日,国家主席胡锦涛、总理温家宝和人大常委会委员长吴邦国仍分别与他会见和会谈,深入地交换了意见,并取得了广泛的共识。

在这次中日首脑会谈中,胡锦涛等中方领导人坚持原则,在明言指出靖国神社问题是影响中日关系的政治障碍、是影响中日高层交往的症结所在的情况下,采用巧妙的表达方式,对安倍表示了中国政府在这一重大问题上不变的立场。

安倍在会谈中,虽然在靖国神社问题上仍采取了"模糊手法",对"去还是不去"讳莫如深,但应该说对中方的严重关切做了适当的回应。他说:"日本曾经给亚洲各国人民带来了巨大的损害和痛苦,留下了种种伤痕,我对此深表反省。这一立场今后也不会改变。在此基础上,日本 60 多年来选择了和平发展。今后也将坚持这一方向。日方绝不赞美军国主义,也不美化甲级战犯。我将按照双方关于克服影响两国关系的政治困难、促进日中关系健康稳定发展的共识来妥善处理历史问题。"

会谈后发表的《联合新闻公报》,集中地体现了中日首脑会谈的巨大成果,是一个双赢的公报,不仅重申了两国关系中过去达成的重要原则,而且达成了新的共识,对发展和提升两国关系具有重大的意义。

首先,双方确认双边关系的重要性和共同责任,认为是"两国最重要的双边关系之一","推动双边关系健康稳定地持续发展,符合两国基本利益";"共同为亚洲及世界的和平、稳定与发展做出建设性贡献,是新时代赋予两国和两国关系的新的庄严责任"。

第二,确认《中日联合声明》《中日和平友好条约》《中日联合宣言》三个纲领性文件对中日关系的规范和约束作用。双方同意"继续遵守上述三个文件的各项原则,正视历史,面向未来,妥善处理影响两国关系发展的问题"。

第三,继1998年之后,对两国关系做了新的定位,"双方同意,努力构筑基于共同战略利益的互惠关系,实现中日两国和平共处、世代友好、互利合作、共同发展的崇高目标"。

第四,同意恢复首脑交往和对话;加强各领域的交流和合作;加速东海问题的协商进程,坚持共同开发的方向;开始共同历史研究,加强在联合国改革问题上的对话,"让政治和经济两个车轮强力运转,把中日关系推向更高层次"。

识时务者为俊杰。安倍新首相执政后的行动表明,他在处理对华关系上,采取了现实、理性而明智的做法。在他执政一年就突然辞去首相职务后,日本国内外的舆论一致认为,他这一年在国内并不顺,主要亮点是在外交方面,打开日中、日韩政治关系的僵局,算是他最突出的政绩了。

第七节
温家宝总理的"融冰之旅"

为巩固两国关系回暖的势头,安倍首相访华半年之后,温家宝总理应邀于 2007 年 4 月 11 日抵达东京,开始对日本进行为期三天的正式访问。此访是中日高层互访停顿后,中国总理 7 年来首次踏上日本的土地,备受各方关注。2006 年 10 月,安倍晋三在当选日本首相后的第 12 天就访问了中国。安倍晋三首相访华标志着中日政治关系僵冷局面被打破,堪称是一次"破冰之旅"。故此,温家宝总理把他这次访日喻为"融冰之旅",希望能进一步促进两国关系的改善和发展。

温家宝总理出访前一周,在中南海紫光阁会见驻北京的日本媒体人士时,特别谈到"这次访问日本,责任重大,有一种使命感",表示了对此次访日的重视。他说:"我期待着同日本领导人就两国关系的重大问题达成共识,增进互信,推进两国关系的发展;我期待着同日本人民接触,更多地了解日本新的发展情况,也让日本人民更多地了解中国,增进互信和友谊,为促进中日友好尽一份心力,做出自己应有的贡献;我期待着这次访问取得成功,真正成为一次'融冰之旅'。"温家宝总理这"三项期待"道出了他这次"融冰之旅"的主要目的。

访问期间,温家宝会见了日本明仁天皇,与日本首相安倍晋三举行了会谈,发表了联合新闻公报,双方明确了中日战略互惠关系的内涵,制定了加强两国各领域合作的一系列措施，还与日本国会、政党领导人举行了会谈，并与日本民众进行了广泛交流。

温家宝总理 12 日在皇宫会见明仁天皇时，双方共同回顾了中日关系的发展，一致认为中日两国人民和睦相处，对两国有利，对亚洲和世界有利。双方都希望共同努力，推动两国实现和平共处、世代友好、互利合作、共同发展。

同日，温家宝总理在日本国会发表了题为《为了友谊与合作》的演讲，这是此访最大的亮点。他对这次演讲非常重视，为准备讲稿，倾注了很多精力。春节期间，温家宝总理同辽宁人民一起过年时，听到当地群众讲述抗日战争结束后不久，中国人民全力帮助 105 万日本侨民从辽宁省葫芦岛港平安返回家园这段历史，回京后，就从外交部档案馆调取这份历史资料。后来，把这段历史写进了他的演讲稿。

温家宝总理的演讲用大量事例深情地回顾了自秦汉以来中日交往的历史，全面阐述了中方的对日政策，展望两国关系的未来，提出增进互信，履行承诺；顾全大局，求同存异；平等互利，共同发展；着眼未来，加强交流；密切磋商，应对挑战等五点原则。温家宝总理在日本国会的演讲引用日本的谚语"尽管风在呼啸，山却不会移动"，引喻中日关系经历过风雨和曲折，但中日两国人民友好的根基不会动摇，引起日本国会议员们的广泛共鸣。

日方对温家宝总理的演讲非常重视，包括安倍首相和日本内阁政要在内的 480 名众参两院国会议员聆听了温家宝总理这篇情理交融的演讲，日本广播协会（NHK）进行现场直播。由此，中国的声音传遍了日本列岛，受到各方高度评价。安倍说："这是一次可以载入史册的演讲。"参议院议长扇千景说："今天在日本国会，日中之间的冰已经融化。"一位议员表示，温家宝总理关于日中关系的讲话发出了真诚的声音、温暖的声音、有力的声音。

温家宝总理同安倍首相会谈，就构筑中日战略互惠关系的内涵达成重要共识，规划了双方合作领域。温家宝总理从政治、经济、安全、文化及地区和国际事务五个方面深入阐述了构建中日战略互惠关系的内涵。2007 年 4 月 11 日在东京发表的《中日联合新闻公报》，集中体现了中日战略互惠关系的基本精神、基本内涵和为构筑战略互惠关系开展具体合作达成的成果。

访问期间，温家宝总理与日本领导人共同出席了中日文化体育交流年中方开幕式，希望文化交流成为增进双方人民理解、友谊的纽带。他将青年人之间的交往视作两国关系的未来。他去立命馆大学，与日本学生亲切交谈，还穿上寓意中日邦交正常 35 周年的 35 号球衣，与学校棒球队一块打球，展露了他青年时代棒球投手的风采；他还与日本市民一道晨跑锻炼，走访日本农户，到田里边栽种边与农民聊家常，了解他们的工作和生活情况，倾听他们对发展双边友好关系的看法，增进了两国人民对中国的了解和友好情感。在日本岚山，温家宝总理与中国游客驻足交谈，勉励大家努力促进中日人民间的理解和友谊。温家宝总理真挚、平易、亲和的风格深深感动了两国人民，他们真诚希望加深了解和认识，不断发展双边关系。通过访问，中国代表团深切体会到加深友谊、开展合作是中日两国人民的共同愿望。

正像温家宝总理所说，人们的直接接触和心灵交流是最重要的。访问加强了互信，规划了未来，深化了合作，增进了友谊。冰雪消融，春意渐浓，中国与日本的关系，正迎来又一个春天。

第八节
福田首相的"迎春之旅"

应中国国务院总理温家宝邀请,日本首相福田康夫于 2007 年 12 月 27 日抵达北京,对中国进行为期 4 天的正式访问,被称为"迎春之旅"。福田首相此次访华是继日本前首相安倍晋三的"破冰之旅"和中国国务院总理温家宝的"融冰之旅"后,中日双方进一步改善和发展中日关系的又一个重要举措,对推动中日关系健康、稳定向前发展具有重要意义。

福田出发前曾表示,希望与中国领导人进行坦诚的交流和心心相印的对话,并建立起个人信赖关系。福田在年底繁忙情况下访问中国,表明他的一种期待心情和态度。

2007 年 9 月 25 日当选为日本新首相的福田康夫是一位沉稳老练、有国际平衡感的政治家。受其父、前首相福田赳夫之外交理念影响,认为日本既是"西方一员",又是"亚洲一国",重视日本同亚洲国家的关系,主张在日美同盟基础上,奉行在亚洲和美国之间求取平衡的共鸣外交。

福田赳夫 1977 年担任首相期间,曾提出被称为"福田主义"的亚洲政策主张,其内容为日本不做军事大国;重视心心相印的交往;基于对等的伙伴关系,强化日本与东盟的关系,从而宣示了日本坚持走和平发展道路和重视亚洲外交的立场。第二年,福田赳夫就下决心,与中国签订了《中日和平友好条约》。

福田康夫以其父任职首相期间与中国缔结和平友好条约为荣,从政后一直与中国保持密切交往。他担任小泉内阁官房长官期间,就积极主张和推动建立替代靖国神社的国立追悼设施,以化解日本与亚洲国家的纠葛;卸任后,对小泉接连参拜靖国神社持公开的批判态度。他积极主张保持和发展日本与中、韩的关系,称"没有必要做出让对方讨厌的事情","与韩国和中国的争斗没有任何好处"。

在竞选首相期间,他重申重视日本与亚洲国家的关系,尤其非常明确地表示,当选后不会参拜靖国神社,将致力于保持日中稳定而良好的关系。他在上任后的首次施政演说中,强调"日本将致力于与中国构建基于共同战略利益的互惠关系,共同为实现亚洲的和平与稳定做出贡献"。

2008年5月22日,即上台8个月之后,福田康夫发表被称为"新福田主义"的演说,全面阐述其亚洲外交的方针,包括以下5项内容:

一、东盟。全力支持东盟在2015年组建共同体的努力。日本将在今后30年,努力帮助消除亚洲的差距。

二、强化日美同盟。将把日美同盟作为亚太地区的共同财富加以强化。

三、和平合作国家。日本将作为"和平合作国家"为实现世界和平尽心尽力,将奉行"防灾合作外交",尽快建立"亚洲防灾防疫网",以便亚洲国家联合起来共同开展紧急救援行动,应付大规模的灾害和疫情。

四、年轻人的交流。迅速扩大亚太地区大学间的交流。

五、气候变化问题。尽快达成后京都议定书的框架协议,努力实现低碳社会。

舆论早在福田上台初期就预测,福田政权下的日本外交将从小泉奉行的"脱亚入美"、安倍奉行的"价值观外交",向"平衡外交"回摆,奉行以国际协调和合作为基调的外交政策,不会像他的前两任那样故意煽动民族主义情绪,突出政治体制及价值观差异的对抗性。

"新福田主义"出台表明,福田认识到与其父31年前发表"福田主义"时相比,世界局势已发生了巨大的变化,一方面,全球化使地球变得越来越小,各国间共同利益增多,而需要共同应对的挑战也增多了;另一方面,亚洲一些新兴国家崛起,改变了区域内国家的力量对比,往昔日本独占鳌头的区域经济地图被不断刷新,而亚太地区已占世界经济总量的60%,日本亟须一种新的外交理念去适应世界和亚太地区的变化,并通过开展日美同盟和亚洲外交并举的共鸣外交,发挥自身的经济、技术优势,加强与亚洲国家的合作,显示日本的存在,挽回日本在亚洲的颓势。

中国作为日本的近邻,是日本最重要的双边关系之一。与中国能否保持和发展良好的关系,当然是日本亚洲外交的试金石。为理顺同中国的关系,福田组阁时,起用二阶俊博、谷垣祯一等对华关系促进派进入自民党主要领导班子和任命日中友好议员联盟会长高村正彦为外相,从组织上为开展亚洲尤其是对华外交做了相应的布局。

因此,福田出掌政权增加了中日关系的稳定性。福田在敏感的靖国神社问题上的明确态度,可以避免中日关系因该问题备受干扰,甚至于大起大落。福田发展对华关系的积极态度,使处在恢复中的中日关系继续保持恢复进而发展的势头。

访问期间,福田康夫受到了中方高规格的接待。国家主席胡锦涛会见他,强调发展长期稳定、睦邻友好的中日关系,实现和平共处、世代友好、互利合作、共同发展的大目标,既是两国人民的共同心愿和期待,也是两国领导人和政治家的共同责任和使命。胡锦涛希望双方抓住机遇,增进理解和互信,妥善处理两国间的重大敏感问题,努力构筑和发展中日战略互惠关系,共同开创中日睦邻友好与互利合作的新局面。

其后,胡锦涛主席在钓鱼台国宾馆养源斋小范围设宴款待他,宾主开怀交谈,话题广泛,气氛轻松。他们从日本的《论语》热谈到未成年人教育,从各自的兴趣爱好谈到中国的未来。福田说,如果中国发展不顺利,对日本来说不是件好事情。我们是不同的国家,但从某种意义上讲,我们是命运共同体。

福田首相邀请胡锦涛主席明年春天樱花盛开的季节访日。他幽默地说,现在越来越搞不清楚樱花到底什么时候开了,待胡锦涛主席访日的时间确定后,樱花就会放心地开了。胡锦涛主席笑着回答道:"我对明年春天的日本之行同样十分期待。"

28日上午,温家宝总理与福田首相举行会谈,气氛很好。福田开门见山地说,此次访问愿与温家宝总理就日中关系深入交换意见,进行心与心的沟通,决心使2008年成为日中关系的"飞跃之年"。双方就构筑和发展中日两国战略互惠关系达成广泛共识,并规划了两国关系未来发展,就保持领导人互访,开展能源、环保、金融等重点领域合作,扩大人文交流,东海问题,加强防务交流和政治安全对话等进行了商讨。

会谈中,福田首相主动谈及历史问题。越是不堪回首的历史,越应该正视,并让下一代了解,这是我们这一代人的责任。在此基础上,才能避免错误重演。他表示,日本将坚持继续走和平国家的道路,在此基础上,与中国建立面向未来的关系。关于台湾问题,他明确表示,日方不搞"两个中国"或"一中一台",不支持"台独",不支持台湾"加入"联合国,不支持"入联公投"。这一立场得到中方的赞赏。

温家宝总理举行欢迎午宴。席间,温家宝总理将一副特别的挂轴赠送给他。这是为欢迎他的来访,特意将他的父亲福田赳夫前首相1981 年访华时在西安兴庆公园的汉语题词"日中友好是世界和平"制成的复制品,福田首相十分惊喜,连声道谢。

访华期间,福田首相在不同场合也多次强调日中两国应该建立"创造性伙伴关系"。"创造性伙伴关系"是一种基调,是对双边关系未来发展的一个框架设定,表明日本愿意与中国重回某种伙伴关系的建设层面,而伙伴关系的建设需要创造性。对待历史问题、经贸和安全等层面的竞争以及战略互惠关系都需要创造性的思维、创造性的对待、创造性的解决。

除高层会晤,福田的行程还涵盖了经济、文化、体育等多个领域。打棒球、北大演讲、走访企业、参观孔庙……为期 4 天的访问始终让人感受着融融暖意,"中日友好"也成为福田此行的关键词。

福田首相此次访华主要有三个积极点:合作、感情、文化。中日双方此次就能源、环保、金融等重点领域合作达成共识,并发表了关于推动环境能源领域合作的联合公报。日方充分认识到,与中国广泛开展互利合作,对于双方都有积极意义。

访问孔子故里曲阜时,日本首相福田康夫挥毫题写"温故创新"四个汉字,为他岁末的"迎春之旅"画上圆满的句号。中国和日本的关系历史悠久,日本文化受包括儒学在内的中国文化的影响良深。从这种意义上说,福田专程访问孔子故里,是一种日本文化上的"寻根之旅",发出了继往开来、继承和发扬友好传统的信号,这对中日关系的长远发展会产生重要影响。

2007 年是中日邦交正常化 35 周年,有人用"柳暗花明又一春"形容2007 年的中日关系,从春天的温家宝访日,到岁末的福田访华,一个"春"字让这一年的中日关系倍感温馨。

曾记得，四月温家宝总理在大雨中抵达东京。他对安倍首相说，"好雨知时节"。当时，他省去了后半句"当春乃发生"。正是那次融冰之旅，为恢复中的中日关系注入了新的动力。

温家宝在东京午餐会时，吟诵了自创的汉俳："和风化细雨，樱花吐艳迎朋友，冬去春来早。"

12月29日，温家宝在与福田康夫的早餐会上，又吟了一首自创的俳句："常忆融冰旅，梅花瑞雪兆新岁，明年春更好。"

2008年是《中日和平友好条约》签署30周年，也是双方商定的"中日青少年友好交流年"。在北京一所小学参观时，福田在一个学生的书法作品"中日友好"旁意味深长地添上了"世代"二字，开启了2008年4000名中日青年交流的畅通之门。福田多次提到"梅花樱花总相伴"，更是表达了对未来两国友谊生生不息的愿望。

经过这次取得圆满成功的"迎春之旅"，福田康夫在展望未来中日关系发展时表示，希望2008年能成为"日中关系迅速发展载入史册的一年"，也是"日中关系飞跃的元年"。

第九节
胡锦涛主席的"暖春之旅"

2008 年 5 月 6 日至 10 日,应日本国政府邀请,国家主席胡锦涛对日本进行了国事访问,被称为"暖春之旅"。胡锦涛主席的这次访问是中国国家元首时隔 10 年首次访日。

东海问题悬而未决,"毒饺子事件"又节外生枝,加之部分日本媒体对西藏问题的过度渲染,在胡锦涛访日之前,曾有不少日本舆论认为,此次来访时机不够理想,对其结果也心存疑虑。但在访问的 5 天里,胡锦涛会老友、见政要、访高校、探古迹,用坦诚与温暖将之前的疑虑稀释,取得丰硕成果,达到了预期的目的。中日两国人民高兴,两国舆论高度评价,国际舆论反应积极。

日本政府高度重视胡锦涛主席的访问,给予了高规格礼遇和热情友好接待。胡锦涛主席到达日本的当晚,福田首相在位于东京日比谷公园内的百年老店松本楼,举行了小型欢迎会。原来,松本楼是中日友好的见证。他的经营者小坂文乃的曾祖父梅屋庄吉是孙中山的好友,早年曾经倾注全部心血帮助孙中山进行革命。此外,松本楼和福田家也缘分颇深——那里是福田康夫首相父母举办结婚仪式的地方。当晚松本楼的法国大餐是由福田首相私费宴请的。第二天晚上,明仁天皇皇后在皇宫内举行了盛大的欢迎晚宴,同样也是法餐。这也是只有国宾才能享受到的待遇。两顿法餐后，在第三天福田首相官邸的晚餐会上，日本料理登场了。但那天的料理中规中矩，里面加入了很多中国菜的口味。

访问期间，胡锦涛主席会见了日本明仁天皇，同福田康夫首相举行了富有成果的会谈，会见了众参两院议长、朝野主要政党领导人及老朋友，并与两国经济界领导人、友好团体主要负责人以及青少年和民众进行了广泛接触。在短短的5天时间里，胡锦涛主席密集出席了55场活动。日本各界以高度热情热烈欢迎胡锦涛主席到访，高度评价此访的重大意义。

胡锦涛主席抵日伊始即会见了松村谦三、西园寺公一、宇都宫德马、冈崎嘉平太等多位曾为中日友好事业做出突出贡献的友好人士的后代以及为中日关系做出重要贡献的前政要田中角荣、福田赳夫、大平正芳和园田直的亲属，在体现中国人民"饮水不忘掘井人"的优良传统的同时，又向两国人民传达出"中日友好来之不易，应倍加珍惜"的强烈信息。他充分肯定老一代日中友好人士为促进中日友好事业建立的功绩，勉励他们继承传统，继续为中日友好事业做出贡献。胡锦涛主席代表中国政府和中国人民高度评价那些为中日关系、中日友好事业做出贡献的日本友人，令他们的家属及后代深受感动，纷纷表示会继承先辈遗志，为发展两国关系，促进中日友好事业特别是推动两国青少年交流而积极努力。前外相园田直的夫人园田天光光女士已是耄耋之年，依旧在积极推动中日两国青少年书法交流。友人们不仅自己亲力亲为，还表示会让自己的后代继续从事中日友好事业。这种真挚的感情代表了日本民众对发展中日友好关系的热切愿望和积极努力。

胡锦涛主席还会见了3000名访华团成员小野寺喜一郎、芹洋子、穗积一成等民间友好人士。1984年，日本3000名青年应邀来华，与中国青年进行大联欢,是中日友好交往史上的一大盛事,在两国青年中播下了友好的种子。胡锦涛主席时任共青团中央书记处书记、全国青联主席,是这次活动的组织者,全程带队,与日本朋友朝夕相处,促膝交谈,建立了深厚的友谊。

胡锦涛主席还专程看望与我三代领导人有过友好交往的松山芭蕾舞团创始人清水正夫一家,受到该团全体演员的热烈欢迎,那一张张热情洋溢的笑脸,那一声声真诚无比的"你好",那熟悉的旋律和优美的舞蹈,令每一位在场的人都感受到中日人民间的深情厚谊。清水正夫对记者说:"我毕生从事日中友好和文化交流,今天,中国最高领导人来看望我们,并发表了热情洋溢的讲话,我感到无上光荣。这也是对所有从事日中友好事业人士的鼓励和肯定。"

随后,胡锦涛主席前往早稻田大学发表演讲,用细致准确、有针对性的表达,明确阐明中国政府的立场与主张,消除日本社会对中国的误解。他全面阐述中方在历史问题上的立场,一句"记住历史不是延续仇恨",博得日本从政界到民间的喝彩。他深情地说,两国青年是中日友好的生力军,中日友好的未来要靠两国青少年开创;希望大家共同努力,让中日友好的种子广泛播撒,让中日友好的旗帜代代相传。一番充满真挚情感的话语在听众中引起强烈反响。演讲后胡锦涛主席出席"中日青少年友好交流年"日方开幕式,与"瓷娃娃"福原爱打乒乓、和小学生同读古诗、对日企青年员工问寒问暖,既表达了对两国青少年的强烈期待,又展现中国最高领导人平易近人的人格魅力,大大缩短了日本民众与中国高层领导人之间的距离。

胡锦涛主席还利用访日的机会宣传了即将在北京举行的奥运会。他说,北京奥运会属于中国人民,属于亚洲人民,属于世界人民。中国将把北京奥运会办成一届高水平、有特色的奥运会。

胡锦涛主席的"暖春之旅",为中日关系进一步改善和发展送来了和煦的春风,为加强两国在政治、经济、文化等各个领域的交流与合作开辟了新的美好前景。

胡锦涛主席访日期间,双方通过会谈,发表了《中日关于全面推进战略互惠关系的联合声明》。这是中日邦交正常化以来第4个重要政治文件,也是首份由两国最高领导人签署的政治文件,集中体现了胡主席这次访问的成果。

双方确认,中日互为合作伙伴,互不构成威胁,相互支持对方的和平发展,坚持通过对话和谈判处理两国间的问题,决定密切高层交往和政治层面交流,建立两国领导人互访机制,加强政府、政党、议会等各领域交流和对话机制,在安全防务领域继续开展对话交流,从而确定了两国关系长远发展的指导原则,规划了两国关系的未来发展。双方还发表了《中日两国政府关于加强交流与合作的联合新闻公报》,其内容十分丰富,洋洋70个项目涵盖了政治、经济、文化、防务及人事等各个领域。

这次首脑会谈的显著特点是双方都以长远的、全球的眼光,从两国关系大局出发,求大同,存小异,就全面推进战略互惠关系达成一致。双方一致认为,认识不同、产生矛盾都属正常,关键是要有友好合作的信念,着眼大局,把握大方向,不受一事一时的形势所左右,导致两国关系忽进忽退;出现分歧和矛盾时,应冷静对待,慎重处理,防止情绪化,激化矛盾。

日本舆论纷纷发表评论,高度评价集中体现胡锦涛主席访问成果的联合声明。《朝日新闻》5月8日发表评论说,联合声明中提到两国对世界的和平与发展负有重要责任,要加强在重要国际问题上的协调。这说明两国的视野已从关注两国友好和调整双边关系,扩大到了在国际事务中的合作。联合声明中说，和平友好是双方唯一选择，并指出双方互不构成威胁，这是基于两国对所面对现实的认识。这种现实主义通过两国领导人会谈表现出来，是此次会谈的最大意义。

《每日新闻》5 月 8 日的评论说，联合声明确认两国要构筑相互信赖关系并在国际社会中分担责任，这值得积极评价。此次两国领导人签署的联合声明，是继《中日联合声明》等三个政治文件后双方签署的第四个政治文件，是要通过扩大相互利益进行合作来发展两国关系。作为今后两国关系的指针，这一文件具有重要意义。联合声明明确指出，日中关系是最重要的双边关系之一，两国一致认为长期和平友好合作是双方唯一选择。

在日本广播协会电视台 5 月 7 日下午播出的新闻节目中，该台评论员说，他"实实在在感受到了两国的友好气氛"。这位评论员认为，胡锦涛主席在中共十七大和再次当选国家主席后首次出访就访问日本，而且是专访日本一国，体现了中方对日本的重视。在两国间仍存在一些问题的情况下，胡锦涛主席访问日本，体现了中国发展中日友好的决心。

共同社 5 月 7 日的评论说，联合声明明确提出两国对亚太地区及世界"肩负着庄严责任"，传达了双方建立经得起国际考验的日中关系新局面的意愿。

第十节
中日关系转型期

战后 70 年来,中日关系经历了三个演变和发展阶段。第一个阶段是从 1945 年日本投降、新中国成立到 1972 年实现邦交正常化,是两国无邦交、敌对或称对抗的阶段,也是我们从民间入手,采取"民间先行,以民促官"的方针,以"渐进积累"的方式,为实现两国关系正常化创造条件的时期。第二个阶段是从 1972 年复交到 20 世纪 90 年代中期,是中日关系空前大发展时期。第三阶段可从 20 世纪 90 年代中期以后算起,在 20 年的时间里,中日关系处于由"特殊关系"向"普通关系"转型的过渡时期。

20 世纪 70 年代实现邦交正常化以来,中日关系进入了历史新时期。其后,尽管在台湾问题、历史问题、钓鱼岛问题等方面产生过一些矛盾和摩擦,但总的说来,友好合作是两国关系的主流,两国关系经受住了国际形势和各自国内政局变化的考验,在各个领域都取得了长足的发展,各领域的交流与合作,盛况空前,给双方都带来巨大的利益,完全可以说取得了双赢。

其间,双方政治来往频繁,两国领导人经常利用双边和多边机会进行对话。邓小平先后于 1978 年 10 月和翌年 2 月两度访日。此后,日方有大平正芳首相(1979 年 12 月)、铃木善幸首相(1982 年 9 月)、中曾根康弘首相(1984年3月、1986年11月)、竹下登首相(1988年8月)、海部俊树首相(1991年8月)、明仁天皇和美智子皇后(1992年10月)、细川护熙首相(1994年3月)、村山富市首相(1995年5月)、桥本龙太郎首相(1997年9月)、小渊惠三首相(1999年7月)、小泉纯一郎首相(2001年10月)、安倍晋三首相(2006年10月)、福田康夫首相(2007年12月)、野田佳彦首相(2011年12月)先后访华。2002年4月,小泉纯一首相出席海南博鳌论坛。中方有华国锋总理(1980年5月、7月)、赵紫阳总理(1982年5月)、胡耀邦总书记(1983年11月)、彭真委员长(1985年4月)、李鹏总理(1989年4月)、江泽民总书记(1992年4月)、万里委员长(1992年5月)、荣毅仁国家副主席(1994年10月)、乔石委员长(1995年4月)、李鹏总理(1997年11月)、江泽民主席(1998年11月)、朱镕基总理(2000年10月)、温家宝总理(2007年4月)、胡锦涛主席(2008年5月)先后访问了日本。1995年11月,江泽民主席出席了在大阪召开的亚太经济合作组织领导人非正式会议。

日本是我国主要资金合作伙伴。从1979年开始,日本政府对中国启动政府开发援助(ODA),我国从1979年开始使用日元贷款。经双方商定,2008年前结束对华日元贷款。日本政府累计向中国政府承诺提供日元贷款约33164.86亿日元,用于255个项目的建设。截至2013年底,我国利用日元贷款协议金额32233亿日元,累计提款28260亿日元,已偿还本息20850亿日元。截至2011年底,我国累计接受日本无偿援助1566.3亿日元,技术合作1446亿日元。日本是向我国提供政府贷款和无偿援助最多的国家,约占外国政府向中国承诺贷款额的50%,涉及项目包括道路、港口、发电站、地铁等大型基础设施和医疗保健、环保、教育领域的基础设施,为中国的经济发展、投资环境的改善、对外贸易的扩大和人民生活的提高,发挥了积极作用,特别是在改革开放的初期,发挥了重要的作用。对此,中方一直以客观、积极的态度给以介绍和评价。进入 21 世纪后,ODA 项目从东部沿海地区的基础设施转向环保和内陆地区的社会发展、人才培养、技术转让、人员交流、脱贫支援、对第三国跨国合作和东亚环保领域的合作。

中日贸易从 1972 年的 10 亿美元发展到 2014 年的 3124.4 亿美元,增加 300 多倍。日本是中国主要贸易伙伴。从 1993 年到 2003 年,11 年来,日本一直是中国的第一大贸易伙伴;2004 年被欧盟、美国超过,退居第三;2011 年被东盟赶超,成为中国第四大贸易伙伴;2012 年被香港超过,退居第五大贸易伙伴。据日方统计,2009 年,中国首次超过美国,成为日本最大出口对象国,中国是日本最大贸易对象国。

日本是中国第三大商业外资来源地,中国是日本第二对外投资对象国。日本直接对华投资从零开始,到 2005 年,已有 3 万多家日资企业到中国落户,投资金额达 400 多亿美元。中国已成为日资企业在海外尤其是亚洲重要的生产据点、研发基地和销售市场。截至 2012 年 2 月底,日本对华投资累计项目数 46292 个,实际到位金额 812.3 亿美元。截至 2013 年底,日本累计对华投资 955.6 亿美元。2014 年日本对华投资金额 43.3 亿美元。

1979 年 12 月,两国签署《中日文化交流协定》,确定了发展两国文化、教育、学术、体育等方面交流的目标。在双方共同努力下,中日文化交流与合作全面发展,呈现出官民并举和多渠道、多形式的新局面,其范围之广、规模之大、数量之多、活动之频繁、内容之丰富,在与中国有文化交流的国家当中处于领先地位。中日文化交流呈现以下特点:一、共同文化渊源深厚,文物、书法、诗歌、水墨画、戏剧(京剧、歌舞伎)等传统东方文化的交流独树一帜。二、民间交流占据主体。据统计,目前民间文化交流约占文化交流总量的 95% 以上。

近年来，双方在商业展演、音乐影视、动漫游戏等新兴文化产业领域的交流与合作蓬勃发展。目前，日本已成为中国最重要的文化贸易伙伴之一。

中日两国举办了众多大型文化交流活动。2002年中日邦交正常化30周年之际，中日两国共同举办了"中日文化年"活动。2007年为"中日文化体育交流年"，全年共举办300多场活动。2008年为"中日青少年友好交流年"，双方开展百余项青少年友好交流活动，实现4000名青少年互访，涉及出入境团组人数达12000多人次。2009年12月，民主党干事长小泽一郎率领由140余名年轻议员及400多名后援会成员组成的大型代表团访华。2009年12月，中国文化中心在日本东京挂牌成立。2010年2月7日至11日，第五届中日友好21世纪委员会第一次会议在北京和江苏扬州举行。2010年10月30日至11月5日，第五届中日友好21世纪委员会第二次会议在日本新潟举行。2011年10月23日至25日，第五届中日友好21世纪委员会第三次会议在北京和湖南长沙举行。2011年12月日本首相野田佳彦访华期间，两国领导人将2012年确定为"中日国民交流友好年"。2012年2月16日和4月10日，中日双方分别在北京和东京举办"中日国民交流友好年"开幕式，并互派政府特使出席。2013年1月22日—3月3日、10月1日—11月24日，《书圣王羲之》大型特别展和《特别展上海博物馆中国绘画的至宝》分别在东京国立博物馆盛大举行。2014年6月5日，第五届中日友好21世纪委员会在日本长崎举行中日关系研讨会。10月起，中国人民对外友好协会和日本民主音乐协会主办的上海歌舞团舞剧《朱鹮》开始在日本巡演。12月3日至4日，第五届中日友好21世纪委员会全体会议在北京举行。

2013年中日双边人员往来为471万人次，2014年中日双边人员往来为 556.6 万人次，同比上升 18.2%。其中，我国赴日公民 284.8 万人次，同比增长 55.22%；日本来华人员 271.8 万人次，同比下降 5.56%。两国目前共缔结友好城市 252 对。

科技交流与合作密切。中日邦交正常化以后，双方于 1980 年签署《中华人民共和国政府和日本国政府科学技术合作协定》，建立起政府间科技合作关系。此后，两国的科技交流与合作发展迅速，规模不断扩大，形成了多形式、多渠道、官民并举的局面。特别是在应用技术合作方面成绩显著，为我国社会经济发展、科技进步起到了积极作用。

两国间的教育和学术交流空前活跃。截至 2006 年，有近 11 万中国人在日本留学。据日方有关机关调查，在中国国内学习日语的中国人，1998 年约为 24 万人，2003 年增为约 39 万人。中国国内的日语教学机构共 936 所，其中大学有 475 所，高中以下 302 所，职业学校有 159 所。2005 年，约有 145,270 名中国人参加日语能力考试，参加人数居世界首位。据中方 2004 年统计，在中国的日本留学生为 19,059 人。

自胡锦涛主席 2008 年访日以来，两国关系进一步取得可喜的进展。双方高层保持密切往来，经贸等各领域的合作不断加深。特别是中国汶川发生大地震后，日本对中国抗震救灾提供了宝贵援助；此后北京举办奥运会和残奥会，日本政府和人民也给予了热情支持。这些积极互动不仅增强了两国和两国人民之间的相互理解和友好情谊，而且为加强双方在各个领域的交往合作营造了更加有利的氛围。

但是，1972 年实现的中日关系正常化，是我国领导人出于高度的战略谋划和政治判断，捐弃前嫌，以宽广的胸怀与日本达成的和解；所建立起来的关系，是以战胜国的大度和战败国的歉疚为思想基础的、强调友好的"特殊关系"。

20 世纪 90 年代中期以后，围绕中日关系的形势发生了巨大的变化，"特殊关系"难以为继，"普通关系"势在必行。其主要特点是从强调友好到强调国家利益，以是否符合国家利益作为处理双边关系的标准。一方面，日本战后成长起来的新生代政治家进入权力中枢，他们不像老一代政治家那样有"战争罪恶感""战败国意识"，在国内民族主义情绪上升、右倾化思潮泛滥的背景下，亟欲摘掉"战败国"的帽子，加紧走向政治大国，同时改变对我国的低姿态，意欲与我国建立以国家利益为基础的"普通关系"，进而在历史和中国台湾等问题上，挑战双方达成的协议原则，导致中日关系矛盾和摩擦增多。另一方面，中国的崛起，导致东亚出现两强并立的局面，打破了两千多年来中日关系史上实力始终不对称的格局，日本在战后亚洲经济地图上独占鳌头的地位受到挑战。面对新现实，日本缺乏心理准备，失落感、危机感交集，乃至视中国为威胁或潜在威胁，成为中日间矛盾和摩擦增多的内在原因。

从两国关系的发展阶段看，在 20 世纪 90 年代中期以后，由于中日力量对比的变化，旧的平衡被打破，新的平衡尚未建立起来，彼此都尚在战略上摸索定位对方，两国关系尚未发育完全成熟，政治上的互信关系尚待确立，造成两国关系存在不稳定性、不确定性，有不少变数。

在中日关系的过渡时期，从日方来说，因有历史问题的存在，有实际利益的纷争，不能适应两国关系态势的变化，即看不到两国关系已经进入从"特殊关系"向"普通关系"过渡的阶段，还因未找到正确定位对方国家的心理平衡点，两国间频发矛盾和摩擦是不可避免的。

第十一章
日本政局变化带来新课题

第一节
民主党政权下的内外政策取向

2009 年夏秋之交,日本政局发生了历史性的变化,民主党在 8 月 30 日举行的日本国会众议院选举中一举夺得总共 491 个议席中的 308 席,而长期执政的自民党仅获得 119 席。民主党以在国会众议院占据绝对多数议席为资本,取代长期把持政权的自民党,首次成为日本新的执政党,民主党党首鸠山由纪夫成为新一任首相。

当时,日本国内外舆论普遍认为,本次日本易帜不是简单的政党轮替,而是 50 多年来日本自民党执政机制的崩溃,认为民主党的登场可以说是改朝换代,被称为"幕后将军"的民主党干事长小泽一郎则把日本政坛的这种变化称作"解放"。

日本政局这种历史性的变化经历了 15 年的演变过程。1994 年以来,日本政治体制的演变日趋活跃,主要内因是自民党派阀政治模式走到尽头,不能适应冷战后的形势,过去是自民党一党独大,无政策之争,各派阀轮流执政,主要外因是冷战结束的冲击,日本战后体制进入转折期,实现追赶目标后政治体制面临调整,目标是向两大保守政党体制过渡,经济上向分权制过渡,外交上从依附向独立发挥作用方向过渡。当时,日本舆论普遍认为,民主党赢得这次大选上台执政,标志着两党制的目标实现,15 年前开始的日本政治体制的演变告一段落。民主党上台,日本民众很兴奋,支持率一度高达80%。

民主党新政权上台后,日本的内外政策都面临大调整的课题。对内,主要是调整经济政策。小泉执政时期引进美国式的自由主义经济制度,提倡竞争,强调效率,大搞民营化,维护大企业的利益,导致地区差距、贫富差距拉大,许多民众生活受到影响。小泉之后的自民党政权也只是强调促进经济增长,而没有在改善民生方面下功夫,引起民众不满情绪有增无减,民主党正是利用这种形势上台的。

民主党政权强调重分配、重民生,强调社会公平,照顾弱势群体、中小企业,与大企业的关系紧张。经团联会会长御手洗认为重分配、放弃增长之路行不通,建议民主党政府增加消费税,未被理睬。经济上,日本已经连续5个季度无增长,一度有所好转,但无根本的改善。能否很快扭转低迷的局面,走上稳定发展的轨道,是对民主党新政权的考验。

民主党上台后勾画的日本构筑新型大国关系的蓝图虽然也把日美同盟定位为日本外交的基础,但提出减少对美国的依赖,摆脱美国影响,把日美关系放在平等位置上,而不是放在从属地位,使日美关系朝着"紧密而对等"的状态发展,进而争取日本"自主的外交话语权";另一方面强调要调整对邻国的外交,进而实现重返亚洲的目标。鸠山由纪夫首相提出"友爱外交"的理念,强调日本是个亚洲国家,"日本的生存之地在亚洲",对邻国示好,表示会奉行"亲亚外交",表示要推动创建东亚共同体。

从鸠山等人的言论看,民主党对多极化加速发展的国际形势,对中国在国际格局中的分量、地位、影响及中国之于日本的重要性,对亚洲的崛起之于日本的影响,都有敏锐的认知;对日美关系有深刻的反思;对日本在国际事务中被边缘化的趋势,有相当的危机感。因此,鸠山执政后,主观上是要在对外政策上进行大幅度调整的。

第二节
民主党政权下的对华关系

对中国来说,鸠山新政权的外交至少有两点值得充分肯定。一是重视亚洲,主张深化日中关系。二是在十分敏感的、常常困扰两国关系的历史问题上态度明朗。这种积极的变化,对中日关系的发展提供了一个难得的历史性机遇。

2009 年 9 月 21 日和 10 月 10 日,国家主席胡锦涛先后在纽约和北京会晤日本新首相鸠山由纪夫,希望并相信鸠山首相任职期间中日关系会呈现更加积极发展的新气象,迎来更加广阔的发展前景,并表示,中国始终从战略高度和长远角度看待和发展中日关系,将继续奉行中日友好政策,同日方一道致力于实现两国和平共处、世代友好、互利合作、共同发展的大目标。通过这两次会晤,日本政局剧变后的中日关系已经实现了平稳过渡,并且有了好的开局。据说,这两次领导人会晤,相互感觉都不错。过去见面时都有紧张感,心里有事,这次都谈得开。在 9 月 21 日的会见中,鸠山倡议从共同开发东海资源开始,深化两国的地区合作,进而实现建设东亚共同体的目标。鸠山还高度评价新中国 60 年取得的成就,认为这主要源于中国内部的稳定,他的看法超过了福田康夫首相。福田也认为中国会超过日本,但认为中国问题多,未来是个未知数,可能动荡甚至发生内乱。

10 月 10 日,中日韩三国领导人在北京开会,温家宝总理与鸠山首相会谈也谈得不错。鸠山表示,日本政府将忠实履行中日之间的四个政治文件。在历史问题上,鸠山表示将以史为鉴,正视历史,面向未来。他说,他有坚定的信念,在靖国神社问题上,中方完全可以消除担忧。关于"毒饺子"事件,鸠山表示,应继续调查,但不影响食品安全合作,可开始食品安全合作。关于节能减排,鸠山提出希望中国人均减排水平不要超过日本(目前是日本的 1/3)。关于东海问题,温家宝总理强调从长计议,欲速则不达;鸠山表示希望东海成为友好、友爱之海,不是采取紧逼的态度。关于地区合作,鸠山强调建立东亚共同体。随后,三国首脑会谈发表了致力于建设东亚共同体的联合声明。

习近平副主席 2009 年 12 月 14 日起对日本进行正式访问,这是中国领导人在民主党执政后对日本进行的首次访问。习近平副主席同鸠山首相会谈,就中日关系和其他共同关心的国际和地区问题坦诚深入交换了意见,达成广泛共识。双方一致认为,应该进一步加大对发展两国关系的战略投入,深化双边合作,拓展在亚洲的合作,共同应对全球性挑战,推动中日战略互惠关系得到更大发展。

民主党虽然更加重视保持和发展同包括中国在内的亚洲国家的关系,但是这不等于他们执政以后,两国之间不存在问题、不产生矛盾。有一些既存的关乎国家核心利益的问题,如东海问题的交涉,不会比与自民党政权容易打交道,同时在人权等问题上,可能有时会制造麻烦,涉台问题在一定气候下也会浮现出来。

同自民党一样,民主党也有一个如何在战略上定位中国的问题。民主党内有若干势力集团。这些集团的历史渊源、人脉关系、代表的阶层利益有所不同,在对华态度上也有所区别。民主党上台执政时,中国这个邻居的 GDP 马上就要超过日本了,面对变化如此之快的现实,面对一个不可知的未来,日本的心情极为复杂,心态难以平衡,当然不能指望它一下子就适应这个形势,更不能要求它一下子就接受你,放心地与你打交道,无保留地同你合作。这不仅因为民主党的主流属保守党的类型,更主要的是它作为一个执政党不能不从国家的立场去处理对外关系。如果民主党在发展中日关系上步子过大,不能不受到来自美国和自民党、日本社会上右倾保守势力的牵制,何况民主党作为执政党,内部还有个统一意见的问题。

2011 年是中日关系恢复并有所发展的一年。2010 年 9 月发生钓鱼岛风波,使正在构建中的中日战略互惠关系受到重挫,两国政治关系迅速降温。钓鱼岛风波后,虽然日本在对华政策上出现了一系列令人匪夷所思的现象,但中日关系基本格局没有变。这是因为中国对日政策没有变化,日本重视对华关系的基本政策也没有变化,双方都希望尽快修复因钓鱼岛风波而严重受创的关系,并继续推进战略互惠关系的进程。

日本在情绪化的反应过后,随着时间的推移,逐渐回归理性思维,认识到与中国关系的重要性,特别是日本经济界看好中国。2010 年中日贸易总额达到 3019 亿美元,中国是它的第一大贸易伙伴,第一大出口市场;截至 2007 年年底,日本对华直接投资累计项目数为 39,688 个,实际到位资金 617.2 亿美元,中国是它的主要资本输出市场;2010 年人员来往上,中日间达到约 539 万人次,中国越来越成为它的旅游大客源。

2011 年以来,由于中日间良性互动,关系不断回暖。日本东北地区遭受历史上空前的地震、海啸和核泄漏复合灾害后,中国政府和人民感同身受,立即行动起来,从物心两面提供救援。震灾后,中国迅速派遣国际救援队赶往受灾严重的岩手县大船渡市,在降雪、严寒的环境下,连日竭尽全力开展搜救活动。胡锦涛主席到日本使馆吊唁、慰问,这不但在中日关系史上属首次,在中国外交史上也不多见。温家宝总理致电慰问,还利用去东京出席第四次中日韩领导人会议的机会,赴宫城县灾区慰问日本民众,表达中国政府和人民对日本人民的深切同情和对日本灾后重建的支持。日方也积极开展震灾外交,谋求恢复对华关系。菅直人首相给胡锦涛主席发送亲笔信,就中国为日本大地震提供的援助深表感谢。他在信中表示日本今后也将把中国视为"最重要的国家"。菅直人首相还在《人民日报》上刊登了感谢援助的广告"情谊纽带"。中日两国领导人的"救灾外交",又重新开启高层沟通的大门。两国相向而行,使关系有所升温,国民感情有所改善。

在这种背景下,中日双方都格外珍视 5 月 21 日、22 日在东京召开的中日韩第四次领导人会议的机会。通过这次会议,彼此关系的气氛明显改善,并使三方合作框架内的合作取得实质性进展。入秋以后,中日两国高层频繁交往。胡锦涛国家主席在夏威夷 APEC 会议期间会见了野田佳彦首相,温家宝总理在东亚领导人系列会议期间与野田首相进行了晤谈。11 月,日本外相玄叶光一郎访华,温家宝总理、戴秉国国务委员分别会见,杨洁篪外长与其举行会谈。2011 年 2 月和 12 月,举行了两次中日战略对话。12 月,日本海上自卫队护卫舰"雾雨"号应邀访问青岛。这是日本海上自卫队舰艇时隔 3 年半第二次访华。

2011 年日本政局稳中有变。民主党继续执政,但首相易主,野田佳彦取代菅直人上台执政。野田是民主党政权 2009 年诞生后的第三任首相。民主党执掌政权后,其对外政策随着首相的更迭不断演变。鸠山由纪夫被认为是"亲华疏美"的首相,要拉开同美国的距离,与美平起平坐,同时加强同中国的关系,意欲建立日美中等边三角形的关系,反映了日本民族争取独立的愿望,但具有理想主义色彩。

菅直人首相在政治理念上,基本属于自由派或"中左派",是个中国通,与中国来往比较频繁。1983 年,他作为 3000 名日本青年的一员参加中日青年大联欢,受胡耀邦总书记的邀请第一次访华。此后,访问中国数十次,每次都受到中国领导人的会见,与中国领导人建立了友情和信赖关系。他主张与中国发展良好外交关系,表示中日两国友好并不仅仅局限于 21 世纪,而是应该把这种源远流长的友好关系持续一千年、两千年。

在历史问题上,菅直人承认日本从 20 世纪 30 年代开始对中国进行的侵略战争是历史事实,日本应当对过去的侵略战争、在亚洲的殖民统治问题进行深刻反省并表示道歉。菅直人上台伊始就公开声明不会参拜靖国神社。6 月 15 日下午,他在日本参院全体会议上表示,靖国神社内合祀着甲级战犯,首相和内阁成员的公职参拜是有问题的,表示在任期间不打算进行参拜。在台湾问题上,他声称希望中国尽早实现和平统一,公开主张台湾是中国领土的一部分。菅直人在东京工业大学演讲时,公开表明"反对台湾独立"。

菅直人吸取鸠山的教训,在处理日美关系上更加现实和稳健。2010 年 6 月 3 日,他谈及外交政策时,修正了鸠山前首相推进的"对等日美同盟"政策,明确地转向了"日美同盟最优先"的政策,强调日美同盟关系是日本外交政策"基轴",同时,"我们将重视发展日中关系;对日本的未来而言,这是正确选择"。基此,2010 年,日本外交安全战略进行重大调整,主要表现为对美外交倾斜、日美同盟的修复与强化,对华外交强硬及加强安全防范。

新首相野田佳彦上台主政后,继续奉行以保持和加强日美同盟关系为优先目标的对外政策。野田是"日本政治家的摇篮"松下政经塾出身的第一位首相,松下政经塾出身的政治家中偏右者不少。他生于1957 年,出任首相时 54 岁,属战后派政治家,在民主党内代表了一部分少壮派力量,是近年来最年轻的日本领导人之一。他问鼎首相宝座,标志着日本政坛迎来一场世代交替,战后派进入权力核心。野田主张修改和平宪法,声称"所谓的甲级战犯均不是战争罪犯",在钓鱼岛等问题上持强硬态度,要求我在军事上增加透明度。此人自称"泥鳅",善于水面下操作。他注重党内外的协调,作风务实,是个现实主义者、利益优先的实用主义者。

野田曾几度访华,上台后表示重视对华关系,称中国的发展是日本的机遇,发展对华关系是野田内阁的基本方针,宣布任内不参拜靖国神社,以避免在中国占据道义制高点的历史问题上与中国发生冲突。他上台伊始,主动与温家宝总理通电话,并达成继续推进战略互惠关系发展的共识。

野田首相于 2011 年 12 月 25 日、26 日正式访华,这是他出任首相后首次对外国进行的正式访问,意在显示对日中关系的高度重视,说明日本虽然在外交和军事上紧跟美国,对我国防范和牵制的一面明显,但又很重视对华沟通、协调和合作。

其间,胡锦涛国家主席、吴邦国人大常委会委员长会见了野田首相,温家宝总理与之会谈,就深化中日战略互惠关系达成共识,表示将以 2012 年邦交正常化 40 周年为契机,努力增进政治互信,深化经贸合作,增进国民友好感情,加强在地区和国际事务的协调与合作,推动两国关系迈上新台阶。中日双方通过一系列的会见与会谈,就落实让东海成为"和平、合作与友好之海"的协议达成一致,同意将为管理海上危机而建立中日副外长级的磋商机制,并就日本购买中国国债及推动两国间贸易以日元和人民币结算问题达成一致,就尽早启动中日韩自由贸易协定谈判、扩大青少年交流、在节能环保领域开展合作和签署海上搜救协定达成原则共识,表明野田首相此访是一次富有成果的访问。

野田政府的政策取向表明，日本对华关系的发展趋势是，经济上倚重中国，安全上对中国戒备加深，拉紧与美国的同盟关系，附和美国对中国采取的"围交政策"（congagement），既围堵又交往。这是日本对华采取的方针。

第三节
民主党政权对华政策变奏的背景

中国的崛起、中日力量对比变化和美国战略重心东移是日本调整对华政策的背景。中国的 GDP 超过日本，虽然说在技术等领域与日本还存在不少差距，但经济总量超过日本，对日本造成巨大的冲击。2010年钓鱼岛撞船事件的处理，实际上是综合国力的较量。中方动真格了，强压它放船放人，日本有严重的屈辱感和挫折感，它感到威胁，需要在政治和安全领域借重美国，平衡和钳制中国，而高调返回亚洲的美国则利用这次机会加强了它在该地区外交和安全上的地位，获得了继续控制日本、还让日本感谢它的绝好理由。挑动中日之争，符合美国在亚洲的战略利益。国际力量格局正发生深刻变化，美国一极独霸力不从心，为加强对中国防范，美日相互借重的需要上升，美国在加紧拉拢日本，而日本则要"傍美防华"，二者一拍即合。

从地缘政治的角度讲，日本之所以强化与美国的战略军事同盟，是想借助于美国强大的军事力量，堵吓它意念中的敌手，使所谓"想对日本发动进攻的敌对国"考虑其后果,使其要冒更大的风险和代价而不敢轻易动手,实际上是企图借美国的实力来对假想的地缘对手进行一种地缘遏制。

菅直人内阁的智囊、日本防卫大学校长五百旗头真2010年在日本的《每日新闻》发表文章说:要让在经济力量和军事力量即将超过日本的国家不能动手的方法,是采用两种对策相结合:一种是自助努力,通过提高自身防卫能力和运用政治、外交手段将"问题国家"引入和平、合作的国际框架;二是让日美同盟发挥作用,"以日美为中心的国际关系保持良好,任何国家都不能轻易动手"。还说:对于日本的安全,"最重要的是不把中国当作敌人,在互利基础上维持一定的合作关系。从中国的角度看,虽然讨厌却又不能动手,日本能够成为这样一种存在就很伟大了"。上述这段话正是对民主党政权的对华政策背景最好的诠释。

民主党上台执政以来,日本在同中国大力发展经贸关系的同时,明显地加强了对中国的防范和钳制。日本政府2010年12月公布的2011—2015年新防卫计划大纲,提出"动态防卫力量"的新概念。此前,日本的防卫概念是以冷战时期的苏联为主敌,在全国各地部署兵力,防卫固定据点的"基础性防卫力量"。"动态防卫力量"新概念即在必要时能够迅速调动其他地区的部队,提高自卫队的机动性,增强战斗力。据此,日本自卫队把驻守北海道的兵力调至九州,实施针对中国的军演。过去这部分兵力用于防御苏联、俄罗斯的威胁。

2011年6月21日,美日两国外交部部长和国防部部长在华盛顿举行了新一轮安全保障协商委员会会议(简称"2+2"会议)。会后发表的题为"走向更加深入和广泛的美日联盟"的《联合声明》宣称:"美国政府重申将运用全部军事能力(包括核武器和常规武器)保卫日本和维护地区的和平与稳定。日本政府重申向美军提供可以稳定使用日本设施和领土以及支持美军作战行动的承诺。"这次会议对自民党执政时期于2005和2007年召开的两次"2+2"会议制定的共同战略目标进行修改和更新,制定了新的美日共同战略目标,突出共同应对所谓"中国威胁"。会议不仅继续把台海问题列为美日同盟的共同战略目标之一,还把南海问题列为主要议题之一。日美两国的媒体都报道说,《联合声明》所提及的所谓"保卫航行自由"就是针对南海问题提出的。实际上,美日的意图不仅仅限于所谓"南海问题",日本《东京新闻》社论称,这次会议发表的是一个"牵制中国海军进出海洋的联合声明"。美日两国的媒体都明确指出,《联合声明》中所提出的"深化美日太空对话和建立关于网络安全的双边战略政策对话机制,也都是针对中国的"。关于《联合声明》中所列的共同战略目标之一——"敦促某些国家不要在军事上追求和获得可能引起地区安全环境动荡的能力",美日媒体指出这是针对中国的军事现代化而言的。日本《读卖新闻》报道称,"这番话是对中国提升军备行为的牵制"。《联合声明》宣布的共同战略目标中还敦促中国"遵守行为规则","要求中国在军事现代化和活动中增加公开性和透明度",表明民主党政权下的日美军事同盟比自民党执政时期走得更远,针对中国的指向更加明显。

野田政权在未获党内外共识的情况下,匆忙决定加入美国旨在加强其在亚洲的经济地位而倡导的《跨太平洋战略经济伙伴关系协定》(TPP)谈判。日本的加入意味着对美国主导亚太经济一体化的支持,与其说是出于日本经济利益的考虑,不如说是基于地缘政治和安保战略。此举也被认为可能弱化中日韩三边FTA谈判在区域经济合作中的作用。日本《每日新闻》认为,"TPP的目的之一是通过在日美主导下制定亚太地区的自由贸易框架,牵制中国并逼其就范"。该报透露了日本开始加入该协定谈判的深层考虑,称"日本政府人士的说法一致:尽管不便公开说出来,TPP 确实是对华战略的一个环节"。野田首相的一位顾问对日本的意图说得更加明白,他说,日本加入 TPP 会谈将有助于"巩固日本的战略环境,让中国觉得日本是一个强大的国家,不会被吓倒"。野田首相的助理曾宣称,日本有必要从抗衡中国这一外交战略角度考虑加入 TPP 谈判。他说,日本"要营造出在中国看来'日本不可轻视'的战略环境"。他同时强调"我们要有'亚太地区秩序由日美来构筑'的积极观点"。

另一个显著动向是,野田内阁在倚重美国的基础上,在中国与东南亚国家存在领海岛屿纠纷的背景下,频频与东南亚国家牵手,高调介入南海问题,试图拉拢在南海问题上与中国存在争议的菲律宾和越南,并联手澳大利亚、韩国、印度和东盟牵制中国。

第四节
钓鱼岛争端爆发,中日关系全面倒退

2010 年发生的钓鱼岛撞船事件刚刚平息,2012 年邦交正常化 40 周年之际,右翼政客、东京都知事石原慎太郎又发难了。他于 2012 年 4 月 6 日在美国发表讲话,提出 2012 年内购买钓鱼岛产权,声称要开发钓鱼岛,在岛上建设施等,并向社会募捐。据时任外相前原诚司揭露,石原私下还表示,为钓鱼岛可以"不惜一战"。石原作为最典型的右翼势力代表,此举旨在煽动民意,制造中日民族对立,破坏日中关系,捞取个人政治资本;更在于给我国设陷阱,企图把我国拉入武装冲突,打断我国的战略机遇期,让我们战略上失败。

自4月日本掀起"购岛"闹剧以来,中国领导人高度重视事态发展,多次在不同场合向日方表明中方严正立场。我国外交部和驻日使馆向日方反复密集交涉,要求日方立即停止一切单方面行动,回到通过对话协商管控分歧的正确轨道上来。

之后,野田政府以对钓鱼岛"实行平稳、稳定管理",从而避免石原"购岛"对中日关系可能造成的伤害为托词,提出了政府购岛的主张。日方当时通过多种渠道向我方解释,希望我方理解。

9月9日,胡锦涛主席在出席国际会议期间会见野田首相,严肃表明我国立场,规劝他要以维护中日关系大局为重,不要做出错误的决定,而野田政府竟不顾劝告,第二天就决定政府购岛,11日悍然宣布实施。日本政府的倒行逆施严重侵害中国领土主权,理所当然地引起中国政府及各地民众的强烈反应。

2012年9月,日本民主党政权炮制"购岛事件",导致中日关系陷于邦交正常化以来最严重的危机。2012年底大选后安倍晋三政权取代民主党上台,中日关系不仅没有缓解,反而更加紧张。

彼时的中日关系面临钓鱼岛、历史和军事安全等三个突出问题。在钓鱼岛问题上,安倍政权上台后,不仅没有纠正民主党政权的错误,反而变本加厉,一口咬定"尖阁列岛是日本固有领土","不存在主权争议","从来没有过搁置争议的默契",从而关闭了理性解决争议的大门。与此同时,他不断做出希望同中国举行高层对话的外交姿态,并不断制造舆论,混淆视听,宣传"不能实现首脑会谈是因为中方预设了前提条件",把关系不能恢复的责任推到中国身上。

在历史问题上,安倍政权的一系列言行表明,它企图否定和美化日本过去那段侵略历史,搞翻案,开倒车,挑战二战后国际秩序,其消极动向引起国内外广泛关注并遭到严厉谴责后,上台之初看似有所收敛,实则在窥探时机,以求一逞。

在安全战略上,安倍政府为实现其修宪强军目标,大肆渲染"中国威胁论",无端指责中国要"用实力改变现状"。以此为口实,它调整外交和安全政策,加强日美同盟,进行针对中国的军事部署和军演,并极力拉拢他国,拼凑对华包围圈,把中国与朝鲜并列为日本的"安全课题",防范、牵制和围堵中国的意图十分明显。

2012 年 12 月,安倍内阁通过了首份《国家安全保障战略》、新《防卫计划大纲》及《中期防卫力量整备计划》。美联社指出,这三个火药味十足的文件都把中国设定为假想敌,反映了安倍的"军事野心"。共同社评称,为达到牵制中国并强化日美同盟的目的,日本的安保政策由"专守防卫"转为旨在摆脱现行宪法第 9 条束缚的"积极的和平主义",迎来了重大转变。

第十二章

关于钓鱼岛问题的斗争

钓鱼岛问题是中日关系中的一个悬案，它不是一般的领土主权争端，而是中日间历史问题的延伸。问题发端于日本军国主义对中国的侵略扩张，是日本在鸦片战争后期趁火打劫、浑水摸鱼造成的。

第一节
钓鱼岛属于中国

钓鱼岛属于中国。无论从地理上还是从中国历史管辖实践看，钓鱼岛一直是中国台湾岛的附属岛屿。

从地理位置上看，钓鱼岛、黄尾屿、赤尾屿与台湾岛一起，都坐落在水深只有 200 米的大陆架上，与冲绳之间隔着一条 2000 米深的海沟。按照《大陆架公约》确立的"同在一个大陆架上之岛屿归该国所有"的原则，钓鱼岛毫无疑问属于中国。

大量古代权威文献证明，在 1895 年日本利用甲午战争之机窃取钓鱼岛之前，中国至少已先于日本 400 多年发现、命名并实际利用了这些岛屿。日本在明治维新以后，加快对外侵略扩张，1879 年吞并琉球之后不久，便密谋侵占钓鱼岛，并于 1895 年 1 月 14 日召开内阁会议，秘密决定将钓鱼岛划归冲绳县管辖。同年 4 月 17 日，又迫使中国签订不平等的《马关条约》，割让台湾全岛及包括钓鱼岛在内的所有附属各岛屿。

具体地说，钓鱼岛在明朝就已纳入中国版图与海上防区。1372 年，明太祖曾派遣杨载出使琉球国，从此中国与琉球建立其册封与朝贡的关系。从那时起,近 500 年间,中国曾向琉球国派出 24 次册封使,留下多卷的《使琉球录》清楚地记载了途经钓鱼岛去琉球的海路情况。琉球王国共 36 岛,从不包括钓鱼岛,这是古代中国与琉球共同确认的。

日本坚称钓鱼岛是日本占领的"无主地",其"领有"的"根据"是 1884 年日本人古贺辰四郎发现了钓鱼岛,要求冲绳县县令允许他开拓,并称这期间日本政府反复调查证明这些岛屿是无人岛,没有清王朝统治的痕迹。称日本是在 1895 年 1 月 14 日内阁会议决定编入冲绳县的,不是通过甲午战争从中国夺取的,也不包括在《马关条约》之中。

事实并非如此。日本的外交档案第 18 卷、第 23 卷有清楚地记载。明治政府明知钓鱼岛并非无主地,而且附有中国的岛名,却仍然趁甲午战争胜局已定之机秘密窃占。这与以和平方式公开拥有无主地的"先占"原则毫不相干。根据日本外交档案记载,1885 年 9 月 22 日,冲绳县县令西村捨三根据内务省的命令做了调查,调查的结果是,"该岛……恐无疑系与《中山传信录》记载之钓鱼台、黄尾屿、赤尾屿等属同一岛屿。若属同一地方,则显然不仅也已为清国册封原中山王使船所悉,且各附以名称"。但是,这个结果出来之后他们并没有善罢甘休,而是继续调查。同年第二次调查以后,当时的外务卿井上馨又给内务卿山县有朋写信称:"关于冲绳县与清国福州之间散在的无人岛、久米赤岛以外二岛事宜,该等岛屿亦接近清国国境……尤其是清国亦附有岛名,近日清国报章等,刊载我政府拟占据台湾附近清国所属岛屿之传闻,对我国抱有猜疑,且屡促清政府之注意。此刻若公然建立国标等举措,必遭清国疑忌,故当前宜仅限于实际调查及详细报告其港湾形状,有无可待日后开发之土地物产等,而建国标及着手开发等,可待他日见机而作。"

从其第二次调查结果看,他们明知这个岛屿不是无主地,而且中国早就附有岛名并警惕日本占岛,但还不罢休。后来冲绳县县令西村捨三奉命第三次再度秘密调查,其结论是:"这些岛屿未必与清国完全无关,万一发生纠纷,如何处置,请速指示。"当时,日本对华战争准备尚未就绪,担心触动清政府,所以只好暂时作罢,结果一放就是十年。

然而,日本右翼势力则刻意歪曲篡改日本窃取钓鱼岛的历史。日本外务省也不谈这段历史。不仅如此,他们还通过对文献的篡改和断章取义来欺骗日本公众。日本冲绳县"尖阁诸岛防卫协会"会长惠忠久1996年出版的资料集便是一个例证。作者说那是他近二十几年苦心研究的成果。其中有一段文字中间出现:"中略……""以下略……"等省略的部分。而被省略删除的就是上述的内容,结果变成了:关于冲绳县与清国福州之间散在的无人岛、久米赤岛以外二岛事宜……当前宜仅限于实际调查及详细报告其港湾形状,有无可待日后开发之土地物产等,而建国标及着手开发等,可待他日见机而作。对照一下外务省档案原件全文便不难看出,这纯属断章取义的篡改和掩盖历史事实的自欺欺人。

直到甲午战争前两个月即1894年5月12日,冲绳县秘密调查钓鱼岛的最终结论是:自1885年之后没有再做实地调查,故难有确报。"关于这些岛屿,没有任何文字记载或口头传说佐证这些岛屿是本国的。"

甲午战争爆发后的1894年12月27日,日本内务大臣野村靖发密文给外务大臣陆奥宗光称:关于"久场岛、钓鱼岛建立所辖标桩事宜","今昔形势已殊,有望提交内阁会议重议此事"(日本外交文书第23卷)。结果,1895年1月14日,日本明治政府不等甲午战争结束便迫不及待地通过"内阁决议",单方面秘密决定批准把钓鱼岛编入冲绳县属,建立"标桩"。三个月以后《马关条约》一签署,台湾及其所有附属岛屿被迫割让给日本,无论《马关条约》是否具体写明,钓鱼岛自然包括其中。实际上,日本当时并没有建所谓"标桩"。其原因之一或许是日本吞并台湾后已觉得无此必要了。如果当时日本认为《马关条约》不能涵盖钓鱼岛，肯定还会在该岛建立标桩，以确立日本的统治权。直到20世纪60年代末期，日本才趁当时中苏关系恶化之际派人登岛建碑。

日本政府妄称钓鱼岛是"日本固有领土"，隶属冲绳县管辖。但是，冲绳县曾经是与中国长期保持宗藩关系的独立国家——琉球王国，而不是什么日本固有领土，更何况钓鱼岛并非琉球国土。因此，把钓鱼岛说成是"日本的固有领土"，这是强盗逻辑，根本站不住脚。

说钓鱼岛问题是历史问题的延伸，还因为钓鱼岛作为台湾附属岛屿，应根据《开罗宣言》《波茨坦公告》和《日本投降书》，二战后将其交还中国。时至今日，仍未获解决，是因为二战后美国以托管名义非法占领该岛，并于1972年归还冲绳施政权时，将其一并交给了日本，从而在中日间埋下了火种。尽管如此，美国从来没说过钓鱼岛的主权属于日本，而表示在主权问题上"不选边站"。

关于钓鱼岛的归属问题，日本国内一直有不同于政府的看法。京都大学教授、著名历史学家井上清在他的著书中，开宗明义就指出："日本称为尖阁列岛、日本政府主张领有权的钓鱼列岛，在历史上无疑是中国领土，"文章结尾时写道："要说现在的归属，正如本文最初所述，历史学的结论只能是属于中华人民共和国。"

2012年9月28日即野田政权实施购岛17日之后，包括日本著名作家、诺贝尔文学奖获得者大江健三郎及前长崎市市长本岛等、冈本厚在内的约1300名知识界、文化界人士在东京发表题为"制止'领土问题'恶性循环"的《市民呼吁书》。呼吁书明确指出：所谓"日本领有"钓鱼岛，"与明治以来日本政府所推行的侵略、殖民政策不无关系，这难道不是日本执政者过于缺乏'罪恶意识'的表现吗"？呼吁书进而指出，"我们不能忘记""领土"问题是"以历史为背景的这一事实"，"日本主动地去认识这一历史问题,并加以反省和真诚地表态,才是最重要的。"

横滨国立大学名誉教授村田忠禧著书《日中领土争端的起源——从历史档案看钓鱼岛问题》称:"作为历史事实,被日本称为尖阁列岛的岛屿本来是属于中国的,并不是属于琉球的岛屿。日本在 1895 年占有了这些地方,是在甲午战争胜利之际进行的趁火打劫,决不是堂堂正正的领有行为。"

日本外务省前国际情报局局长孙崎享公开发表文章说:"解决尖阁诸岛问题的出发点,应该立足于这样的事实:'尖阁诸岛是日中之间明确存在着争夺领有权的争议地'。"

第二节
两国领导人之间有无默契

钓鱼岛问题一直以来是两国关系中的一个悬案。鉴于这个问题涉及国家主权,十分敏感,是很难解决的问题,1972 年的中日关系正常化谈判和 1978 年缔结和平友好条约时,中方领导人周恩来和邓小平都不同意把这个问题作为谈判议题,而主张留待以后解决。他们的建议是得到田中角荣首相、大平正芳外相、福田赳夫首相和园田直外相响应了的。正因为双方都本着"求大同存小异"的精神,同意把这个问题挂起来了,而没有把它作为谈判的议题,所以,钓鱼岛问题没有成为邦交正常化和缔约的障碍,甚至在邦交正常化以后近 40 年的时间里,也未成为两国关系发展的障碍。历史证明，两国老一辈领导人当时的决定是着眼于两国关系大局而做出的明智决定，是非常正确的，对两国关系长期、稳定的发展做出了重要的贡献。

令人遗憾的是，2010年发生撞船事件之后，日本方面高调宣称"日中之间不存在领土纠纷"。10月21日，前原诚司外相在国会答辩中，谈及邓小平1978年10月表明的钓鱼岛主权问题"搁置论"，竟称"那是邓小平单方面的言辞，并非日本方面同意事项"。10月26日，菅直人政权制定了答辩用内阁决议，称"不存在搁置钓鱼岛主权的共识和承诺"。进而，在2012年9月11日，野田政权以此为依据，竟将钓鱼岛"国有化"，点燃了中日对抗的"燎原之火"。围绕钓鱼岛问题，中日两国的对抗从政府蔓延至民间，中日紧张关系到达极点。

那么，在中日邦交正常化和中日和平友好条约谈判过程中，围绕钓鱼岛问题的对话是如何进行的呢？到底中日之间围绕钓鱼岛主权问题是否有"搁置"的默契？仅从日方的资料就可看出个究竟。日本龙谷大学民际学研究中心研究员、社会科学研究所客座研究员倪志敏先生通过查阅日本的国会答辩、外交档案文书、新闻报道及当事者回忆录等史料进行考证，撰写《关于中日搁置钓鱼岛主权争议的论证》一文，还原了历史真相：

一、中日邦交正常化谈判达成"搁置争议"谅解和默契

1971年7月，日本外务省整理的钓鱼岛问题绝密资料中称，"围绕尖阁群岛主权问题，日华（中国台湾国民党政府——编者注）相互反驳，将给日华友好合作关系带来消极影响，而且如果围绕这一问题日华加深对抗，将为中共给日华友好关系打进楔子提供绝

佳口实,因此日华双方政府有必要极力避免将此问题作为重大问题处理",可见日本政府希望将问题搁置。

1972 年 3 月 25 日,通产大臣田中角荣在国会回答关于钓鱼岛周边资源开发问题质询时称:"对这一大陆架海洋开发问题,(中略)最终还需日本与中国等协商才是圆满解决方策,现在政治上是如此考虑的。"

5 月 9 日,他又强调"台湾、中国大陆也有其立场",并答称"大陆架问题、与台湾的问题、与大陆的问题、又与回归日本之前的冲绳划界问题等非常复杂的问题交织在一起,必须通过协商圆满开发地下资源,这是事实"。

5 月 25 日,福田赳夫外相在关于钓鱼岛问题的质询中答辩称,"(中国)提出异议的话将很难办,此事不宜闹大"。从以上答辩可以看出,日本政府认识到存在钓鱼岛主权分歧问题。

另一方面,在 1972 年周恩来同竹入义胜会谈中,周恩来总理就解决钓鱼岛问题的现实方案首次提出"搁置论"。竹入义胜在手记中写道:"我就尖阁群岛的归属问题说:'从历史上及文献中,那都是日本的固有领土。'但周先生只是微笑。他说:'钓鱼岛自古以来就是中国的领土,我们的见解不会改变。这将陷入无休止的争论,所以搁置起来,让后代聪明人去解决吧。'他没有让步的意思。"

1972 年 11 月 6 日,大平外相在国会就"日中和平友好条约是否涉及领土问题"的质询时,回答称:"过去问题的处理在日中联合声明中已经解决。和平友好条约是面向未来的两国友好关系的指针,请从这一角度判断问题。"在缔结中日和平友好条约谈判时,"不触及尖阁群岛主权问题,显示了'冻结'或'搁置'的方针"。并且在 1973 年 3 月 27 日,大平外相在国会回答关于钓鱼岛问题的质询时指出:"为了不使此问题成为纷争的火种,我们必须慎重考虑。"

1974 年 4 月,中国国家代主席董必武在与小川平四郎大使的会见中说,"中日之间不存在陆地边界问题,但有台湾问题,也有钓鱼岛问题,钓鱼岛问题今后可以合理协商",表明了中国积极的姿态。

同年 10 月 3 日,邓小平副总理与黑田寿男为团长的日中友好协会(正统)访华团的会谈中说,"(《中日和平友好条约》)谈判时,钓鱼岛主权问题搁置起来好,这些问题提出来,谈多少年也解决不了",明确提出了在中日和平友好条约谈判时,搁置钓鱼岛主权问题。

另一方面,1974 年 4 月 2 日,美国众院民主党领袖曼斯菲尔德在众院会议上指出:"现在中国对日本、中国、(中国)台湾三者围绕主权问题争论的钓鱼岛,及对南沙、西沙群岛的主权主张,从历史上看是最有根据的主权主张。"这是客观分析的结果。

二、《中日和平友好条约》谈判时再次确认"搁置争议"

1978 年 4 月 12 日,发生大约 100 艘中国渔船接近钓鱼岛海域事件,引起日本强烈震动,此事件被大肆炒作。4 月 19 日,日本外相园田直在国会上回答关于这一事件的质询时表示:"我认为应恢复到日中联合声明路线上来。"

4 月 20 日,自民党干事长大平正芳在京都举行记者会见时,明确地说:"对于这个问题,日中双方采取'不涉及'领土问题的方式,是一个顾全大局、顾全国家利益的现实性解决方法。"大平干事长进一步强调,"没有政治性解决之外的方法。枝叶也重要,但是根干比枝叶更重要。不要因为这个问题损害日中关系。（中略）不要拿这个问题当儿戏"，并且明确提出"尖阁群岛的讨论，要回到日中共同声明'搁置争议'的路线上来"。

4月21日，大平干事长在自民党总务会上发言："关于尖阁群岛，既然日中两国均主张拥有主权，双方应该通过协商，从大局出发予以处理。具体做法，希望双方以不涉及领有权问题的方式解决。"

当日的《读卖新闻》发表了题为"对'尖阁'问题，首相应做出大局观判断"的社论，"尖阁群岛领有权问题，在1972年日中邦交正常化之际，可以说是以'不涉及'方式处理的。"这表明"搁置争议方式"也是日本最大报纸当时的认识。

4月27日，日本首相福田赳夫与大平干事长会谈，二人一致认为应根据外交处理方针对待这个问题。

1978年8月10日，邓小平副总理接见为谈判中日和平友好条约访华的园田直外相。园田外相在会见中提出了尖阁列岛问题，说"作为日本国的外相，我必须说一句话。关于尖阁群岛，想必您知道日本的立场。故此希望不要再次发生类似（指中国渔船前往钓鱼岛海域捕鱼——编者注）的事件"。对于园田外相的这个要求，邓小平立即表明了基本姿态，"我也要说一句，把这个问题搁置一下，我们这一代人找不到解决问题的方法，但是我们的下一代、下下一代应该会找出解决方法的"，并且说"搁置它20年、30年嘛"。对此，园田外相回应道："阁下，我明白了，不必再说了。"后来，园田外相在回忆录中引用古谚，"打草惊蛇，将本利无收"，意即"一定要刨根问底，就是自寻烦恼了，那将一无所得"。

10月22日，邓小平副总理为出席《中日和平友好条约》批准书交换仪式访问日本。10 月 25 日,在与福田赳夫首相的第二轮首脑会谈中明确地表示:"我还要再说一点。中日两国之间存在着各种各样的问题。比如,在中国称为钓鱼岛,在日本叫作尖阁群岛的问题。这样的问题,最好不要拿到这次会谈的谈判桌上来。我在北京时也对园田外务大臣说了,我们这一代人不够聪明,也许解决不了这个问题,但是下一代人要比我们更加聪明,他们能够解决这个问题吧。这个问题必须从大局上去看待。"

对此,福田首相是这样回复的:"很荣幸,我能够与邓小平副总理阁下就世界问题和日中两国间的问题坦率地交换意见,非常感谢。我以为只有这样,才能够发展我们两国的关系。重要的是我们必须坚守《日中和平友好条约》的精神。"由此,在中日首脑会谈中再次确认了"搁置争议方式"。

同日,邓小平在日本记者俱乐部举行的记者会见中,重申了"搁置争议论",并留下了一段众所周知的名言:"'尖阁列岛',我们叫钓鱼岛,这个名字我们两国叫法不同,双方有着不同的看法,实现中日邦交正常化时,我们双方约定不涉及这一问题。这次谈中日和平友好条约的时候,双方也约定不涉及这一问题。之所以这么说,是因为一旦涉及这个问题,就很难说清楚。倒是有些人想在这个问题上挑一些刺,来障碍中日关系的发展。我们认为两国政府把这个问题避开是比较明智的,这样的问题放一下不要紧。(中略)下一代比我们聪明,一定会找到彼此都能接受的方法。"

对于邓小平就钓鱼岛问题的这个发言,日本外务省在绝密文件中如是评价:"关于尖阁群岛一事,尽管日本方面没有提出来,但是邓副总理表明了立场,'我看还是不要提这个问题的好。'(中略)进而,邓在记者会见时有这样的表述:'不希望日中友好的人,就想提出这个问题。我看这个问题还是交给下一代的好'，可以说中国方面已尽力表明了所能表明的最大限度的态度。(随后，符浩大使即向日本外务省中国课课长田岛表示：'那是中国方面所能表达的底线。')"

1979 年 5 月 30 日，园田外相在国会众议院外务委员会回答关于钓鱼岛问题的质询时答辩说：钓鱼岛问题"不仅仅关系到日中关系，而且在考虑日本的国家利益时，到底是维持现状，搁置不动，符合国家利益，还是现在就把问题挑起来，符合国家利益？我考虑，还是搁置不动，就像邓小平副主席所说的，20 年、30 年搁置起来不去动它，从日本独自的利益来说，也是难能可贵的。""如果做出刺激中国，炫耀实际控制的言行，中国作为国家将不得不表达不同立场。我希望不要出现那种情况。"他表示："国家之间的交往与个人间的交往是一样的，关系好了也会产生感情。日本有日本的面子，中国也有中国的面子。因此，对那种炫耀实效控制的言行，我坚决反对。"对日本的鹰派进行了有力牵制。

5 月 31 日，《读卖新闻》在题为"不要让尖阁问题成为引发纠纷的火种"的社论中指出："尖阁群岛领有权问题，在 1972 年两国邦交正常化之时、在去年夏天签订日中和平友好条约之际虽然都是一个问题，但是均以所谓'不涉及'方式得以处理。总之，日中政府间达成谅解，即日中双方均主张享有领土主权，承认现实中'存在'争议，保留这一问题，以俟将来解决。中日间的这一谅解虽未写入联合声明及和平友好条约，但毫无疑问，这显然是政府对政府的庄严'承诺'，既然做出了承诺，严格遵守才合条理。园田外相在国会的答辩，是遵循中日间承诺的坦率之言。"

三、中日围绕共同开发钓鱼岛周边石油资源的互动

由于《中日和平友好条约》签订,以及随后诞生了大平正芳内阁,中日两国政府出现了共同开发钓鱼岛周边石油资源的动向。1978 年 8 月 18 日,园田外相在国会答辩中作了如下陈述:"因为签订了友好条约,希望今后在石油开发等方面进行合作。"表达了中日共同开发的意向。

对此,1979 年 5 月 31 日,邓小平副总理在与铃木善幸议员的会谈中回应道:"以不涉及领土权进行共同开发"。

6 月 1 日发行的《朝日新闻》在报道了"自民党首脑于 31 日晚也发言,'不应该单是相互主张领有权,应就渤海油田开发尽快举行日中谈判,同时应就共同开发尖阁群岛周边油田开始磋商'"。同时在评论中说:"与其相互主张领有权,还是继续通过更为现实的处理方法推进日中友好才是上策。(中略)我们注意到自民党首脑发言显示出与确定边界线相比较,更为重视协商共同开发。"

7 月 10 日,园田外相与森山钦司运输大臣在内阁会议上发言,"领有权另当别论,希望推进与中国的共同开发",显示出积极致力于与能源开发问题相关的日中共同开发钓鱼岛周边海域海底原油之意向。园田外相在内阁会议之后,立即向外务省事务当局发出"与中国方面进行正式交涉"的指示。

同日发行的《读卖新闻》晚报在报道中分析,"两位大臣发言之用意应该是搁置领有权争议,由日中两国进行开发吧",进而介绍了相关背景:"从回避国际性纠纷的立场出发,双方基本上在搁置领有权问题上达成一致,中国的邓小平副总理也说了'解决争议就交给子孙的智慧吧。'"

　　此后,日本方面为了应对能源问题,在推进与中国共同开发渤海湾石油问题进行协商的同时,继续非正式地向中方提出了有关尖阁群岛的共同开发问题。

　　同日发行的《朝日新闻》晚报也发表评论:"此前,两国为了避免围绕该群岛领有权问题上的对立,在缔结日中和平友好条约的谈判中采用了'搁置尖阁群岛争议'的方式。但是在主要发达国家首脑会议(东京峰会)上,发出了旨在长期限制石油进口量的宣言。这对能源进口大国而言,事态十分严峻。经过综合判断,共同开发并非是一个可以永远回避的问题,因此显示了欲与中国方面进行协商之姿态。"

　　7月15日,李先念副总理接见了以平冈彻男为团长的每日新闻访华团,并在会谈中表示赞同日本方面的提案,"共同开发是由日本朋友提议的,我们也赞成。我们赞成把领土问题搁置起来而先开发资源的做法"。

　　8月15日,外务事务次官高岛益郎向大平首相汇报称,"我们拟定的方针是,为解决日中两国共同开发尖阁列岛周边海底油田问题,将以与中国方面就围绕海洋法的基本思路交换意见为突破口,拟于本月下旬向对方提出",并获大平首相批准。据此,日方于8月23日,由驻华使馆提议围绕海洋法诸问题进行协商。11月8日至9日,举行了日中关于海洋法问题非正式协商。

　　1980年4月23日,逝世之前的大平首相在国会的答辩中留下遗言:"日中共同开发石油、煤炭是一个大课题。总之,无论迟早,日中两国均应积极推进此课题的协商。"

从引用的上述材料中可以得出如下结论:1. 20世纪70年代,日本

政府承认中日间存在着钓鱼岛所有权问题的争议;2. 中日之间达成了"搁置争议"之默契;3. 中日两国政府间还曾有过关于共同开发钓鱼岛周边资源的接触。

近年来,围绕钓鱼岛归属问题,针对日方立场的变化倒退,我们同日方进行了尖锐的斗争。在有日本外务省官员参加的一些中日关系学术研讨会上,笔者曾面对面地质问日方:"你们说钓鱼岛是日本固有领土,中日间不存在争议。那么,为什么建交和缔约时日方都主动提出这个问题? 既然是自己的东西,为何还要问邻居这个东西怎么办,这不是很滑稽嘛! 这在逻辑上是绝对说不通的,说明日本当时是承认存在分歧的。"对方哑口无言。

第三节
日本为什么翻脸不认账

近年来,日本在钓鱼岛问题上不断制造麻烦,与当前日本国内外形势的变化有直接关系。

首先,在中国发展迅速,而日本经济长期低迷、在亚洲的优势地位后退的背景下,日本国内极端的民族主义和右翼势力抬头,越来越多的日本政客为捞取政治资本,大打"领土牌"。它们危机感加深,担心中国武力夺岛,感到现在不加强"有效管理",以后更加困难。

日本自从明治维新以来一直是东亚甚至是亚洲的领头雁,在政治、经济和军事等各个方面都保持着明显的优势。中国近年来经济的发展以及国际地位和影响的增强,使战后取得奇迹般发展的日本人心情颇为复杂,变得对自身未来不安和不自信,感到自己的战略空间受到挤压,在东北亚地区的主导权受到了威胁,从而感到担忧和焦虑,产生了危机感,作为反射,不时做出民族主义的情绪化的反应,有些人要对中国说"不"。21世纪初小泉首相置中国人民的感情于不顾,一再参拜靖国神社以及日本政府近年来在钓鱼岛问题上一再莽撞行事,都是在这种大背景下发生的典型反应。

第二,从国际形势来看,美国战略重心东移亚太,对美日军事同盟更加重视,使日本增加了自信,日本也获得了联手遏制中国的机遇。它要利用钓鱼岛问题渲染"中国威胁",为其修宪强军寻找根据,为其国家政治转型服务。

日本战后选择了一条在美国保护下谋求发展的道路,《日美安保条约》的意义,绝不限于安全领域,实际上构成了战后日本国家发展战略的基础。日本的这条特殊发展道路,使日本形成了对美国的深刻依赖。今天,日本在遏制中国发展方面与美国一拍即合,与美国一起,抗衡中国,仍是日美同盟的基本要求之一。它实际上是借美国的实力来对地缘对手进行一种地缘遏制。今后,至少在安全领域,日本将附和美国对中国采取的"围交政策"(congagement),既围堵又交往。

第三,日本这样做是受巨大的利益驱使所致。钓鱼岛及其附属岛屿位于中国台湾岛的东北部,是台湾的附属岛屿,由钓鱼岛、黄尾屿、赤尾屿、南小岛、北小岛、南屿、北屿、飞屿等岛礁组成,总面积约5.69平方千米。

钓鱼岛的战略价值巨大,它不仅在于岛屿本身6平方公里的主权标志,而且在于其潜在的经济与军事价值。钓鱼岛位于中国东海大陆架的东部边缘,是近海和远海渔业资源的交汇处,海产资源十分丰富,年可捕量达 15 万吨,那里还有珍贵的药材。钓鱼岛之所以受到关注,是因为 1969 年联合国海洋调查团发布调查报告,称该海域有可能蕴藏储量巨大的石油和天然气资源。据 1982 年估计,有 737 亿~574 亿桶石油和 2000 亿立方米的天然气。有人曾经断定,钓鱼岛附近水域的石油资源使其"有可能成为第二个中东"。

进入 20 世纪 90 年代,随着《联合国海洋法公约》签订后 200 海里专属经济区制度的确立,日本海上扩张意识随即膨胀,而日本实现扩张的策略就是占领岛屿,从而获取岛屿拥有的专属经济区。日本海洋产业研究会编写的《迈向海洋开发利用新世纪》一书中,公然将一些有主权争议和位置重要的岛屿,作为"对扩大与前苏联、朝鲜、韩国、中国等邻国海洋经济区的边界线起到重要作用"的关键所在。该书还露骨地提出,假如达不到对这些岛屿的主权要求,"日本海洋经济区只限于 4 个主岛海岸 200 海里水域内",日本将减少 200 万平方千米海洋经济区域,仅拥有 250 万平方千米的管辖海域。

钓鱼岛归属牵涉到中日两国在东海划界的位置。按照《联合国海洋法公约》规定,钓鱼岛及其附属岛屿海域拥有 74 万平方千米的"专属经济区",这几乎相当于中国与东南亚几个国家在南沙群岛领土和海洋争执的总和。如果以钓鱼岛为基点,日本就可以与中国分划东海大陆架,进而要求 200 海里的专属经济区,意味着攸关我国利益的经济资源大量丧失。

日本外务省也承认,如占有钓鱼岛,日本就可以与中国分划东海大陆架,将大大增加其专属经济区的管辖范围。1996 年以来,中日双方曾举行多轮海洋法磋商,就海洋划界问题交换意见。我方主张根据大陆架自然延伸原则并考虑各种相关因素公平解决,日方则主张以等距离

"中间线"原则解决,双方划界立场差距甚大。

在地缘政治上,钓鱼岛位于台湾和冲绳之间,处于西太平洋第一岛链一线,是外海进入中国的跳板,也是中国海军向太平洋纵深地区进出的门户。如果日本完全控制了该海域,不仅中国海军被扼住了咽喉,而且使其获得进攻中国的理想前进基地。

东海也好,南海也好,日本闹事,美国介入,不只是因为几个岛的问题,也不仅仅是航行权的问题,而是要把中国困死在近海,遏制中国成为海洋大国。

第四节
反制斗争取得显著效果

在日本右翼势力的误导下,"中国威胁论"在日本国内颇有市场,有的老百姓都认为中国现在强大了,要用实力改变钓鱼岛现状,要动武,要抢岛夺岛,对中国很不理解,很有情绪。他们认为 2008 年中国公务船"闯进"钓鱼岛领海就是一个信号(2008 年 12 月 8 日上午 8 点左右,中国海洋局下属的东海海监执法编队正式进入钓鱼岛 12 海里范围实施维权巡航。9 时 40 分左右,"海监 46"号和"海监 51"号在钓鱼岛东北 17 千米海域停泊约一个小时,随后开始环绕钓鱼岛顺时针方向环行,最近处距离钓鱼岛约 1 海里)。中国公务船第一次进入领海后,日对钓鱼岛的控制明显加强,对中国渔船的执法力度加强,登船检查和驱赶的次数增多,直到 2010 年发生撞船事件。这也正是 2012 年石原慎太郎购岛和日本政府对岛实行国有化的背景,目的是宣示主权和强化对岛的实际控制,要趁中国似强未强时,牢牢地把岛控制在他的手里。

出乎日方意料的是,自日本政府 2012 年 9 月非法购买中国钓鱼岛以来,中方以强势姿态维护主权,从发表外交部声明、公布领海基线、实施维权巡航,到向联合国提交东海部分海域大陆架划界案,发表《钓鱼岛是中国的固有领土》白皮书,张志军副外长举行中外记者吹风会,以最严肃权威的方式公布了中方在钓鱼岛主权权利斗争中的见解和立场,以翔实有力的证据揭穿日本"霸岛"谎言,又划设防空识别区,获得有效监控东海空域的立足点,打出一套淋漓畅快的组合拳。通过这场为世界瞩目的斗争,收到了非常显著的效果:

(一)通过外交战、舆论战,有效地宣示了中国对钓鱼岛的主权,有效地争取了国际舆论,凝聚了海内外中华儿女的人心。

(二)通过采取我国海监船、渔政船和飞机常态化巡航和划设防空识别区等一系列的反制措施,打破了日本长期以来单方面排他性地控制钓鱼岛的局面,造成了重叠管理的现实,中日间围绕钓鱼岛问题的斗争迎来新局面。

(三)我国一系列的反制措施,在日本引起反思和分化。一些不明真相的人,开始认真思考;有些人明确表示应承认存在领土争议;一些人对中日关系目前的状况表示担心,呼吁日本政府采取措施,改善同中国的关系;一些主流媒体和经济界头面人物,公开谴责石原慎太郎挑起事端,破坏中日关系,应负责任,并认为野田政权处置不当,要求政府反省的声音增多。野田政权及安倍政权受到国内外压力,多次寻找与中国对话的机会,不肯让步,又想缓和关系,骑虎难下,处境被动。

中国一以贯之的严正立场和切实有效的维权行动,打破了日方认为中方会继续克制忍让的幻想。日本原以为打一场笔墨官司了事，结果失算了，吃了大亏，非常被动。面对新形势，日本只是口头抗议而行动克制，并不敢动用武力，因为它不能不考虑后果。

钓鱼岛事件发生后，两国外交当局有过一些接触，但未达成共识，仍处于僵持状态。在对我有利的态势下，日本在一段时间里不想与我们谈，怕吃亏。他来了个"三不承认"，即不承认存在领土主权争议；不承认曾与中国就主权争议达成谅解；不承认两国各有各的立场，主张回到 2006 年时的状态。

2012 年 12 月下旬，日本举行的大选导致政权更迭，安倍晋三为首相的自民党和公明党联合政权取代野田佳彦为首相的民主党政权。在上述背景下，安倍上台前后，一再放出修补日中关系的信号，表示将派特使访华，重建战略日中互惠关系。安倍高喊与我们接触只是外交上的一种姿态，是为了应付国内外舆论的表面文章，实际上是耍两面派，并没有诚意。回避实质问题，不承认存在争议，那谈什么呢？

安倍并不想解决钓鱼岛问题，他正是利用钓鱼岛问题对中国示强，获得高支持率。他需要利用钓鱼岛问题保持中日紧张关系，证明"中国威胁"的存在，以调动民意，为实现其修宪强军的目标寻找理由。随着民族主义情绪的上升，日本国内有一种气氛，谁对外示强谁就有人气。安倍正是抓住日本民众这个心理。

第五节
钓鱼岛问题的出路

钓鱼岛问题凸现是中日间深层次矛盾的集中反映,是战略摩擦的爆发点,也是美国构筑对华包围圈,让日本积极参与其中的一步棋。日方在钓鱼岛问题上不承认主权争议,是自欺欺人。日本非法"购买"钓鱼岛,打破了中日两国老一代领导人达成的重要谅解,钓鱼岛的形势已经发生了根本性的变化,日方不要再抱有霸占钓鱼岛的幻想。日方应该做的是切实面对现实,承认钓鱼岛主权争议,纠正错误,回到对话谈判解决钓鱼岛争议的轨道上来,这是唯一的出路。日本只有拿出诚意,与中国相向而行,才是正确的选择。

对钓鱼岛争端,要有战略思维、大国思维。复旧不可取,速决不可能,完全收复做不到。要制定长远战略,要有打持久战的准备。要占据法律、道义、经济、外交制高点,以我为主,主动应对。

争取通过谈判,在固化取得的成果的基础上,达成新的共识,引导事态逐步平息。现在谈不可能彻底解决问题,而是管控局势,避免再升温,更要防止擦枪走火,发生严重的流血冲突。要通过谈判争取使钓鱼岛问题软着陆,避免钓鱼岛问题长期拖累中日关系。

对领土争端,中国的基本立场是寻求政治解决。历史上,国际关系中往往将战争作为政治手段的继续,动辄用战争手段去解决问题。今天,我们必须学会用智慧化解矛盾,用对话寻求共识,用政治解决取代战争,在相互合作中寻找利益的汇合点,争取实现双赢,而尽量避免发生正面武力冲突。靠武力不能最终解决问题,只能产生更多的麻烦。

主张政治解决并不是惧怕战争。应对日本右倾化保存高度警惕,对日本右翼势力的能量、危险性、挑衅性及破坏性不能低估。我们要固化钓鱼岛斗争中取得的阶段性成果,争取政治解决的同时,做好形势升级的准备,做好应急突发事态的准备,并且做好美国介入的准备,做到有备而无患。

对于"岛"问题最终如何解决,中日双方都有不少议论。笔者认为,30多年前邓小平提出搁置争议、共同开发的思想,仍不失为一种解决办法。现在,对这种解决办法日本政府并不认同,中国国内也有不少反对的声音,称"中国的领土为什么还要共同开发"?中日双方还都有些极端的主张,认为为此可以"不惜一战"。

笔者认为,最终还是要用"搁置争议、共同开发"的办法来解决。因为现在尚未找出比这个办法更高明的办法,恐怕再过二三十年也难以找到比这个办法更高明的办法。更重要的是,这个办法体现了用和平手段而不是用战争手段去解决国际争端的主张和互利双赢的方针,既维护了自身的利益,也照顾了对方的关切。

邓小平的这个主张并非一家之言,美国前总统卡特就提出了"共同享有主权、共同开发"的主张。日本国内也有些人提出类似的主张,如日本外务省前高官孙崎享认为搁置争议是对日本最有利的选择,这个好处就是中日之间未来可以建立类似于欧盟共同体那样面向未来的两国合作关系。日本著名学者、横滨国立大学教授村田忠禧认为,把钓鱼岛作为日中和平友好合作和共同发展的象征,缔结共同管理协议,是最妥当的解决之路。中国台湾的马英九在任中国国民党主席期间也认为搁置主权争议、共同探讨资源共享是解决钓鱼岛争端的唯一办法。他认为主权不可分割,但资源可以分享,可通过资源分享化解争议。笔者相信,终有一天,中日双方都会接受这个方案,使东海成为和平、友好、合作之海。

第十三章

安倍政权加速推进国家政治转型

第一节
加剧政治右倾化

日本是个战败后重生的国家,囿于战后体制的限制,发育不全,俗称经济大国,政治军事小国,日本自称为"非正常国家"。所谓"日本战后体制"有三大支柱:一是以放弃战争为核心的和平宪法,二是重经济、轻军备的发展路线,三是既为日本提供保护伞又控制日本的日美安保条约。自20世纪80年代初中曾根内阁提出"战后政治总决算"后,日本就开始表露出摆脱战后体制的萌动,表明日本已不满足于经济大国地位,而要摘掉战败国的帽子,重建政治军事大国地位,意味着日本进入政治转型期。

安倍2006年第一次上台后,日本摆脱战后体制而转型的实践驶入快车道。在他短短的一年任期中,做了3件大事:一是作为修改宪法的前奏,修改了素有《教育宪法》之称的《教育基本法》,旨在消除战败国的"自虐心理",重振大和民族精神;二是将防卫厅升格为防卫省,大幅提升了军事因素在国政中的分量,意味着偏离重经济轻军备路线;三是强行通过国民投票法,为修改和平宪法做准备。

安倍于2012年底第二次上台后,日本政治右倾化加剧。日本政治右倾化是日本政界和社会上的右翼政治势力力图改变战后和平发展道路、使国家政策右转的政治倾向,主要表现是参拜靖国神社,修改教科书和教育基本法,为战犯翻案,歪曲和美化侵略战争,否定侵略历史;谋求修改战后《日本国宪法》第九条和平条款,行使"集体自卫权",向海外派兵;利用与邻国的领土纷争挑动民族情绪,奉行强硬外交,为扩充军备、调整军事政策制造借口;以中国欲"以实力改变现状"为口实,制造"中国威胁论",调整外交和安全政策,加强日美同盟,进行针对中国的军事部署和军演,并极力拉拢他国,拼凑对华包围圈,把中国与朝鲜并列为日本的"安全课题",企图压制中国的崛起,保持在亚洲的第一国家地位。在日本的心目中,中国只能做第二位的国家。为此,它要"挟美制华",认为国力上美日合在一起与中国抗衡,中国则明显处于劣势。

日本政治右倾化是对日本战后和平主义思潮的一种反动,与保守政党中相对温和的自由派的主张相比,具有强烈的民族主义色彩,与日本战前的国家观、历史观一脉相承,甚至与"皇国史观"有相通之处,其要害是企图通过否定侵略历史和修改和平宪法,摘掉战败国的帽子,摆脱战后国际秩序的束缚,成为可以拥有正规军队和向海外派兵打仗的"普通国家",实现"政治大国"的目标。

按常理说,一个国家修改宪法是它的内政,每个国家也都可以拥有自己的军备和自卫权。二战已经结束70多年了,日本人要抬起头来做一个普通国家的国民的诉求也是不难理解的。问题是日本作为一个历史上有"前科"的国家,其为政者不仅对那段历史没有正确的认识,而且还要"翻案",要通过否定侵略历史打翻身仗。

日本近年来的一系列动向表明,安倍作为日本右翼势力的领军人物,把日本右翼势力多年来一直极力鼓吹的一些国粹主义的政治主张作为其政权的政策目标。安倍强调"不仅要清算强加给日本的宪法,更希望清算强加给日本的历史观"。他宣称"侵略无定义",执拗地参拜供奉着14名甲级战犯的靖国神社,带头在日本政坛刮起"参拜风"。安倍的参拜绝非像他自己表白的"为了祈祷和平",而是颠覆日本侵略史的战略性举措,旨在否定远东国际军事法庭审判的结论,更有通过参拜来恢复靖国神社的军国主义精神支柱地位,以重振民族精神的企图。

东京大学大学院综合文化研究科教授高桥哲哉一针见血地指出:"安倍政权说要脱离'战后体制',还要通过制定'自主宪法'建立国防军。这样的政权之所以执拗地通过参拜靖国神社彰显战死者,正是因为他们要建设可以发动战争的国家体制。日本国民不能无视这一点,其他国家也不能无视这一点。"对于一个不愿承认历史错误的政府来说,一旦掌握了可以对外战争的权力,那是很危险的,很可能破坏亚洲的和平与稳定。

第二节
值得关注的日本内政外交举措

这样说并非只是逻辑上的推理,而是安倍政权的现实表现。安倍2012年第二次上台后,利用国际上美国战略重心东移亚太、更器重日本以及自民党取得国会众议院稳定多数议席的有利形势,打出"奉行积极和平主义"的旗号,加速了修宪强军的步伐,急于把日本变成一个可以拥有正规军队和向海外派兵打仗的"正常国家",实现"政治军事大国"的目标。为此,在内政外交上采取了一系列举措,以下几点尤其值得格外的关注。

一、强化权力,成为总统式首相

安倍第二次上台后,操纵国会于 2013 年 11 月通过了成立旨在强化首相权力的国家安全保障会议相关法案。设立日本的国家安全保障会议是日本首相安倍晋三在第一次担任首相时的执政构想之一,同时也是一直梦想成为"总统式首相"的安倍本人的夙愿。国家安全保障会议完全以美国国家安全保障会议为原型,它以总理大臣(首相)、外务大臣、防卫大臣、内阁官房长官为核心,其中总理大臣是最高负责人,这一人事结构被称为"四大臣会合",不禁令人联想到二战期间日本讨论决定对外侵略扩张方针政策的"五相会议"。

国家安全保障会议是一个收集并分析外交及安全保障方面的情报、规划和制定有关政策,拥有外交、安全保障政策指挥功能的新组织,被称作安倍政权外交、安全保障政策的"司令塔",下设"国家安全保障局"为事务局,由一名首相辅佐官任局长,负责事务局日常事务。

国家安全保障会议成立后最初的成果就是与内阁共同决定通过了《国家安全保障战略》,这个策定日本安全保障政策的文件强调日本有必要从"积极和平主义"立场出发,采取一系列战略性步骤。据此,安倍政权紧锣密鼓地立法树规,于 2013 年 10 月向国会提出《特定秘密保护法》;2013 年 12 月 17 日修改了原《防卫计划大纲》;2014 年 4 月 1 日通过了《防卫装备转移三原则》及其运用方针;2014 年 7 月 1 日通过了解禁集体自卫权的决议;2015 年 4 月 27 日,美日发表了新《美日防卫合作指针》;2015 年 5 月 15 日将一系列新安保相关法案提交国会审议,并获通过。

从该机构运营情况看,对华关系以及相关领土问题、朝鲜核问题等都是由安倍直接定调,而交由安倍的亲信、该机构的局长谷内正太郎负责落实的重要事项。

二、实施《特定秘密保护法》,强化政府对媒体和国民言论的控制

2013 年 10 月,安倍内阁向国会提《特定秘密保护法》,11 月、12 月分别获得日本众参两院通过,2014 年 12 月 10 日正式生效。该法与安全保障会议设置相关法案和解禁集体自卫权同属于重建战前体制的重要举措。

《特定秘密保护法》的要害是法律使用范围根本性的扩大,以及"秘密"定义的宽泛性和不确定性,所指定的范围过广,并且暧昧不清,让人无法判断到底哪些情报属于"特定秘密",对于什么样的行为属于违法行为也没有进行清晰的解释。该法强化了内阁对军事、外交等国家机密事项的管理,进一步扩大了首相的权力运作空间,被认为是日本政府"侵害日本国民的知情权""侵犯隐私权""堵住国民的双眼、耳朵和嘴巴,剥夺言论自由""断绝了公民参与政治的可能性""影响媒体采访和报道自由"的法律,使日本民主遭到破坏。

日本舆论指出,安倍政权此举着眼于加强日本与美国等盟友的情报合作,日本当局在隐匿外交和军情信息方面为所欲为,进而开启日本通往"秘密国家"和"军事国家"的道路,使日本回到二战之前可以再次发动战争的状态,标志着安倍为战争所做准备迈出了实质性的一步。

为操纵舆论,安倍政权还加大了对媒体的控制,如对日本最大的、最具影响力的公共传媒机构日本广播协会(NHK)进行改组,从领导人到要害部门,安插了多名同安倍关系密切的右翼分子,使 HNK 变了颜色。

三、强行通过安保相关法，为行使集体自卫权开路

鉴于修宪门槛很高，不仅须在国会通过，还需要通过全民公决，一时难于实现，安倍采取了绕过修宪门槛而通过修改宪法解释的"迂回战略"，在2014年7月采取"内阁决议"的方式，修改了宪法解释，来达到解禁集体自卫权、向海外派兵打仗的目标。作为贯彻这一决议的后续工作，安倍内阁又于2015年5月15日将一项新安保法制相关法案提交国会审议。

为减少阻力，加快审议速度，安倍政府耍弄花招，将囊括《自卫队法》《周边事态法》《武力攻击事态法》《联合国维和行动合作法》《船舶检查法》《美军行动顺畅法》《海上运输管制法》《俘虏对待法》《特定公共设施利用法》《国家安全保障会议设置法》等10项与解禁集体自卫权相关的安保法修订案和新设立的所谓《国际和平支援法》一起"打包"，冠以《和平安全法制整备法》的美称。

7月16日和9月19日，在日本民众的强烈抗议声中，日本执政联盟凭借多数议席，先后在国会众参两院强行表决通过了安倍政权提交的安保相关法案。安倍竭力推出的这个安保法，乃非同寻常之法，其核心目的就是解除战后日本"和平宪法"一直禁止集体自卫权的"魔咒"，为自卫队"扬帆出海"开绿灯。它是一个冲破宪法的束缚、让日本获得战争权、可以向海外派兵打仗的法律，意味着将把日本重新引上战争之路。此法通过后，集体自卫权的行使就不限于日美同盟，而可根据需要到地球任何一个地方行使武力。由此，日本战后"放弃战争""专守防卫"的安保政策发生了根本变化，宪法第九条规定的"永远放弃以国家名义发动战争的权利，不使用武力和武力威胁作为解决国际争端的手段"，"不拥有陆、海、空军和其他战争力量，不承认国家的交战权"的和

平条款就有其名无其实了。

安保相关法的成立,对安倍来说是"一箭三雕":绕过修宪程序,颠覆了宪法第9条;重新打造能投入战争的日本;试图对等化日美同盟关系。从安保法案与日美防卫合作指针修订同步推进的节奏看,二者隐藏"危险关系"。安保法案实际上是为具体执行日美防卫合作指针这一"战争手册"提供了法律依据。

四、废除"文官统领",为自卫队"松绑"

安倍政权于2015年3月6日通过修订《防卫省设置法》的内阁决议,决定在防卫部门取消旨在防范自卫队"暴走"的"文官统领"制度。"文官统领"制度规定防卫省的文职官员相对于军职官员具有优势地位,这是基于日本帝国军队二战期间恣意妄为的黑色历史和日本宪法的和平理念,在战后汲取教训而设立的制度。

日本防卫省官员主要由两部分组成,一是以统合幕僚长(相当于总参谋长)以及陆、海、空自卫队幕僚长(参谋长)为首的军职官员,又称"军服组";一是以防卫省官房长、省内各部局局长为首的文职官员,也称"西服组"。修改前的《防卫省设置法》第12条规定,防卫大臣对"军服组"下达指示指令或批准、督导各项军事计划方案时,"西服组"有辅佐防卫大臣的权限,即根据各自分管领域向防卫大臣提出相关建言,从而使"西服组"在防卫省决策层面的实际权限高于"军服组"。但在通过的《防卫省设置法》修订案中,把对防卫大臣的辅佐权从"西服组"扩大到"军服组",表面上二者地位对等,但实际剥夺了文职官员对军职官员的制约权限。

这份修订案还决定废除掌管自卫队作战行动的防卫省文职部门"运用企划局",将其职能合并到统合幕僚监部(相当于总参谋部),这将意味着"军服组"会成为自卫队作战等各项行动的主导核心。

废除"文官统领",意味着军职官员实际成为自卫队运行的主导力量,掌控日本军事决策和执行。舆论认为,安倍政权一方面在法律层面为自卫队海内外军事行动松绑,另一方面在组织层面实际废除防止自卫队恣意妄为的一道重要防线,由于不少自卫队高级军职秉持错误的历史观、宪法观、战争观,使得自卫队"脱缰"狂奔的危险性更大。

此外,修订案决定在防卫省新设"防卫装备厅",统一负责武器采购、研发、更新换代、防卫装备国际合作等军需军备相关业务。日本舆论和学者指出,这项"改革"实际上重新确立了军职人员统领自卫队的优势地位,是对日本战争历史教训的彻底否定,使 2015 年成为自卫队的"暴走"元年。

五、主导教育改革,为修宪开道

安倍在第一次执政期间修改了《教育基本法》,明确将"热爱祖国和乡土""尊重传统和文化"等表述写入其中,"颠覆"了《教育基本法》尊重个性和自由的教育理念,民族主义成为核心价值。

安倍第二次上台后,一改过去以日本文部科学省为中心主导教育改革的做法,亲自上阵主导"公共教育改革",筹建了由多名极右人士组成的"教育再生会议",大力推行"日本教育再生改革",重点改变教育委员会制度,强化中央政府对教育系统的管控和指导,以便在教育系统更好地贯彻和体现安倍政权的意志。比如,全面要求各学校使用"日章旗"和《君之代》。原本学校升国旗和唱国歌是件十分平常之事,但由于日本二战前的教育是"忠君爱国"的国家主义教育,"日章旗"和《君之代》曾是日本军国主义煽动国民奔赴战场的工具,战后日本因国民有强烈的抵触情绪,一直未能这样做。

日本近现代史上，曾有过两次大的教育改革。第一次是在明治维新之后，另一次是在战后初期。此次通过的《教育基本法》修改案，实际上是日本第三次教育改革，旨在摆脱战败国的心理，为实现政治大国铺平道路，是安倍实施其"战后总决算"的支柱政策之一。时任文部科学大臣伊吹承认，新教育基本法是"与自民党新宪法的整合"，是将宪法修改首先在比较容易实现的教育领域所做的尝试。安倍政权近年来，已通过对粉饰与美化侵略战争的育鹏社、自由社等出版的历史教科书，注入对日本宪法制定过程的各种质疑，企图诱导日本国民习以为常地接受修宪这个话题。

2013 年众议院选举时，自民党就秉承安倍的旨意，提出了修改现行教科书有关历史的表述中考虑邻国情绪的"近邻诸国条款"的纲领，并开启了修改进程。20 世纪 80 年代初，日本文部省在审定历史教科书时，把二战时日军"侵略"亚洲的表述修改为"进入"亚洲，引起国内进步力量的反对和中韩等国的强烈抗议。在国内外的压力之下，日本文部省在教科书审定标准中追加了"近邻诸国条款"，在表述与亚洲邻国有关的近现代历史事件时，从国际理解与国际协调的观点出发，给予必要的考虑。该条款是日本国内进步力量及中韩等亚洲国家共同对抗日本保守势力的成果，对制约日本历史教科书右倾化发挥了重要作用。正因为如此，日本的保守势力视其为眼中钉，称该条款"将造成历史教科书的自虐历史观"，欲除之而后快。

六、带头刮起参拜风，顽固坚持错误史观

2013 年 12 月 26 日，安倍在迎来第二次上台执政一周年之际，悍然参拜靖国神社。这是他首次以首相身份参拜靖国神社，也是自 2006 年小泉纯一郎参拜以来，日本在任首相时隔 7 年的参拜。其后，慑于国内

外压力,虽然未再参拜,却一再通过奉送供品的方式做出心驰神往的表示。在安倍的带动下,日本政界刮起参拜风,安倍内阁成员和大批国会议员成群结队地参拜靖国神社。

安倍参拜靖国神社之后,又在日本战败 70 周年之际发表言不由衷的谈话。2013 年,安倍在国会答辩时透露了发表战后 70 年谈话的想法,并表示"不会全盘继承村山谈话"。2014 年初,安倍访欧时向媒体表示,日本不会就历史问题效仿二战后的德国向邻国道歉。1995 年 8 月15 日,时任日本首相的村山富市发表谈话,就日本殖民统治和侵略,表示了真挚的道歉。但是日本的保守势力认为,村山接受了二战战胜国强加给日本的历史观,只有将其彻底否定,日本才能够找回自己在国际社会上的尊严和地位,有资格成为一个普通国家。

获得保守势力支持的安倍,欲在战后 70 年之际发表和村山谈话完全不同的历史观的谈话的信息一出,立即引起国内外的关注。全世界的关心聚焦于安倍谈话会不会提到"侵略""殖民统治""反省""道歉"这 4 个关键词上。在国内外压力下,安倍的谈话虽然说出了反省历史错误的关键词,却没有对日本军国主义发动战争的侵略本质及责任问题做出交代,其道歉对象暧昧不清,且将 70 多年前日本发动侵略战争的原因归结为当时的国际大环境,与"村山谈话"和"小泉谈话"的立场相比,无疑是巨大的倒退,表明这次安倍的战后 70 周年谈话,只不过是安倍及其智囊经过反复权衡后,在维护自己的右翼历史观与敷衍受害国之间玩的一个平衡,是日本国内外多种力量激烈博弈之后妥协的结果。此番谈话一出,立刻遭到日本社会强烈谴责,各界人士纷纷批判安倍谈话"仍然顽固坚持错误的历史观","在措辞上避重就轻,模糊主语","玩弄文字游戏,毫无诚意可言"。

七、以修改宪法第九条为终极目标，曲线推进修宪进程

第二次世界大战后，在联合国军最高司令部指导下，日本制定了现行的《日本国宪法》。宪法前言规定，日本"奉行和平发展路线"；第 9 条规定，日本"永远放弃以国家名义发动战争的权力，不使用武力和武力威胁作为解决国际争端的手段"，"不拥有陆、海、空军和其他战争力量，不承认国家的交战权"。《日本国宪法》是战后日本进行非军事化、民主化改革的重要成果，也是日本走和平发展道路的重要保证。宪法第九条"放弃战争"之规定，从法理上规避了日本重蹈军国主义覆辙可能性。

日本保守派势力将新宪法称为"麦克阿瑟宪法"，认为是"美国乌托邦式幻想与日本战败失去独立相结合的产物"，自该宪法颁布之日开始，一直谋求对其加以修改，早在 20 世纪 50 年代自民党成立时，就将"修改宪法和自主制定宪法"作为立党的目标之一。1958 年，安倍外祖父岸信介当选首相后，即成立了"宪法调查会"。21 世纪以来，日本国会成立宪法督查会，开始就修宪问题进行研究，提出过修改宪法的草案。2006 年安倍晋三第一次组阁时，其竞选政治主张之一就是修宪。2007 年，日本国会通过与修改宪法程序有关的《国民投票（公决）法》。根据国民投票法的相关规定，经过众议院和参议院两院各三分之二同意通过的宪法修正案，在 60 至 180 日内须提交国民投票；18 周岁以上的日本国民拥有投票权，不设最低投票率限制，过半数赞成宪法修正案即正式通过。这被认为是从法律程序上降低了修宪的门槛。《国民投票（公决）法》的通过，使安倍政府的修宪迈出了第一步。

2012 年 4 月，自民党发表了新修订的《日本国宪法修正草案》。它对现行宪法的全部条款进行重估，整体上以 11 章、110 条构成。其修改要点有：规定国旗国歌、写明自卫权、保持国防军、尊重家庭、保护环境

的责任和义务、确保财政的健全性、新设紧急状态的宣告、放宽修宪提案要件等。

安倍 2012 年重新上台后,明确表示修宪是自己的"历史使命",表现出任期内完成修宪的强烈意愿,加速了修宪进程。为此,他重启了第一任期内中断的"关于重新构建安全保障法律基础的恳谈会",企图通过单独立法允许行使"集体自卫权"。在受到不小阻力后,安倍干脆强令法制局拟定新的"宪法解释",修改 1981 年以来被历届日本政府承认的有关"行使集体自卫权违宪"的"政府统一见解",迂回实现了"解释性修宪",在现实上突破了和平宪法的限制,并为其任内达成修宪目标铺路。

安倍的终极目标在于修改包括放弃战争、不保持战力和否认交战权的第 9 条。在安倍看来,修改和平宪法第 9 条是为日本谋求军事化提供正当性、在外交上谋求日美同盟关系中的对等地位,使日本成为正常国家、实现政治军事大国梦的关键所在。

为减少阻力,安倍和极右分子石原慎太郎等提出宪法修改的路径应先易后难,可能从保护公民隐私权和保护环境等涉及社会生活各个领域一些比较容易修改的地方先开始,然后逐步推进。

今后,安倍将力争修改日本宪法第 96 条,降低修宪门槛,为今后修改第 9 条铺平道路。日本宪法第 96 条规定,修改宪法的程序是:须经过国会两院三分之二的议员同意后才能提出修宪动议,然后再举行国民投票,获得 50%以上通过才可以修改宪法,而自民党希望将修宪条件改为过半数议员赞成即可。

八、以中国为"假想敌",调整防卫政策

2013 年 12 月 17 日,安倍内阁通过了《国家安全保障战略》和面向未来 10 年的新《防卫计划大纲》及《中期防卫力整备计划》。这三份文件内容庞杂，涉及政治、军事、外交等多个领域，透露出以邻为壑、扩充军力的军事发展方向。日本政府此次明确提出了着眼于中国崛起、将防卫重心从北方转移至西南诸岛的长期战略，是自 1990 年初美苏冷战结束以来日本防卫政策的重大转折点。

日本政府制定的首个安保战略说，在"国家安全保障会议"指导下，实施战略性国家安全保障政策，日本与拥有共同价值观和战略利益的韩国、澳大利亚、印度、东盟各国强化合作关系，制定新的武器出口政策，培养民众爱国心等。

《防卫计划大纲》是日本最高的国防方针，具有长期指导作用，决定了日本军队和国防政策的现状和走向。1976 年日本制定《防卫计划大纲》后，历经 1995 年、2004 年、2010 年三次修改。从时间上可以看出，其修改周期越来越短，侧面反映出日本防卫战略调整的步伐明显加快。《新防卫计划大纲》最突出的特点是以"强有力地牵制中国"为主要特征，以及在防卫方针上提出以"综合机动防卫力量"代替"动态防卫力量"，并强调增设专属部队，增强岛屿防卫能力。

同日出台的《中期防卫力整备计划》是基于《防卫计划大纲》而制定的，旨在强化日本海上和空中的控制能力。该计划的特点是反映了日本在钓鱼岛与中国的对抗，提出引进新型空中预警机和无人侦察机，加强警戒监视体制等。日本一举扭转 10 年来的军费削减态势，确定从 2014 年到 2018 年的防卫预算约为 24.67 万亿日元（约合人民币 1.5 万亿元）。这意味着日本军费增长和扩大引进军备。

2015 年 4 月 27 日，美日两国在华盛顿正式发表了其同盟历史上的第三份指针——新《美日防卫合作指针》。《美日防卫合作指针》是框定美日军事安全合作的一份双边文件，迄今已分别于 1978 年和 1997 年先后发表过两份。新指针是在日本于日美同盟中的地位不断上升、自主防卫意识空前提升的背景下出台的,体现了日美加速推进军事一体化的总体趋势。

新指针的最大特征,一是极度扩大自卫队活动范围和任务,二是加深日美军力一体化。与1978年冷战时期制定的首份指针相比,1997年指针将日美防卫合作从"日本有事"扩大到与朝鲜半岛局势等相关的"周边事态",而新指针删除了"周边事态"这一地理上的限制,提出未来的日美防卫合作要突出日美同盟的"全球性质"。这在理论上意味着只要有"需要",哪里有美军,哪里就能有自卫队的活动。正如日本政府官员此前所言:"自卫队可以出现在地球的任何一个角落。"自卫队活动范围"全球化"同时,其军事任务也将从"量变"到"质变"。日美军力今后将在从"平时""灰色地带事态"到"战时"的任何阶段展开无缝合作。新指针出台后带来的后果之一是,号称"专守防卫"的日本自卫队今后将协同美军充当地区乃至世界警察,这意味着日本将彻底葬送战后和平主义。

第一,新指针突出强调日美同盟的全球化属性,除去了日美军事合作的地理限制,大大拓展了日本对外使用武力的范围和条件,允许日本武装力量在全球扮演更具进攻性的角色。新指针将"日本以外国家遭受武力攻击"视为保卫日本安全的范围之内,将日本的安全视角延伸至了全球任何角落。

第二,双方合作空间与领域大幅拓展,从传统的空中作战、海上作战、反潜作战、反导作战、后勤支援等到太空网络空间合作,再到装备技术与情报合作,可谓全维立体、无所不包。

第三,双方合作机制与行动样式更加充实,提出要构建"无缝、强力、弹性、高效"的同盟协调与联合应对机制,使自卫队和美军在作战体系的融合上更加走向深入。

第四，日美合作分工更加明晰，新指针在"作战构想"中，对制空、反导、制海、地面和跨域等5种行动样式中的自卫队作战任务均明确冠以"自主实施"的行动原则，而美军则只是"对自卫队的作战予以支援，实施弥补自卫队战力不足的作战"。

日美在修订指针问题上一拍即合，实为各取所需。美国希望在本国国防预算削减背景下利用自卫队填补力量空白和欠缺，将增强自卫队军力视为"亚太再平衡"战略的重要一环。而从安倍政府来看，一则借助美军强化在领土争端问题上的军事威慑力，更重要的是"借船出海"，利用日美军事同盟"全球化"，实现自卫队不受限制地走出国门的军事野心。

日本媒体援引一些美方官员的话报道说，与以往不同，这次修订指针的日美协商中，日方表现得比美方更积极主动。观察人士指出，鉴于安倍政权的右翼好战色彩，日美军事同盟强化"全球性质"，势必进一步加深周边国家对日本军力和军事活动扩张的疑虑。

新《美日防卫合作指针》在一定程度上改变了日本在美日同盟中的地位。如果说冷战时期的美日同盟关系只是美主日从的一种产物，那么近些年来，随着美国全球战略的调整，以及日本国家与军事所谓正常化战略的急速推进，美日同盟关系也越来越向着平等合作的方向转变。从表面观察，日本的某些举动似乎是在迎合美国的"亚太再平衡"战略，但从深层动因分析，毋宁说是日本的主动作为。新《美日防卫合作指针》对日本的真正意义，正在于此。

九、奉行"挟美制华"外交，企图迟滞中国的发展

安倍第二次上台执政伊始，就在其施政演说中说，"外交的基本，不

应只注视与周边各国的双边关系,而应该像俯瞰地球仪一样,俯瞰整个世界,立足于自由、民主主义、基本人权与法制等基本价值,开展战略性外交",表明安倍正步《脱亚论》的炮制者、日本近代启蒙思想家福泽谕吉的后尘,欲推行以邻为壑的外交。福泽谕吉的《脱亚论》直言不讳地宣称:"作为当今之策,我国不应犹豫,与其坐等邻国的开明,共同振兴亚洲,不如脱离其行列,而与西洋文明国共进退。对待支那(对中国的蔑称——笔者注)、朝鲜的方法,也不必因其为邻国而特别予以同情,只要模仿西洋人对他们的态度方式对付即可。与坏朋友亲近的人也难免近墨者黑,我们要从内心谢绝亚细亚东方的坏朋友。"福泽谕吉作为日本近代第一位军国主义理论家和近代日本亚洲霸权思想的先驱,露骨地鼓吹对外侵略。他声称"战争有长久振奋人心的巨大力量","唤起国民报国心的方法,莫过于发动战争","振奋一国民心,凝聚整体力量的方法,莫过于对外战争"。这正是二战前日本外交行动的指南。

近代以来,日本外交第一次抉择是 19 世纪的"脱亚入欧";第二次是二战后的"脱亚入美";第三次是 20 世纪 70 年代成为经济大国后的"入美入亚",强调日本既是"西方一员",又是"亚洲一国",从田中角荣、大平正芳到竹下登政权都是奉行这条外交路线。但进入 20 世纪 90 年代,随着国内外形势的变化,尤其是中国迅速崛起和日本加速旨在成为政治军事大国的政治转型进程,日本保守势力认为中国成为日本发展战略的最大障碍,将中国视为"威胁","西洋"改头换面为"美国"的"脱亚论"又在日本死灰复燃,其"入亚入美"路线动摇。安倍第二次执政后,采取"靠拢美国疏远中国"的方式推进"正常国家"进程,明确做出了"挟美制华"的第四次选择,开展抗衡和制压中国的外交,力图迟滞中国的发展,以保持其亚洲老大的地位。安倍认为,日本力量不足,但联手美国,便有优势,中国只能是第二流的国家。

安倍大搞"价值观外交"和"地球仪外交",一方面为其推行"积极的和平主义"鸣锣开道,为其跻身于安理会常任理事国拉票;一方面恶意炒作"中国威胁论",极力挑拨和破坏中国和其他国家的关系,在全球寻找伙伴,推动建立日美澳"大亚洲"和"民主同盟"、欧亚大陆"自由与繁荣之弧"等,企图拼凑遏制中国的包围圈。

第三节
透视安倍政权

一、安倍第二次上台后,在奉行"积极和平主义"的旗号下,强势推进旨在摆脱战后体制、成为"正常国家"的全面改革。安倍鼓吹的"积极和平主义"以日本摆脱战后和平宪法束缚、重建政治军事大国为目标,是日本战后国家战略由重经济、轻军备、主从日美同盟向重政治、重军备、平等日美同盟的安倍路线转变的纲领,是日本战后国家战略走向的一次大调整,其手段是通过修正历史掩盖军国主义罪行;通过立法加强对国民的控制和虚化宪法;通过煽动民族主义巩固政权;通过渲染"中国威胁论"扩充军备;通过强化日美同盟"借船出海",趁机坐大;通过谋略外交构筑对华包围圈,遏制中国崛起。

二、安倍摆脱战后体制、成为"正常国家"的最终目标是恢复日本的大国、强国"荣耀",即当年"一等国"的地位。在美国亚太"战略再平衡"背景下,日本紧靠美国,加强同盟关系,看似心甘情愿地被美国利用,实则是处心积虑地对美国的反利用。俗话说"拍马是为了骑马",当下,日本迎合美国的诉求,将美日双边军事同盟提升为全球同盟,固然有强化美国主导的安全秩序,制衡中国、确保其自身安全的考量,更有换取美国为它松绑、借机膨胀的用心。今天的傍美,正是为了明天脱离美国的控制,与美国平起平坐,进而走向独立,以彻底摆脱战后体制。

但是,这一意图能否实现,存在很大的疑问。从战后日美关系史看,日美同盟从来就没有对等过,日美同盟从来都是以美国的国家利益为出发点的。日本不过是美国的一个棋子,其地位随着美国世界战略的变化而变化。从现实看,日本加强军事同盟的结果固然是换取松绑,争取了更大的活动空间和机会。但是,美国会允许日本真正与其平起平坐,甚至允许日本脱缰走到失控的地步吗?仅从美国在历史问题上不断敲打日本,以及美国仍限制日本掌握战略性进攻武器,美军要继续保持在日本的军事基地,且不断加强在日本的军事存在来看,至少近期内是不可能的。对日本来说,日美安保体制仍是一把"双刃剑"。

三、安倍欲成为"正常国家"的诉求有一定的国民基础。战后70年了,几代人都生活在战败国历史的阴影之下,而且至今仍未完全摆脱美国的控制,日本国民欲求民族独立和国家正常化的心理和意愿不难理解。问题在于安倍政权利用民意,赤裸裸地煽动民族主义情绪,企图通过推翻历史定案、复古倒退、挑战战后国际秩序的办法,来实现"正常国家"的目标。这必然激起国内外的反对。现在,日本国内民众分化,据一项民意调查,半数以上民众反对安保相关法,60%的受访者认为日本和平宪法应保持原样,几乎是支持修宪者的两倍,而且以多种多样的方式开展反对活动,日本社会上爆发了近半个世纪以来规模最大的反对浪潮,其特点是不仅具有广泛的群众性和广阔的地域性,还在于政治高层和社会上层的参与。日本共同社评称,"日本国民已经觉醒",反对的行动将持续下去。情况表明，日本国内不满和反对安倍政权倒行逆施的力量正在增长，一场正义与邪恶、光明与黑暗、进步与反动的政治博弈还将持续下去，其本质是继续走和平发展道路还是改变和平发展道路的问题。

四、受到国内外的牵制，安倍不仅不可能原原本本地复辟旧军国主义，而且修宪的目标也将推迟实现。安倍通过修改宪法解释解禁集体自卫权的暴举，已提升了大多数民众的警惕心理，增加了修宪的难度。然而，修宪的目标是不会改变的，安倍一定会千方百计地争取任内实现，至少要朝着目标极力加以推进。

集体自卫权虽然解禁，但安倍政权对向海外派兵，短期内也将采取谨慎的态度，美国也会照顾日本面临的内外苦境，不会马上催促派兵。但日本向海外派兵参战只是时间问题，在美日形成全球同盟、美日实现军事一体化的情况下，日本军队出现在世界任何一个角落都不奇怪。这将意味着日本不再是战后宪法规定的那个日本了。

近现代史上，日本寻找借口，人为制造乃至扩大事端的恶行，从甲午开战、柳条湖事件到卢沟桥事变，国人领教得太多太多，遭受的屈辱和灾难，罄竹难书。而如今，安倍政权在历史问题上开倒车的同时，解禁集体自卫权，我国和国际社会有理由对日本的走向保持高度警惕。

五、安倍政权奉行以中国为"假想敌"的安全政策和"挟美制华"的外交政策，是美国的全球控制力弱化、中日力量对比逆转，导致亚太均势失衡和日本追求国家转型战略相互作用的结果，旨在挑起与中国的战略竞争，迟滞中国的发展，实则为不甘其地位沉降的战略挣扎，其本质是威慑与防范并举。

安倍奉行"价值观外交"和"地球仪外交"适应美国的"战略再平衡"需要，帮助美国拓宽了介入中国周边的可能性，并以此推进国内政治转型进程,为其修宪强军路线寻找借口,表明安倍把"中国威胁论"当作其谋求实现国家战略目标的一张"既便宜又好用的牌"。

安倍强硬的对华政策不会是一成不变的政策,他承担不起与中国持续对抗的代价和后果,不得不面对现实做出调整。安倍在国内改革目标获得重大突破后,将改善对华关系提上日程,不得不在恪守两国关系的重大原则问题上重做承诺,使2014年下半年以后的中日关系续有改善。但由于中国要崛起、日本谋抑制,是中日矛盾的本质所在,中日关系已降至"战略竞争关系"(国家间关系由高到低可分为盟国关系、友好国关系、普通关系、战略竞争关系、敌对关系五个层级),安倍政权今后将奉行既交往又抗衡、既合作又竞争的两手对华政策,两国关系仍然脆弱、复杂而敏感,中日关系的改善是有限度的,必有曲折反复,甚至不排除倒退的可能性。

第四节
安倍晋三参拜靖国神社遭谴责

安倍晋三第二次上台后,右派面目毕露,一再对第一次执政时未参拜靖国神社表示"痛悔不已"。2013年底,他终于按捺不住,不顾国内外反对,悍然参拜供奉甲级战犯的靖国神社,这是日本政治右倾化加剧的例证。

2013年12月26日,日本首相安倍晋三于东京时间上午11时半左右参拜靖国神社。安倍于 2012 年 12 月 26 日就任首相一职,这次参拜恰为其上任一周年。这是安倍晋三作为首相首次参拜靖国神社,也是自 2006 年 8 月 15 日小泉纯一郎参拜以来在任首相首次参拜。安倍这次参拜使处于隆冬的中日关系雪上加霜,犹如寒流来袭,更加寒气逼人。

安倍参拜两个小时之后,中国迅速做出反应,中国外交部发言人秦刚发表谈话,表示强烈抗议和严厉谴责。接着,外交部部长王毅于 2013 年 12 月 26 日下午召见日本驻华大使木寺昌人,代表中国政府就日本首相安倍晋三参拜靖国神社提出严正交涉和强烈抗议。中国驻日大使程永华当天下午也到日本外务省抗议。

2013 年 12 月 28 日,国务委员杨洁篪就安倍参拜靖国神社发表义正词严、措辞非常强硬的讲话,强烈谴责安倍倒行逆施,要求他改正错误。杨洁篪表示,日本首相安倍晋三日前冒天下之大不韪,悍然参拜了供奉有二战甲级战犯的靖国神社。这是对曾经遭受日本军国主义侵略和殖民统治的各国人民感情的肆意伤害,是对全世界爱好和平人民的公然挑衅,是对历史正义和人类良知的粗暴践踏,是对世界反法西斯战争胜利成果和以联合国宪章为基础的战后国际秩序的狂妄挑战。安倍的倒行逆施理所当然遭到了中国政府和人民以及国际社会的强烈反对和严厉谴责。

杨洁篪指出,靖国神社问题的实质是日本政府能否正确认识和深刻反省日本军国主义对外侵略和殖民统治历史。安倍身为日本首相参拜靖国神社,这绝不是日本的内政,更不是什么个人问题,而是关乎侵略与反侵略、正义与邪恶、光明与黑暗的大是大非问题,是关乎日本领导人是否遵守联合国宪章宗旨和原则、走和平发展道路的根本方向问题,是关乎日本同亚洲邻国和国际社会关系政治基础的重大原则问题。

安倍的所作所为正在将日本推向一条损害各国人民和日本人民根本利益的危险道路,已经引起国际社会和日本各界有识之士的高度警惕。

杨洁篪强调,中国人民不可侮,亚洲人民和世界人民不可欺。安倍必须承认错误,必须纠正错误,必须采取实际行动消除其严重错误的恶劣影响。我们奉劝安倍打消任何幻想,改弦易辙,否则必将进一步失信于亚洲邻国和国际社会,在历史舞台上成为一个彻底的失败者。

外媒称,日本前首相小泉纯一郎参拜靖国神社时,中国并未由副总理级官员单独发表抗议讲话,这显示出中国政府强烈抗议的姿态。日本《朝日新闻》12 月 29 日报道认为,中国国务委员谈话提升了抗议的级别,这是在向日本和中国国内显示中方的强硬姿态。

安倍参拜靖国神社后煞有介事地表示,希望就其参拜行为当面向中、韩领导人做出说明,并构建同中、韩的友好关系。对此,中国外交部发言人秦刚 12 月 30 日在北京说,安倍自己关闭了同中国领导人对话的大门,中国人民不欢迎他,中国领导人不可能同这样的日本领导人对话。

秦刚说,安倍上台以来,在对华关系上玩弄两面派手法,接连采取损害中日关系大局、伤害中国人民感情的错误行动。此次又变本加厉,不顾中方坚决反对和严正交涉,执意参拜供奉有二战甲级战犯的靖国神社,公然背弃中日四个政治文件的原则和精神,严重破坏中日关系的政治基础,其所谓“重视”发展对华关系、希望与中国领导人对话的虚伪性暴露无遗。

安倍现在要做的是向中国政府和人民承认错误,改弦更张。

记者追问:中国人民不欢迎安倍,是否意味着中方将全面终止与日本领导人的高层接触,今后不在任何双多边场合与其会面?

秦刚说,安倍在中日关系上打错算盘,一错再错。他参拜供奉有二战甲级战犯的靖国神社,这些甲级战犯是日本军国主义侵略战争的策划者、发动者和实施者,是远东国际军事法庭判决的历史罪人,手上沾满受害国人民的鲜血。他们是法西斯,是亚洲的"纳粹"。安倍参拜甲级战犯,实质上就是要颠覆东京审判,美化日本军国主义对外侵略和殖民统治历史,否定世界反法西斯战争成果及二战后的国际秩序,是对人类良知的肆意践踏和对公理正义的狂妄挑衅。对这样的日本领导人,中国人民当然不欢迎,中国领导人也不可能同他对话。

又有记者问:中方是否将全面停止中日交往与合作,包括民间交往?

秦刚指出,安倍执意参拜靖国神社,蓄意破坏中日关系政治基础,给中日两国交往与合作制造了严重障碍,其所作所为违背中日两国人民意愿,终将损害日本自己的利益。中日关系出现今天这样严峻局面,安倍难辞其咎。

秦刚表示,中日关系是重要的关系。连日来,日本国内越来越多的有识之士、新闻媒体和普通民众对安倍的错误言行纷纷提出批评和质疑。他们是重视中日关系、爱护中日友好的。

相信日本国内有良知、爱和平、重友好者大有人在。我们愿同他们一道,本着"以史为鉴、面向未来"的精神,在中日四个政治文件基础上共同维护历史正义和中日关系大局。

安倍参拜靖国神社一事不仅激起了中、韩等亚洲国家的愤怒,也遭到了美国政府和媒体及学界的广泛批评。以前美国对这类事件反应模糊,但这一次,美国驻日使馆第一时间在网站上表示失望,美国务院发言人也在记者会上发出警告,称美国对安倍晋三参拜靖国神社可能加剧日本与邻国的紧张关系感到失望。美国最有影响力的报纸《纽约时报》和《华盛顿邮报》均发表文章,集体批评安倍此举使中日、日韩之间原本就颇为紧张的关系更加恶化。美国不少学者也纷纷撰文，要求政府对安倍内阁的急剧右倾化趋势提高警惕，并检讨自身的相关政策。

共同社分析称，安倍之所以决定参拜靖国神社，是担忧继续推迟将令支持自己的保守派失望，或将对政权根基造成影响。据分析，安倍认为即使不参拜，从现状来看也难以在短期内改善同一直反对参拜的中韩两国的关系。

安倍曾反复表示对第一次执政期间未能参拜"悔恨至极"，一直在寻找参拜时机，直到执政满一周年当天才做出决定。据称，作为安倍心腹的内阁官房长官菅义伟及其他安倍身边人士都反复劝告他不要参拜，认为"参拜可能导致政权运营不稳"。菅义伟还请亲近安倍的自民党总裁特别助理萩生田光一奉劝安倍不要参拜，但安倍仍一意孤行。

几个月来安倍一直声称，他有意通过对话缓解中日紧张局势。但分析人士说，参拜靖国神社体现出一种不同的策略：安倍放弃了和解方案，转而利用中日紧张关系来证明一个广泛的右翼纲领的合理性，该纲领包括修宪和放宽对自卫队的限制。

第十四章

中日关系改善
符合两国利益

第一节
艰苦交涉，达成"四点原则共识"

慑于国内外压力，安倍上台以后，在对华政策上一方面采取强硬政策，一方面不断喊话呼吁实现首脑会谈。安倍参拜靖国神社遭到中国严厉谴责，中方发言人曾宣布不欢迎他后，他受到巨大压力。2014 年，随着 APEC 北京会议临近，安倍发动接触攻势，还多次派人来北京打探说项。其中有人直言，如果安倍首相来中国参会时，不能与习近平主席会见甚至连个手也不能握，那有多尴尬呀，袒露了日方的担忧。

在中日领导人接触问题上，中方态度很明确，希望日方继续与中方相向而行，以实际行动为改善两国关系做出努力，为两国领导人接触营造必要的环境。本着上述原则，两国外交事务当局进行了多轮磋商并取得一定进展，在此基础上，2014 年 11 月 7 日即距安倍启程来华参加APEC 会议两天前，安倍首相指派他的心腹、日本国家安全保障局局长谷内正太郎急匆匆赶到北京。他一下飞机便径直赶往钓鱼台国宾馆，与国务委员杨洁篪举行秘密会谈，直到翌日凌晨，双方终于就处理和改善中日关系达成以下四点原则共识。

四点原则共识来之不易，是中日经过两年多来的"较量"后两国关系走向缓和的标志，它反映了两国寻求和解和维护地区稳定共同面向未来的努力，体现了中方从大局出发对改善和发展中日关系的真诚希望和最大诚意。

四点共识是在中方主导下达成的,拿到了我们过去想拿而未拿到的东西。国际舆论认为是日方做出了让步。

四点共识的第一点是总纲,双方确认将遵守中日四个政治文件的各项原则和精神,继续发展中日战略互惠关系。

第二点是历史问题,载明"双方本着'正视历史、面向未来'的精神,就克服影响两国关系政治障碍达成一些共识",是用外交语言表明日方在参拜靖国神社问题上做出某种承诺,看似模糊,实际清楚,是发出了不再参拜的重要信息。所谓"达成一些共识"是中方留有余地,说明主动权始终抓在中方手里,保留了中方保持压力的主动权。

在四点原则共识达成之前,自民党副总裁高村正彦访华时,就说他认为安倍不会再参拜,当时中方未予回应,高村感到很失落。后来安倍又通过别的渠道向中方正式承诺不参拜。6 月 10 日,福田康夫也来了一趟,见了王毅外长和杨洁篪国务委员,谈到不参拜事。在此情况下,中方决定进行正式外交接触。

第三点是钓鱼岛问题,载明"双方认识到围绕钓鱼岛等东海海域近年来出现的紧张局势存在不同主张,同意通过对话磋商防止局势恶化,建立危机管控机制,避免发生不测事态",虽然语言委婉,说明日方实际上承认钓鱼岛问题上存在主权争议,并同意通过和平方式建立管控危机机制。这是双方在钓鱼岛危机后第一次达成共识,是钓鱼岛斗争的重要成果。当然,上述措辞也为双方各自解释留下了空间,日方做出对己有利的解释,在意料之中。

第四点载明"双方同意利用各种多双边渠道逐步重启政治、外交和安全对话,努力构建政治互信",是说下一步如何改善关系,使两国关系重新走上正常轨道。可以说,双方达成四点原则共识,是朝着改善双边关系的方向迈出了重要一步,而基于这个原则共识基础上的两国领导人会晤,为使中日关系尽早地回到正常的状态,提供了一种可能性或者说创造了必要条件。

达成四点原则共识后,谷内正太郎心中一块石头落了地,立即飞回东京向安倍汇报,四点原则共识则于 8 日下午双方同时发表。安倍首相听完汇报,吃了定心丸,遂于 9 日中午乘专机抵达北京。

第二节
两度"习安会"成为关系改善的契机

在中日双方就处理和改善中日关系达成上述四点原则共识的前提下,11 月 10 日,中国国家主席习近平在人民大会堂应约会见了安倍晋三首相。这是中日两国首脑近两年半来首次会见,也是第二届安倍政府上台后的首次中日首脑会见。

这是一场非正式的会见,中方提出的条件堪称"苛刻"。中方反复强调 20 分钟,不能延时(最后是 23~24 分钟),还要求对方不要提敏感问题,要突出共识。在约 25 分钟的会见中,习近平表示,中日互为近邻,两国关系稳定健康发展,符合两国人民根本利益,符合国际社会普遍期待。中国政府一贯重视对日关系,主张在中日四个政治文件基础上,本着以史为鉴、面向未来的精神,推动中日关系向前发展。

习近平严肃指出:这两年,中日关系出现严重困难的是非曲直是清楚的。双方已就处理和改善中日关系发表四点原则共识，希望日方切实按照共识精神妥善处理好有关问题。习近平强调，历史问题事关 13 亿多中国人民感情，关系到本地区和平、稳定、发展大局，日本只有信守中日双边政治文件和"村山谈话"等历届政府做出的承诺，才能同亚洲邻国发展面向未来的友好关系。

习近平希望日本继续走和平发展道路，采取审慎的军事安全政策，多做有利于增进同邻国互信的事，为维护地区和平稳定发挥建设性作用。

安倍晋三表示，中国的和平发展对日本、对世界是重要机遇。日方愿意落实双方达成的四点原则共识，妥善处理有关问题，以此为新的起点，推进日中战略互惠关系改善和发展。日本决心继续走和平发展道路，本届日本政府将继续坚持以往历届日本政府在历史问题上的认识。日方支持中方成功举办亚太经合组织领导人非正式会议。

时隔 5 个月即 2015 年 4 月 22 日，国家主席习近平又在出席纪念万隆会议 60 周年之际，在雅加达应约会见日本首相安倍晋三，双方就中日关系交换意见。虽然会见时间不长，但内涵丰富，习主席指出了影响两国关系的障碍所在，为两国关系的改善指出了方向。习主席高屋建瓴地指出，处理中日关系的大原则，就是要严格遵循中日四个政治文件的精神，确保两国关系沿着正确方向发展。去年双方达成的四点原则共识集中体现了这一思想。历史问题是事关中日关系政治基础的重大原则问题。希望日方认真对待亚洲邻国的关切，对外发出正视历史的积极信息。

习近平主席倡导中日双方彼此奉行积极的政策，表示中方愿意同日方加强对话沟通，增信释疑，努力将中日第四个政治文件中关于"中日互为合作伙伴、互不构成威胁"的共识转化为广泛的社会共识。双方要继续开展各领域交流，增进两国人民相互了解和认知。

安倍晋三表示"十分希望改善日中关系","日中关系发展有利于两国人民和世界和平与发展","完全同意日中两国发展互不构成威胁","日方愿意落实双方去年达成的四点原则共识,积极推进两国各领域的交往与对话,增进两国人民相互理解"。安倍称,他和日本内阁已在多个场合承诺,愿继续坚持包括"村山谈话"在内以往历届政府在历史问题上的认识。这一立场不会改变。日本决心继续走和平发展道路。

时间的推移证明,两度"习安会"成为两国关系改善的契机。2014年12月初,中日两国与湄公河流域国家关系为主题的"中日湄公河政策对话"举行。2015年1月以来,中日两国相继举行了有关建立海上联络机制的防务部门工作磋商以及海洋事务高级别磋商。3月14日,中国民政部部长李立国赴日出席联合国世界减灾大会,这是中国部长级官员3年来首次访日。中日安全对话3月19日在日本东京举行,这是2011年日本实施所谓钓鱼岛"国有化"后,时隔4年中日安全对话再次召开。3月21日外交部部长王毅在首尔出席第七次中日韩外长会之前会见日本外相岸田文雄。中国全国人大代表和日本众院组成的"中日议会交流委员会"4月9日在东京的国会议事堂重启了中断约3年的会议,标志议会交流恢复。6月5日,日本副首相兼财务相麻生太郎前往北京访问,与中共政治局常委、国务院副总理张高丽举行会谈,并出席中日财长对话。到2015年上半年,两国恢复了各领域、各层次的交流,双方来往明显增多。在备受关注的钓鱼岛问题上,双方经过几轮磋商,就建立管控机制取得了明显进展,钓鱼岛问题降温。关于建立钓鱼岛管控机制,日方的态度更积极,更迫切。7月,中日举行的第一次高级别政治对话,杨洁篪国务委员与谷内正太郎国安局局长在钓鱼台国宾馆进行了约5个半小时的会谈,就坚持并发展对话机制达成一致。11月1

日，中日韩三国首脑会谈在时隔三年半之后重启。期间，李克强总理应约会见了安倍首相。

2017年，中日两国迎来了邦交正常化45周年，双方举行了丰富多彩的纪念活动。中日关系继续保持改善势头。

9月8日，中日邦交正常化45周年纪念招待会在京召开，中国全国人大常委会副委员长兼秘书长王晨出席。前国务委员、中日友好协会会长唐家璇、中国人民对外友好协会会长李小林、日本前众议院议长、日本国际贸易促进协会会长河野洋平、日本前外相、田中角荣之女田中真纪子等人出席并致辞。

9月28日，中国驻日本大使馆举行庆祝国庆68周年和纪念中日邦交正常化45周年招待会 。日本首相安倍晋三出席并致辞，对中国国庆68周年送上祝福。日本自民党干事长二阶俊博、外务大臣河野太郎、文部科学大臣林芳正、复兴大臣吉野正芳、前首相福田康夫、前首相鸠山由纪夫以及日本政经各界、中日友好团体人士、在日华侨华人等逾2000名嘉宾出席了招待会。

11月11日，国家主席习近平在越南岘港正式会见日本首相安倍晋三。习近平指出，今年是中日邦交正常化45周年，明年将迎来《中日和平友好条约》缔结40周年。双方要从两国人民根本利益出发，准确把握和平、友好、合作大方向，通过坚持不懈努力，积累有利条件，推动中日关系持续改善，向好发展。

安倍晋三表示，日方愿同中方一道努力，以明年《日中和平友好条约》缔结40周年为契机，推动两国战略互惠关系继续向前发展。日方希望同中方加强高层交往，开展互惠共赢的经贸合作。

日方频频示好"一带一路"。2017年5月，日本自民党干事长二阶俊博带团出席了"一带一路"国际合作高峰论坛，并与国家主席习近平进行了约 17 分钟的会见。二阶向习主席转交了日本首相安倍晋三亲笔信。据悉，亲笔信中释放了对未来两国关系发展的积极信号，安倍在信中表示，希望以日中邦交正常化 45 周年、《日中和平友好条约》缔结 40 周年为契机，秉承推进两国战略互惠关系的理念，构建稳定友好的日中关系。希望今后加强双方高层对话，在合适的机会下推动双方首脑互访。对于"一带一路"倡议，安倍在信中希望加强两国间的对话与合作。

11 月 4 日，安倍首相在菲律宾马尼拉举行的新闻发布会上表示，2018 年将迎来《中日和平友好条约》缔结 40 周年，将深化交流，把中日关系提升到一个新阶段。他还表示，期待"一带一路"建设能为世界的和平与繁荣做出贡献，日本希望从这一观点出发同中方进行合作。11 月 11 日，中日两国领导人在越南岘港会见时，安倍也曾表示，日方希望同中方加强高层交往，开展互惠共赢的经贸合作，积极探讨在互联互通和"一带一路"框架内合作。

12 月 4 日，安倍在中日两国经济人士于东京举行的会议上致辞，也表现出了推进中日两国经济合作的意愿。他就中国提出的"一带一路"倡议发表评论，称两国"可以大力合作"。

12 月 19 日，安倍晋三在东京发表演讲时表示，将以明年《日中和平友好条约》缔结 40 周年为契机，推动日中高层加深交流，将日中关系提升至一个新高度。

日本三大经济团体联袂访华。11 月 20 日，由日中经济协会、日本经济团体联合会、日本商工会议所组成的日本经济界代表团自 20 日开始对中国进行为期 6 天的访问，希望寻求两国经贸领域合作新机遇。这是日本三大经济团体自 1975 年以来的第 43 次例行访华，云集了众多日本知名企业领导和高管，以 250 人的规模创下历届之最。李克强总理会见了代表团。

第三节
安倍晋三调整对华政策的动因

2018 年 1 月 22 日，日本首相安倍在国会发表施政演说，就日中关系高调表示，"将从大局观出发，发展稳定的友好关系"，呼吁进行首脑间互访。他还就"一带一路"表示，"将展开合作，满足亚洲的基础设施需求"。2018 年新年伊始，安倍首相派日本外相河野太郎访华。据认为，此行最主要的使命是落实安倍首相早些时候提出的两国高层互访路线图，即 2018 年春在日本恢复举办中日韩峰会，李克强总理出席。安倍首相上半年正式访华，邀请习近平主席下半年正式访日，以"将日中关系提升至一个新高度"。

自 2017 年下半年以来，安倍在不同场合多次表达了推动日中关系发展的意愿，表示要"将日中关系提升至一个新高度"。安倍的心腹、内阁官房长官菅义伟在接受日本各报社的年末采访时，信誓旦旦地宣称"日方是真心实意地想改善与中国的关系"。

人们不禁要问，2012 年重新掌政以来，一直把"中国威胁"挂在嘴上、处处与中国较劲的安倍为何摇身一变，大谈起友好来，变得判若两人？

其实，这毫不足奇。因为安倍是个现实主义者。尽管安倍是国际公认的鹰派政治人物，一个历史修正主义者，但人们还记得，2006 年他第一次掌政时,面临中日关系因小泉六次参拜靖国神社而导致"政冷经凉"的严峻形势,9月26日在国会发表的第一个抱负演说,就强调他自己将根据新思维,转换外交方针,以贯彻自己的主张。话音刚落,他就飞到中国,进行"破冰之旅",实现了"第二次中日关系正常化"。

当下,随着国际形势的深刻变化和中国的和平崛起,日本在东亚地区的战略选择,正处于至关重要的十字路口。安倍作为日本的主政者,不能不面对现实,综合各种因素,采取比较稳健、务实的态度和比较现实而灵活的做法。回顾西方国家政治史,一个政治人物上台后,为巩固政权,打破外交僵局,翻手为云,覆手为雨,说与上台前不同的话,做与上台前不同的事,这是屡见不鲜的。美国电视剧《纸牌屋》展现的一个美国政客形象,他就有多张面孔,当他认为需要以什么样的面孔出现时,就会表演出什么样的面孔。

笔者以为,暂且可以不去评论安倍对华示好是否出于"真心实意",倒是应看看促使他调整对华政策的动因。应该说,安倍调整对华政策,既有外交因素,也有内政需要,是安倍几年来对华政策碰壁的结果。尽管不少动作表明,安倍仍怀抱着强烈的对华战略竞争意识,但为形势所迫,他又不得不考虑在对华政策上做些许调整,或将采取日本媒体所谓的"融合路线"或曰"平衡政策"。

首先,安倍最倚重的日美同盟并没有按照他的期待发展,从特朗普当政到他的亚洲之行都让安倍及日本精英们大失所望,认为特朗普显然并没有把重点放在日本。

特朗普坚持美国第一、经济优先,退出《跨太平洋伙伴关系协定》(TPP),逼迫日本购买武器装备,强要日本开放市场,消除贸易逆差,使安倍面临巨大压力。特朗普对安倍倡导的"印太战略"兴趣不大,对日不给力。

特朗普上台后的中美关系与日本原来的预测不同。2017 年 4 月中美习特会后,中美关系实现平稳过渡,走向战略稳定,日本当时就怀疑美国与中国有新的"密约",担心如果不及时与中国调整关系,很有可能在中美日三角框架关系中被抛弃,而改善对华关系,有助于日本提高其对美讨价还价的地位,让特朗普对日"别太苛刻"。

20 世纪 70 年代初中美越顶外交至今仍是日本的噩梦。安倍担心美国人靠不住,在"一带一路"问题上疑心暗鬼,害怕美国先于日本而行,更怕中美可能达成损害日本利益的妥协。因此,安倍调整中日关系,是在中美关系良性发展背景下的一种被动选择。这成为安倍转向的动因之一。

几年来,安倍意欲在周边外交上寻求突破,对俄、韩两国做足了功课。结果事与愿违,安倍对俄外交攻势劳而无功。北方四岛问题与俄罗斯的安全保障紧密相连,经济诱饵不灵,归还北方四岛的诉求犹如水中捞月。日韩关系因"慰安妇"和领土争端问题出现反复,矛盾持续发酵。朝鲜半岛形势诡谲,日本需要借重中国。

内政需要是安倍调整政策的另一个动因。对华关系的改善关系到安倍政权稳定。2018 年 9 月安倍将第三次参选自民党总裁,2018 年 12 月国会众议员任期届满。安倍计划 2020 年施行新宪法,为此正讨论在 2018 年下半年同时实施众议院选举和有关修宪的国民投票,影响安倍长期执政的事件一个接着一个,对华关系与这一政局密切相关。执政党干事长二阶俊博的亲信表示,"要想修改宪法第 9 条,重要的是平抑以中国为中心的周边各国的抗议"。

日本经济虽然表面上复苏了,税收、就业、股价都是向好,据认为,这些都是安倍政府大量发行国债的结果。以日本银行(央行)实施的大规模货币宽松和财政刺激为基础的"安倍经济学"已显现出难以为继的迹象。内政上无政绩,外交上想得分,以赢得 2018 年总裁选举,继续执政的意图十分明显。

　　与唱衰中国的论调相反,中国政治稳定,改革全面推进,伟大民族复兴步伐加速。"一带一路"构想广受欢迎和期待,响应和参与国越来越多,项目建设也风生水起,已有早期收获,前景普遍看好,迫使安倍不得不面对现实,财界积极性更高。日本预测,按目前中日两国的发展速度估算,到 2025 年前后,中国的经济规模该是日本的 5 倍左右,换句话说是中国经济的再度翻番,而日本依旧在原地踏步。安倍不得不考虑,同中国一直对立下去的得失利弊。更何况"一带一路"开辟了通向东南亚、南亚、欧亚大陆到非洲的大市场,有很多地方是日本鞭长莫及的。据日方预测,2016 年到 2030 年,"一带一路"沿线的基础建设需求在 26 万亿美元左右。日本如果不积极参与其中,就有被边缘化的危险。安倍只有搭上这班车,才是确保日本利益的最佳选择。

第十五章

中日关系变化的背后

迄今,日本人的中国观经历了三次变化。日本对中国的正式外交始于公元 607 年小野妹子出使隋朝。那时,日本被编入"华夷秩序"的朝贡体系。可是,隋朝以后,日本人的自我意识高涨,对视日本为"东夷小国"的隋唐,产生抗拒心理,欲同中国平起平坐。唐朝走向衰落以后,日本于公元 894 年停止遣唐使的派遣。这是日本人中国观的第一次变化。

10 世纪以后,中日间的正式外交关系中断。进入室町时代(1338—1573),特别是到足利义满时代,日本对中国和亚洲的意识首次发生了划时代的变化。1373 年,明朝派遣使节团到京都,由此,足利幕府与中国重开外交。明朝的永乐皇帝授予幕府将军足利义满"日本国王"称号,日本重新被纳入东亚秩序,加入"中华文明圈"。这是日本人的中国观第二次变化。

至 15—16 世纪,随着葡萄牙等西方势力东渐,日本的对外意识发生了前所未有的重大变化。16 世纪末,丰臣秀吉率军攻打朝鲜,对明朝也抱有野心,为日本其后的大陆政策开了恶劣的先例。德川家康虽然改变了丰臣秀吉强硬的外交方针,实行了较为温和的对外政策,但拒绝中国皇帝的册封。

19 世纪中期以后,"华夷秩序"受到诸列强的挑战,东亚地区既存的国际秩序迫于新的调整。1871 年,《日清修好条规》的签订,使日本的天皇终于与清朝的皇帝平起平坐了。这个条约是日本自明治开国以来签订的第一个平等条约,遗憾的是,日本并未以此为契机,去同周边各国建立平等的关系,而是选择了国权扩张的方向。虽说也有过摸索与亚洲各国合作的动向,但结果是"国权扩张主义"占了上风,开始了对亚洲的侵略。清朝在甲午战争中败于日本,使日本人的中国观发生了第三次巨大的变化,从此开始蔑视中国,不仅不称清朝为中国,甚至不称中华民国为中国,而是根据梵文和英语,改称中国为"支那",且把"支那"渐渐变成蔑称了。

败于第二次世界大战的日本人曾经一时视中国为"亚洲的强国",但很快就修正了这种中国观。之所以如此,是由于 20 世纪 60 年代以后,日本经济获得高速增长,中国却经历了政治动乱,国民经济一时甚至到了崩溃的边缘。因此,日本人的中国观和亚洲观又回到近代的原点。

20 世纪 80 年代中期,日本经济学者长谷川庆太郎在他的著书《别了,亚洲》中这样写道:"到明治维新以前,中国被视为'圣人君子之国',孔孟之道即儒教成为日本政治思想的基础。""对日本人来说,亚洲,不管从哪个角度看,都是关系最近的地区。""然而,这种状况早已成为过去了。这是因为日本和日本人在战后四十年里发生了太大的变化。而另一方面,亚洲在这四十年里的变化却是太少太少。其结果,日本和日本人决定性地离开了亚洲。""日本已经不可能再是什么亚洲国家了。""周边的亚洲各国是'梦之岛'(东京的垃圾场所在地),而日本则是高耸于它们中间的超高层大厦。"他这番话,不禁使人们想起福泽谕吉的"脱亚论"。

　　回顾日本人的中国观在历史上的三次变迁,可以看到,每次都与两国的国内变化以及国际关系和国际秩序的重组密切相关。而实力对比的变化,则是导致观念变化的原因。

第二节
定位问题尚未解决

　　正是由于实力对比的变化,从 20 世纪末到现在,日本人的中国观正在经历第四次变化。一些人开始用新的眼光重新审视中国,看到中国"成为自鸦片战争 150 年来最强势的国家",能认真地从正面看待中国的崛起。不少人面对中国的经济发展和军事力量的增强,感到日本领先亚洲的地位发生动摇,则失去自信而困惑,不知道应如何同中国打交道。在日本社会,弥漫着对中国担心、不安、恐惧、焦虑等复杂的情绪。一部分日本人由于心理上失去对中国的优越感,不服气,百般挑剔,在鸡蛋里挑骨头。对中国的将来,日本国内各种看法都有,把中国看成中长期威胁的,政、财、官界里都大有人在。

　　这种现象缘于中国在日本的外交定位问题上尚未解决。也就是说,对于日本来说,中国究竟应是战略合作伙伴,还是战略防备对手的问题,尚待解决。

　　日本的亚洲论坛主任研究员茶谷展行在他撰写的一篇文章《安倍政权的外交布阵和战略》中,对此做了最好的注解。他写道:"2002 年,江泽民前国家主席在中国共产党第十六次代表大会上,提出了'中华民族伟大复兴'的指导方针,鼓舞了民族主义。中央提出这种鼓舞民族主义的方针,证明中国自 1840 年鸦片战争失败以来,时隔约 160 年,重新登上了世界顶级舞台,正在向现代化的国民国家前进。"

接着,他又说:"另一方面,日本自 1868 年明治维新以来,在亚洲已经找不到能与之抗衡的国家了。为此,拥有 13 亿人口的中国近年来迅猛崛起,对日本来说是个威胁。从而,日本对中国的民族主义抬头可谓极其自然的趋势。"(载《东亚》2006 年 11 月号)

关于这个问题,新加坡《联合早报》有一个分析。这家报纸指出:"日本对中国的外交有两点致命错误。一是战略定位失策,总是把中国定位为潜在的敌人或对手。其实,日本人也清楚,中国不会以武力侵略日本。但日本习惯了占据优势地位,总是担心外患,甚至将台湾问题也看成是对日本安全的威胁。二是自视甚高,不尊重中国,其表现就是不肯换位思考,不能踏踏实实理解中国政府的政策和中国人的心态。"

该文还说:"战略定位失误是出自我们善良意愿的中国式理解,在日本方面或许不是失误,而是从内心深处制约中国。日本不尊重中国倒是不折不扣的事实。明治维新以来,中国对日本总是占下风。甲午战争,中国输了;八国联军进北京,日本人是主力;一战后德国在青岛的权益被让给日本;九一八事变,区区数万人就占领了东三省。二战日本是战败国,但日本人认为他们输给的是美国,是盟军,而没有输给中国。正是基于这些,日本对待中国占据心理优势,因此把中国的正当要求看成过分要求,不顾及中国人的感受。"

第十六章

构筑基于共同利益的战略互惠关系

第一节
中国对日基本政策没有变化

纵观新中国成立 60 多年来的对日政策,实现和平共处,争取中日两国人民世世代代友好下去,始终是贯穿其中的一条主线。虽然随着国际形势的演变和中日两国国内情况的变化,中日关系时有起伏,甚至大起大落,但"中日友好""中日两国人民世世代代友好下去"作为基本国策、中国党和政府对日政策的总目标,从来没有改变过。在这一基本国策指导下,毛泽东、周恩来开辟了战后中日关系的新纪元,邓小平、江泽民、胡锦涛引领中日各领域各层次的交流与合作,实现了中日关系两千年历史上空前的大发展。习近平出任中共中央总书记、国家主席后,继续坚持这一基本国策,引领中日关系走出低谷,续有改善。

2013 年 1 月 25 日,习近平在人民大会堂会见日本公明党党首山口那津男时表示,中日互为重要近邻,邦交正常化 40 年来,各领域合作深度和广度达到前所未有的水平,有力促进了两国各自的发展。中国政府重视发展中日关系的方针没有变化。事实证明,两国间四个政治文件是中日关系的压舱石,应坚持遵守。新形势下,我们要像两国老一辈领导人那样,体现出国家责任、政治智慧和历史担当,推动中日关系克服困难,继续向前发展。

后来,习近平又在不同场合多次阐述过对日政策,强调重视日本,愿意在四个政治文件的原则指导下发展中日关系的意愿。2015 年 5 月 23 日,习近平出席在人民大会堂举行的有 3000 多名日本各界人士参加的中日友好交流大会并发表讲话。习近平强调,"中国高度重视发展中日关系,尽管中日关系历经风雨,但中方这一基本方针始终没有改变,今后也不会改变。我们愿同日方一道,在中日四个政治文件基础上,推进两国睦邻友好合作"。同时,习近平指出,"日本军国主义犯下的侵略罪行不容掩盖,历史真相不容歪曲。对任何企图歪曲美化日本军国主义侵略历史的言行,中国人民和亚洲受害国人民不答应",表明历史问题是中国的原则底线,毫不含糊。

习近平总书记准确把握世界格局变化和中国发展大势,发扬我们党理论联系实际的优良传统,在保持外交大政方针连续性和稳定性的基础上,总揽全局,开拓进取,推进外交理论和实践创新,使我国外交具有新特色、新风格、新气派。习近平的对日政策思想是对新中国历届领导人对日政策思想的继承与发展。所谓继承,是指其政策思想与历届领导人的政策思想的出发点与核心内涵完全一致;所谓发展,是指其政策思想直面中日关系现状,具有鲜明的时空特征和切中要害的现实针对性。

笔者认为,从毛泽东到习近平,中国党和政府的对日政策可概括为以下八点:

一、强调将一小撮军国主义分子和广大日本人民区别开来。其核心在于强调日本发动侵略战争的责任不在广大日本人民,责任应由发动和指挥侵略战争的少数军国主义分子来负,日本人民包括普通士兵也是受害者。

二、强调《中日联合声明》(1972)、《中日和平友好条约》(1978)、《中日联合宣言》(1998)、《中日关于全面推进战略互惠关系的联合声明》(2008)四个政治文件是中日双方的庄严承诺,是规范中日关系的纲领性文件,是中日关系的政治基础和指导原则,必须严格遵守。历史问题和台湾问题是这四个文件的核心内容,也是中方最为关切的事项,日方应严格遵守在这两个问题上的承诺,做到"言必信,行必果"。

三、在历史问题上,强调牢记历史并不是要延续仇恨,而是要以史为鉴、面向未来,珍爱和平、维护和平,让中日两国人民世世代代友好下去,让各国人民永享太平;强调"前事不忘,后事之师""以史为鉴,面向未来";强调讲中日关系历史要全面,既讲侵略的历史,又讲友好的历史;强调正确认识和对待历史,就是要把对那场侵略战争的反省落实到行动上,绝不再做伤害中国和亚洲有关国家人民感情的事;强调中国反对日本政府主要领导人参拜供奉着 14 名甲级战犯的靖国神社的立场是坚定不移的。

四、在台湾问题上,强调台湾问题是中国的内政,台湾是中国的核心利益所在,涉及 13 亿中国人民的感情,不允许任何国家予以干预,要求日方以实际行动体现日本政府关于坚持一个中国政策、不支持台独、只同中国台湾进行民间和地区性往来的承诺。

五、强调走和平发展道路,和平共处,不谋求霸权,并反对霸权主义;强调要努力将中日第四个政治文件中关于"中日互为合作伙伴、互不构成威胁"的共识转化为广泛的社会共识;强调以和平手段解决一切争端,不诉诸武力或进行武力威胁;强调通过对话,平等协商,妥善处理分歧。

六、强调"中日两国人民世世代代友好下去"是中国长期的国策,是中国所追求的目标,不仅 21 世纪如此,还要发展到 22 世纪、23 世纪,要永远友好下去;强调中日友好的重要性超过两国之间一切问题的重要性。为此,应从战略高度和长远的角度看待和处理两国关系,扎扎实实地做一些发展两国和两国人民之间友好关系的事情,要多通过友好交流增进了解,增进亲近感,促进合作,成为互相尊重、互相学习、互相信赖的好邻居,世世代代友好相处下去。

七、强调中日关系的特点是以民促官、官民并举。指出中日友好归根结底是两国人民的友好,民间友好是中日友好的根基所在。强调对于一小撮不甘心中日友好的人,唯一的办法就是用不断加强友好、发展合作来回答他们。越是有人干扰友好,越要大力发展友好。

八、强调在平等互惠的基础上,大力开展各个领域的交流与合作,取长补短,挖掘合作潜力,扩大交流合作的广度与深度,扩大双方利益的交汇点,实现共同发展,互利双赢。提出要学习、借鉴日本的先进之处。

一个时期以来,日本国内渲染中国进行"反日教育"。所谓"反日教育"不符合事实。中国政府重视对人民进行爱国主义教育,而中国是蒙受日本军国主义侵略时间最长、受害程度最深重的国家,对人民进行爱国主义教育,不能不讲当年遭受日本军国主义侵略的那段历史。进行爱国主义教育并不是要延续仇恨,而是要以史为鉴、面向未来,珍爱和平、维护和平,让中日两国人民世世代代友好下去。中国人民反的是歪曲、美化过去那场侵略战争历史、刺激受害国人民感情的政治人物的言行。我们之所以反对代表国家的领导人和一些政治人物参拜供奉着甲级战犯的靖国神社,反对修改教科书,反对他们否定远东国际军事法庭审判的正义性,反对他们否认南京大屠杀、强征慰安妇的罪行,是因为他们要为军国主义分子的罪行翻案。而今天翻案,明天就可能重走老路。

日方称2012年9月中国各地暴发了"反日示威",这种说法是不正确的。这不是"反日示威",而是一次"抗议示威",抗议野田政权购岛、侵犯中国主权的行为。关于钓鱼岛的主权归属问题，中日双方各有各的立场，是存在分歧的，但两国之间是有搁置争议的默契的。日方违背承诺，企图改变现状，必然激起中国人民的反对，一些群众是自发地走上街头举行抗议示威的。他们不是反对日本国民，而是反对背信弃义的当政者。人与人的交往信义为本，国家间的交往更是如此。言而无信，必招天怒、惹众愤。"反日示威"的说法，用心险恶，颇具煽动性，旨在煽起狭隘的民族主义情绪，制造中日两个民族的不和和对立，破坏两国人民的友好。应识破它们的阴谋，不上它们的当，越是在困难的时候，越要加强友好交流和合作。中日关系变坏并不是两国的民众造成的，而是那些不甘心中日友好的人破坏的结果，中日矛盾并不是两国人民之间的矛盾，中日矛盾的本质是"不甘心中日友好的人"与中日两国人民之间的矛盾。

诚然，中日邦交正常化四十余载后的今天，中国人对日本的认识多元化了，喜欢的、嫌恶的、中性的都有，有视日本为对手的，有视为伙伴的，也有无敌对意识却有竞争共存意识的。但中国的对日友好政策没有变，同日本睦邻友好合作的诚意没有变，"中日两国人民要世世代代友好下去"的信念也没有变。中国主张和平共处，互惠互利，合作共赢，共同发展，主张和平协商解决分歧。这不仅是中国政府的政策，也是绝大多数中国人民的意愿。中方愿在中日间四个重要政治文件的原则基础上，本着"以史为鉴、面向未来"的精神，继续推进中日战略互惠关系。希望双方共同努力，坚持从两国人民根本利益出发，坚持从地区的和平发展大局出发，共同开创中日关系发展的新局面。

第二节
正确定位对方是关键

　　经过中日双方的共同努力,中日关系出现转机。形势要求抓住得来不易的、新的发展势头,大力激活和推进两国关系,关键是需要建设性的思维。

　　首先,要对两国关系的前景充满信心。中日之间存在一些分歧并不可怕,关键在于能否着眼大局,求同存异,有效管控矛盾和问题。战后,中日两国在那么困难的情况下能够恢复邦交、缔结条约,很大程度在于两国老一辈领导人发挥了求同存异的精神。他们当年的战略眼光、政治勇气和高度的政治智慧,值得双方长期持续继承和发扬光大。

　　重要的是,双方都要客观认识对方的变化,心理上适应对方的变化,正确地定位对方。

　　对于日本来说,能否正确对待中国的发展,是能否正确处理对华关系的关键问题。中国的崛起,引起包括日本在内的西方一些人的担忧,认为中国的崛起结果是它们的衰落。它们从古希腊、罗马帝国和大英帝国的衰落的历史经验中,推论出这样的结果。但是,时代不同了,中国的崛起根本不意味着另一个国家必须衰落。中国的 GDP 超过日本,不会使日本变穷。因为这不像奥运会,金牌数量是固定的。

　　应该看到,中国的发展是不可阻挡的,但中国的经济发展和影响力上升,并非是以日本经济和影响力的下降为代价的,不会妨碍日本的发展。恰恰相反,对日本来说,中国的发展会提供越来越多的机遇,而不会带来威胁。因为中国正在走的是一条与本国国情和时代特征相适应的和平发展道路,中国的发展最突出的特点是与亚洲和世界分享增长,将加强东亚崛起的势头,惠及整个亚洲,促进亚洲的共同繁荣和发展。

中国将始终不渝走和平发展道路。这是中国政府和人民做出的战略抉择。它不是权宜之计,而是已经作为中国的基本国策固定下来。这个战略抉择,立足中国国情,顺应时代潮流,体现了中国对内政策与对外政策的统一、中国人民根本利益与各国人民共同利益的统一,是实现中华民族伟大复兴的中国梦的必由之路。

中国的国情和社会制度决定只能走和平发展的道路。中国的国情其最大的特点是人口多,不发达。实行改革开放近 40 年来,虽然发展较快,但仍是个发展中国家。为使 13 亿人民过上小康生活,中国正在埋头促进经济社会发展,计划到 21 世纪中叶,达到中等发达国家水平。要达到这个目标,首先要争取一个和平的国际环境,尤其是和平安定的周边环境。和平是中国发展的前提。

中国是社会主义国家,奉行独立自主的外交政策,和平共处五项原则是中国对外政策的基本内容。中国文化自古以来就孕育着"和为贵"的基因,"己所不欲,勿施于人"是中华文化的信条。

中国坚定不移地奉行独立自主的和平外交政策,坚定不移地奉行互利共赢的开放战略,致力于推进国际关系民主化,推动经济全球化朝着均衡、普惠、共赢方向发展,促进人类文明交流互鉴,呵护人类赖以生存的地球家园,同世界各国一起分享发展机遇、共同应对风险挑战,推动建设持久和平、共同繁荣的和谐世界。

淡化和消除对对方的疑虑,又是构筑两国战略互惠关系的前提。

战后,日本军国主义是否会复活的问题一直为中国所关注,而中国实行改革开放以后,"中国威胁论"在日本忽隐忽现。胡锦涛主席 2008 年访问日本期间,双方确认"互不构成威胁",表示"相互支持和平发展",标志双方建立两国政治和军事互信关系的努力取得了重大进展。

两次世界大战的教训赋予人们更理性的认识,军事实力只能作为国家安全的基本保障,真正的福祉在于在和平稳定中追求经济繁荣与发展。对一个国家进行符合其国家经济实力的国防军事建设,不必也不应成为被炒作的敏感问题。

一个国家对于和平是否构成威胁,并不在于它的国力是否强大,而在于奉行怎样的对外政策,就像一个人是否会欺侮别人,不在于他个头大小一样。中国加强军备是为了免受外来侵略和欺侮,而不是为了侵略和掠夺别国,将苦难和不幸强加于人。

中国几代领导人反复强调,中国现在不称霸,将来强大了也不称霸。随着政治多极化和经济全球化趋势的发展,霸权主义和强权政治越来越不得人心,四处碰壁。在这种情况下,包括中国在内的任何大国都要受到客观条件的制约。不称霸不单是中国真诚的主观愿望,也是客观环境使然。

中日两国在两千年的历史上,力量对比一直处于不平衡状态。可今天的力量对比正在经历一个半世纪以来未曾有过的变化,亚洲呈现两强并立的局面。日本要接受身边强大的中国,可能还需要时间。重要的是日本能够丢掉冷战思维,调整一下"中国发展了,日本就会变弱"的零和心态,消除"中国发展后,必然要向日本挑战"的顾虑,树立新的安全观,从积极方面看待中国的崛起。正如蒙古总统恩赫巴亚尔所言:"中国是蒙古的邻国,明智的看法是,中国的发展,会对邻国蒙古的安定和发展提供好的环境,好的机会。"(接受中国中央电视台记者水均益采访时的谈话,2006 年 2 月 12 日《高端访问》节目)其实,对日本也是一样的。

当前的国际形势正在经历深刻的变化,冷战后一度出现的美国主宰的单极世界开始动摇,美国与中、俄、欧盟、印度等国和国家集团的力量差距缩小,多极化的势头不断发展。世界多极化符合日本的根本利益。在一极与多极之争中,日本若以美国的意向为自己的判断和行动基准,那只能是一个追随者,很难成为政治大国。现在,亚洲国家谋求共同发展的求心力在增强,地区经济一体化的趋势不可阻挡。日本与包括中国在内的亚洲国家发展战略互惠的关系,与坚持日美同盟并不矛盾。这不会损害美国的利益,倒是符合日本的最大利益。这只能扩大日本的回旋余地,有利于自身的发展繁荣和发挥大国作用。中美日三方建立良性的互动模式,彻底放弃"二对一"的传统思维,是中日两国实现战略互惠的重要外部条件。

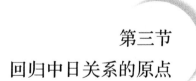

第三节
回归中日关系的原点

1972 年发表的《中日联合声明》、1978 年签署的《中日和平友好条约》、1998 年发表的《中日联合宣言》和 2008 年发表的《中日关于全面推进战略互惠关系的联合声明》,这四个纲领性文件不仅是中日关系的四个里程碑,鲜明地标示了中日关系发展的不同阶段,而且为两国关系的持续发展确立了共同遵循的政治原则,是规范和指导两国关系发展的法宝。它不仅发挥了巨大的历史作用,而且在今天仍具有强大的生命力,具有现实的指导意义。

中日两国政府间的四个政治文件是 21 世纪中日关系的原点,是中日双方共同的行为准则。回到原点,自觉地用"四个文件"的原则约束自己,以"四个文件"为处理分歧的准绳,是重建政治互信、使两国关系健康、稳定发展的保证。

1972 年两国领导人共同签署的《中日联合声明》是一个划时代的文件,它宣布实现两国邦交正常化,从而结束了两国之间的不正常状态,开启了中日关系的新纪元。

中日邦交正常化谈判的核心内容是,日本正确认识历史问题和承认"一个中国"原则,保证在同中国恢复邦交的同时,与中国台湾断绝外交关系,废除所谓的《日华和平条约》。这也是实现邦交正常化的前提。

《中日联合声明》中包含了两个重要内容:一是日方表示"痛感过去给中国人民造成的重大损害的责任,进行深刻的反省",二是表示"日本国政府承认中华人民共和国政府是中国唯一合法的政府"。针对"中华人民共和国政府重申:台湾是中华人民共和国领土不可分割的一部分",日本政府表示"充分理解和尊重中华人民共和国的这一立场",并表示"坚持遵循波茨坦公告第八条的立场"。

《中日联合声明》发表后,日方还根据中日双方在复交谈判中的约定,即由大平正芳外相出面举行记者招待会,特别表明了日本在台湾问题上的立场。

大平外相说:"《开罗宣言》规定台湾归还中国,而日本接受了承继上述宣言的《波茨坦公告》,其中第八条'《开罗宣言》之条件必将实施',鉴于这一原委,日本政府坚持遵循《波茨坦公告》的立场是理所当然的。"

大平外相最后说："在联合声明中虽然没有触及，日本政府的见解是，作为日中邦交正常化的结果，《日华和平条约》已失去了存在的意义，并宣告结束。"

回国后，大平外相又发表了《政府统一见解》，强调台湾问题是中国的内政，称"中华人民共和国与台湾之间的对立问题是中国的国内问题，我国希望由两当事者和平地加以解决。"

1978 年缔结的《中日和平友好条约》是根据《中日联合声明》第八条的规定，经过 6 年的艰苦谈判缔结的。它通过法律程序把复交时的《中日联合声明》固定下来，使两国政府间的约定上升为国家间的条约，使两国关系有了法律准绳和保障，从法律上进一步巩固了两国关系的政治基础。

该条约的主要内容可概括为以下两点：一是确认《中日联合声明》是和平友好条约的基础，《中日联合声明》规定的各项原则应予严格遵守；二是双方确认都不在亚太地区或其他地区谋求霸权，也反对任何第三国或国家集团谋求霸权。

代表中国在《中日和平友好条约》上签字的中国国务院副总理兼外交部部长黄华曾说，这个条约是两千年中日关系史上第一个真正平等的和平友好条约，是基于中日关系的历史经验与教训做出的总结，是真正反映两国人民意愿、维护两国人民根本利益的条约。这一条约既是联合国宪章与和平共处五项原则的具体体现，也是维护和发展中日关系的法律保证。

1998 年发表的《中日联合宣言》全面总结了中日两国交往的经验教训，确认了指导两国关系发展的指导原则，确定了面向 21 世纪的中日关系框架，为新世纪中日关系的健康发展指明了方向。

该宣言首次确认中日关系对两国均为最重要的双边关系之一,宣布建立"面向 21 世纪的致力于和平与发展的友好合作伙伴关系",从而明确了对方在本国对外关系中的地位,为两国关系的发展提出了新的目标。

《中日联合宣言》首次写明:双方认为,正视过去,正确认识历史是发展中日关系的重要基础。日方则首次以书面形式承认对华侵略并再次表示深刻反省。在台湾问题上,日方承诺遵守一个中国原则,只同台湾维持民间和地区性往来。

《中日联合宣言》明确中日关系已超越双边关系范畴,具有地区和世界意义,双方在维护世界和平、促进发展方面负有重任。

2008 年 5 月 7 日发表的第四个政治文件——《中日关于全面推进战略互惠关系的联合声明》,与前三个政治文件一脉相承,再次确认了前三个政治文件中阐明的两国关系的基本准则,且具有鲜明的时代特征,准确地反映了两国关系在实现关系正常化 36 年、缔结和平友好条约 30 年之后国际形势、各自国内和两国关系的发展变化,表达了两国加强交流与合作、增进政治互信、互利互惠、共存共荣的共同诉求。该文件的核心内容是确认共同构建战略互惠关系,其核心内容是和平共处,互不敌视,不使用武力和威胁使用武力,视对方为合作伙伴,相互支持对方的和平发展,共享机遇,共同发展,共同繁荣,实现双赢。

第四个文件对于巩固中日关系的政治基础,增进中日两国的战略互信,构筑两国关系长期健康稳定发展的总体框架,全面深化中日战略互惠关系,具有重大的现实意义和深远的历史意义,是两国关系发展史上新的里程碑。

回顾中日关系正常化 40 余年的历史,两国间发生的一些干扰两国关系发展的问题,无论历史问题,还是涉台问题,究其根源,都与上述四个文件是否得到维护和信守密切相关。历史的进程揭示了一个规律：当"四个文件"得到严格遵守时，两国关系就健康、顺畅地发展；反之，就会出现这样那样的麻烦。实践证明，"四个文件"是保持和发展中日良好关系的基石，它应是21世纪中日关系的原点，中日双方共同的行为准则。

中日恢复邦交时，双方在第四次正式会谈敲定《中日联合声明》的内容之后，周恩来总理对田中首相说："我们重建邦交，首先要讲信义，这是最重要的。我们跟外国交往，一向是守信的。"接着，周总理引《论语》之句，挥毫题下"言必信，行必果"六个大字，赠给田中首相。田中首相接受后，则题写日本飞鸟时代的为政者圣德太子的话"信为万事之基"，郑重地回赠周总理，表达了他信守诺言、恪守联合声明的决心。这是两国领导人代表各自国家所做的承诺，后来人当然有义务信守，而无权违背。否则，就是国家失信的问题了。

第四节
慎重处理过渡时期的中日关系

中日关系复杂而敏感，搞坏容易搞好难。对日外交是重点，也是难点。有人把2012年日本政府购岛比作中日关系的"9·11事件"，把建交40年来辛辛苦苦建立起来的大厦严重损毁，要修复重建，需要相当长的时间和努力。

时与势对我有利，中日关系未来可期待，但也不可盲目乐观。太乐观了，就难免天真。今后 5 到 10 年是关键。对中日双方来说，重要的是，要把处在过渡时期的中日关系的特征看透，不受一时一事左右，不能时而喜，时而忧。尤应注意的是，产生尖锐矛盾和摩擦时，要理性对待，绝不能感情用事，逞一时之勇，图一时之快；要牢牢掌握两国关系大方向，决不能失控，决不能任其发展到不可收拾的地步。

历史上，国际关系中往往将战争作为政治手段的继续，动辄用战争手段去解决问题。但是，在今天，我们必须学会用智慧化解矛盾，用对话寻求共识，用政治解决代替战争，在相互合作中寻找利益的结合点，争取实现双赢。

在钓鱼岛问题上，要建立危机管控机制，防止擦枪走火，保持两国关系大局稳定。主张通过对话，以和平方式寻求解决。

在历史问题上，要站在道义制高点，持续保持强大压力。要唤起国际舆论的共鸣，争取国际上的理解和支持。在进行历史问题的斗争时，要强调指出，这是为了唤起每一个善良的人对和平的向往和坚守，而不是要延续仇恨。我们不会因日本少数军国主义分子发起侵略战争就仇视日本民族，战争的罪责在少数军国主义分子而不在人民，中日两国人民应该世代友好下去，以史为鉴、面向未来，共同为人类和平做出贡献。

经济上，我们 GDP 超过日本，不等于经济质量超过日本，差距仍然很大。我国同日本处于不同发展阶段，互补性很强，日本的社会治理经验、技术水平高，值得我国借鉴和学习的东西很多。为加速我们自己的发展，不要盲目排斥日本，而是要善加利用，加强经济交流与合作。经济合作是两国关系发展的动力，也可收到以经促政的效果。中日韩东北亚的经济合作必须搞，否则对我国不利。

在新的形势下，应特别强调的是，要增进中日间的相互理解。国之交,贵相知。中日之间加深相互了解,对双方都有意义。努力地去了解一个国家,并不意味着一定要去喜欢那个国家。你可以讨厌对方,但是,至少要以正确地、准确地、全面地了解对方为前提。加强相互了解,可以避免一些盲目性。

因此,无论如何强调努力增进相互理解的必要性,都不会过分。而增进相互理解的努力,政府和民间都需要花大力气去做。日本国内的政治博弈,其本质是继续走和平发展道路还是改变和平发展道路的问题。日本政治右倾化的步子究竟能走多快、多远,中韩等国的钳制和美国的态度是重要的因素,但归根结底取决于日本国内爱好和平的正义力量的集结和斗争。为牵制日本政治右倾化,要把安倍政权与广大国民分开,防止造成两国人民的对立。在孤立打击极右势力的同时,要分化右派势力,争取中间势力,团结支持正义力量,调动日本国内一切"反倒退""反右转"的积极因素,要积极主动地做各界工作,以民促官,以经促政,以地方促中央,调动知华友华派力量,努力扭转国民感情下滑局面,夯实民间基础。

所谓国民感情,有自在的一面,也有被灌输的一面,主动地深入细致地做工作,坚持下去效果好,原以为对方是刺猬,交流后发现根本不是刺猬。情况表明,安倍消极的对华政策已引起日国内稳健力量广泛质疑和不满,走得越远,阻力越大,这反而给了我们一定的外交空间。

中日关系的改善,媒体的作用非常重要。中日关系今天的困难局面,与某些媒体不负责任煽风点火有很大关系。教训告诉我们,现代国际关系必须有一个良好的媒体环境,使舆论与外交,与社会和公众形成良性互动。

媒体的不负责任,常常导致国民间的相互厌恶情绪。新闻媒体具有社会公器的本质属性,应坚持客观、公正的立场,注意报道动机与效果的统一。不应耸人听闻,猎奇,追求轰动效应;不应对事实进行片面取舍或曲解;不应混淆主流与支流、现象与本质;不应以偏概全,不能"只见树木,不见森林",不报道积极面,一味报道消极面;不应小题大做,将"消极事件"放大,甚至于"鸡蛋里挑骨头",加剧误解,损害彼此国民感情。在两国间出现争议的情况下,制造危机比化解危机容易得多,尤其是在对年轻人的舆论导向方面,媒体负有责任。媒体工作者应认清自己的责任,学习本国和亚洲的历史,认清中日两国的共同利益,促进友好,不要人为地制造麻烦,唯恐天下不乱。

民族主义是依托于大众自发的强烈民族情感,它不拒绝理性,但更易受情感支配,兼具建设性和破坏性,是一把"双刃剑",而爱国主义则是民族主义的升华,是民族之魂。邓小平确立的"建设中国特色的社会主义"理论,强调"中国特色",可以说是从中国的实际出发、旨在改变中国的理论,其内核是爱国主义,但它绝不是狭隘的、排外的民族主义理论。

极端的民族主义情绪有爱国的光环,但绝不是真正的爱国主义。极端民族主义情绪往往以蛊惑人心的口号和过激的行动宣泄于世,它会向世界发出错误的信息,引起外部世界对中国和平理念的猜疑,影响对外政策和对外交流,因此会阻碍中国与世界的联系,影响国家的中心任务、改革开放的大局,结果造成对国家民族发展的危害。

爱国需要激情,更需要理性。一个爱国者应具有宽广的国际视野、国际平衡感和大国的自信。理性是一个社会成熟的标志,也是一个国家的公民应有的素质。在社会生活中,需要每个人自觉地将个人情感上升为行动理性,以理性合法地表达自己的意见,以冷静、理智的态度对待各种矛盾,从大局出发维护国家民族的根本利益。表达义愤时,不应超越法律。

如把对日本某届政权对华政策的不满简化为"反日"，正中日本右派、右翼的下怀，给他们攻击中国、欺骗日本人民增加口实，甚至伤害那些真心与中国友好的朋友。非理性的、过激的举动无助于揭露右派、右翼的真面目，只能给他们提供"炮弹"，被用来煽动日本人民的反华情绪，只能有损中国的形象。恰恰相反，在中日关系出现人为的障碍、陷入困境的时候，更需要大力发展中日人民间的友好。

总而言之，中日关系的多重性决定应奉行双轨政策，着眼大局，坚持原则，讲究策略，以两手对付它的两面，该说则说，该谈则谈，该斗则斗，该周旋则周旋，该合作则合作，以两手对两手（美日对中国是围交政策，既围堵又交往或曰遏制性接触），有打有拉，始终保持战略主动。

虽然目前面临着严重困难，今后的道路也不会平坦，但我们对中日关系的未来并不悲观。应该清醒地认识当前中日关系的多重性、复杂性，矛盾不是中日关系的全部。中日两国有许多共同利益，日本需要中国，中国需要日本，两国间存在着广阔的合作交流空间，构建基于共同利益的战略互惠关系，是时代的要求。中日两国不仅在文化上有共通性，在贸易结构上也有互补性，两国民间友好团体、友好人士的交流也有着深厚的基础。从长远看，两国关系前途是光明的。

主要参考书目

王泰平主编.新中国外交50年[M].北京:人民出版社,1999

吴学文、王俊彦著.廖承志与日本[M].北京:中共党史出版社,2007

家永三郎、黑羽清隆著.日本史(增补版)[M].日本:三省堂,1976

孙平化著.中日友好随想录[M].北京:世界知识出版社,1986

中国中日关系史学会编.新中国に貢献した日本人たち[M].日本:日本侨报社,2003

杨振亚著.出使东瀛[M].上海:上海辞书出版社,2007

王凡著.吴建民传[M].北京:世界知识出版社,2008

唐家璇著.劲雨煦风[M].北京:世界知识出版社,2009

王泰平著.风月同天——话说中日关系[M].北京:世界知识出版社,2010.

王泰平著.中日建交前后在东京[M].北京:社会科学文献出版社,2012

北京中日新闻事业促进会编.钓鱼岛主权归属[M].北京:人民日报出版社,2013

村田忠禧著.日中领土争端的起源——从历史档案看钓鱼岛问题中文版[M].北京:中国社会科学文献出版社,2013

胡鸣著.中日邦交正常化研究[M].北京:中国社会科学出版

社,2015

北京中日新闻事业促进会编.风雨东京路[M].北京:人民日报出版社,2016

戴秉国著.战略对话[M].北京:人民出版社、世界知识出版社,2016

刘古昌著.国际问题研究报告 2015—2016[M].北京:世界知识出版社,2016

中华人民共和国国务院新闻办公室.钓鱼岛是中国的固有领土[M].北京:人民出版社,2012

后　记

　　拙著系 2008 年出版的《风月同天——话说中日关系》的修订增补本。原书从古代中日交往写起,涵盖近代到现代,一直写到 2008 年,全书 34 万字。本书《中日关系的光和影》从二战结束后写起,直写到 2018年。内中删去了原书自古代到二战前的内容,新增了 2008 年至 2018 年中日关系大起大落这段历史的评述,而对战后至 2008 年那段历史的叙述有增有删,删去了一些官方交往文件中过细的记载,增加了中日交往中的一些具体情节和故事,从而增加了可读性。修订增补的结果,拉近时空,凸显重点,聚焦战后,使本书成为一本着重回应读者关注、解读现实中日关系的新版书。

　　在这里,我要向《参考书目》中列出的国内外著名学者专家表示诚挚的谢意。本书写作过程中,拜读他们的著述,颇受启发和教益,以至于引用他们的宏论细语,不仅充实了拙著的内容细节,还佐证了笔者的立论和观点。

　　我感谢外交部主管的外交笔会常务副会长刘新生大使,是他向安徽人民出版社推荐此书稿的。外交笔会的成员每年都有新作,但刘新生大使的推荐是很慎重的,他不仅要了解作者,而且要了解书稿的内容。他是在花费大量时间审读拙稿之后,才向安徽人民出版社推荐的。刘大使热心而负责的精神和做事严谨的态度,令我十分感动。

我还要衷心感谢安徽人民出版社总编辑刘哲先生和编辑陈娟女士。他们是编辑出版界的专家,具有丰富的实践经验,且熟知读者的诉求。他们初读拙书稿电子版后,可能是感到该书的题材可取,便怀着极大的兴趣,专程来北京与我晤谈,并当即达成出书意向,确定作为重点图书出版发行。接下来,他们花费月余时间,悉心审读书稿,并提出了许多中肯的修改意见。在编辑过程中,陈娟女士一丝不苟,精益求精,与笔者的邮件来往不下百余,她那近乎苛求的严谨,让我领会到"认真"二字的真谛、"敬业精神"之可畏。毫不夸张地说,如果没有他们的偏爱和付出,拙著至少不会这么快问世。

我还要向本书的后期编辑袁小燕女士以及包括校对、印刷、发行在内为拙著问世付出辛勤劳动的所有先生和女士,敬致谢忱。

作者

2018 年 3 月 21 日

于北京和谐雅园寓所

图书在版编目（CIP）数据

中日关系的光和影/ 王泰平著.—合肥 ：安徽人民出版社，2018.5

ISBN 978－7－212－10099－5

Ⅰ.①中⋯　Ⅱ.①王⋯Ⅲ.①中日关系—研究　Ⅳ.①D822.331.3

中国版本图书馆 CIP 数据核字（2018）第 093950 号

中日关系的光和影

王泰平　著

出 版 人:徐　敏　　　　　　　　选题策划:刘　哲

责任印制:董　亮　　　　　　　　装帧设计:宋文岚　陈　爽

责任编辑:陈　娟　袁小燕

出版发行:时代出版传媒股份有限公司 http://www.press-mart.com

　　　　安徽人民出版社 http://www.ahpeople.com

地　　址:合肥市政务文化新区翡翠路 1118 号出版传媒广场八楼　邮编:230071

电　　话:0551－63533258　0551－63533292(传真)

印　　刷:合肥创新印务有限公司

开本:710mm×1010mm　1/16　　印张:33.5　　字数:500 千

版次:2018 年 5 月第 1 版　　　　2018 年 7 月第 1 次印刷

ISBN 978－7－212－10099－5　　　　定价:68.00 元